ॐ नमो श्री भगवते वासुदेवाय पुरुषोत्तमाय

गीता प्रवचन

नित्य पठनीय

आचार्य विनोबा भावे

गीता प्रवचन   नित्य पठनीय

आचार्य विनोबा भावे.

यह तो सहज प्रवाह में लिखा गया | "गीता प्रवचन" को सारा पढ़कर पचाना चाहिए | उसकी शैली लौकिक है, शास्त्रीय नहीं | उसमें पुनरुक्ति भी है | यह मेरी अपेक्षा से अधिक काम हो गया | मेरी अपेक्षा तो इतनी थी कि मुझे लाभ मिले | अपनी भावना को दृढ़ करने के लिए जप- भावना में बोलता जाता था | उसमें से इतना भारी फल निकल आया है | ईश्वर की इच्छा थी ऐसा कहना चाहिए |

गीता प्रवचन कार्यकर्ताओं के सामने दिए गये हैं और इसमें आम जनता के उपयोग की दृष्टि रही है | यहाँ तात्विक विचारों का आधार छोड़े बगैर , लेकिन किसी वाद में पड़े बिना ही, रोज की कामों का ज़िक्र किया गया है | यहाँ श्लोकों के अक्षरार्थ की चिंता नहीं, एक एक अध्याय के सार का चिंतन है | शास्त्र - दृष्टि रखते हुए भी शास्त्रीय परिभाषा का उपयोग कम से कम किया गया है | मुझे विश्वास है कि हमारे गाँव वाले भाई बहन भी इसमें अपना श्रम परिहार पाएँगे | मेरे जीवन में गीता ने जो स्थान पाया है, उसका मैं शब्दों से वर्णन नहीं कर सकता | गीता का मुझपर अनंत उपकार है | रोज मैं उसका आधार लेता हूँ और रोज मुझे उससे मदद मिलती है | उसका भावार्थ मैं जैसे समझा हूँ, इन प्रवचनों में समझाने की कोशिश की है | मैं तो चाहता हूँ कि यह अनुवाद हर घर में पहुँचे और घर घर में इसका श्रवण, मनन और पठन हो |

सूचीपत्र

|| ॐ राम हरि ||

प्रकाशकीय

समाधियुक्त गभीर अध्ययन के बिना ज्ञान पाना संभव नहीं | लंबी चौड़ी पढ़ाई अधिकांश फालतू ही होता है | अध्ययन से प्रज्ञा और बुद्धि स्वतंत्र और विकसित होनी चाहिए | नई कल्पना, नया खोज, नई स्फूर्ति ये सब प्रतिभा के ही लक्षण हैं | आचार्य विनोबा विरचित और संपादित गीता प्रवचन का नित्य अध्ययन उसी ओर बढ़ाया जानेवाला एक नेक कदम है | इसके समयोचित और नित्य अध्ययन में लगे रहने से ज्ञान और प्रज्ञा का संवर्धन होना तय है |

ऐसा हमें प्रतीत होता है कि ईश्वर पूर्ण है और हम मानव पूर्णता पाने के लिए निरंतर प्रयास करते रहते हैं | भगवान की हम सबपर अपार कृपा ही समझनी चाहिए कि वो हममें कुछ न कुछ कमी रख ही देता है | निरंतर प्रयास करते रहें और हमें जो भी काम मिला है उसे निष्ठा पूर्वक करते रहें | कार्य किसी का भी हो उसमें निष्ठा का होना अनिवार्य है | कर्म के साथ निष्ठा जुड़ने से ही कर्मयोग बनता है ; भक्ति के साथ निष्ठा जुड़ने से भक्तियोग और ज्ञान के साथ निष्ठा जुड़ने से ज्ञानयोग बनता है | ईश्वर यही अभिलाषा रखता है कि अपनी कमी के बारे में जानकार हम जाग्रत रहें और उस कमी को दूर करने के लिए प्रयास करते रहें | इसी क्रम में स्वाध्याय बहुत महत्वपूर्ण है | इसका अर्थ हुआ "स्व" का अध्ययन और उसके मुताबिक ज़रूरी कदम उठाना | हर व्यक्ति के जीवन जीने और कर्म तत्पर रहने का कोई न कोई उद्देश्य रहता है और उसी उद्देश्य को प्रतिपादित करने के लिए कर्म, ज्ञान और भक्ति का सम्मेलन भी बनता है | अर्थ यह हुआ कि हम हैं कहाँ और हमें जाना कहाँ इस दो बिंदुओं को तय कर लेना जीवन की दिशा तय कर लेने के जैसा है | हमारा जीव स्वरूप और शिव स्वरूप को भी उसके सही परिप्रेक्ष्य में समझना ज़रूरी है | हम असत्य , अंधकार और मृत्यु में जीवन व्यतीत कर रहे हैं और संवेदनाओं के अधीन जी रहे हैं यह हमारा

जीव स्वरूप है | हमें सत्य की ओर, दिव्य ज्ञान की ओर और प्रज्ञा लोक की ओर जाना है वह हमारा शिव -स्वरूप होगा | जीव और शिव ये दो मेरु निश्चित हो गये तब हम यह मान सकेंगे कि परमार्थ का मार्ग प्रशस्त हो गया और उस मार्ग पर चल पड़ने के लिए हमारी भी मानसिक प्रस्तुति चलती रहेगी | हम सबको उसी मार्ग का पथिक बनना है |

धर्म का प्रचार, धर्म की रक्षा और धर्मार्थ सेवा - यह सब दिव्य कर्म है। संक्षेप में यहाँ उस दिव्य कर्म कि बात करेंगे।

इतना तो हम महसूस कर ही रहे हैं की सभी मतों, पंथों और विचारधाराओं का जन्म सनातन धर्म की भूमि पर ही हुआ है और उसका सिंचन भी इसी परंपरा से होता चला आ रहा है। इसी क्रम में गौतम बुद्ध भी श्री हरि के अवतार के रूप में ही प्रकट हुए। अगर विचार सम्मलेन की बात ही करें तो उन सभी मैं को एक सूत्र में पिरोते हुए व्यक्ति विशेष को धार्मिक होने के साथ साथ कर्म तत्पर बनाने हेतु प्रयास करना होगा।

यह भी देखा गया है की तत्व को कथा कहानी का आधार मिलता है और कथा कहानी में संत जन तत्वों को पिरोते हुए आगे अपनी बातें नए परिप्रेक्ष्य में कहते रहते हैं। मिसाल के तौर पर नवधा भक्ति की बातें भागवत में भी दर्ज है और सबरी माता को भक्ति के बारे में बताते समय श्री रघुनायक ने भी इसका उल्लेख श्री वाल्मीकि रामायण में करते हैं। ब्रह्म जिज्ञासा धार्मिक चेतना के उन्मेष का आखरी पड़ाव माना गया । ब्रह्म सूत्र का अंतिम प्रतिपाद्य विषय ही यही ब्रह्म के सातत्य को लेकर है :, "ब्रह्म सत्य जगत मिथ्या। "

इसी आलोक में आचार्य विनोबा सत्य को ही ईश्वर मानते थे। जिसने इस तत्व को महसूस कर लिया हो उसके लिए अरबों पन्नों का शास्त्र भी अनजाना नहीं लगता। ईश्वर भक्ति की ओर मुड़नेवालों में भी हम भक्त प्रह्लाद और ध्रुव की भक्ति को ज्यादा शुद्ध मानते हैं ।

तपश्चर्या के बल पर ध्रुव अपनी माता सुरूचि को भी स्वर्ग ले जाना चाहते थे। ईश्वर भक्ति के बल पर ही भक्त प्रह्लाद ने अपने पिता के लिए भी ईश्वर से क्षमा याचना मांग लिया। आज की स्थिति में सामान्य जनों की यह दशा हो गई है की उन्हें अपने मनोस्थिति का सही ज्ञान हो ही नहीं पाता। शास्त्र और शास्त्र सम्मत जीवन से भी उनका लगाव कम होता चला जा रहा है। उनके सामने द्विविधा की स्थिति यह भी है की सुनें भी तो आखिर किसकी सुनें ! संचार माध्यम और सूचना माध्यमों को भी अपने संख्या तत्व को लेकर ज्यादा चिंता है ; उनके सामने गुणवत्ता का कोई मानक है ही नहीं। शंकराचार्य के समय भी हमें ऐसी ही परिस्थितियों का सामना करना पड़ रहा था जहाँ मानव समाज कई मतों और पंथों में बँट चूका था; वही दशा आज भी परिव्याप्त है। इस विपरीत परिस्थिति में हमारी दो ही भूमिका बनती है। एक तो हम निरस्त होकर जो हो रहा है उसे होने दें और अधिक विकट परिस्थिति उत्पन्न होने तक इंतज़ार करते रहें ; या फिर अग्रज होकर मानव मात्र के कल्याण के लिए जन जन के मन में ब्रह्म जिज्ञासा के आधार पर प्रबोधन करें और सबको एकरूप हो पाने के लिए प्रेरित करें।

दूसरी परिस्थिति के लिए पर्याप्त मात्रा में साधन और समय का लगना तय है। संवर्धक और सम्पोषक मानव समाज के जरिये ही वैसी परिस्थिति का निर्माण हो सकता है। ऐसे मानव समाज और गोष्ठी का संधान करते हुए उनपर कुछ जिम्मेदारियां दी जा सकती है। भक्ति शास्त्र सम्मत हो यही अपेक्षित है ; शास्त्र की सीमा से बाहर होने वाली श्रद्धा कभी कभी विनाशक बन जाने की संभावना है। महनीय प्रेम कभी कभी भक्ति का रूप ले सकता है। ईश्वर के प्रति प्रेम को इसी कारण समय समय पर हम भक्ति में बदलते हुए देख सकते हैं। श्रवण , मनन और चिंतन के जरिये भी हम शास्त्र सम्मत विधि विधान को अभ्यास में ला सकते हैं। शास्त्र के गभीर रहस्य को मनन करने के उपरान्त ही हम महनीय के प्रति अनुरक्त होने का सफल और सार्थक अभ्यास कर पाएंगे।

एक और पक्ष ऐसा है जिसके आधार पर यह कहा जा सकता है क़ि विज्ञान के मानक या सूचकों के आलोक में धर्म को समझा नहीं जा सकता , वहीँ धर्म के गूढ़ रहस्यों को किसी विज्ञान के तत्व से उद्भासित भी नहीं किया जा सकता। विज्ञान की अपनी ही सीमा है; हमारे इन्द्रियों की भी अपनी अपनी मर्यादा है, और यह विश्व ब्रह्माण्ड इन्द्रिय की सीमाओं से परे है।

इस विषय को प्रतिपादित करते हुए हम एक उदाहरण ले सकते हैं : गायत्री मन्त्र का जप करते समय इतना ध्यान रखना होता है क़ि मन्त्र का जप करते समय अपने होंठ भले ही हिलें पर वो शब्द खुद को भी सुनने में न आएं। कब, कहाँ और कौन से संस्कारों को अभ्यास में लाना है यह विचार करते हुए लोग क्रियाशील हों यही कांक्षित है।

<u>भगवान कहाँ !</u>

संसार में दो ही प्रकार के लोग मिलते हैं: मुमुक्षु और बुभुक्षु। मुमुक्षु संसार की पीड़ा से भयभीत होकर जन्म बंधन से मुक्त होना चाहते हैं : बुभुक्षु प्राणी को मोक्ष की कोई चिंता नहीं है ; ऐसे लोग भोग की कामना रखते हैं। धर्म संस्कार और गीता ज्ञान सिर्फ मुमुक्षु प्राणी के लिए ही है , न कि बुभुक्षु के लिए। मुमुक्षु प्राणी को चाहिए कि वे अनेक देवताओं की उपासना से खुद को विरत रखें और अपने आग्रह के मुताबिक़ किसी एक देव पर अपना मन टिकाये रखें। सनातन पपरम्परा में तो कई भगवान हुए। अब यह प्रश्न निर्माण होता है क़ि हम किसे भगवान समझें ?

ज्ञान, शक्ति, ऐश्वर्य , बल और वीर्य का उचित सम्मलेन जहाँ हो जाता है उन्हें भगवान् कहे जा सकते हैं । लाक्षणिक प्रयोग के आधार पर श्री हरि के अतिरिक्त और भी कई देवताओं को भगवान् कहा जाने लगा। यही कारण है की सनातन परंपरा में हम अनेकोनेक भगवान् को देखते हैं; राम और कृष्ण को भी भगवान् कहा गया। किसी भी मन्त्र को पढ़ते समय इसी कारण से "श्री हरि"

का नाम लिया जाना हमारी संस्कृति का हिस्सा बन चूका। वेद वाक्य के मुताबिक़ भी श्री हरि को ही परम तत्व माना गया; हमारे आचार्य श्री भी इसी संस्कार को जीवित रखने का प्रयास करते रहे। हमारे मन में प्रश्न यह भी निर्माण होता है क्या श्री हरि को और कहीं देखा जा सकेगा ? वस्तुतः हरि के बिना कोई जीव का अस्तित्व में आना संभव ही नहीं है । मानस में इसीलिए जग को राम मय कहा गया। प्रह्लाद से भी जब पुछा गया क्या हर चीज में विष्णु हैं , तो उस भक्त ने अपने तपोबल से हर चीज में विष्णु को देख पाने की बात व्यक्त कर दिया।

कुछ कथा कहानी ऐसी भी है जिसके बारे में सामान्य जन यकीन भी नहीं कर सकते। कुछ ऐसा ही संदेह लोगों के मन में श्री हनुमान जी के लंका पार करने के विषय को लेकर पनपता है। उस परिस्थिति में लंका और भारत के बीच किस प्रकार का भौगोलिक संयोग था और कौन कौन से स्थान पर श्री हनुमान जी ने पैर रखा होगा ! धर्म का आधार ही श्रद्धा से है ; अतः कथा से ज्यादा महत्व तत्व को दिया जाना चाहिए। परम बलशाली होने पर भी श्री बजरंगबली सरल और सौम्य भाव रखते हुए अपने ध्येय मार्ग पर निडर होकर चल पड़े ; यह एक बड़ी सीख है। अंतरिक्ष से लिए गए चित्र के बाद अब हमें थोड़ा यकीन होने लग गया की भारत और लंका के बीच मानव निर्मित कोई पुल भी था। हमारा विश्वास इतना दृढ होना चाहिए जिसके बल पर हम ईश्वर को खुद में ही तलाश कर पाएं।

श्री वाल्मीकि रामायण में अरण्य पर्व में हम पाते हैं कि श्री राम-लक्ष्मण के द्वारा सुपर्णखा कि नाक कान काटी गई थी। उसे रावण के सामने उस तापस कुमार का परिचय देना था। परिचय देते हुए वो कहती हैं,

"तरुणौ, रूप सम्पन्नौ, सुकुमारौ , महाबलौ । पुण्डरीक विषालाक्षौ, चीर कृष्ण -पीताम्बरौ ; फलमूलासनो, दान्तौ (इन्द्रिय को वश में

किया हो ऐसा व्यक्ति); तापसौ, ब्रह्मचारिणौ; गन्धर्व राजौ प्रतिमौ पार्थिवौ।"

इस प्रकार से सुपर्णखा ने श्री रघुनाथजी का परिचय रावण को दिया। एक ही पुरुष में दो विरुद्ध गुणों का होना श्री रघुनाथ जी के देवत्व का ही प्रतिपादन करता है। उस राक्षसी को भी श्री राघुनाथ जी के देवत्व का ज्ञान हो चूका था। एक सहजात मानव प्रवृत्ति कर्म और कर्म फल को लेकर व्याप्त है। कर्म करने के बाद हर कोई फल की उम्मीद लगाए बैठता है। समुद्र मंथन में देव और दानव समान रूप से कर्म करते रहे पर असुरों को उनके कृत कर्म का कोई फल नहीं मिला। कारण एक ही है: उनहोंने कर्म तो किये पर उन्हें ईश्वर अनुकम्पा प्राप्त न हो सका ; अतः उन्हें अमृत से दूर ही रहना पड़ा । श्री हरि की मौजूदगी अलग से हमें महसूस करने के लिए कहीं जाने की जरूरत ही नहीं है ; उन चेतना को हम हर पल सृष्टि के हर कण में ही देख सकेंगे। वेद की भी यही मान्यता है कि प्रकृति के हर तत्व के सही स्वरुप को जानते हुए हम उन तत्वों को उपयोग में ला सकें और व्यक्ति जीवन को समृद्ध बना सकें ऐसा सफल प्रयास समय समय पर होते रहना चाहिए। ज्ञान और कर्म के सम्मलेन से भी हमारा यही उद्देश्य होना चाहिए कि व्यक्ति जीवन प्रकृति के करीब आ सके और नैसर्गिक विधाओं के साथ एकरूप होते हुए समूचे समुदाय को समृद्ध करे। उस प्रयास के अंतर्गत अर्थ , तत्व और ज्ञान इन तीनों कि समृद्धि समान रूप से होनी चाहिए।

ईश्वर चिंता में लगे व्यक्ति को विषय चिंता से मुक्त होना पड़ेगा , अन्यथा कोई इतने बड़े काम को कैसे अंजाम दे सकेगा यह एक बड़ा प्रश्न है; व्यक्ति का आधे से ज्यादा दिन अगर उदर पुर्ति के कार्य में बीतने लगे तो शास्त्र का अध्ययन शायद ही समय पर पूर्ण हो। हमें तत्व के बल पर चलना तो है पर इसके साथ अर्थ बल भी जुड़े ताकि काम में गति आ सके। जिस प्रकार के तत्व विवेचन मूलक कार्यक्रम की मांग लोग करते हों वैसा कार्यक्रम और लोक प्रबोधन का कार्यक्रम हम दे सकें ऐसा प्रयास भी करना होगा। जन

मानस के विचार केन्द्रक को मोड़ पाने के पहले हमें उनके आकांक्षाओं और अपेक्षाओं को भी समझना होगा।

एक पंडित शास्त्रार्थ करने काशी आए। कबीर दास जी से उनका शास्त्रार्थ कराया गया। कबीर दासजी उस पंडित से पूछने लगे, "आप पढ़कर समझे हैं या समझकर फिर पढ़े हैं?"

इस प्रश्न का उत्तर तलाशने के क्रम में ही बहुत बड़ा शास्त्रार्थ हो गया। जिसने दो अक्षर वाले शब्द "प्रेम" का सही अर्थ जान लिया हो उसका पढ़ना ही सार्थक मानें।

भगवान का पता अगर किसी से पूछें तो उसपर व्याख्यान करने के लिए सभी जन तुरंत प्रस्तुत हो जाते हैं। भगवान सर्वत्र भले ही रहें पर उन्हें प्राप्त करने का मार्ग तो प्रेम की सांकरी गली से ही निकलेगा। लोग तो यह भी कहेंगे तो ईश्वर खोजने वाले के भीतर ही मिलेंगे।

एक पढ़ा लिखा व्यक्ति बनारस की गंगा में नौका विहार पर निकला। माझी से विनोद में पूच बैठा, "अँग्रेज़ी जानते हो?"

"नहीं हुजूर, मैं भला अँग्रेज़ी आदि का क्या जानूँ! मुझे तो लिखना पढ़ना भी भी नहीं आता}"

"तब तो तुम्हारा बारह आने जीवन ही बेकार है।"

माझी मन ही मन मुस्कुरा रहा था और चुप रहना ही मुनासिब समझा। संयोग वश बीच नदी में नाव डगमगाया। अब वो अजनबी पढ़ा लिखा व्यक्ति घबराया।

"हुजूर आपको तो तैरना आता ही होगा!" माझी पूछ बैठा।

"नहीं मेरे भाई मुझे तैरना बिल्कुल ही नहीं आता। कोई उपाय निकालो और नाव को किनारे ले चलो।"

उस व्यक्ति की घबराहट देखकर अब माझी को भी विनोद करने का मौका मिल गया , "तब तो आपकी सोलह आने जीवन ही बेकार हो गई !"

ऐसा जीवन ही किस काम का जिसे मुसीबतें झेलना न आता हो ! अब उस आगंतुक को अपने घमंडी होने के कारण लज्जा हो रही थी। अपने न तैर पाने के कारण और ज़्यादा लज्जित हो रहा था। बीच नदी में से उसे बचाकर निकाल लाने के लिए उसका ज्ञान किसी काम न आएगा।

ऐसे कई प्रसंग मिलेंगे जिसके बारे में हम पाएँगे कि ग्रंथों से मिली शिक्षा की अपनी सीमाएँ हैं और प्रत्यक्ष अनुभव से मिलने वाले ज्ञान की व्यवहार कुशलता कहीं अधिक होती है। उस कौशल की प्राप्ति के लिए हम और अधिक सघन रूप से ज्ञान मंथन और कर्म चंचलता पा सकेंगे। परिस्थितियों का मुकाबला करने के लिए भी हमें व्यवहार कुशल होना होगा।

ब्रह्मज्ञानी

कौन ब्रह्म ज्ञानी है और कौन मूर्ख इसका आकलन तो परिस्थिति के मुताबिक ही किया जा सकेगा। आकाश मार्ग से हवाई जहाज़ से जाते समय उस नौका के माझी का अनुभव कोई काम में नहीं आएगा। जहाँ जिसकी भूमिका बनती है उसी सीमा में उसके कौशल्य की प्रतिष्ठा मानी जाएगी। हम किसी ब्रह्मा ज्ञानी से अन्य किसी ब्रह्म ज्ञानी की तुलना भी हर परिस्थिति में नहीं कर सकेंगे। अनेकांति विचार की दृष्टि से हर व्यक्ति उतना ही अहम है जितना अहम हम खुद को मानेंगे। आचार्य विनोबा भी अपने दार्शनिक विचार के माध्यम से उस मैत्री के महामंत्र की ही प्रतिष्ठा माने जिसे वेद में भी स्वीकृति मिली हुई है। कृष्ण भगवान अर्जुन को युद्ध भूमि में भली भाँति तत्व दर्शन और कर्तव्य बुद्धि का पाठ दे सके और इसमें उनको काफ़ी सफलता मिली इसका एक ही कारण है कि उन्होंने

अर्जुन से अपना मित्रवत व्यवहार रखा। सर्वशक्तिमान के उस मैत्री का स्वरूप ही था जिसके कारण उन्हें अर्जुन की शंकाएँ दूर करने में सहजता मिली।

व्यवहार कुशलता

दंडकारण्य में दो राक्षस रहते थे एक का नाम था आसाती दूसरे का नाम था वासाती। दोनों मिलकर कई संतों को मिटा चुके थे। आसाती संतों को बुलाकर लाता और वासाती खुद को भोजन के रूप में परोस देता। भोजन के बाद जब भी संत उन दोनों को भी भोजन कर लेने का आग्रह करते तो आसाती अपने भाई वासाती को पुकारने लगता। नतीजा यह होता कि वासाती संतों का उदर चीरते हुए बाहर निकल आता। काफ़ी दिन तक यह सिलसिला निरंतर चलता रहा।

संतों ने अगस्त मुनि से इस समस्या का हल निकालने के लिए कहा। अगस्त मुनि भी उसी तरह आसाती के निमंत्रण पर आए और भोजन करने के बाद आसाती से आग्रह करने लगे कि वो अपने भाई को खाने पर बुला ले; पर इस बार श्री मुनि उसके भाई को पूरी तरह पचा चुके थे। जाहिर सी बात है कि वासाती मुनि का पेट चीरकर बाहर निकलने में असमर्थ रहा। इसी विरह में आसाती भी समाप्त हो गया।

पढ़ने लिखने का फल यह भी नहीं होना चाहिए कि व्यक्ति समाज और व्यवस्था से ही दूर हो जाए। अपने दैनिक जीवन में आनेवाले कुछ काम तो उसे कर लेने के लिए तत्पर भी रहनी चाहिए।

बंबई में रास्ते से गुजरने वाले एक बड़े व्यापारी के सफ़र करते समय की एक घटना हम याद कर सकते हैं। उनकी गाड़ी बीच रास्ते में अचानक खराब हो गई और एक पहिया बदलने की नौबत आ

गई | गाड़ी का चालक कीमती वस्त्र पहने हुए था इसलिए उसने करीब के किसी कारीगर को बुलाने का प्रयत्न करने लगा | इतने में उस बड़े व्यापारी ने अपना कोर्ट जूते आदि उतारकर काम पर लगना ही मुनासिब समझा ताकि थोड़ा समय बचाया जा सके | इस घटना को देखते हुए गाड़ी का चालक भी अपने वस्त्र की परवाह न करते हुए काम में लगा और जल्द से जल्द उस काम को पूरा करने का प्रयास करते रहा |

सभा में पहुँचने में विलंब तो हुई पर ज़्यादा परेशानी से वो बच गये | अगर अपना अभिमान लिए व्यापारी और गाड़ी चालक कारीगर का इंतजार करते रहते तो शायद सभा में पहुँच ही नहीं पाते, पर उन्होंने समझदारी दिखाते हुए समय बचा लिया |

नीति परायणता का उदाहरण रामायण में भी जगह जगह पर मिलता है | रण में मेघनाद मारे जाने के बाद उसकी पत्नी सुलोचना रावण से आग्रह करने लगी कि उसे सती होने का मौका दिया जाय | ऐसा कहकर सुलोचना श्री रामजी के शिविर में जाने के लिए निकल पड़ी | सबने रोकने का प्रयास किया और रावण से कहा कि सुलोचना को शत्रु के शिविर में जाने से रोकें | रावण को उसे रोकने का कोई उचित कारण नहीं लग रहा था | सुलोचना को रोककर भी राम बदले की भावना से ग्रसित होकर काम कर सकता है, ऐसी शंका व्यक्त करने के बाद रावण ने कहा , "यह काम रावण का हो सकता है पर राम का नहीं | जिस शिविर में बालक ब्रह्मचारी होते हों उस शिविर में ऐसा काम हो ही नहीं सकता |"

कहने का तात्पर्य है कि रावण को भी यह ज्ञान हो गया था कि श्री राम और उनके साथी नीति परायण होकर युद्ध करते रहेंगे | उनके शिविर में किसी का भी नीति भ्रष्ट होने की कोई संभावना ही नहीं है |

नीति परायण होने का सीधा संबंध अगर ज्ञान आहरण से होता तो रावण को भी नीति परायण होना था, पर हक़ीकत में ऐसा हमें

देखने के लिए नहीं मिलता। हर तरफ पढ़ने लिखने की ही ज़्यादा चर्चा होती है। पढ़ने लिखने की ओर लोगों का रुझान भी काफ़ी बढ़ा। इसी क्रम लोगों में कर्म प्रधानता की कमी देखी जा रही है।

शिक्षा सर्वेक्षण के काम से दलमा घाटी के आस पास बासे ग्रामीणों के बीच घूमते समय शिक्षा के प्रति ग्रामीणों का आग्रह कम होने का कारण पता लगाना था। घाटी में बसे एक गाँव के एक वरिष्ठ का कहना था कि विद्यालय जाने वाले बच्चे हल जोतना भूल जाते हैं, कुछ दिनों के बाद अन्य कोई काम करना भी नहीं चाहते। बेहतर होता यदि सबके सब विद्यालय बंद कर दिए जाते। इस विरोधाभाषी विचार से ओत प्रोत होने के बाद शोधकर्ता यह तलाश करने में जुट गये कि कुछ ऐसा सुधार करें जिससे उन ग्रामीणों का शिक्षण संस्थानों पर विश्वास बन सके। आज तक ऐसा कोई पहल हो ही नहीं पाया।

महात्मा और बाबा विनोबा के पास इसका काफ़ी व्यवस्थित हल था, जिसको आधार मानकर बच्चे कम से कम हल जोतना नहीं भूलते और लोहे के बैल से होनेवाली समस्या का भी निराकरण कर पाते। पर अपनी व्यवस्था आधुनिकता के चक्रवात में फँस चुकी है। आए दिन कठिनाइयों का नया समीकरण सन्दर्भित हो रहा है।

प्राचीन समय में मद्रदेश (वर्तमान सियालकोट) में शाकलवंशी अश्वपति नामक एक राजा पुत्र की कामना से सभी कामनाओं को पूर्ण करने वाली सावित्री (गायत्री) की आराधना करने लगे। सावित्री (गायत्री देवी) की कृपा से सर्वांग सुंदरी कन्या की प्राप्ति हुई। उस बालिका का नाम भी सावित्री ही रखा गया। कालक्रम में सावित्री के जीवन में भी स्वयंवर का मुहूर्त आया और उसे योग्य पति चुने जाने के लिए कहा गया। उसने द्युमत्सेन के पुत्र सत्यवान को पतिरूप में वरण कर लिया। सावित्री की दृष्टि में उसका चुनाव सही था क्यूंकी सत्यवान धर्मात्मा थे , पर साथ ही साथ अल्पायु भी थे। ऐसा पता चला कि एक वर्ष बाद ही उनकी मृत्यु हो जाएगी। यह जान जाने के बाद भी सावित्री ने अपना निर्णय न बदलते हुए सत्यवान को ही जीवन

साथी के रूप में स्वीकार कर लिया | उन दिनों अपना राज्य और नेत्रज्योति खो चुके राजा द्युमत्सेन अपनी रानी और राजकुमार सहित एक वृक्ष के नीचे कुटिया बनाकर रहते थे। राजा अश्वपति विवाह का सारा सामान और कन्या को लेकर वृद्ध सचिव सहित उस वन में गये और जहाँ विधि-विधानपूर्वक सावित्री और सत्यवान का विवाह कर दिया गया। वन में रहते हुए अत्यंत कष्ट पाकर भी सावित्री सास-ससुर और पति की सेवा में लगी रही। जब सत्यवान के जीवन का अंतिम समय नज़दीक आ गया तब सावित्री ने ससुर से आज्ञा लेकर त्रिरात्र व्रत के लिए तैयारी करने लगी | सफलतापूर्वक व्रत रखते हुए जब चौथा दिन आ गया तब सावित्री अपने पति को किसी भी काम के लिए अकेला छोड़ना नहीं चाह रही थी | जब सत्यवान ने लकड़ी, फूल और फल लाने के लिए जंगल की ओर प्रस्थान किया तब सावित्री भी पति के साथ उस भयंकर जंगल में चल पड़ी |

वन में लकड़ी काटते समय सत्यवान तीव्र पीड़ा का अनुभव करने लगे | थकान अनुभव करते हुए सत्यवान सावित्री की गोद में सिर रखकर लेट गये | उसी समय उस जगह पर पीताम्बर धारी यमराज उपस्थित हुए और सत्यवान के जीवन के अंतिम घड़ी के बारे में बताते रहे | उनके पीछे मृत्यु सहित काल भी था। धर्मराज ने उस स्थान पर पहुँच कर उस समय सत्यवान के शरीर से प्राण को अलग करके उस स्थान से दूर चल पड़े अपने प्रियतम पति को प्राणरहित देखकर सावित्री जाते हुए धर्मराज के पीछे-पीछे चली और काँपते हुए हृदय से अपने दोनों हाथ जोड़कर बोली – " माता की भक्ति से इस लोक, पिता की भक्ति से मध्यम लोक और गुरु की भक्ति से ब्रह्मलोक की प्राप्ति होती है। जो इन तीनों का आदर करता है, उसने मानो सभी धर्मों का पालन कर लिया ऐसा मान लेना चाहिए | इसके विपरीत अगर ऐसा धर्माचरण कोई न कर सके तो उसके सारे कर्म माता, पिता और गुरु इन्हीं तीनों में समाप्त हो जाते हैं।"

सावित्री के ऐसा कहने पर भी यमराज उसे लौट जाने का ही परामर्श दिया और खुद सत्यवान को जीवनहीन करके चलते रहे |

सावित्री फिर बोली – " स्त्रियों का पति ही देवता है, इसलिए साध्वी स्त्रियों को अपने पति का अनुगमन करना चाहिए। यही धर्माचरण है और शुद्धाचार भी । स्त्री के जीवन में पति अपरिमित संपत्ति का दाता है। भला ऐसे पति की कौन स्त्री भक्ति नहीं ! अतः मुझे भी वहीं ले चलिए जहाँ पातिदेव को लिए जा रहे हैं ।

जब यमराज ने सावित्री से वरदान माँगने के लिए कहा तब उसने सबसे पहले अपने धर्म पिता के लिए जो उचित था वही माँगते हुए बोली – "जो राज्य से च्युत हो गए हैं तथा जिनकी आँखों की ज्योति चली गयी है, ऐसे मेरे महात्मा धर्म पिता को राज्य तथा नेत्रज्योति प्रदान कीजिये।"

यमराज के साथ संवाद करते करते सावित्री काफ़ी दूर निकल आई थी । यहाँ से वापस चले जाने के लिए यमराज बार बार बोलते रहे । सत्यवान के प्राण को वापस माँगने के विषय से ध्यान भटकाने के लिए और उसके मन को शांत करने के उद्देश्य से यमराज सावित्री से और वरदान माँगने के लिए कहने लगे । अपने सौ सहोदर भाई की अभिलाषा रखनेवाली सावित्री तदनुरूप वरदान पाकर भी यमराज के पीछे चलने लगी और यह तर्क देने लगी कि सतपुरुष का मार्ग अनुसरण करने में व्यक्ति के जीवन में कभी थकान नहीं आ सकता और उसे किसी प्रकार के पीड़ा का अनुभव होगा । यज्ञ, तप, दान, इन्द्रियनिग्रह, क्षमाशीलता, ब्रह्मचर्य, सत्य, तीर्थों की यात्रा, स्वाध्याय, सेवा, सत्संग, देवार्चन, गुरुजनों की सेवा तथा ब्राह्मणों की पूजा -- इन सत्कर्मों के ज़रिए व्यक्ति धर्मोपार्जन कर लेता है और उस धर्मोपार्जन के ज़रिए ही अग्रज बनता है । व्यक्ति जहाँ कहीं भी जाए उसका धर्म ही उसके साथ जाता है न कि प्रतिष्ठा, यश, संपदा और धन । कहते हैं तीनों लोकों में किसी पुत्र हीन व्यक्ति की सदगति नहीं होती । आख़िर सावित्री ने एक ऐसा वरदान माँग लिया जिसके बारे में स्वयं धर्मराज भी किसी भी प्रकार से प्रस्तुत नहीं थे। सावित्री ने कहा – " देव ! मैं सत्यवान के सौ पुत्रों की माँ बनना चाहती हूँ । "

इस वरदान को यशस्वी बनाने का आशय लेकर सावित्री को पुनः वापस जाने के लिए कहने लगे।

आखरी वरदान को यशस्वी करने के लिए और सावित्री के ज्ञान से संतुष्ट होकर अंततः धर्मराज के पपास से सत्यवान के प्राण को मुक्ति मिली और सावित्री को अपना पति वापस मिला।

ज्ञान का भंडार कभी न ख़त्म होनेवाला है और इसमें निरंतर बढ़त हो रही है। जानकारी पप्रत कर लेने का नाम ज्ञान ऐसा भी नहीं कहा जा सकता। हमें जानकारी प्राप्त करते हुए उस जानकारी से जुड़े हुए समझदारी के क्षेत्र क्षेत्र का निर्माण हो यही अपेक्षित हो सकता और इस दिशा में ही एक अभ्यासू को काम करना होगा। प्रश्न यह भी उठता है कि जिस ज्ञान की बात हम करने जा रहे हैं और जिसके साथ ज्ञान और भक्ति के समन्वय की विवेचना समय समय पर आनेवाली है उस विवेचना को अधिकाधिक पुष्ट करने के निमेटत् से हमें कई कथा, कहानी और उपाख्यान की चर्चा समय समय पर करते रहना होगा। सिर्फ़ इतना ही नहीं उन सभी विमर्शों और चर्चाओं में से शिक्षणीय बिंदुओं अलग करके स्वाध्याय की कड़ी को भी एक सही स्वरूप देना होगा। लोग कहते हैं कि अपने ही देश में कोई एक क्रांतिकारी ऐसे भी हुए जिनके व्यक्तिगत संग्रह में कई हज़ार ग्रंथ जमा हो चुके थे। कुछ ऐसे भी संत हुए जिन्होंने सिर्फ़ एक ही ग्रंथ को जीवन का अंश बना लिए और उसीसे जनता जनार्दन की सेवा करते रहे। ईश्वर के स्वरूप से एकरूप हो जानेवाले महात्माओं के लिए हज़ारों ग्रंथ के अरबों पन्नों कोई आवश्याकता शायद ही हो।

स्वाध्याय के क्रम में व्यक्ति का अहंकार, दंभ, ख़ुदगरजी आदि कई बाधाएँ उत्पन्न हो सकते हैं। उन सभी बाधाओं से खुद को बचाते हुए हमें स्वाध्याय को एक व्रत के रूप में स्वीकारना होगा। तपस्या, ईश्वर के प्रति अनुराग और अंतर मन की स्वच्छता सिर्फ़ स्वाध्याय पर ही निर्भर करता है।

विचार के साथ अर्थ (पैसा , सम्पद, ज़मीन आदि) का रिश्ता ही कुछ अजीब सा है | लोग पैसों के बल पर हर एक को झुका देने की तमन्ना रखते हैं | कभी कभी उन्हें इतिहास के पन्नों से सीख लेते हुए अपनी भूमिका तय करना होगा | हम सब यह भली भाँति जानते हैं कि एक लुटेरा जब भारत से लूट का पैसा लेकर जा रहा था तो वह अपने ही साथियों के हाथों मारा गया | वो पैसा आख़िर किसी के भी काम न आ सका | अगर किसी को यह लगता है कि मंगल विचार के धनी सिर्फ़ पैसों के लिए काम करेंगे तो उन्हें अनति विलंब अपना विचार बदलते हुए यह समझ लेना हूगा कि पैसों की ओर भागने वाला व्यक्ति मंगल और क्रांतिकारी विचार का धनी कदापि नहीं हो सकता | जिन संस्थाओं के पास पैसे, ज़मीनें और इमारतें आ चुकी है उन्हें लगता है कि अब दुनिया को किसी भी तरफ मोड़ सकेंगे और जनता जनार्दन को उनके पास आना ही होगा | उन संस्था प्रमुखों को इस बात का ध्यान रखना होगा कि क़ानून का शिकंजा कभी भी कसा जा सकता है और किसी लोकतांत्रिक ढाँचों में इसकी संभावना कुछ ज़्यादा ही रहेगी | अतः कुछ ऐसा संतुलन बनाकर संस्थाओं को चलना होगा जिससे जनता जनार्दन के बीच उन संस्थाओं के चलते किसी प्रकार का रोष उत्पन्न न हो | एक ऐसी भी संस्था के बारे में पता चला जिन्होंने अपने ही कार्यकर्ताओं को काफ़ी अपमानित करके उनकी भावनाओं को कुचलकर काम से निकाल बाहर करने का निर्णय लिया | कभी कभी हमें भावनाओं का भी ध्यान रखना होता है; ताकि कोई व्यक्ति आवेश में आकर कोई ग़लत कदम न उठा ले | जिन कार्यकर्ताओं को निकाला गया उनमें से अधिकांश लोगों का नौकरी पाने का उम्र ही निकल चुका था और वो न तो नई व्यवस्था में ढलने के लिए मानसिक रू से तैयार थे | इसका यह अर्थ भी नहीं है कि संस्थाओं को कामगार लोगों की संख्या में कटौती करने का कोई हक ही नहीं है | संस्था उन अधिकारों का उपयोग करते समय वयक्ति की भावनाओं का भी यथोचित सम्मान करे | किसी नौकर के अपमानजनक कारनामों का असर संस्था प्रमुख और उनके साथ जुड़े लोगों की प्रतिष्ठा को भी चपेट

में ले सकता है। और यह एक प्रकार की मूर्खता ही है जिसके बदौलत कोई संस्था बने बनाए कुशल कार्यकर्ताओं को छोड़ दे।

संस्कृति की जड़ें

भारत में अँग्रेज़ी हुकूमत का एक लंबा दौड़ चला। नीति परायणता के चलते पृथ्वीराज चौहान पहले ही हार चुके थे। चारों ओर से भारत में दस्तक देने का द्वार खुल चुका था और एक के बाद एक लुटेरों की घुसपैठ चलती रही। उपद्रवियों के बीच आपसी लड़ाइयाँ भी चली। उन सबमें ज़्यादा कौशल्य रखने वाले अँग्रेज़ों को लगा क्यों न भारतवर्ष को अँग्रेज़ी हुकूमत का अभिन्न अंग बना लिया जाय। इस काम में एक ही बाधा आ रही थी और वो था भारतीय मूल के लोगों में व्याप्त संस्कृति की मजबूत जड़। उस मजबूत जड़ के कारण उन्हें पूर्णतः गुलाम नहीं बनाया जा सकता। उन दिनों बंबई प्रांत में एल्फ़ींसटोन नामक एक अंग्रेज अधिकारी राज करता था। उसने अपने राजा को वफ़ादारी दिखाते हुए यह वादा किया कि अगर भारतीय मूल के लोगों को अँग्रेज़ी सिखा दिए जाएँ और अँग्रेज़ी अदब क़ायदे का अभ्यास करा दिया जाय तो वो अपनी संस्कृति से अलग होकर अँग्रेज़ी संस्कृति के आदि हो जाएँगे और उस परिस्थिति में सुदूर लंदन से भी भारत पर लगाम कसा जा सकेगा। हक़ीकत तो यह ही है कि अपना देश आज भी गुलामी और वैचारिक दीनता जैसी परिस्थिति का सामना कर रहा है। विविध विचारों में एकरूपता का सूत्र पिरोना सचमुच ही काफ़ी कठिन, और कभी कभी असंभव सा ही प्रतीत हो रहा है।

अँग्रेज़ों को यह भी लगने लग गया था कि जिस प्रकार से राष्ट्रीयता का ऊफान सन ४७ में व्याप्त हो रहा था उससे यह निश्चित ही मान लेना चाहिए कि स्वतंत्र भारत बड़ी तेज़ी से प्रगति करेगा। इस प्रगति की गति को कम करने का एक ही उपाय है: मानव संसाधन

और नैसर्गिक संसाधनों के बीच बटवारा करा दिया जाय। इसी क्रम में हिन्दुस्तान, पाकिस्तान का जन्म हो गया। बँटवारे की लकीर को जान बूझकर डाली गई ताकि आस पास रहनेवाले समुदाय कभी कमर कसकर सीधा खड़ा भी न हो सकें; मज़हबी अलगाव पहले से तो थे ही। विडंबना ऐसी बढ़ी कि मज़हबी खींच तान लंबी अवधि से चलते चले आ रहे हैं। अँग्रेज़ों को अपनी सफलता पर गर्व भी होता होगा। छोटी छोटी बातों के लिए लड़ जाने और मार मिटने की प्रस्तुति के बारे में सुनकर दुनिया के लोग इन दोनों मुल्कों की निंदा भी करते ही होंगे।

अपना नुकसान होता हो और हमें समझ में न आता हो यह काफ़ी चिंता का विषय है। इस परिस्थिति में नई पीढ़ी के लोग समग्र विषयों पर पुनरावलोकन करना ज़रूर पसंद करेंगे।

साझी संस्कृति का रथ

आधुनिक सभ्यता के साथ ताल मिलाकर चलने के लिए हम सबको एक ऐसी संस्कृति का आदि होना होगा जिसमें सभी मनुष्यों के अरमानों और हितों की रक्षा हो सके। कर्म प्रधानता के साथ साथ मूल तत्वों का भी संरक्षण हो सके। विज्ञान को आधार मानकर चलने वाले इस संस्कृति के रथ दो ही पहिए हो सकते हैं: शौर्य और धैर्य का पहिया। सत्य और शील उस रथ का ध्वजा पताका बनता है। कहते हैं ऐसा ही रथ श्री रामजी को जंग भूमि में विजय दिलाया था। इंद्र का सम्मान करते हुए उन्होंने इंद्र के द्वारा भेजे गये रथ को भले ही रख लिए हों पर उनका यह हनुमान रूपी दिव्य रथ ही मुश्किल की घड़ी में काम आया। आधुनिकता का नशा इतना भी न हो कि हम मानव मुल्यबोध पर आधारित संस्कृति से उखड़ जाएँ और शैवाल दल की भाँति जलाशय में तैरते रहें। वह तो नीरभिमानी रुद्र अवतार श्री बजरंग बली का ही प्रताप था जिसके कारण रावण को धराशायी होना पड़ा। उसका ज्ञान दस मस्ताकों के समान था (रूपक में उन्हें दसानन कहते थे)। इतने पर भी अहंकार और दंभ का बादल उस ज्ञान को ढक दिया था। बजरंगी तो अपनी कुछ करामात मानते भी नहीं थे।

समाज का स्वरूप बड़ी तेज़ी से बदल रहा है। सूचना तंत्र का ही प्रतिफल है कि अपने पास काफ़ी जानकारियाँ आ चुकी, पर किस जानकारी का कहाँ उपयोग करना है इसे बताने वालों की कमी आज भी ख़टकती है। कभी रामायण के युग में जब अगस्त मुनि के आश्रम से आगे का मार्ग श्री राम पता लगाने लगे तो मार्ग बताने वाले पचासों आ गये। उनमें से गिने चुने चार संतों को श्री अगस्त मुनि ने श्री राम के साथ भेजा और पंचबटी का मार्ग बताया गया। चार संत से अभिप्राय चार वेद का था और पंचबटी से पाँच इंद्रिय का अभिप्राय था। शरीर के साथ ज्ञान का उचित समन्वय होने के बाद ही व्यक्ति पूर्णता प्राप्ति के मार्ग पर कुशलता पूर्वक आगे बढ़ सकेगा। किसी भी कार्य में उतरने के पहले साधु मत लेने की अपनी प्राचीन परंपरा है ; और भी विधान में ऐसी परंपरा सन्दर्भित होती है।

एकबार अपने ही देश में राष्ट्रपति को नींद न आने की पीड़ा सता रही थी। प्रचलित इलाज से कोई काम नहीं हो रहा था। उन्होंने एक फकीर बाबा से परामर्श लेना उचित समझा। उनके चुने हुए सिपाही श्री राष्ट्रपति महोदय का संदेश लेकर फकीर बाबा के पास पहुँचे और कहे, "हमारे राष्ट्रपति जी ने आपको याद किया है, आप हमारे साथ उनसे मिलने के लिए चलिए।"

फकीर बाबा कुछ गिने चुने मरीजों से मिलने के लिए बाहर निकलने की तैयारी कर रहे थे, "तुम्हारे सुलतान के दरबार में भला मुझ जैसे फकीर का क्या काम ! उन्हें जाकर कह दो मैं नहीं आ सकता। "

सिपाहीगण अपने ही साथ खड़े अपने मुखिया को कहने लगे, "अगर आपका आदेश हो तो .... ।"

मुखिया वापस जाकर अपने राष्ट्रापापति को बताना मुनासिब समझा और उनके दिए आदेश के मुताबिक काम करने का निश्चय करते हुए वहाँ से वापस आ गये।

"फकीर बाबा को जाकर कह दो मैं ही उनसे मिलने आना चाहूँगा |", राष्ट्रपति महोदय इतना तो समझ ही गये कि सिपाहियों ने उस फकीर से ठीक से बात नहीं किया होगा |

"फकीर बाबा आज आप घर पर ही रहें, आपसे सुलतान मिलने के लिए आ रहे हैं | ", सिपाही गण कुछ नम्र होकर उस फकीर से निवेदन करने लगे |

फकीर भला कहाँ रुकने वाला था, वो यथावत अपने नित्य काम से निकल गया | उसके पास और भी मरीजों से मिलने की योजना पहले से तय थी ; उस दिन भी मुलाकात नहीं हो पाई | तीसरे दिन राष्ट्रपति काफ़ी देर से आए और फकीर बाबा के डेरे पर इंतजार करने लगे | आख़िर बड़ी इंतजार के बाद मुलाकात हुई, " ऐसी क्या तकलीफ़ है आपको?"

"तकलीफ़ तो है , रात को नींद नहीं आती |"

"एक सुलतान को भला नींद कैसे आ सकती!" , फकीर बाबा स्पष्ट ही बोल गये |

"माने!"

"नींद इंसान को आती है , सुलतान को नहीं | बिस्तर पर जाने के पहले भूल जाया करो कि तुम किसी मुल्क का मुखिया हो तो सहज ही नींद आ जाएगी |"

"इतना भी सरल है!"

"इतना ही सरल है, करके देखो |"

हक़ीकत में ऐसा करने से सुलतान को नींद आने लगी | उस फकीर के चमत्कार से काफ़ी प्रभावित हुए |

आख़िर मन ही है जो व्यक्ति को कई तरह प्रभावित करते रहता है। मन अगर स्वाभिमान से ज़्यादा ग्रसित होने लगे तो समझना चाहिए परेशानी बढ़ी।

अपने शंकर भगवान से जुड़ी एक कथा से हम उनके महायोगी होने का और पार्वती के तत्वज्ञानी होने का प्रमाण प्रत्यक्ष कर पाते हैं। सती के गुजर जाने के बाद आदि देव अक्सर ध्यान मग्न ही रहने लगे। महादेव को ध्यान से उठाने का जटिल काम श्री कामदेव को दिया गया ताकि अन्य देवताओं का कल्याण हो सके।

योगी, जटिल , आकाम मन, अमंगल वेश धारी, मातृहीन, गृहहीन , जटाधारी , क्षीण और दीन ऐसे ही अवगुणों के धनी हैं अपने महादेव। श्री नारद मुनि से परिचय पाकर पार्वती के माता पिता तो काफ़ी चिंतित हो उठे पर कुमारी का मन हर्षित हो उठा ! जिसे मुनि अवगुण गिना रहे थे वे सबके सब असल में उनके ईश्वर अभिमुखी होने का ही प्रमाण दे रहा था। शिव और पार्वती को मिलाने में श्री नारद मुनि ही अहम भूमिका निभा रहे थे। उन्होंने शंकर भगवान के मन में भी काम उत्पन्न करने का प्रयास किया ; और महादेव ही थे जिन्होंने काम को जलाने का निश्चय कर लिया। काफ़ी अनुनय करने के बाद वो मान तो गये पर उनको देखते ही पार्वती की माँ मैना के हाथ से आरती की थाल गिर गई। एक पार्वती ही थी जिसे महादेव से व्याह करने की ज़िद पड़ी थी। नियति को जो मंजूर था वो तो होना ही था ; अंततः दोनों एकरूप हुए। आदि शक्ति और जगन्माता जगदंबा की ही एकरूपता थी जिसकी कल्पना देवगण किया करते थे। हम उस मिलनेवाले और मिलानेवाले दोनों के समझदारी और सूझबूझ की सराहना करते हैं जिन्होंने लोक हितार्थ कुछ निर्णय ले पाए थे। पार्वती की भी समझदारी इस बात से आकलित की जाएगी जिसके बल पर उन्होंने अवागुणों में गुणों को तलाश लिया।

संवेदनशील होना दिव्य पुरुषों और देवत्व के गुणों से पुष्ट महाजनों की पहचान है। हज़रत मोहम्मद को एक माता ने कुछ फल

भेंट में देने आई। मोहम्मद तुरंत खाने लगे और सबके सब फल अन्य किसी को न दिए खा गये। उस माता को बहुत अच्छा लगा, संतोष मिला और वापस आ गई। आम तौर पर मोहम्मद बाँट कर ही खाया करते थे , पर इसबार किसी को एक भी फल न देने का कारण उनसे पूछा गया। उनका कहना था कि फल मीठे नहीं थे, और इसका पता चलने पर उस माता को अच्छा नहीं लगता यही कारण है कि मोहम्मद ने फल के खट्टे होने की बात को छिपा लिया ताकि उस माता को बुरा न लगे। उनकी इस संवेदनशीलता और तत्परता के लिए सभी भक्त उनसे इस बात की सीख लेने लगे। ऐसा भी नहीं है कि हक़ीकत से मुँह मोड़ लेने के बाद उसमें बदलाव आ सकेगा या फिर हम अछूते रहेंगे। मुसीबतों को सही स्वरूप में समझते हुए उसका मुकाबला करना एक सामूहिक साधना का विषय है और इसे वास्तवोचित रूप से अनुपालन करने के लिए हमें तत्पर भी होना होगा।

आचार्य और महात्मा का भी यही अभिप्राय रहा कि भेदबूद्धि से काम करनेवालों का प्रबोधन हो और राष्ट्र निर्माण की विधा को सही तरीके से प्रतिपादित किया जा सके। गीता के तत्वज्ञान को जीवन की कड़ी से जोड़ने का सफल प्रयास आचार्य श्री ने ही किया। इस विषय को स्पष्ट रूप से कहने और समझ पाने का आग्रह हमारे अंतर मन में पनपना चाहिए। अगर ऐसा विचार पनपने लगा तो हम उस परिस्थिति तक खुद को प्रोन्नत कर सकेंगे जिस परिस्थिति के अधीन व्यक्ति लोगों की ओर दृष्टि न देकर खुद के विधायक कर्म पर ध्यान लगाया करेगा।

कभी कभी हक़ीकत जानकार भी बताना उचित नहीं होता।

प्रकाशक

प्रस्तावना

गीता प्रवचन में सकल जनोपयोगी परमार्थ का सुलभ विवेचन है | " स्थितप्रज्ञ दर्शन" इसके और आगे का ग्रंथ है, जिसमें वही विषय एक विशिष्ट भूमिका पर से कहा गया है | "गीताई चिंतनिका" गीताई का सूक्ष्म अध्ययन करनेवालों के लिए है | तीनों में मिलाकर गीता के बारे में मुझे जो कहना है , वह संक्षेप में सांगोपांग कहा है | पुस्तकें लिख तो रखी है, ऐसी अपेक्षा है कि पारमार्थिक जिज्ञासुओं के काम आएँगी और किसी किसी को उनसे ऐसा लाभ पहुँचा भी है, परंतु मुख्य उपयोग तो खुद मेरे लिए ही है | संसार का नाटक मैं देख रहा हूँ | एक स्थान पर बैठकर भी देखा , अब यात्रा करते हुए भी देख रहा हूँ | असंख्य जन समूह और उनके नेता एक ही प्रवाह में खिंचते जा रहे हैं , यह देखकर ईश्वर की लीला का ही चिंतन करें, दूसरा कुछ चिंतन ना करें ऐसा लगता है |

यह तो सहज प्रवाह में लिखा गया | "गीता प्रवचन" को सारा पढ़कर पचाना चाहिए | उसकी शैली लौकिक है, शास्त्रीय नहीं | उसमें पुनरुक्ति भी है | यह मेरी अपेक्षा से अधिक काम हो गया | मेरी अपेक्षा तो इतनी थी कि मुझे लाभ मिले | अपनी भावना को दृढ़ करने के लिए जप- भावना में बोलता जाता था | उसमें से इतना भारी

फल निकल आया है | ईश्वर की इच्छा थी ऐसा कहना चाहिए | गीता प्रवचन कार्यकर्ताओं के सामने दिए गये हैं और इसमें आम जनता के उपयोग की दृष्टि रही है | यहाँ तात्विक विचारों का आधार छोड़े बगैर , लेकिन किसी वाद में पड़े बिना ही, रोज की कामों का ज़िक्र किया गया है | यहाँ श्लोकों के अक्षरार्थ की चिंता नहीं, एक एक अध्याय के सार का चिंतन है | शास्त्र - दृष्टि रखते हुए भी शास्त्रीय परिभाषा का उपयोग कम से कम किया गया है | मुझे विश्वास है कि हमारे गाँव वाले भाई बहन भी इसमें अपना श्रम परिहार पाएँगे |

मेरे जीवन में गीताने जो स्थान पाया है, उसका मैं शब्दों से वर्णन नहीं कर सकता | गीता का मुझपर अनंत उपकार है | रोज मैं उसका आधार लेता हूँ और रोज मुझे उससे मदद मिलती है | उसका भावार्थ मैं जैसे समझा हूँ, इन प्रवचनों में समझाने की कोशिश की है | मैं तो चाहता हूँ कि यह अनुवाद हर घर में पहुँचे और घर घर में इसका श्रवण, मनन और पठन हो |

१ जनवरी

पहला अध्याय: प्रास्ताविक आख्यायिका: अर्जुन का विषाद

साम्यसूत्र 1 : अभिधेयं परम-साम्यम्

वृत्तिः 1. अथ गीतानुशासनम्   2. दीपस्तंभवत्

1.मध्ये-महाभारतम्

प्रिय भाइयो,

1.आज से मैं श्रीमद्भगवद्गीता के विषय में कहने वाला हूँ। गीता का और मेरा सम्बन्ध तर्क से परे है। मेरा शरीर मां के दूध पर जितना पला है, उससे कहीं अधिक मेरे हृदय और बुद्धि का पोषण गीता के दूध पर हुआ है। जहाँ हार्दिक सम्बन्ध होता है, वहाँ तर्क की गुंजाइश नहीं रहती। तर्क को काटकर श्रद्धा और प्रयोग, इन दो पंखों से ही मैं गीता-गगन में यथाशक्ति उड़ान भरता रहता हूँ। मैं प्रायः गीता के वातावरण में रहता हूँ। गीता मेरा प्राणतत्त्व है। जब मैं गीता के सम्बन्ध में किसी से बात करता हूँ, तब गीता-सागर पर तैरता हूँ और जब अकेला रहता हूँ तब उस अमृत-सागर में गहरी डुबकी लगाकर बैठ जाता हूँ। ऐसे इस गीता माता का चरित्र मैं हर रविवार को आपको सुनाऊं, यह तय हुआ है।

2.गीता की योजना महाभारत में की गयी है। गीता महाभारत के मध्य भाग में एक ऊँचे दीपक की तरह स्थित है, जिसका प्रकाश पूरे महाभारत पर पड़ रहा है। एक ओर छह पर्व और दूसरी ओर बारह पर्व, इनके मध्यभाग में; उसी तरह एक ओर सात अक्षौहिणी सेना और दूसरी ओर ग्यारह अक्षौहिणी, इनके भी मध्य भाग में गीता का उपदेश दिया जा रहा है।

2 जनवरी

साम्यसूत्र 1 : अभिधेयं परम-साम्यम्
वृत्तिः 3. रामायण-भारतयोर् वैशिष्ट्यम्

3.महाभारत और रामायण हमारे राष्ट्रीय ग्रन्थ हैं। उनमें वर्णित व्यक्ति हमारे जीवन में एकरूप हो गये हैं। राम, सीता, धर्मराज, द्रौपदी, भीष्म, हनुमान आदि रामायण-महाभारत के चरित्रों ने सारे भारतीय जीवन को हज़ारों वर्षों से मंत्रमुग्ध सा कर रखा है। संसार के अन्य महाकाव्यों के पात्र इस तरह लोक जीवन में घुले-मिले नहीं दिखायी देते। इस दृष्टि से महाभारत और रामायण निस्संदेह अद्‌भुत गन्थ हैं। रामायण यदि एक मधुर नीतिकाव्य है, तो महाभारत एक व्यापक समाजशास्त्र। व्यास देव ने एक लाख संहिता लिखकर असंख्य चित्रों, चरित्रों और चारित्र्यों का यथावत चित्रण बड़ी कुशलतासे किया है। बिल्कुल निर्दोष तो सिवा एक परमेश्वर के कोई नहीं है, यह बात महाभारत बहुत स्पष्टता से बता रहा है। एक और जहाँ भीष्म, युधिष्ठिर जैसों के दोष दिखाये हैं, तो दूसरी और कर्ण-दुर्योधनादि के भी गुणों पर प्रकाश डाला गया है। महाभारत बतलाता है कि मानव-जीवन सफेद और काले तंतुओं का एक पट है। अलिप्त रहकर भगवान व्यास जगत के-विराट संसार के-छाया-प्रकाशमय चित्र दिखलाते हैं। व्यासदेव के इस अत्यंत अलिप्त और उदात्त ग्रंथन-कौशल के कारण महाभारत ग्रंथ मानो एक सोने की बड़ी भारी खान बन गया है। उसका शोधन करके भरपूर सोना लूट लिया जाये।

3 जनवरी

साम्यसूत्र 1 : अभिधेयं परम-साम्यम्

वृत्तिः 4. व्यासमुनेर् मननसारः 5. कृष्णत्रयी

4.व्यासदेव ने इतना बड़ा महाभारत लिखा, परंतु उन्हें अपनी ओर से कुछ कहना था या नहीं? क्या किसी जगह उन्होंने अपना कोई ख़ास संदेश भी दिया है? किस स्थान पर व्यासदेव की समाधि लगी है? स्थान-स्थान पर अनेक तत्त्वज्ञान और उपदेशों के जंगल-के-जंगल महाभारत में आये हैं, परंतु इन सारे तत्त्वज्ञानों का, उपदेशों का और समूचे ग्रंथ का सारभूत रहस्य भी उन्होंने कहीं लिखा है? हां, लिखा है। समग्र महाभारत का नवनीत व्यास जी ने भगवद् गीता में रख दिया है। गीता व्यासदेव की प्रमुख सिखावन और उनके मनन का सम्पूर्ण संग्रह है। इसी के आधार पर 'मैं मुनियों में व्यास हूं' यह विभूति सार्थक सिद्ध होने वाली है। गीता को प्रचीन काल से 'उपनिषद' की पदवी मिली हुई है। गीता रूपी दूध भगवान ने अर्जुन के निमित्त से संसार को दिया है। जीवन के विकास के लिये आवश्यक प्राय: प्रत्येक विचार गीता में आ गया है। इसीलिये अनुभवी पुरुषों यथार्थ ही कहा है कि गीता धर्मज्ञान का एक कोष है। गीता हिंदू-धर्म का एक छोटा-सा ही, परंतु मुख्य ग्रंथ है।

5.यह तो सभी जानते हैं कि गीता श्रीकृष्ण ने कही है। इस महान सिखावन को सुनने वाला भक्त अर्जुन इस सिखावन से इतना समरस हो गया कि उसे भी 'कृष्ण' संज्ञा मिल गयी है। भगवान और भक्त का यह हृद्गत प्रकट करते हुए व्यासदेव इतने एकरस हो गये कि लोग उन्हें भी 'कृष्ण' नाम से जानने लगे। कहने वाला कृष्ण, सुनने वाला कृष्ण, रचने वाला कृष्ण -इस तरह इन तीनों में मानो अद्वैत उत्पन्न हो गया, मानो तीनों की समाधि लग गयी। गीता के अध्येता में ऐसी ही एकाग्रता चाहिये।

4 जनवरी

साम्यसूत्र 2 : संबंधेन

वृत्तिः 6 . अर्जुनस्य भूमिका

2. अर्जुन की भूमिका का संबंध

6. कुछ लोगों का ख़्याल है कि गीता का आरंभ दूसरे अध्याय से समझना चाहिये। दूसरे अध्याय के ग्यारहवें श्लोक से प्रत्यक्ष उपदेश का आरंभ क्यों न समझा जाये? एक व्यक्ति ने मुझसे कहा- "भगवान ने अक्षरों में 'अकार' को ईश्वरीय विभूति बताया है। इधर अशोच्यानन्व्शोचस्त्वम् के आरंभ में अनायास 'अकार' आ गया है। अतः वहीं से आरंभ मान लेना चाहिये।" इस दलील को हम छोड़ दें तो भी इसमें शंका नहीं है कि वहाँ से आरंभ मानना अनेक दृष्टियों से उचित ही है। फिर भी उससे पहले के प्रास्ताविक भाग का भी महत्त्व है ही। अर्जुन किस भूमिका पर स्थित है, किस बात का प्रतिवादन करने के लिए गीता की प्रवृत्ति हुई है, यह इस प्रस्तावित कथा भाग के बिना अच्छी तरह समझ में नहीं आ सकता।

5 जनवरी

साम्यसूत्र 2 : संबंधेन
वृत्तिः 7 . वीरवृत्तिः

7. कुछ लोग कहते हैं कि अर्जुन का क्लैब्य (भय) दूर करके उसे युद्ध में प्रवृत करने के लिये गीता कही गयी है। उनके मत में गीता केवल कर्मयोग ही नहीं बताती, बल्कि युद्ध-योग का भी प्रतिपादन करती है। पर ज़रा विचार करने से इस कथन की भूल हमें दीख पड़ेगी। अठारह अक्षौहिणी सेना लड़ने के लिये तैयार थी। तो क्या हम यह कहेंगे कि सारी गीता सुनाकर भगवान ने अर्जुन को उस सेना की योग्यता का बनाया? अर्जुन धबड़ाया, न कि वह सेना? तो क्या सेना की योग्यता अर्जुन से अधिक थी? यह बात कल्पना में भी नहीं आ सकती। अर्जुन, जो लड़ाई से परावृत हो रहा था, सो भय के कारण नहीं। सैकड़ों लड़ाइयों में अपना जौहर दिखाने वाला वह 'महावीर' था। उत्तर-गो-ग्रहण के समय उसने अकले ही भीष्म, द्रोण और कर्ण के दांत खट्टे कर दिये थे। सदा विजय प्राप्त करने वाला और सब नरों में एक ही सच्चा नर, ऐसी उसकी ख्याति थी। वीरवृत्ति उसके रोम-रोम में भरी थी। अर्जुन को उकसाने के लिये, उत्तेजित करने के लिये 'क्लैब्य' का आरोप तो कृष्ण ने भी करके देख लिया, परंतु उनका वह तीर बेकार गया और फिर उन्हें दूसरे ही मुद्दों को लेकर ज्ञान-विज्ञान-संबंधी व्याख्यान देने पड़े। तो यह निश्चित है कि महज क्लैब्य- निरसन जैसा सरल तात्पर्य गीता का नही है।

6 जनवरी

साम्यसूत्र 2 : संबंधेन

वृत्तिः 8 . अहिंसकवत् भाषते एव

8. कुछ दूसरे लोग कहते हैं कि अर्जुन की अहिंसा-वृत्ति को दूर करके उसे युद्ध में प्रवृत्त करने के लिए गीता कही गयी है। मेरी दृष्टि से यह कथन भी ठीक नहीं है। यह देखने के लिए पहले हमें अर्जुन की भूमिका बारीकी से समझनी चाहिए। इसके लिए पहले अध्याय से और दूसरे अध्याय में पहुँची हुई उसकी खाड़ी से हमें बहुत सहायता मिलेगी। अर्जुन, जो समर-भूमि में खड़ा हुआ, सो कृत-निश्चय होकर और कर्त्तव्य भाव से। क्षात्रवृत्ति उसके स्वभाव में थी। यृद्ध को टालने का भरसक प्रयत्न किया जा चुका था । ऐसी स्थिति में अनेक देशों के राजाओं को एकत्र करके और श्रीकृष्ण से अपना सारथ्य स्वीकृत कराकर वह रणांगण में खड़ा है और वीरवृत्ति के उत्साह के साथ श्रीकृष्ण से कहता है- "दोनों सेनाओं के बीच मेरा रथ खड़ा कीजिए, जिससे मैं एक बार उन लोगों के चेहरे तो देख लूं, जो मुझसे लड़ने के लिए तैयार होकर आये हैं।" कृष्ण ऐसा ही करते हैं। अर्जुन देखता है कि दादा, बाप, बेटे, पोते, आप्त-स्वजन-सम्बन्धियों की चार पीढ़ियाँ मरने-मारने के अंतिम निश्चय से वहाँ एकत्र हुई हैं। यह बात नहीं कि इससे पहले उसे इन बातों की कल्पना न हो, परन्तु प्रत्यक्ष दर्शन का कुछ अलग ही प्रभाव पड़ता है।

उस सारे स्वजन समूह को देखकर उसके हृदय में एक उथल-पुथल मचती है। उसे बहुत बुरा लगता है। आज तक उसने अनेक युद्धों में असंख्य वीरों का संहार किया था। उस सयम उसे बुरा नहीं लगा था, उसका गांडीव हाथ से गिर नहीं पड़ा था, शरीर में कंप नहीं हुआ था, उसकी आंखे गीली नहीं हुई थीं। तो फिर इसी समय ऐसा क्यों हुआ? क्या अशोक की तरह उसके मन में अहिंसा-वृत्ति का उदय हुआ था? नहीं, यह तो केवल स्वजनासक्ति थी। इस समय भी यदि गुरु, बंधु और आप्त सामने न होते, तो उसने शत्रुओं के मुंड गेंद की तरह उड़ा दिये होते। परंतु इस आसक्तिजनित मोह ने उसकी कर्त्तव्य निष्ठा को ग्रस लिया और तब उसे तत्त्वज्ञान याद आया। कर्त्तव्यनिष्ठ मनुष्य को मोहग्रस्त होने पर भी नग्न- खुल्लमखुल्ला-कर्त्तव्यच्युति सहन नहीं होती। वह कोई सद् विचार उसे पहनाता है। यही हाल अर्जुन का हुआ। अब वह झूठ-मूठ प्रतिपादन करने लगा कि युद्ध ही वास्तव में एक पाप है। युद्ध से कुल क्षय होगा, धर्म का लोप होगा, स्वैराचार मचेगा, व्यभिचारवाद फैलेगा, अकाल आ पड़ेगा, समाज पर तरह-तरह के संकट आयेंगे, आदि अनेक दलीलें देकर वह कृष्ण को ही समझाने लगा।

7 जनवरी

साम्यसूत्र 2 : संबंधेन

वृत्तिः 9 . मोहांध-न्यायाधीशवत्

9.यहाँ मुझे एक न्यायाधीश का किस्सा याद आता है। एक न्यायाधीश था। उसने सैकड़ों अपराधियों को फांसी की सजा दी थी। परन्तु एक दिन खुद उसी का लड़का खून के जुर्म में उसके सामने पेश किया गया। बेटे पर खून का जुर्म साबित हुआ और उसे फांसी की सजा देने की नौबत न्यायाधीश पर आ गयी। तब वह हिचकने लगा। वह बुद्धिवाद बधारने लगा- "फांसी की सजा बड़ी अमानुषी है। ऐसी सजा देना मनुष्य को शोभा नहीं देता। इससे अपराधी के सुधरने की आशा नष्ट हो जाती है। खून करने वाले ने भावना के आवेश में, खून कर डाला। परन्तु उसकी आंखों पर से जनून उतर जाने पर उस व्यक्ति को गंभीरतापूर्वक फांसी के तख्ते पर चढ़ाकर मार डालना समाज की मनुष्यता के लिए बड़ी लज्जा की बात है, बड़ा कलंक है"- आदि दलीलें वह देने लगा। यदि अपना लड़का सामने न आया होता, तो जज साहब बेखटके जिन्दगी भर फांसी की सजा देते रहते। किन्तु वे अपने लड़के के ममत्व के कारण ऐसी बातें करने लगे। उनकी वह बात आंतरिक नहीं थी। वह आसक्तिजनित थी। 'यह मेरा लड़का है' इस ममत्व में से वह वाङ्मय निकला था।

8 जनवरी

साम्यसूत्र 2 : संबंधेन

वृत्तिः 10 . प्रज्ञावादः

10. अर्जुन की गति भी इस न्यायाधीश की तरह हुई। उसने जो दलीलें दी थीं वे गलत नहीं थीं। पिछले महायुद्ध के ठीक यही परिणाम दुनिया ने प्रत्यक्ष देखे हैं। परन्तु सोचने की बात इतनी ही है कि वह अर्जुन का तत्त्वज्ञान (दर्शन) नहीं था, कोरा प्रज्ञावाद था। कृष्ण इसे जानते थे। इसलिए उन्होंने उस पर जरा भी ध्यान न देकर सीधा उसके मोह-नाश का उपाय शुरू किया। अर्जुन यदि सचमुच अंहिसावादी हो गया होता, तो उसे किसी ने कितना ही अवांतर ज्ञान-विज्ञान बताया होता, तो भी असली बात का जवाब मिले बिना उसका समाधान न हुआ होता। परन्तु सारी गीता में इस मुद्दे का कहीं भी जवाब नहीं दिया है, फिर भी अर्जुन का समाधान हुआ है। यह सब कहने का अर्थ इतना ही है कि अर्जुन की अहिंसा-वृत्ति नहीं थी, वह युद्धप्रवृत्त ही था। युद्ध उसकी दृष्टि से उसका स्वभाव प्राप्त और अपरिहार्य रूप से निश्चित कर्त्तव्य था। उसे वह मोह के वश होकर टालना चाहता था और गीता का मुख्यतः इस मोह पर ही गदा प्रहार है।

9 जनवरी

साम्यसूत्र 3 : प्रयोजनवत्त्वात्
वृत्तिः 11. अर्जुनस्य संन्यासो न स्वधर्मः

3. गीता का प्रयोजन: स्वधर्म-विरोधी मोह का निरसन
11. अर्जुन अहिंसा की ही नहीं, संन्यास की भी भाषा बोलने लगा। वह कहता है- "इस रक्त-लांछित क्षात्र-धर्म से संन्यास ही अच्छा है।" परन्तु क्या वह अर्जुन का स्वधर्म था? उसकी वह वृत्ति थी क्या? अर्जुन संन्यासी का वेश तो बडे मजे से बना सकता था पर वैसी वृत्ति कैसे ला सकता था। संन्यास के नाम पर यदि वह जंगल में जाकर रहता, तो वहां, हिरन मारना शुरू कर देता। अतः भगवान ने साफ ही कहा- "अर्जुन, तू जो यह कह रहा है कि मैं लडूंगा नहीं, वह तेरा भ्रम है। आज तक जो तेरा स्वभाव बना हुआ है, वह तुझे लड़ाये बिना रहेगा नहीं।"
अर्जुन को स्वधर्म विगुण मालूम होने लगा। परन्तु स्वधर्म कितना ही विगुण हो, तो भी उसी में रहकर मुष्य को अपना विकास कर लेना चाहिए । यह तो विकास का सूत्र है। स्वधर्म ऐसी वस्तु नहीं है कि जिसे बड़ा समझकर ग्रहण करें और छोटा समझकर छोड़ दें। वस्तुतः वह न बड़ा होता है, न छोटा। वह हमारे नाप का होता है। श्रेयान् स्वधर्मो विगुणः इस गीता- वचन में 'धर्म' शब्द का अर्थ हिन्दू-धर्म, इस्लाम-धर्म, ईसाई-धर्म आदि जैसा नहीं है। प्रत्येक व्यक्ति का अपना भिन्न भिन्न धर्म है। मेरे सामने यहा। जो दो सौ व्यक्ति मौजूद है, उनके दो सौ धर्म हैं। मेरा भी धर्म जो दस वर्ष पहले था, वह आज नहीं है। आज का धर्म दस वर्ष बाद टिकेगा नहीं। चिंतन और अनुभव से जैसे-जैसे वृत्तियां बदलती जाती है, वैसे-वैसे पहले का धर्म छूटता जाता है और नवीन धर्म प्राप्त होता जाता है। हठ पकड़कर कुछ भी नहीं करना है।

10 जनवरी

साम्यसूत्र 3 : प्रयोजनवत्त्वात्
वृत्तिः 12. परधर्मः श्रेष्ठ इति न ग्राह्यः 13. सुकर इति न स्वीकार्यः

12. दूसरे का धर्म भले ही श्रेष्ठ मालूम हो, उसे ग्रहण करने में मेरा कल्याण नहीं है। सूर्य का प्रकाश मुझे प्रिय है। उस प्रकाश से मैं बढ़ता हूँ। सूर्य मेरे लिए वंदनीय भी है। परन्तु इसलिए यदि मैं पृथ्वी पर रहना छोड़कर उसके पास जाना चाहूंगा, तो जलकर खाक हो जाऊंगा। इसके विपरीत भले ही पृथ्वी पर रहना विगुण हो, सूर्य के सामने पृथ्वी बिलकुल तुच्छ हो, स्वयं प्रकाशी न हो, तो भी जब तक सूर्य का तेज सहन करने का सामर्थ्य मुझमें नहीं है, तब तक सूर्य से दूर पृथ्वी पर रहकर ही मुझे अपना विकास कर लेना होगा। मछली से यदि कोई कहे कि 'पानी से दूध कीमती है, तुम दूध में रहो' तो क्या मछली उसे मंजूर करेगी? मछली तो पानी में ही जी सकती है, दूध में मर जायेगी।
13. दूसरे का धर्म सरल मालूम हो, तो भी उसे स्वीकार नहीं करना चाहिए। बहुत बार सरलता आभास मात्र ही होती है। घर-गृहस्थी में बाल-बच्चों की ठीक संभाल नहीं कर पाता, इसलिए ऊबकर यदि कोई गृहस्थ संन्यास ले ले, तो वह ढोंग होगा और भारी भी पड़ेगा। मौका पाते ही उसकी वासनाएं जोर पकड़ेंगी। यदि सचमुच मन में वैराग्यवृत्ति हो, तो फिर संन्यास भी कौन कठिन बात है ? संन्यास को आसान बताने वाले स्मृति वचन तो हैं ही। परन्तु मुख्य बात वृत्ति की है। जिसकी जो सच्ची वृत्ति होगी, उसी के अनुसार उसका धर्म होगा। श्रेष्ठ-कनिष्ठ, सरल-कठिन का यह प्रश्न नहीं है। विकास सच्चा होना चाहिए। परिणति सच्ची होनी चाहिए।

11 जनवरी

साम्यसूत्र 3 : प्रयोजनवत्त्वात्
वृत्ति. 14. भगवान् भक्त-सापेक्षः 15. मोहमोचनमेव प्रयोजनम्

14. परन्तु कुछ भावुक व्यक्ति पूछते हैं- "यदि युद्ध-धर्म से संन्यास सदा ही श्रेष्ठ है, तो फिर भगवान ने अर्जुन को सच्चा संन्यासी ही क्यों नहीं बनाया? उनके लिए क्या यह असंभव था?" उनके लिए असंभव तो कुछ भी नहीं था परन्तु फिर उसमें अर्जुन का पुरुषार्थ ही क्या रह जाता? परमेश्वर ने स्वतंत्रता दे रखी है। अतः हर आदमी अपने लिए प्रयत्न करता रहे, इसी में मजा है। छोटे बच्चों को स्वयं चित्र बनाने में आनन्द आता है। उन्हें यह पंसद नहीं आता कि कोई उनसे हाथ पकड़कर चित्र बनवाये। शिक्षक यदि बच्चों के सवाल झट् हलकर दिया करें, तो फिर बच्चों की बृद्धि बढ़ेगी कैसे? मां-बाप और गुरु का काम सिर्फ सुझाव देना है। परमेश्वर अंदर से हमें सुझाता रहता है। इससे अधिक वह कुछ नहीं करता। कुम्हार की तरह भगवान ठोंक-पीटकर अथवा थपथपाकर हर एक का मटका तैयार करे, तो उसमें मजा ही क्या? हम हंड़िया नहीं हैं, हम तो चिन्मय हैं।

15. इस सारे विवेचन से एक बात आपकी समझ में आ गयी होगी कि गीता का जन्म, स्वधर्म में बाधक जो मोह है, उसके निवारणार्थ हुआ है। अर्जुन धर्म-संमूढ़ हो गया था। स्वधर्म के विषय में उसके मन में मोह पैदा हो गया था। श्रीकृष्ण के पहले उलाहने के बाद यह बात अर्जुन खुद ही स्वीकार करता है। वह मोह, वह ममत्व, वह आसक्ति दूर करना गीता का मुख्य काम है। इसीलिए सारी गीता सुना चुकने के बाद भगवान ने पूछा है- "अर्जुन, तेरा मोह गया न?" और अर्जुन जवाब देता है, "हाँ भगवन, मोह नष्ट हो गया, मुझे स्वधर्म का भान हो गया।" इस तरह यदि गीता के उपक्रम और उपसंहार को मिलाकर देखें, तो मोह-निरसन ही उसका तात्पर्य निकलता है। गीता ही नहीं, सारे महाभारत का यही उद्देश्य है। व्यास जी ने महाभारत के प्रारंभ में ही कहा है कि लोक हृदय के मोहावरण को दूर करने के लिए मैं यह इतिहास-प्रदीप जला रहा हूँ।

12 जनवरी

साम्यसूत्र 4 : ऋजुबुद्धेस्तु

वृत्ति. 16. ऋजुबुद्धिरर्जुनः

4.ऋजु-बुद्धि का अधिकारी

16. आगे की सारी गीता समझने के लिए अर्जुन की यह भूमिका हमारे बहुत काम आती है, इसलिए तो हम इसका आभार मानेंगे ही; परन्तु इसका और भी एक उपकार है। अर्जुन की इस भूमिका में उसके मन की अत्यन्त ऋजुता का पता चलता है। खुद 'अर्जुन' शब्द का अर्थ ही 'ऋजु' अथवा 'सरल स्वभाव वाला' है। उसके मन में जो कुछ भी विकार या विचार आये, वे सब उसने खुले मन से भगवान के सामने रख दिये। मन में कुछ भी छिपा नहीं रखा और वह अंत में श्रीकृष्ण की शरण गया। सच पूछिए तो वह पहले से ही कृष्ण-शरण था। कृष्ण को सारथि बनाकर जबसे उसने अपने घोड़ों की लगाम उनके हाथों में पकड़ायी, तभी से उसने अपनी मनोवृत्तियों की लगाम भी उनके हाथों में सौंप देने की तैयारी कर ली थी आइए, हम भी ऐसा ही करें। "अर्जुन के पास तो कृष्ण थे, हमें कृष्ण कहाँ से मिलेंगे ?"- ऐसा हम न कहें। 'कृष्ण ' नामक कोई व्यक्ति है, ऐसी ऐतिहासिक उर्फ भ्रामक धारणा में हम न पड़े। अंतर्यामी के रूप में कृष्ण प्रत्येक के हृदय में विराजमान हैं। हमारे निकट से निकट वे ही हैं। तो हम अपने हृदय के सब छल-मल उनके सामने रख दें और उनसे कहें- "भगवान! मैं तेरी शरण में हूँ, तू मेरा अनन्य गुरु है। मुझे उचित मार्ग दिखा। जो मार्ग तू दिखायेगा, मैं उसी पर चलूंगा।" यदि हम ऐसा करेंगे, तो वह पार्थ-सारथि हमारा भी सारथ्य करेगा, अपने श्रीमुख से वह हमें गीता सुनायेगा और हमें विजय-लाभ करा देगा।.

रविवार 21-2-1932

१३ जनवरी

दूसरा अध्याय: आत्मज्ञान और समत्वबुद्धि

साम्यसूत्र 5 : छंदसि बहुलम्

वृत्ति. 1. अर्जुनं निमित्तीकृत्य

5. गीता की परिभाषा

1.भाइयो, पिछली बार हमने अर्जुन के विषाद-योग को देखा। जब अर्जुन के जैसी ऋजुता (सरल भाव) और हरिशरणता होती है, तो फिर विषाद का भी योग बनता है। इसी को 'हृदय-मंथन' कहते हैं। गीता की इस भूमिका को मैंने उसके संकल्पकारके अनुसार 'अर्जुन-विषाद-योग' जैसा विशिष्ट नाम न देते हुए 'विषाद-योग' जैसा सामान्य नाम दिया है, क्योंकि गीता के लिए अर्जुन एक निमित्त मात्र है। यह नहीं समझना चाहिए कि पंढरपुर (महाराष्ट्र) के पांडुरंग का अवतार सिर्फ पुंडलीक के लिए ही हुआ, क्योंकि हम देखते हैं कि पुंडलीक के निमित्त से वह हम जड़ जीवों के उद्धार के लिए आज हजारों वर्षों से खड़ा है। इसी प्रकार गीता की दया अर्जुन के निमित्त से क्यों न हो, हम सबके लिए है। अतः गीता के पहले अध्याय के लिए 'विषाद-योग' जैसा सामान्य नाम ही शोभा देता है। यह गीतारूपी वृक्ष यहाँ से बढ़ते-बढ़ते अंतिम अध्याय में 'प्रसाद-योग' रूपी फल को प्राप्त होने वाला है। ईश्वर की इच्छा होगी, तो हम भी अपनी इस कारावास की मुद्दत में वहाँ तक पहुँच जायेंगे।

14 जनवरी

साम्यसूत्र 5 : छंदसि बहुलम्
वृत्ति. 2. नित्यनूतन-परिभाषा

2. दूसरे अध्याय से गीता की शिक्षा का आरम्भ होता है। शुरू में ही भगवान जीवन के महासिद्धान्त बता रहे हैं। इसमें उनका आशय यह है कि यदि शुरू में ही जीवन के वे मुख्य तत्त्व गले उतर जायें, जिनके आधार पर जीवन की इमारत खड़ी करनी है, तो आगे का मार्ग सरल हो जायेगा। दूसरे अध्याय में आने वाले 'सांख्य-बुद्धि' शब्द का अर्थ मैं करता हूँ- जीवन के मूलभूत सिद्धान्त। इन मूल सिद्धान्तों को अब हमें देख जाना है। परन्तु इसके पहले यदि हम इस 'सांख्य' शब्द के प्रसंग से गीता के पारिभाषिक शब्दों के अर्थ का थोड़ा स्पष्टीकरण कर लें, तो अच्छा होगा।

'गीता' पुराने शास्त्रीय शब्दों को नये अर्थों में प्रयुक्त करने की आदी है। पुराने शब्दों पर नये अर्थ की कलम लगाना विचार-क्रांति की अहिंसक प्रक्रिया है। व्यासदेव इस प्रक्रिया में सिद्धहस्त हैं। इससे गीता के शब्दों को व्यापक सामर्थ्य प्राप्त हुआ और वह तरोताजा बनी रही, एवं अनेक विचारक अपनी-अपनी आवश्यकता और अनुभव के अनुसार उसमें से अनेक अर्थ ले सके। अपनी-अपनी भूमिका पर से ये सब अर्थ सही हो सकते हैं, और उनके विरोध की आवश्यकता न पड़ने देकर हम स्वतंत्र अर्थ भी कर सकते हैं, ऐसी मेरी दृष्टि है।

15 जनवरी

साम्यसूत्र 5 : छंदसि बहुलम्
वृत्ति. 3. 'द' कारार्थवत्

3. इस सिलसिले में उपनिषद में एक सुन्दर कथा है। एक बार देव, दानव और मानव, तीनों प्रजापति के पास उपदेश के लिए पहुँचे। प्रजापति ने सबको एक ही अक्षर बताया- 'द' । देवों ने कहा- ''हम देवता लोग कामी हैं, हमें विषयभोगों की चाट लग गयी है। अतः हमें प्रजापति ने 'द' अक्षर के द्वारा 'दमन' करने की सीख दी है।' ' दानवों ने कहा- 'हम दानव बड़े क्रोधी और दयाहीन हो गये है। हमे 'द ' अक्षर के द्वारा प्रजापति ने यह शिक्षा दी है कि 'दया' करो।' ' मानवों ने कहा- ''हम मानव बड़े लोभी और धन-संचय के पीछे पड़े हैं, हमें 'द' अक्षर के द्वारा 'दान' करने का उपदेश प्रजापति ने दिया है।' ' प्रजापति ने सभी के अर्थों को ठीक माना, क्योंकि सबने उनको अपने अनुभवों से प्राप्त किया था। गीता की परिभाषा का अर्थ करते समय उपनिषद की यह कथा हमें ध्यान में रखनी चाहिए।

16 जनवरी

साम्यसूत्र 6 : देहेन स्वधर्मः वृत्ति 4. स्वधर्मः सहजः सुकरः

6. जीवन-सिद्धान्तः देह से स्वधर्माचरण

4. दूसरे अध्याय में जीवन के तीन महासिद्धान्त प्रस्तुत किये गये हैं- (1) आत्मा की अमरता और अखंडता, (2) देह की क्षुद्रता और (3) स्वधर्म की अबाध्यता। इनमें स्वधर्म का सिद्धान्त कर्तव्य रूप है और शेष दो ज्ञातव्य हैं। पिछली बार मैंने स्वधर्म के सम्बन्ध में कुछ कहा ही था। यह स्वधर्म हमे निसर्गतः ही प्राप्त होता है। स्वधर्म को कहीं खोजने नहीं जाना पड़ता। ऐसे इस प्रवाह में हमारा जन्म होता है। अतः जिन मां-बाप की कोख से मैं जनमा हूँ उनकी सेवा करने का धर्म मुझे जन्मतः ही प्राप्त हो गया है और जिस समाज में मैंने जन्म लिया, उसकी सेवा करने का धर्म भी मुझे इस क्रम से अपने-आप ही प्राप्त हो गया है। सच तो यह है कि हमारे जन्म के साथ ही हमारा स्वधर्म भी जनमता है, बल्कि यह भी कह सकते हैं कि वह तो हमारे जनम के पहले से ही हमारे लिए तैयार रहता है, क्योंकि वह हमारे जन्म का हेतु है। हमार जन्म उसकी पूर्ति के लिए होता है। कोई-कोई स्वधर्म को पत्नी की उपमा देते हैं और कहते हैं कि जैसे पत्नी का सम्बन्ध अविच्छेद्य माना गया है, वैसे ही यह स्वधर्म-सम्बन्ध भी अविच्छेद्य है। लेकिन मुझे यह उपमा भी गौण मालूम होती है। मैं स्वधर्म के लिए माता की उपमा देता हूँ। मुझे अपनी माता का चुनाव इस जन्म में करना बाकी नहीं रहा। वह पहले ही निश्चित हो चुकी है। वह कैसी भी क्यों न हो, अब टाली नहीं जा सकती। ऐसी ही स्थिति स्वधर्म की है। स्वधर्म के सहारे ही हम आगे बढ़ सकते हैं। अतः यह यह स्वधर्म का आश्रय कभी किसी को नहीं छोड़ना चाहिए- यह जीवन का एक मूलभूत सिद्धान्त स्थिर होता है।

17 जनवरी

साम्यसूत्र 6 : देहेन स्वधर्मः
वृत्ति 5. देहबुद्ध्या तु दुष्करो भवति

5. स्वधर्म हमें इतना सहज प्राप्त है कि हमसे अपने-आप उसी का पालन होना चाहिए। परन्तु अनेक प्रकार के मोहों के कारण ऐसा नहीं होता, अथवा बड़ी कठिनाई से होता है और हुआ भी, तो उसमे विष- अनेक प्रकार के दोष- मिल जाते हैं। स्वधर्म के मार्ग में कांटे बिखेरने वाले मोहों के बाहरी रूपों की तो कोई गिनती ही नहीं है। फिर भी जब हम उनकी छानबीन करते हैं, तो उन सबकी तह में एक मुख्य बात दिखायी देती है- संकुचित और छिछली देह-बुद्धि। मैं और मेरे शरीर से सम्बन्ध रखने वाले व्यक्ति, बस इतनी ही मेरी व्याप्ति- फैलाव है। इस दायरे के बाहर जो हैं, वे सब मेरे लिए गैर अथवा दुश्मन हैं। भेद की ऐसी दीवार यह देह-बुद्धि खड़ी कर देती है। और तारीफ यह है कि जिन्हें मैंने 'मैं' अथवा 'मेरे' मान लिया, उनके भी केवल शरीर ही वह देखती है। देह-बुद्धि के इस दुहरे पेच में पड़कर हम तरह-तरह के छोटे डबरे बनाने लगते हैं। प्रायः सब लोग इसी कार्यक्रम में लगे रहते हैं। इनमें किसी का डबरा बड़ा, तो किसी का छोटा; परन्तु है आखिर वह डबरा ही। इस शरीर की चमड़ी के जितनी ही उसकी गहराई! कोई कुटुंबाभिमान का डबरा बनाकर रहता है, तो कोई देशाभिमान का। जिधर देखिए, उधर ये डबरे-ही-डबरे! हमारी इस जेल में भी तो राजनैतिक कैदी और दूसरे कैदी, इस तरह के डबरे बने ही हैं, मानो इसके बिना हम जी ही नहीं सकते। परन्तु इसका नतीजा? यही कि हीन विचारों के कीड़ों की बाढ़ आती है और स्वधर्मरूपी आरोग्य का नाश होता है।

18 जनवरी

साम्यसूत्र 7 : मुक्तात्मा
वृत्ति 6. तत्त्वज्ञानं प्रथममावश्यकम्

7 जीवन सिद्धांत - (2) देहातीत आत्मा का भान

6. ऐसी दशा में स्वधर्मनिष्ठा अकेली पर्याप्त नहीं होती। उसके लिए दूसरे दो और सिद्धान्त जागृत रखने पड़ते हैं। एक तो यह कि मैं यह मरियल देह नहीं हूँ, देह तो केवल ऊपर की क्षुद्र पपड़ी है; और दूसरा यह कि मैं कभी न मरने वाला अखंड और व्यापक आत्मा हूँ। इन दोनों को मिलाकर एक पूर्ण तत्त्वज्ञान होता है।

यह तत्त्वज्ञान गीता को इतना आवश्यक जान पड़ता है कि गीता उसी का पहले आवाहन करती है और स्वधर्म का अवतार बाद में करती है। कुछ लोग पूछते हैं कि तत्त्वज्ञान सम्बन्धी ये श्लोक प्रारम्भ में ही क्यों? परन्तु मुझे लगता है कि गीता में यदि कोई श्लोक ऐसे हैं, जिनकी जगह बिलकुल नहीं बदली जा सकती, तो वे ये ही श्लोक हैं।

इतना तत्त्वज्ञान यदि मन में अंकित हो जाये, तो फिर स्वधर्म बिलकुल भारी नहीं पड़ेगा। यही नहीं, स्वधर्म के अतिरिक्त और कुछ करना भारी मालूम पड़ेगा। आत्मतत्त्व की अखंडता और देह की क्षुद्रता, इन बातों को समझ लेना कोई कठिन नहीं हैं; क्योंकि ये दोनों सत्य वस्तुएं हैं। परन्तु हमें उनका विचार करना होगा। बार-बार मन में उनका मंथन करना होगा। इस चाम के महत्त्व को घटाकर हमें आत्मा को महत्त्व देना सीखना होगा।

19 जनवरी

साम्यसूत्र 7 : मुक्तात्मा
वृत्ति 7. नाहं देहः

7. यह देह तो पल-पल बदलती रहती है। बचपन, जवानी और बुढ़ापा- इस चक्र का अनुभव किसे नहीं है? आधुनिक वैज्ञानिकों का तो कहना है कि सात साल में शरीर बिलकुल बदल जाता है और पुराने खून की एक बूंद भी शेष नहीं रहती। हमारे पूर्वज मानते थे कि बारह वर्ष में पुराना शरीर मर जाता है और इसलिए प्रायश्चित, तपश्चर्या, अध्ययन आदि की भी मीयाद बारह-बारह वर्ष की रखते थे। बहुत वर्ष की जुदाई के बाद जब कोई बेटा अपनी मां से मिला, तो मां उसे पहचान न सकी- ऐसे किस्से हम सुनते हैं। तो क्या यही प्रतिक्षण बदलने वाला, प्रतिक्षण मरणशील देह ही तेरा रूप है? रात-दिन जहाँ मल-मूत्र की नालियां बहती हैं और तुझ जैसा जबर्दस्त धोने वाला मिल जाने पर भी जिसका अस्वच्छता का व्रत छूटता ही नहीं, क्या वही तू है? वह अस्वच्छ, तू उसे साफ करने वाला; वह रोगी, तू उसे दवा-पानी देने वाला; वह साढ़े तीन हाथ की जगह घेरे हुए, तू त्रिभुवन-विहारी; वह नित्य परिवर्तनशील, तू उसके परिवर्तन देखने वाला; वह मरने वाला और तू उसके मरण का व्यवस्थापक; तेरा और उसका भेद इतना स्पष्ट होते हुए भी तू इतना संकुचित क्यों कर बनता है? यह क्यों कहता है कि इस देह से जितने सम्बन्ध रखते हैं, वे ही मेरे हैं? और इस देह की मृत्यु के लिए इतना शोक भी क्यों करता है? भगवान पूछते है कि "अरे, देह का नाश क्या शोक करने जैसी बात है?"

20 जनवरी

साम्यसूत्र 7 : मुक्तात्मा
वृत्ति 8. देहो वस्त्रवत्

8. देह तो कपड़े की तरह है। पुराने फट जाते हैं, इसी से तो नये धारण किये जा सकते हैं। यदि कोई एक शरीर आत्मा से सदा के लिए चिपका रहता, तो आत्मा की बुरी गति होती। सारा विकास रुक जाता, आनंद हवा हो जाता और ज्ञानप्रभा मन्द पड़ जाती। अतः देह का नाश शोचनीय नहीं। हाँ, यदि आत्मा का नाश होता, तो अलबत्ता वह एक शोचनीय बात होती। पर वह तो अविनाशी है, वह तो मानों एक अखंड बहता हुआ झरना है। उस पर अनेक देह आते और जाते हैं। इसलिए देह के नाते-रिश्तों के चक्कर में पड़कर शोक करना और ये मेरे तथा पराये हैं, ऐसे भेद या टुकड़े करना सर्वथा अनुचित है। यह सारा ब्रह्मांड मानों एक सुन्दर बुनी हुई चादर है। कोई छोटा बच्चा जैसे हाथ में कैंची लेकर चादर के टुकड़े-टुकड़े कर देता है, वैसे ही इस देह के जितनी कैंची लेकर उस विश्वात्मा के टुकड़े करना कितना लड़कपन और कितनी हिंसा है!

सचमुच, यह बड़े दुःख की बात है कि जिस भारत भूमि में ब्रह्मविद्या ने जन्म पाया, उसी में इन छोटे-बड़े गुटों, फिरकों और जातियों की चारों ओर भरमार दिखायी देती है और मरने का तो इतना भय हमारे मन में घर कर गया है कि वैसा शायद ही कहीं दूसरी जगह हो! इसमें कोई शक नहीं कि दीर्घकालीन परतंत्रता का यह परिणाम हैं, परन्तु यह बात भूल जाने से भी काम नहीं चलेगा कि वह भय भी इस परतंत्रता का एक कारण है।

21 जनवरी

साम्यसूत्र 7 : मुक्तात्मा
वृत्ति 9. मरणशब्दमपि न सहते पामरः

9. 'मरण' शब्द भी हमें नहीं सुहाता। मरण का नाम लेना ही हमें अमंगल मालूम होता है। ज्ञानदेव को बड़े दुःख के साथ लिखना पड़ा है- अगा मर हा बोलु न साहती। आणि मेलिया तरी रडती॥ जब कोई मर जाता है, तो कितना रोना-चिल्लाना मचाते हैं! मानों वह हमारा एक कर्त्तव्य ही हो। किराये पर रोने वाले बुलाने तक बात जा पहुँची है। मृत्यु निकट आ जाने पर भी हम रोगी को नहीं बताते। यदि डॉक्टर ने कह दिया हो कि यह नही बचेगा तो रोगी को भ्रम में रखेंगे खुद डॉक्टर भी साफ-साफ नहीं कहेगा। आखिरी दम तक गले में दवा उड़ेलता रहेगा।

इसके बजाय यदि सच्ची बात बताकर, धीरज- दिलासा देकर, उसे ईश्वर स्मरण की ओर लगाया जाये, तो कितना उपकार हो! किन्तु उन्हें डर लगता है कि कहीं धक्के से यह मटका पहले ही न फूट जाये! परन्तु भला क्या निश्चित समय से पहले यह मटका फूटने वाला है? और फिर जो मटका दो घंटे बाद फूटनेवाला है, वह थोड़ा पहले ही फूट गया, तो बिगड़ गया? इसके मायने यह नहीं कि हम कठोर-हृदय और प्रेम-शून्य बन जायें। किन्तु देहासक्ति प्रेम नहीं है। उलटे, देहासक्ति को दूर किये बिना सच्चे प्रेम का उदय ही नहीं होता।

जब देहासक्ति दूर होगी, तब यह मालूम होगा कि देह तो सेवा का एक साधन है। और तब देह को उसके योग्य प्रतिष्ठा भी प्राप्त होगी। परन्तु आज तो हम देह की पूजा को ही अपना साध्य मान बैठे हैं। हम यह बात भी भूल गये हैं कि साध्य तो स्वधर्माचरण है। स्वधर्माचरण के लिए देह को संभालना चाहिए, उसे खिलाना-पिलाना चाहिए। केवल जीभ के चोचले पूरे करने की जरूरत नहीं। चम्मच से चाहे हलुआ परोसो, चाहे दाल-भात, उसे उसका कोई सुख-दुःख नहीं। ऐसी ही स्थिति जीभ की होनी चाहिए- उसे रस-ज्ञान तो हो, पर सुख-दुःख न हो। शरीर का भाड़ा शरीर को चुका दिया, बस खतम। चरखे से सूत कात लेना है, इसलिए उसमें तेल देने की आवश्यकता है। इसी तरह शरीर से काम लेना है, इसलिए उसमें कोयला डालना जरूरी है। इस प्रकार यदि हम देह का उपयोग करें, तो मूलतः क्षुद्र होने पर भी उसका मूल्य बढ़ सकता है और उसे प्रतिष्ठा प्राप्त हो सकती है।

22 जनवरी

साम्यसूत्र 7 : मुक्तात्मा

वृत्ति 10. आत्म-विस्तारः कर्तव्यः

10. लेकिन हम देह को साधन-रूप से काम में न लाकर उसी में डूब जाते हैं और आत्मसंकोच कर लेते हैं। इससे यह देह जो पहले से ही नगण्य है, और भी अधिक क्षुद्र बन जाती है। इसलिए संतजन जोर देकर कहते हैं- **"देह आणि देह सम्बन्धें निंदावीं। इतरें वंदावीं श्वानसूकरें॥"** 'देह और देह-सम्बन्ध निंद्य है। अन्य श्वान, सूकर आदि भी वंद्य है।' अरे, तू इस देह की और देह से जिनका सम्बन्ध आया है उन्हीं की, दिन-रात पूजा मत कर। दूसरों को भी पहचानना सीख। संत इस प्रकार हमें व्यापक होने की सीख देते हैं। हम अपने आप्त-इष्ट-मित्रों के अतिरिक्त दूसरों के पास अपनी आत्मा जरा ले जाते हैं क्या? जीव जीवांत घालावा। आत्मा आत्म्यांत मिसळावा। "जीव में जीव उंड़ेलें। आत्मा से आत्मा मिलायें' - ऐसा हम करते हैं क्या? अपने आत्म हंस को इस पिंजरे बाहर की हवा खिलाते हैं क्या? - क्या कभी मन में ऐसा आता है कि 'अपने माने हुए दायरे को पार कर कल मैंने नये दस मित्र बनाये, आज पंद्रह हुए, कल पचास होंगे, और ऐसा करते-करते एक दिन सारा विश्व ही मेरा और मैं विश्व का, इस प्रकार अनुभव करने लगूंगा।' हम जेल से अपने नाते-रिश्तेदारों को पत्र लिखते हैं, इसमें क्या विशेषता है? किन्तु जेल से छूटे हुए किसी नये मित्र-राजनैतिक कैदी नहीं, चोर कैदी को पत्र लिखेंगे क्या?

23 जनवरी

साम्यसूत्र 7 : मुक्तात्मा
वृत्ति 11. आत्मा मोचनोत्सुकः

11.हमारी आत्मा व्यापक होने के लिए छटपटाती रहती है। वह चाहती है कि सारे जगत को गले लगा लें। परन्तु हम उसे बन्द कर देते हैं। आत्मा को हमने कैद कर रखा है। उसकी याद भी हमें नहीं होती। सबेरे से लेकर शाम तक हम देह की सेवा में लगे रहते हैं। दिन-रात यही विचार कि मेरा यह शरीर कितना मोटा हुआ या कितना दुबला हो गया, मानों संसार में कोई दूसरा आनंद ही नहीं रह गया! भोग और स्वाद का आनन्द तो पशु भी लेते हैं। अब त्याग का और स्वाद तोड़ने का आनन्द भी लोगे या नहीं? स्वयं भूख से पीड़ित होते हुए भी भरी थाली दूसरे भूखे मनुष्य को दे देने मे जो आनन्द है, उसका अनुभव करो। उसके स्वाद को चखो। मां जब बच्चे के लिए कष्ट उठाती है, तब उसे इस मिठास का थोड़ा-सा स्वाद चखने को मिलता है। मनुष्य 'अपना' कहकर जो संकुचित दायरा बनाता रहता है, उसमें भी उसका उद्देश्य अनजाने यह रहता है कि वह आत्म विकास का स्वाद चखे; क्योंकि देहबद्ध आत्मा कुछ देर के लिए थोड़ी उससे बाहर निकलती है। परन्तु यह बाहर आना किस प्रकार का है? ठीक वैसा जैसा कि जेल की कोठरी के कैदी का काम के बहाने जेल के अहाते में आना। परन्तु आत्मा का काम इतने से नहीं चलता। आत्मा को तो मुक्तानंद चाहिए।

24 जनवरी

साम्यसूत्र 7 : मुक्तात्मा
वृत्ति 12. सारांशत्रयी

12. सारांश (1) साधक को चाहिए कि वह अधर्म और परधर्म के टेढ़े रास्ते को छोड़कर स्वधर्म का सहज और सरल मार्ग पकड़े। स्वधर्म का पल्ला वह कभी न छोड़े। (2) देह क्षणभंगुर है।, यह समझकर उसका उपयोग स्वधर्म के लिए ही करें। जब आवश्यकता हो, तो उसे स्वधर्म के लिए त्यागने में भी संकोच न करे। (3) आत्मा की अखंडता और व्यापकता का भान सतत जागृत रखे और चित्त से 'स्व' -'पर' के भेद को निकाल डाले। जीवन के ये मुख्य सिद्धान्त भगवान बताते हैं। जो मनुष्य इनके अनुसार आचरण करेगा, वह निस्संदेह एक दिन नरदेहाचेनि साधनें, सच्चिदानंद-पदवी घेणें- नर देहरूपी साधन के द्वारा सच्चिदानंद पद के अनुभव को प्राप्त करेगा।

25 जनवरी

साम्यसूत्र 8 : युक्त्या समन्वयः

वृत्ति 13. फलाशा त्यक्तव्या

8. दोनों का मेल साधने की युक्तिः फलत्याग

13. भगवान ने जीवन के सिद्धान्त तो बताये, किन्तु केवल सिद्धान्त बता देने से काम पूरा नहीं होता। गीता में वर्णित ये सिद्धांत तो उपनिषदों और स्मृतियों में पहले से ही थे। गीता की अपूर्वता तो यह बतलाने में है कि इन सिद्धान्तों को आचरण में कैसे लायें। इस महाप्रश्न को हल करने में ही गीता की कुशलता है।

जीवन के सिद्धांतो को व्यवहार में लाने की जो कला या युक्ति है, उसी को 'योग' कहते हैं। 'साख्य' का अर्थ है- 'सिद्धान्त' अथवा 'शास्त्र' और 'योग' का अर्थ है 'कला' । ज्ञानदेव अपनी साक्षी देते हैं- योगियां साधली जीवन-कळा। 'योगियों ने जीवन-कला साध ली है।'

गीता सांख्य और योग, शास्त्र और कला, दोनों से परिपूरण है। शास्त्र और कला, दोनों के योग से जीवन-सौंदर्य खिलता है। कोरा शास्त्र हवा में रहेगा। यही कारण है कि भगवान ने सिद्धान्तों के साथ-साथ उनका विनियोग सिखाने वाली कला भी बतायी है। भला कौन-सी है वह कला? देह को तुच्छ मानकर, आत्मा की अमरता और अखंडता पर दृष्टि रखकर, स्वधर्म का आचरण करने की कौन सी है वह कला?

जो कर्म करते हैं, उनकी वृत्ति दुहरी होती है। एक यह कि अपने कर्म का फल हम अवश्य चखेंगे। गीता तीसरी ही वृत्ति बताती है। वह कहती है- ''कर्म तो अवश्य करो, पर फल में अपना अधिकार मत मानो' ' जो कर्म करता है, उसे फल का अधिकार अवश्य है। परन्तु तुम उस अधिकार को स्वेच्छा से छोड़ दो। रजोगुण कहता है- ''लूंगा तो फल के सहित ही लूंगा। और तमोगुण कहता है- ''छोड़ूंगा तो कर्म समेत ही छोड़ूंगा। ये दोनों एक-दूसरे के भाई ही हैं। अतः तुम इन दोनों से ऊपर उठकर शुद्ध सत्त्वगुणी बनो अर्थात कर्म तो करो, पर फल को छोड़ दो और फल को छोड़कर कर्म करो। पहले और पीछे कहीं भी फल की इच्छा मत रखो।

26 जनवरी

साम्यसूत्र 8 : युक्त्या समन्वयः
वृत्ति 14. समत्वं कुशलो गुणः

14. 'फल की इच्छा न रखो' - ऐसा कहते हुए गीता यह भी जताती है कि कर्म उत्कृष्ट होना चाहिए। सकाम पुरुष कर्म की अपेक्षा निष्काम पुरुष का कर्म अधिक अच्छा होना चाहिए। यह अपेक्षा उचित ही है; क्योंकि सकाम पुरुष तो फलायुक्त है इसलिए फलसम्बन्धी स्वप्न-चिन्तन में उसका थोड़ा-बहुत समय और शक्ति अवश्य लगेगी। परन्तु फलेच्छारहित पुरुष तो प्रत्येक क्षण और सारी शक्ति कर्म में ही लगी रहेगी। नदी को छुट्टी नहीं, हवा को विश्राम नहीं, सूर्य सदैव जलना ही जानता है। इसी प्रकार निष्काम कर्ता सतत सेवा-कर्म को ही जानता है। यदि ऐसे निरन्तर कर्मरत पुरुष का कर्म उत्कृष्ट न होगा, तो किसका होगा? फिर चित्त की समता एक बड़ा ही कुशल गुण है और वह तो निष्काम पुरुष की बपौती ही है। किसी बिलकुल बाहरी कारीगरी के काम में भी हस्तकौशल के साथ यदि चित्त के समत्व का योग हो, तो जाहिर है कि वह काम और भी अधिक सुन्दर बनेगा। इसके अतिरिक्त सकाम और निष्काम पुरुष की कर्म-दृष्टि में जो अंतर है, वह भी निष्काम पुरुष के कर्म के अधिक अनुकूल है। सकाम पुरुष कर्म की ओर स्वार्थ दृष्टि से देखता है। 'मेरा ही कर्म और मेरा ही फल ' इस दृष्टि के कारण यदि कर्म की ओर से उसका ध्यान थोड़ा हट भी गया, तो उसमें उसे नैतिक दोष नहीं मालूम होता। बहुत हुआ तो व्यावहारिक दोष जान पड़ता है। परन्तु निष्काम पुरुष की तो अपने कर्म के विषय में नैतिक कर्तव्य-बुद्धि रहती है। अतः वह तत्परता से इस बात की सावधानी रखता है कि अपने काम में थोडी सी भी कमी न रह जाये। इसलिए भी उसका कर्म अधिक निर्दोष होगा। किसी भी तरह देखिए, फल-त्याग अत्यंत कुशल एवं सफल तत्त्व सिद्ध होता है। अतः फलत्याग को 'योग' अथवा 'जीवन की कला' कहना चाहिए।

27 जनवरी

साम्यसूत्र 8 : युक्त्या समन्वयः
वृत्ति 15. कर्मण्येवानंदनिर्झरः

15. यदि निष्काम कर्म की बात छोड़ दें, तो भी प्रत्यक्ष कर्म में जो आनन्द है, वह उसके फल में नहीं है! स्वकर्म करते हुये जो एक प्रकार की तन्मयता होती है, वह आनन्द का एक झरना ही है। चित्रकार से कहिए- ''चित्र मत बनाओ, इसके लिए तुम चाहे जितने पैसे ले लो ', तो वह नहीं मानेगा। किसान से कहिए ''खेत पर मत जाओ, गायें मत चराओ, मोट मत चलाओ; तुम जितना कहोगे, उतना अनाज तुम्हें दे देंगे।' यदि वह सच्चा किसान होगा तो वह यह सौदा पसन्द नहीं करेगा। किसान प्रातः काल खेत पर जाता है। सूर्यनारायण उसका स्वागत करते हैं। पक्षी उसके लिए गाना गाते हैं। गाय-बैल उसके आसपास घिरे रहते हैं। वह प्रेम से उन्हें सहलाता है। जो पेड़-पौधे लगाये हैं, उनको भर नजर देखता है। इन सब कामों में एक सात्त्विक आनन्द है। यह आनन्द ही उस कर्म का मुख्य और सच्चा फल है। इसकी तुलना में उसका बाह्य फल बिलकुल ही गौण है।

गीता जब मनुष्य की दृष्टि कर्म-फल से हटा लेती है, तो वह इस तरकीब से कर्म में उसकी तन्मयता सौगुना बढ़ा देती है। फल-निरपेक्ष पुरुष की कर्मगत तन्मयता सामाधि की कोटि की होती है। इसलिए उसका आनन्द औरों से सौगुना अधिक होता है। इस तरह देखें तो यह बात तुरन्त समझ में आ जाती है कि निष्काम कर्म स्वतः ही एक महान फल है। ज्ञानदेव ने यह ठीक ही पूछा है- **वृक्ष में फल लगते हैं, पर फल में अब और क्या फल लगेंगे**? इस देह रूपी वृक्ष में निष्काम स्वधर्माचारण जैसा सुन्दर फल लग चुकने पर अब अन्य किस फल की और क्यों अपेक्षा रखें ? किसान खेत में गेहूँ बोये और गेहूँ बेचकर ज्वार की रोटी क्यों खाये? सुस्वादु केले लगाये और उन्हें बेचकर मिर्च क्यों खाये? अरे भाई, केले ही खाओ न! पर लोकमत को यह स्वीकार नहीं। केले खाने का भाग्य पाकर भी लोग मिर्च पर ही टूटते हैं। गीता कहती है- ''तुम ऐसा मत करो, कर्म ही खाओ, कर्म ही पियो और कर्म ही पचाओ।' ' कर्म करने में ही सबकुछ आ जाता है। बच्चा खेलने के आनन्द के लिए खेलता है। इससे उसे व्यायाम का फल सहज ही मिल जाता है। परन्तु उस फल की ओर उसका ध्यान नहीं रहता। उसका सारा आनन्द उस खेल में ही रहता है।

28 जनवरी

साम्यसूत्र 9 : भक्त-जनेषु
वृत्ति 16. तुकारामस्य दृष्टांतः

9. फल-त्याग के दो उदाहरण

16. संतजनों ने अपने जीवन के द्वारा यह बात सिद्ध कर दी है। तुकाराम के भक्ति-भाव को देखकर शिवाजी महाराज के मन में उनके प्रति बहुत आदर होता था। एक बार उन्होंने तुकाराम के घर पालकी भेजकर उनके स्वागत का आयोजन किया। परन्तु तुकाराम को अपने स्वागत की यह तैयारी देखकर भारी दुःख हुआ। उन्होंने अपने मन में सोचा- "यही है मेरी भक्ति का फल ? क्या इसी के लिए मैं भक्ति करता हूँ?" उनको ऐसा प्रतीत हुआ, मानो भगवान मान सम्मान का यह फल उनके हाथ में थमाकर उन्हें अपने से दूर हटाना चाहते हैं। उन्होंने कहा-

जाणोनि अंतर। टाळिसील करकर। तुज लागली हे खोडी। पांडुरंगा बहुकुडी॥

{ मेरे अंतर को जानते हुए भी तुम मेरी झंझट टालना चाहते हो? हे पांडुरंग! तुम्हारी यह टेव बहुत बुरी है।} "भगवन तुम्हारी यह टेव अच्छी नहीं। तुम ये घुंघची के दाने देकर टरकाना चाहते हो। मन में सोचते होगे कि इस आफत को निकाल ही न दूँ। परन्तु मैं भी कच्चा नहीं हूँ। मैं तुम्हारे पांव पकड़कर बैठ जाऊँगा।" भक्ति ही भक्त का स्वधर्म है और भक्ति में दूसरे-तीसरे फलों की शाखाएं न फूटने देना ही उसकी जीवनकला है।

29 जनवरी

साम्यसूत्र 9 : भक्त-जनेषु
वृत्ति 17. पुंडलीकस्य च

17.' पुंडलीक का चरित्र फल-त्याग का इससे भी गहरा आदर्श सामने रखता है। पुंडलीक अपने मां-बाप की सेवा कर रहा था। उसकी सेवा से प्रसन्न होकर पांडुरंग उसकी भेंट के लिए दौड़े आये। परन्तु पुंडलीक ने पांडुरंग के चक्कर में पड़कर अपने उस सेवा-कार्य को छोड़ने से इनकार कर दिया। अपने मां-बाप की सेवा उसके लिए सच्ची ईश्वर-भक्ति थी। कोई लड़का यदि दूसरों को लूट-खसोटकर अपने मां-बाप को सुख पहुँचाता हो अथवा कोई देश सेवक दूसरे देश का द्रोह करके अपने देश का उत्कर्ष चाहता हो तो दोनों की वह भक्ति, भक्ति नहीं कहलायेगी। यह तो आसक्ति हुई। पुंडलीक ऐसी आसक्ति में फंसा नहीं। उसने सोचा कि परमात्मा जिस रूप को धारणकर मेरे सामने खड़ा हुआ है, क्या वह इतना ही है? उसका यह रूप दिखायी देने से पहले सृष्टि क्या प्रेत थी? वह भगवान से बोला-
"भगवन आप स्वयं मुझे मिलने के लिए आये हैं, यह मै जानता हूँ, पर मैं 'भी' - सिद्धान्त को मानने वाला हूँ। आप ही अकेले भगवान हैं, ऐसा मैं नहीं मानता। मेरे लिए तो आप भी भगवान हैं और ये माता-पिता भी। इनकी सेवा में लगे रहने के कारण मैं आपकी ओर ध्यान नहीं दे सकता, इसके लिए क्षमा कीजिए।' ' इतना कहकर उसने भगवान को खड़े रहने के लिए एक ईंट सरका दी और स्वयं उसी सेवा-कार्य में निमग्न हो रहा। तुकाराम इस प्रसंग को लेकर बड़े कतहूल से विनोदपूर्वक कहते हैं-

कां रे प्रेमें मातलासी। उभें केलें विठ्ठलासी। ऐसा कैसा रे तूं धीट। मागें भिरकाविली वीट॥

'"तू कैसा पागल प्रेमी है कि तूने विठ्ठल को खड़ा रखा? तू कैसा ढीठ है कि तूने विठ्ठल के लिए ईंट सरका दी ?"

30 जनवरी

साम्यसूत्र 9 : भक्त-जनेषु

वृत्ति 18. 'अपि' सिद्धांतः

18. पुंडलीक ने जो यह 'भी' - सिद्धान्त का उपयोग किया, वह फलत्याग की युक्ति का एक अंग है। फल-त्यागी पुरुष कर्म समाधि जैसी गंभीर होती है, वैसी ही उसकी वृत्ति व्यापक, उदार और सम रहती है। इस कारण वह विविध तत्त्वज्ञान के जंजाल में नहीं पड़ता और न अपना सिद्धांत छोड़ता है। **नान्यदस्तीतिवादिनः** - 'यही है, दूसरा बिलकुल नहीं' , ऐसे विवाद में वह नहीं पड़ता। 'यह भी है और वह भी; परन्तु मेरे लिए तो यही है' ऐसी उसकी नम्र और निश्चयी वृत्ति रहती है।

एक बार एक गृहस्थ एक साधु के पास गया और उसने उससे पूछा- "मोक्ष-प्राप्ति के लिए क्या घर-बार छोड़ना आवश्यक है?" साधु ने कहा- "नहीं तो। देखो, जनक जैसों ने जब राजमहल में रहकर मोक्ष प्राप्त कर लिया, तो फिर तुम्हें ही घर छोड़ने की क्या आवश्यकता है?" फिर दूसरा मनुष्य आया और साधु से उसने पूछा- "स्वामीजी, घर-बार छोड़े बिना मोक्ष मिल सकता है?" साधु ने कहा- "कौन कहता है? घर में रहकर सेंत-मेंत में ही मोक्ष मिलता होता, तो शुक जैसों ने जो घर-बार छोड़ा, तो क्या वे मूरख थे?" बाद में उन दोनों की जब एक-दूसरे से मुलाकात हुई, तो दोनों में बड़ा झगड़ा मचा। एक कहने लगा- "साधु ने घर-बार छोड़ने के लिए कहा है।" दूसरे ने कहा- "नहीं, उन्होंने कहा है कि घर-बार छोड़ने की आवश्यकता नहीं है।" तब दोनों साधु के पास आये। साधु ने कहा- "दोनों बातें सही हैं। जैसी जिसकी भावना वैसा ही उसका मार्ग, और जिसका जैसा प्रश्न, वैसा ही उसका उत्तर। घर छोड़ने की जरूरत है, यह भी सत्य है और घर छोड़ने की जरूरत नहीं है, यह भी सत्य है।" इसी का नाम है 'भी' - सिद्धान्त।

31 जनवरी

साम्यसूत्र 9 : भक्त-जनेषु
वृत्ति 19. साधनैकपरता

19. पुंडलीक के उदाहरण से यह मालूम हो जाता है कि फल-त्याग किस मंजिल तक पहुँचने वाला है। तुकाराम को जो प्रलोभन भगवान देना चाहते थे, उसमें पुंडलीक वाला लालच बहुत ही मोहक था, परन्तु वह उस पर मोहित नहीं हुआ। यदि हो जाता, तो फंस जाता। अतः एक बार साधन का निश्चय हो जाने पर फिर अंत तक उसका आचरण करते रहना चाहिए। फिर बीच में प्रत्यक्ष भगवान के दर्शन जैसी चीज खड़ी हो जाये, तो भी उसके लिए साधन छोड़ने की आवश्यकता नहीं होनी चाहिए। देह बची है, वह साधना के लिए ही है। भगवान का दर्शन तो हाथ में ही है, वह जाता कहाँ है? **सर्वात्मपकण माझें हिरोनि नेतो कोण? मनीं भक्तीची आवडी**- "मेरा सर्वात्मभाव कौन छीन ले जा सकता है? मेरा मन तो तेरी भक्ति में रंगा हुआ है।"

इसी भक्ति को प्राप्त करने के लिए हमें यह जन्म मिला है। मां ते **संगोऽस्त्वकर्मणि**- इस गीता वचन का अर्थ यहाँ तक जाता है कि निष्काम कर्म करते हुए अकर्म की अर्थात अंतिम कर्म-मुक्ति की, यानि मोक्ष की भी वासना मत रख। वासना से छुटकारा ही तो मोक्ष है। मोक्ष को वासना से क्या लेना देना? जब फल-त्याग इस मंजिल तक पहुँच जाता है, तब समझो कि जीवनकला की पूर्णिमा सध गयी।

1 फ़रवरी

साम्यसूत्र 10 : ततः प्रज्ञालाभः
वृत्ति 20. स्थितप्रज्ञलक्षणानि

10. आदर्श गुरुमूर्ति

20. शास्त्र भी बतला दिया, कला भी बतला दी, किन्तु इतने से पूरा चित्र आंखों के सामने खड़ा नहीं होता। शास्त्र निर्गुण है, कला सगुण है; परन्तु सगुण भी साकार हुए बिना व्यक्त नहीं होता। केवल निर्गुण जिस प्रकार हवा में रहता है, उसी प्रकार निराकार सगुण की हालत भी हो सकती है। इसका उपाय है, जिसमें गुण मूर्तिमान हुए हैं, उसका दर्शन। इसीलिए अर्जुन कहता है- "भगवन आपने जीवन के मुख्य सिद्धान्त बता दिये, उन सिद्धान्तों को आचरण में लाने की कला भी बतला दी, तो भी इसका स्पष्ट चित्र मेरे सामने खड़ा नहीं होता। अतः मुझे अब चरित्र सुनाइए। ऐसे पुरुषों के लक्षण बताइए, जिनकी वृद्धि में सांख्य-निष्ठा स्थिर हो गयी है और फल-त्यागरूपी योग जिनकी रग-रग में व्याप्त हो गया है। जिन्हें हम 'स्थितप्रज्ञ' कहते हैं, जो फल-त्याग की पूरी गहराई दिखलाते हैं, कर्म-समाधि में मग्न हैं और निश्चय के महा-मेरू है; वे बोलते कैसे हैं, बैठते कैसे हैं, चलते कैसे हैं, यह सब मुझे बताइए। वह मूर्ति कैसी होती है, उसे कैसे पहचाने? यह सब कहिए भगवन!"

2 फ़रवरी

साम्यसूत्र 10 : ततः प्रज्ञालाभः
वृत्ति 21. नित्यं पठितव्यानि 22. संयममूर्तिः

21. इसके लिए भगवान ने दूसरे अध्याय के अंतिम अठारह श्लोक में स्थितप्रज्ञ का गंभीर और उदात्त चरित्र चित्रित किया है। मानों इन अठारह श्लोकों में गीता के अठारह अध्यायों का सार ही एकत्र कर दिया है। 'स्थितप्रज्ञ' गीता की आदर्श मूर्ति है। यह शब्द भी गीता का अपना स्वतंत्र है। आगे पांचवें अध्याय में जीवन्मुक्तका, बारहवें में भक्त का, चौदहवें में गुणतीत का और अठारहवें में ज्ञाननिष्ठ का, ऐसा ही वर्णन आया है; परन्तु स्थितप्रज्ञ का वर्णन इस सबसे अधिक सविस्तर और खोलकर किया है। उसमें सिद्ध-लक्षण के साथ-साथ साधक-लक्षण भी बताये हैं। हजारों सत्याग्रही स्त्री-पुरुष सायंकालीन प्रार्थना में इन लक्षणों का पाठ करते हैं। यदि प्रत्येक गांव और प्रत्येक घर में ये पहुँचाये जा सकें, तो कितना आनन्द होगा! परन्तु पहले ये हमारे हृदय में पैठें, तो फिर बाहर अपने-आप पहुँच जायेंगे। नित्यपाठ की चीज यदि यांत्रिक हो गयी, तो फिर वह चित्त में अंकित होने की जगह उलटी मिट जाती है। पर यह दोष नित्यपाठ का नहीं, मनन न करने का है। नित्यपाठ के साथ-साथ नित्य मनन और नित्य आत्मपरीक्षण आवश्यक है।

22. 'स्थितप्रज्ञ' यानि स्थिर बुद्धिवाला मनुष्य, यह तो उसका नाम ही बता रहा है। परन्तु संयम के बना बुद्धि स्थिर होगी कैसे? अतः स्थितप्रज्ञ को संयममूर्ति बताया गया है। बुद्धि हो आत्मनिष्ठ, और अंतर-बाह्य इंद्रियां हों बुद्धि के अधीन-यह है संयम का अर्थ। स्थितप्रज्ञ सारी इंद्रियों को लगाम चढ़ाकर उन्हें कर्मयोग में जोतता है। इंद्रिय रूपी बैलों से वह निष्काम स्वधर्माचरण की खेती भलीभाँति करा लेता है। अपना प्रत्येक श्वासोच्छ्वास वह परमार्थ में खर्च करता है।

3 फ़रवरी

साम्यसूत्र 10 : ततः प्रज्ञालाभः

वृत्ति 23. मत्परः 24. जीवनशास्त्रं संपूर्णम्

23. यह इंद्रिय-संयम सरल नहीं है। इंद्रियों से बिलकुल काम ही न लेना एक तरह आसान हो सकता है। मौन, निराहार आदि बातें इतनी कठिन नहीं है। इससे उल्टे, इंद्रियों को खुला छोड़ देना तो सबके लिए सधा-सधाया ही है। परन्तु जिस प्रकार कछुआ खतरे की जगह अपने सभी अवयवों को भीतर खींच लेता है और बिना खतरे वाली जगह पर उनसे काम लेता है; उसी तरह विषय-भोगों से इंद्रियों को समेट लेना और परमार्थ के काम में उनका उचित उपयोग करना, यह संयम कठिन है। साधक को कभी निराश नहीं होना चाहिए। वह साधना की अपनी सब युक्तियां काम में लाये और फिर भी कमी रह जाये, तो उसमें भक्ति जोड़ दे। यह बड़ा कीमती सुझाव भगवान ने स्थितप्रज्ञ के लक्षणों में दिया है। हां, वह दिया है गिने गिनाये शब्दों में ही। परन्तु ढेरों व्याख्यानों की अपेक्षा वह अधिक कीमती है; क्योंकि जहाँ भक्ति की अचूक आवश्यकता है, वहीं वह उपस्थित की गयी है। स्थितप्रज्ञ के लक्षणों का सविस्तार विवरण हमें आज यहाँ नहीं करना है। परन्तु हम अपनी इस सारी साधना में भक्ति का अपना निश्चित स्थान कहीं भूल न जायें; इसलिए उसकी ओर ध्यान दिला दिया । पूर्ण स्थितप्रज्ञ इस जगत में कौन हो गया, सो तो भगवान ही जाने; परन्तु सेवापरायण स्थितप्रज्ञ के उदाहरण के रूप में पुंडलीक की मूर्ति सदैव मेरी आंखों के सामने आती रहती है। वह मैनें आपके सामने रख ही दी है।

24. अच्छा, अब स्थितप्रज्ञ के लक्षण पूरे हुए, दूसरा अध्याय भी समाप्त हुआ।

(निर्गुण) सांख्य-बृद्धि + (सगुण) योग-बुद्धि + (साकार) स्थितप्रज्ञ

|

मिलाकर

|

संपूर्ण जीवन-शास्त्र

इसमें से ब्रह्मनिर्वाण यानी मोक्ष के सिवा दूसरा क्या फलित हो सकता है?

४ फ़रवरी

तीसरा अध्याय: कर्मयोग

साम्यसूत्र 11: कर्मयोगोऽनंतफलः
वृत्ति 1: अकामिनं कांक्षते लक्ष्मीः

11. फलत्यागी को अनंत फल मिलता है

1. भाइयों, दूसरे अध्याय में हमने सारे जीवन-शास्त्र पर निगाह डाली। अब तीसरे अध्याय में इसी जीवन-शास्त्र का स्पष्टीकरण है। पहले हमने तत्त्वों को विचार किया, अब उनकी तफसील में जायेंगे। पिछले अध्याय में कर्मयोग-सम्बन्धी विवेचन किया था। कर्मयोग में महत्त्व की वस्तु है फल-त्याग। कर्मयोग में फल-त्याग तो है, परन्तु प्रश्न यह उठता है कि फिर फल मिलता भी है या नहीं? अतः तीसरे अध्याय में कहते हैं कि कर्मफल को छोड़ने से कर्मयोगी उल्टा अनंतगुना फल प्राप्त करता है।

यहाँ मुझे लक्ष्मी की कथा याद आती है। उसका था स्वयंवर। सारे देव-दानव बड़ी आशा बांधे आये थे। लक्ष्मी ने अपना प्रण पहले प्रकट नहीं किया था। सभा-मंडप में आकर वह बोली-''मैं उसी के गले में वरमाला डालूंगी, जिसे मेरी चाह न होगी।' वे सब तो लालच से आये थे। लक्ष्मी निःस्पृह वर खोजने निकल पड़ी। शेषनाग पर शांत भाव से लेटी हुई भगवान विष्णु की मूर्ति उसे दिखायी दी। उनके गले में वरमाला डालकर वह अब तक उनके चरण दबाती हुई बैठी ही है। **न मागे तयाची रमा होय दासी**- 'जो नहीं चाहता, उसकी रमा दासी बनती है।' यही तो खूबी है।

5 फ़रवरी

साम्यसूत्र 11: कर्मयोगोऽनंतफलः
वृत्ति 2: अहो भारभृतां त्यागः!

2. साधारण मनुष्य अपने फल के आसपास बाड़ लगाता है। पर इससे मिलने वाला अनंत फल वह खो बैठता है। सांसारिक मनुष्य अपार कर्म करके अल्प फल प्राप्त करता है; पर कर्मयोगी थोड़ा-सा करके भी अनंतगुना प्राप्त करता है। यह फर्क सिर्फ एक भावना के कारण होता है। टॉलस्टॉय ने एक जगह लिखा है- "लोग ईसामसीह के त्याग की बहुत स्तुति करते हैं। परन्तु ये संसारी जीव तो रोज न जाने अपना कितना खून सुखाते हैं, दौड़-धूप करते हैं! पूरे दो गधों का बोझ अपनी पीठ पर लादकर चक्कर काटने वाले ये संसारी जीव, इन्हें ईसा से कितना गुना ज्यादा कष्ट, कितनी ज्यादा इनकी दुर्गति! यदि ये इनसे आधे भी कष्ट भगवान के लिए उठायें, तो सचमुच ईसा से भी बढ़ जायेंगे।"

6 फ़रवरी

साम्यसूत्र 11: कर्मयोगोऽनंतफलः
वृत्ति 3: मंत्रितं कर्म

3. संसारी मनुष्य की तपस्या सचमुच बड़ी होती है, परन्तु वह होती है क्षुद्र फलों के खातिर। जैसी वासना, वैसा फल। अपनी चीज की जो कीमत हम आंकते हैं, उससे ज्यादा कीमत संसार में नहीं आंकी जाती। सुदामा चिउड़ा लेकर भगवान के पास गये। उस मुठ्ठी भर चिउड़े की कीमत एक धेला भी शायद न हो, परन्तु सुदामा को वे अनमोल मालूम होते थे; क्योंकि उनमें भक्तिभाव था। वे अभिमंत्रित थे। उनके कण-कण में भावना भरी थी। चीज भले ही क्षुद्र क्यों न हो, मंत्र से उसका मोल, उसका सामर्थ्य बढ़ जाता है। नोट का वजन भला कितना होगा? उसे सुलगायें, तो एक बूंद पानी भी शायद ही गरम हो! लेकिन उस पर मुहर लगी रहती है। उसी से उसकी कीमत होती है।

कर्मयोग में यही सारी खूबी है कर्म को नोट ही समझो। भावना रूपी मुहर की कीमत है, कर्मरूपी कागज के टुकड़े की नहीं। एक तरह से यह मैं मूर्ति-पूजा का ही रहस्य बतला रहा हूँ। मूर्ति-पूजा की कल्पना में बड़ा सौंदर्य है। इस मूर्ति को कौन तोड़ सकता है ? यह मूर्ति पहले एक टुकड़ा ही तो थी। मैंने इसमें प्राण डाला। अपनी भावना डाली। भला इस भावना के कोई टुकड़े कर सकता है ? टुकड़े पत्थर के हो सकते हैं, भावना के नहीं। जब मैं अपनी भावना मूर्ति में से निकाल लूंगा, तब वहाँ पत्थर बच रहेगा और तभी उसके टुकड़े हो सकते हैं।

7 फ़रवरी

साम्यसूत्र 11: कर्मयोगोऽनंतफलः
वृत्ति 4: गुरुदक्षिणातुल्यम्

4. कर्म का अर्थ हुआ पत्थर, या कागज का टुकड़ा। मेरी माँ ने कागज की एक चिट पर टूटी-फूटी भाषा में दो-चार टेढ़ी-मेढ़ी पंक्तियां लिखकर भेज दीं और दूसरे किसी ने पचास पन्नों का आलतू-फालतू पुलिंदा लिखकर भेजा। अब किसका वजन ज्यादा होगा? माँ की उन चार पंक्तियों में जो भाव है, वह अनमोल है, पवित्र है। उसकी बराबरी वह पुलिंदा नहीं कर सकता। कर्म में आर्द्रता चाहिए, भावना चाहिए। हम मजदूर के काम की पैसे में कीमत लगाते हैं और उसे मजदूरी दे देते हैं। परन्तु दक्षिणा की बात ऐसी नहीं है। दक्षिणा भिगोकर दी जाती है। दक्षिणा के सम्बन्ध में यह प्रश्न नहीं उठता कि कितनी दी। महत्त्व की बात यह है कि उसमें आर्द्रता है या नहीं। मनुस्मृति में एक बड़ी मजेदार बात है। एक शिष्य बारह साल गुरु-गृह में रहकर पशु से मनुष्य हुआ। अब वह गुरु-दक्षिणा क्या दे? प्राचीन समय में पहले ही फीस नहीं ले ली जाती थी। बारह साल पढ़ चुकने के बाद जो कुछ देना हो, सो गुरु को दे दिया जाता था। मनु कहते हैं- "चढ़ा दो गुरु जी को एक आध पत्र-पुष्प, दे दो एक आध पंखा या खड़ाऊं, या पानी से भरा कलश।' ' इसे आप मजाक मत समझिए, क्योंकि जो कुछ देना है, श्रद्धा का चिह्न समझकर देना है। फूल में भला क्या वजन है? परन्तु उसके भक्ति भाव में ब्रह्मांड के बराबर वजन है। रुक्मिणी नें एक्या तुळशीलळानें, गिरिधर प्रभु तुळिला- 'रुक्मिणी ने एक ही तुलसी दल से गिरिधर प्रभु को तौल लिया। सत्यभामा के मन भर गहनों से काम नहीं चला। परन्तु भाव-भक्ति से पूर्ण एक तुलसी दल जब रुक्मिणी माता ने पलड़े में डाल दिया, तो सारा काम बन गया। वह तुलसी दल अभिमंत्रित था। अब वह मामूली नहीं रह गया था। कर्मयोगी के कर्म की भी यही बात है।

8 फ़रवरी

साम्यसूत्र 11: कर्मयोगोऽनंतफलः
वृत्ति 5: गंगास्नानादि-सदृशम्

5.कल्पना कीजिए कि दो व्यक्ति गंगा स्नान करने गये हैं उनमें से एक कहता है- "लोग 'गंगा' 'गंगा' कहते हैं, उसमें है क्या? दो हिस्से हाइड्रोजन, एक हिस्सा ऑक्सीजन, ऐसे दो गैस एकत्र कर दिये, तो हो गयी गंगा। इससे अधिक उसमें क्या है?" दूसरा कहता है- "भगवान विष्णु के पद-कमलों से निकली है, शंकर के जटाजूट में इसने वास किया है, हजारों ब्रह्मर्षियों ने और राजर्षियों ने इसके तीर पर तपस्या की है, अनंत पुण्य-कृत्य इसके तट पर हुए हैं- ऐसी यह पवित्र गंगामाई है।" इस भावना से अभिभूत होकर वह उसमें नहाता है। वह ऑक्सीजन-हाइड्रोजन वाला भी नहाता है। अब देह-शुद्धि रूपी फल तो दोनों को मिला ही। परन्तु उस भक्त को देह-शुद्धि के साथ ही चित्त-शुद्धि रूपी फल भी मिला। यों तो गंगा में बैल भी नहाये तो उसे देह-शुद्धि प्राप्त होगी। शरीर की गंदगी निकल जायेगी। परन्तु मन का मैल कैसे धुलेगा? एक को देह-शुद्धि का तुच्छ फल मिला, दूसरे को उसके अलावा चित्त-शुद्धि रूपी अनमोल फल भी मिला।

स्नान करके सूर्य नमस्कार करने वाले को व्यायाम का फल तो मिलेगा ही। परन्तु वह आरोग्य के लिए नमस्कार नहीं करता, उपासना के लिए करता है। इससे उसके शरीर को तो आरोग्य-लाभ होता ही है, साथ ही बुद्धि की प्रभा भी फैलती है। आरोग्य के साथ स्फूर्ति और प्रतिभा भी उसे सूर्यनारायण से मिलेगी।

9 फ़रवरी

साम्यसूत्र 11: कर्मयोगोऽनंतफलः
वृत्ति 6: भावनाभेदादंतरम्

6. कर्म वही, परन्तु भावना-भेद से उसमें अंतर पड़ जाता है। परमार्थ मनुष्य का कर्म आत्मविकासक होता है, तो संसारी मनुष्य का कर्म आत्मबंधक सिद्ध होता है। जो कर्मयोगी किसान होगा, वह स्वधर्म समझकर खेती करेगा। इससे उसकी उदरपूर्ति अवश्य होगी, परन्तु उदर पूर्ति हो, इसलिए वह खेती नहीं करता; बल्कि खेती कर सके, इसलिए भोजन को वह एक साधन मानेगा। स्वधर्म उसका साध्य और भोजन उसका साधन हुआ। परन्तु दूसरा सामान्य किसान होगा, उसके लिए उदर-पूर्ति साध्य और खेती रूपी स्वधर्म साधन होगा ऐसी यह एक-दूसरे से उल्टी अवस्था है।

दूसरे अध्याय में स्थित प्रज्ञ के लक्षण बताते हुए यह बात मजेदार ढंग से कही गयी है। जहाँ दूसरे लोग जागृत रहते हैं, वहाँ कर्मयोगी सोता रहता है। जहाँ दूसरे लोग निद्रित रहते हैं, वहाँ कर्मयोगी जागृत रहता है। हम उदर-पूर्ति के लिए जागृत रहेंगे, तो कर्मयोगी इस बात के लिए जागृत रहेगा कि उसका एक क्षण भी बिना कर्म के न जाये। वह खाता भी है, तो मजबूर होकर। इस पेट के मटके में इसीलिए कुछ डालता है कि डालना जरूरी है। संसारी मनुष्य को भोजन में आनन्द आता है, योगी को भोजन में कष्ट होता है। इसलिए वह स्वाद ले-लेकर भोजन नहीं करेगा। संयम से काम लेगा। एक की जो रात, वही दूसरे का दिन और एक का जो दिन, वही दूसरे की रात। अर्थात जो एक का आनन्द, वही दूसरे का दुःख और जो एक का दुःख, वही दूसरे का आनन्द हो जाता है। संसारी और कर्मयोगी, दोनों के कर्म तो एक-से ही है; परन्तु कर्मयोगी की विशेषता यह है कि वह फलासक्ति छोड़कर कर्म में ही रमता है। संसारी की तरह ही योगी भी खायेगा, पियेगा, सोयेगा। परन्तु तत्सम्बन्धी उसकी भावना भिन्न होगी। इसलिए तो आरंभ ही स्थितप्रज्ञ की संयम मूर्ति खड़ी कर दी गयी है, जबकि गीता के अभी सोलह अध्याय बाकी हैं।

संसारी पुरुष और कर्मयोगी, दोनों के कर्मों का साम्य और वैषम्य तत्काल दिखायी देता है। फर्ज कीजिए कि कर्मयोगी गो-रक्षा का कामकर रहा है, तो वह किस दृष्टि से करेगा? उसकी यह भावना रहेगी कि गो-सेवा करने से समाज को भरपूर दूध उपलब्ध हो, गाय के बहाने मनुष्य से निचली पशु-सृष्टि से प्रेम-सम्बन्ध जुड़े। यह नहीं कि मुझे वेतन मिले। वेतन तो कहीं गया नहीं है, परन्तु असली आनन्द, सच्चा सुख इस दिव्य भावना में है।

10 फ़रवरी

साम्यसूत्र 11: कर्मयोगोऽनंतफलः
वृत्ति 7: विश्वेन सामरस्यम्

7. कर्मयोगी का कर्म उसे इस विश्व के साथ समरस कर देता है। तुलसी को जल चढ़ाये बिना भोजन नहीं करेंगे, इसमें वनस्पति-सृष्टि के साथ हमने प्रेम-सम्बन्ध जोड़ा है। तुलसी को भूखा रखकर मैं पहले कैसे खा लूं? इस तरह गाय के साथ एकरूपता, वनस्पति के साथ एकरूपता साधते-साधते हमें सारे विश्व से एकरूपता साधनी है। भारतीय युद्ध में शाम होते ही सब लोग तो संध्या आदि करने के लिए चले जाते, परन्तु भगवान श्रीकृष्ण रथ के घोड़े खोलकर उन्हें पानी पिलाते, खरहरा करते और उनके शरीर से शल्य निकालते। उस सेवा में भगवान को कितना आनंद आता था। कवि यह वर्णन करते हुए अघाते ही नहीं। अपने पीतांबर में दाना-रातिब लेकर घोड़ों को देने वाले उस पार्थ सारथि का चित्र अपनी आंखों के सामने खड़ा कीजिए और कर्मयोग के आनन्द की कल्पना का अनुभव कीजिए। प्रत्येक कर्म मानो आध्यात्मिक, उच्चतर पारमार्थिक कर्म है। खादी के ही काम को लीजिए। कंधे पर खादी की गांठ लादकर घर-घर फेरी लगाने वाला क्या ऊब जाता है? नहीं, क्योंकि वह इस विचार में मस्त रहता है कि देश में जो मेरे करोड़ों नंगे-भूखे भाई-बहन हैं, उन्हें मुझे दो कौर खिलाना है। उसका वह गज भर खादी खपाना समस्त दरिद्रनारायण के साथ जुड़ा हुआ होता है।

11 फ़रवरी

साम्यसूत्र 12: बहुविध-प्रेरणैः
वृत्ति 8: स्व-पर-यात्रार्थम्

12. कर्मयोग के विविध प्रयोजन

8. निष्काम कर्मयोग में अद्‌भुत सामर्थ्य है। ऐसे कर्म से व्यक्ति और समाज, दोनों का परम कल्याण होता है। स्वधर्माचरण करने वाले कर्मयोगी की शरीर-यात्रा तो चलती ही है; परन्तु सदा-सर्वदा उद्योगरत रहने के कारण उसका शरीर निरोगी और स्वच्छ रहता है। उसके इस कर्म की बदौलत उस समाज का भी, जिसमें वह रहता है, अच्छी तरह योग-क्षेम चलता है। कर्मयोगी किसान, ज्यादा पैसा मिलेगा इसलिए अफीम और तंबाकू नहीं बोयेगा। वह अपने कर्म का सम्बन्ध समाज-मंगल के साथ जोड़ता है। स्वधर्मरूप कर्म समाज के लिए हितकर ही होगा। जो व्यापारी यह मानता है कि मेरा यह व्यवहार रूप कर्म जनता के हित के लिए है, वह कभी विदेशी कपड़ा नहीं बेचेगा। उसका व्यापार समाजोपकारक होगा। अपने को भूलकर अपने आस पास के समाज से समरस होने वाले ऐसे कर्मयोगी जिस समाज में पैदा होते हैं, उसमें सुव्यवस्था, समृद्धि और सौमनस्य रहता है।

12 फ़रवरी

साम्यसूत्र 12: बहुविध-प्रेरणैः
वृत्ति 9: चित्तस्य शुद्धये

कर्मयोगी के कर्म के फलस्वरूप उसकी शरीर-यात्रा तो चलती ही है, उसकी देह और बुद्धि तेजस्वी रहती है और समाज का भी कल्याण होता है। इन दो फलों के अलावा चित्त-शुद्धि का भी महान फल उसे मिलता है। **कर्मणा शुद्धिः**- ऐसा कहा गया है। कर्म चित्त-शुद्धि का साधन है; परन्तु सर्वसाधारण जो कर्म करते हैं, वह नहीं। कर्मयोगी जो अभिमंत्रित कर्म करता है, उसी से चित्तशुद्धि होती है।

महाभारत में तुलाधार वैश्य की कथा है। जाजलि नामक ब्राह्मण तुलाधार के पास शब्द ज्ञान-प्राप्ति के लिए जाता है। तुलाधार उससे कहते हैं- "भैया, इस तराजू की डंडी को सदा सीधा रखना पड़ता है" इस बाह्य कर्म को करते हुए तुलाधार का मन भी सीधा-सरल हो गया। छोटा बच्चा दुकान में आये या बड़ी उम्र का, उसकी डंडी सबके लिए एक सी रहती है न ऊंची, न नीची। उद्योग का मन पर परिणाम होता है। कर्मयोगी के कर्म को एक प्रकार का जप ही समझो उससे उसकी चित्त-शुद्धि होती है और फिर निर्मल चित्त में ज्ञान का प्रतिबिंब पड़ता है। अपने उस-उस कर्मों से कर्मयोगी अंत में ज्ञान प्राप्त करते हैं। तराजू की डंडी से तुलाधार समवृत्ति मिली।

सेना नाई बाल बनाया करता था। दूसरों के सिर का मैल निकालते-निकालते उसे ज्ञान हुआ- "देखो, मैं दूसरों के सिर का मैल तो निकालता हूं, परन्तु क्या खुद कभी अपने सिर का, अपनी बुद्धि का भी मैल मैंने निकाला है?" ऐसी आध्यात्मिक भाषा उसे उस कर्म से सूझने लगी। खेत का कचरा निकालते-निकालते कर्मयोगी को खुद अपने हृदय का वासना-विकाररूपी कचरा निकाल डालने को बुद्धि उपजती है।

मिट्टी को रौंदकर समाज को पक्की हंडिया देने वाला गोरा कुम्हार अपने मन में ऐसी पक्की गांठ बांधता है कि मुझे अपने जीवन की भी हंडिया पक्की बना लेनी चाहिए। इस प्रकार वह हाथ में थपकी लेकर 'हंड़िया कच्ची है या पक्की?'
यों संतों की परीक्षा लेने वाला परीक्षक बन जाता है।

उस-उस कर्मयोगी को उस-उस कर्म या धंधे की भाषा में से ही भव्य ज्ञान प्राप्त हुआ है। वे कर्म क्या थे, मानो उनकी आध्यात्म-शाला ही हों। उनके वे कर्म उपासनामय, सेवामय थे। वे देखने में व्यावहारिक, परन्तु वास्तव में आध्यात्मिक थे।

13 फ़रवरी

साम्यसूत्र 12: बहुविध-प्रेरणैः
वृत्ति 10: आदर्श-स्थापनाय च

10. कर्मयोगी के कर्म से एक और भी उत्तम फल मिलता है और वह है, समाज के सामने एक आदर्श। समाज में यह भेद तो है ही कि यह पहले जनमा है और वह बाद में। जिनका जन्म पहले हुआ है, उनके जिम्मे बाद में पैदा होने वालों के लिए उदाहरण बन जाने का काम रहता है। बड़े भाई पर छोटे भाई को, मां-बाप पर बेटा-बेटी को, नेता पर अनुयायियों को, गुरु पर शिष्य को, अपनी कृति के द्वारा उदाहरण पेश करने की जिम्मेदारी है। ऐसा उदाहरण कर्मयोगी के सिवा और कौन उपस्थित कर सकता है?

कर्मयोगी सदैव कर्म-रत रहता है; क्योंकि कर्म में ही उसे आनंद मालूम होता है। इससे समाज में दंभ नहीं बढ़ता। कर्मयोगी स्वयंतृप्त होता है, तो भी कर्म किये बिना उससे रहा नहीं जाता। तुकाराम कहते हैं - "भजन से भगवान मिल गया, तो क्या इसलिए मैं भजन छोड़ दूं? भजन तो अब हमारा सहज धर्म हो गया।"

आधीं होता संतसंग। तुका झाला पांडुरंग। त्याचें भजन राहीना। मूळस्वभाव जाईना॥

'पहले संतसंग था, जिससे तुकाराम पांडुरंग बन गया। लेकिन उसके भजन का तार अब टूटता नहीं। भला मूल स्वभाव भी कहीं छूटता है?'

कर्म की सीढ़ी से चढ़कर शिखर तक पहुँच गये। परन्तु शिखर पर पहुँचने पर भी कर्मयोगी सीढ़ी नहीं छोड़ता। वह उससे छूट ही नहीं सकती। उसकी इंद्रियों को उन कर्मों को करने की सहज आदत पड़ जाती है। इस तरह स्वधर्म-कर्मरूपी सेवा की सीढ़ी का महत्त्व वह समाज को जंचाता रहता है।

14 फ़रवरी

साम्यसूत्र 12: बहुविध-प्रेरणैः
वृत्ति 10: आदर्श-स्थापनाय च

समाज से ढोंग का मिटना बहुत ही बड़ी चीज है। ढोंग-पाखंड से समाज डूब जाता है। ज्ञानी यदि शांत बैठ जाये, तो उसे देखकर दूसरे भी हाथ-पर-हाथ धरकर बैठने लगेंगे। ज्ञानी तो नित्य तृप्त होने के कारण आंतरिक सुख में तल्लीन रहकर शांत रहेगा; परन्तु दूसरा मनुष्य भीतर से रोता हुआ भी कर्म-शून्य हो जायेगा। एक अंतस्तृप्त होकर स्वस्थ बैठा है, तो दूसरा मन में कुढ़ता हुआ स्वस्थ बैठा है-ऐसी स्थिति भयंकर है। इससे दंभ, पाखंड बढ़ेगा। अतः सारे संत शिखर पर पहुँचकर भी साधना का पल्ला बड़ी सतर्कता से पकड़े रहे, आमरण स्वधर्माचरण करते रहे। माता बच्चों के गुड्डा-गुड़ियों के खेल में शरीर होकर उनमें रुचि उत्पन्न करती है। मां यदि उन खेलों में शरीक न हो, तो बच्चों को उनमें मजा नहीं आयेगा। कर्मयोगी तृप्त होकर कर्म छोड़ देगा, तो दूसरे अतृप्त रहते हुए भी कर्म छोड़ देंगे, हालांकि मन में भूखे और निरानंद रहेंगे।

अतः कर्मयोगी मामूली आदमी की तरह ही कर्म करता रहता है। वह यह नहीं मानता कि मैं कोई विशिष्ट मनुष्य हूँ। औरों की अपेक्षा वह अनंतगुना परिश्रम बाहर से करता है। अमुक एक कर्म पारमार्थिक है, ऐसी छाप लगाने की जरूरत नहीं है। कर्म का विज्ञापन करने की जरूरत नहीं है। यदि तुम उत्कृष्ट ब्रह्मचारी हो, तो अपने कर्म में औरों की अपेक्षा सौ गुना उत्साह दीखने दो। कम खाना मिलने पर भी तिगुना काम होने दो, समाज की सेवा अपने द्वारा अधिक होने दो। अपना ब्रह्मचर्य अपने आचार-व्यवहार में दीखने दो। चंदन की सुगंध बाहर फैलने दो। जिस समाज में कर्मयोगी विचरेगा, वह समाज सुखी होगा। उसकी चित्तशुद्धि होकर ज्ञान भी मिलेगा और समाज से ढोंग, पाखंड मिटकर जीवन का पवित्र आदर्श भी प्रकट होगा। कर्मयोग की यह अनुभव सिद्ध महिमा है।

15 फ़रवरी

साम्यसूत्र 13: जितांतरायस्य

वृत्ति 11: प्रसादसेवनमानुषंगिकम्

13. कर्मयोग-व्रत का अंतराय

11. कर्मयोगी अपना कर्म औरों की अपेक्षा उत्कृष्ट रीति से करेगा; क्योंकि उसके लिए कर्म ही उपासना है, कर्म ही पूजा है। मैंने भगवान का पूजन किया। फिर पूजा का नैवेद्य प्रसाद के रूप में पाया। परंतु क्या वह नैवेद्य उस पूजा का फल है, जो नैवेद्य के लिए पूजन करेगा, उसे प्रसाद का अंश तो तुरंत मिलेगा ही। परन्तु जो कर्मयोगी है, वह अपने पूजा-कर्म के द्वारा परमेश्वर-दर्शनरूपी फल चाहता है। वह उस कर्म की कीमत इतनी थोड़ी नहीं समझता कि सिर्फ प्रसाद ही मिल जायें। वह अपने कर्म की कीमत कम आंकने के लिए तैयार नहीं है। स्थूल नाप से वह अपने कर्मों को नहीं नापता। जिसकी स्थूल दृष्टि है, उसे फल भी स्थूल ही मिलेगा। खेती की एक कहावत है- **गहरा बो, पर गीला बो।** महज गहरे जोतने से काम नहीं चलेगा, नीचे तरी भी होनी चाहिए। गहराई और तरी दोनों होंगी तो भुट्टा बड़ा, कलाई के बराबर निकलेगा। अतः कर्म गहरा अर्थात उत्कृष्ट होना चाहिए। फिर उसमें ईश्वर-भक्ति की ईष्वरार्पणतारूपी तरी भी होनी चाहिए। कर्मयोगी गहरा कर्म करके उसे ईश्वरार्पण कर देता है। परमार्थ के सम्बन्ध में कुछ मूर्खतापूर्ण कल्पनाएं हमारे अंदर फैल गयी हैं। लोग समझते हैं कि जो परमार्थी हो गया, उसे हाथ-पांव हिलाने की जरूरत नहीं, काम-काज करने की जरूरत नहीं। कहते हैं, जो खेती करता है, खादी बुनता है, वह कैसा परमार्थी? परन्तु कोई यह नहीं पूछता कि जो भोजन करता है, वह कैसा परमार्थी? कर्मयोगियों का परमेश्वर तो कहीं घोड़ों को खरहरा करता है, कहीं राजसूय-यज्ञ के समय जूठी पत्तलें उठाता है, कहीं जंगल में गायें चराने जाता है। वह द्वारिकाधीश फिर कभी गोकुल जाता, तो बंसी बजाते हुए गायें ही चराता। इस तरह संतों ने तो घोड़ों को खरहरा करने वाला, गायें चराने वाला, रथ हांकने वाला, पत्तल उठाने वाला, लीपने वाला, कर्मयोगी परमेश्वर खड़ा किया है। और खुद संत भी कोई दरजी का तो कोई कुम्हार का, कोई बुनकर का तो कोई माली का, कोई आटा पीसने का तो कोई बनिये का, कोई नाई का तो कोई मरे ढोर खींचने का, काम करते-करते मुक्त हो गये हैं।

16 फ़रवरी

साम्यसूत्र 13: जितांतरायस्य
वृत्ति 12: अंतरायजयः

12. ऐसे इस दिव्य कर्मयोग के व्रत से मनुष्य दो कारणों से डिगता है। इस सिलसिले में हमें इंद्रियों का विशिष्ट स्वभाव ध्यान में रखना चाहिए। हमारी इन्द्रियां सदैव 'यह चाहिए और वह नहीं चाहिए' - ऐसे द्वंद्वों से घिरी रहती हैं। जो चाहिए, उसके लिए राग अर्थात प्रीति, और जो नहीं चाहिए, उसके प्रति मन में द्वेष उत्पन्न होता है। ऐसे ये राग-द्वेष, काम-क्रोध मनुष्य को नोच-नोचकर खाते हैं कर्मयोग वैसे कितना बढ़िया, कितना रमणीय, कितना अनंत फलदायी है! परन्तु ये काम-क्रोध 'इसे ले और उसे छोड़' - ऐसा झमेला हमारे पीछे लगाकर दिन-रात हमें सताते रहते हैं। अतः भगवान इस अध्याय के अंत में खतरे की घंटी बजाते हैं कि इनका संग छोड़ो, इनसे बचो। स्थितप्रज्ञ जिस प्रकार संयम की मूर्ति होता है, उसी प्रकार कर्मयोगी को बनना चाहिए।

.

रविवार 6-3-1932

१७ फ़रवरी

चौथा अध्याय: कर्मयोग सहकारी साधना - विकर्म

साम्यसूत्र 14: विकर्मणा संधानम्
वृत्ति 1: निष्कामता-सिद्धये चित्तं शोधयेत्

14. कर्म को विकर्म का योग चाहिए

1. भाइयो, पिछले अध्याय में हमने निष्काम कर्मयोग का विवेचन किया। स्वधर्म को टालकर यदि हम अवांतर धर्म स्वीकार करेंगे, निष्कामतारूपी फल अशक्य ही है। स्वदेशी माल बेचना व्यापारी का स्वधर्म है। परन्तु इस स्वधर्म को छोडकर जब वह सात समुन्दर पार का विदेशी माल बेचने लगता है, तब मूलतः उसके सामने यही हेतु रहता है कि बहुत नफा मिलेगा। तो फिर उसे कर्म में निष्कामता कहाँ से आयेगी? अतएव कर्म को निष्काम बनाने के लिए स्वधर्म पालन की अत्यन्त आवश्यकता है। परन्तु यह स्वधर्माचरण भी 'सकाम' हो सकता है। अहिंसा की ही बात हम लें, जो अहिंसा का उपासक है, उसके लिए हिंसा तो वर्ज्य है; परन्तु यह सम्भव है कि ऊपर से अहिंसक होते हुए भी वह वास्तव में हिंसामय हो; क्योंकि हिंसा मन का एक धर्म है। महज बाहर से हिंसा कर्म न करने से ही मन अहिंसामय हो जायेगा, सो बात नहीं। तलवार हाथ में लेने से हिंसावृत्ति अवश्य प्रकट होती है, परन्तु तलवार छोड़ देने से मनुष्य अहिंसामय होता ही है, सो बात नहीं। ठीक यही बात स्वधर्माचरण की है। निष्कामता के लिए 'पर धर्म' से तो बचना ही होगा। परन्तु यह तो निष्कामता का आरम्भ मात्र हुआ। इससे हम साध्य तक नहीं पहुँच गये।

निष्कामता मन का धर्म है। इसकी उत्पत्ति के लिए स्वधर्माचरण रूपी साधन ही काफी नहीं है। दूसरे साधनों का भी सहारा लेना पड़ेगा। अकेली तेल-बत्ती से दीया नहीं जल जाता। उसके लिए ज्योति की जरूरत होती है। ज्योति होगी, तो अंधेरा दूर होगा। यह ज्योति कैसे जलायें? इसके लिए मानसिक संशोधन की जरूरत है। आत्म-परीक्षण के द्वारा चित्त की मलिनता धो डालना चाहिए तीसरे अध्याय के अंत में यही मार्के की बात भगवान ने बतायी थी। इसी में से चौथे अध्याय का जन्म हुआ है।

18 फ़रवरी

साम्यसूत्र 14: विकर्मणा संधानम्
वृत्ति 2: एतदर्थं विकर्म-योजना

2. गीता में 'कर्म' शब्द 'स्वधर्म' के अर्थ में प्रयुक्त हुआ है। हमारा खाना, पीना, सोना, ये कर्म ही है; परन्तु गीता का 'कर्म' शब्द से ये सब क्रियाएं सूचित नहीं होती हैं। कर्म से वहाँ मतलब स्वधर्माचरण से है। परन्तु इस स्वधर्माचरण रूपी कर्म को करके निष्कामता प्राप्त करने के लिए और भी एक महत्त्वपूर्ण सहायता जरूरी है। वह है, काम और क्रोध को जीतना। चित्त जब तक गंगाजल की तरह निर्मल और प्रशांत न हो जाये, तब तक निष्कामता नहीं आ सकती। इस तरह चित्त-संशोधन के लिए जो-जो कर्म किये जायें, उन्हें गीता 'विकर्म' कहती है। 'कर्म' 'विकर्म' और 'अकर्म' - ये तीन शब्द इस चौथे अध्याय में बड़े महत्त्व के हैं। 'कर्म' का अर्थ है, स्वधर्माचरण की बाहरी स्थूल क्रिया। इस बाहरी क्रिया में चित्त को लगाना ही 'विकर्म' है। ऊपर से हम किसी को नमस्कार करते हैं, परन्तु सिर झुकाने की उस ऊपरी क्रिया के साथ ही यदि भीतर से मन भी न झुकता हो, तो बाह्य क्रिया व्यर्थ है। अंतर्बाह्य दोनों एक होना चाहिए। बाहर से मैं शिवलिंग पर सतत जल-धार गिराते हुए अभिषेक करता हूँ। परन्तु इस जल-धारा के साथ ही यदि मानसिक चिन्तन की धारा भी अखंड न चलती हो, तो उस अभिषेक की क्या कीमत रही? फिर तो सामने का वह शिव-लिंग भी पत्थर और मैं भी पत्थर। पत्थर के सामने पत्थर बैठा, यही उसका अर्थ होगा। निष्काम कर्मयोग तभी सिद्ध होता है, जब हमारे बाह्य कर्म के साथ अंदर से चित्त शुद्धिरूपी कर्म का भी संयोग होता है।

19 फ़रवरी

साम्यसूत्र 14: विकर्मणा संधानम्
वृत्ति 3: निष्कामकर्मणि विशेषणं वरीयः

3. 'निष्काम कर्म 'इस शब्द-प्रयोग में 'कर्म' पद की अपेक्षा 'निष्काम ' पद को ही अधिक महत्त्व है, जिस तरह 'अहिंसात्मक असहयोग' शब्द प्रयोग में असहयोग इस शब्द से 'अहिंसात्मक' इस विशेषण को अधिक महत्त्व है। अहिंसा को दूर हटाकर यदि केवल असहयोग का अवलंबन करेंगे, तो वह एक भयंकर चीज बन सकती है। उसी तरह स्वधर्माचरण रूपी कर्म करते हुए यदि मन का विकर्म उसमें नहीं जुड़ा है, तो उसमें खतरा है।
आज जो लोग सार्वजनिक सेवा करते हैं, वे स्वधर्म का ही आचरण करते हैं। जब लोग गरीब और दुःखी होते हैं। तब उनकी सेवा करके उन्हें सुखी बनाना प्रवाह-प्राप्त धर्म है। परन्तु इससे यह अनुमान नहीं कर लेना चाहिए कि जितने लोग सार्वजनिक सेवा करते हैं, वे सब कर्मयोगी हो गये हैं। लोक-सेवा करते हुए यदि मन में शुद्ध भावना न हो, तो वह लोक-सेवा भयानक होने की संभावना है। अपने कुटुंब की सेवा करते हुए जितना अहंकार, जितना द्वेष-मत्सर, जितना स्वार्थ आदि हम उत्पन्न करते हैं, उतना सब लोक- सेवा में भी हम उत्पन्न करेंगे और इसका प्रत्यक्ष दर्शन हमें आजकल के लोक-सेवकों के जमघट में दिखायी भी दे रहा है।

20 फ़रवरी

साम्यसूत्र 15: ततः स्फोटः
वृत्ति 4: मंत्रेण तंत्रे शक्तिः

15. उभय संयोग से अकर्म-स्फोट
4. कर्म के साथ मन का मेल जरूरी है। मन के इस मेल को ही गीता 'विकर्म' कहती है। बाहर का स्वधर्मरूप सामान्य कर्म और यह आंतरिक विशेष कर्म। यह विशेष कर्म अपनी-अपनी मानसिक आवश्यकता के अनुसार भिन्न-भिन्न होता है। विकर्म के ऐसे अनेक प्रकार, नमूने के तौर पर, चौथे अध्याय में बताये गये हैं। उसी का विस्तार आगे छठे अध्याय से किया गया है। इस विशेष कर्म का, इस मानसिक अनुसंधान का योग जब हम करेंगे, तभी उसमें निष्कामता की ज्योति जलेगी। कर्म के साथ जब विकर्म मिलता है, तब फिर धीरे-धीरे निष्कामता हमारे अन्दर आती है। यदि शरीर और मन भिन्न-भिन्न वस्तुएं हैं, तो साधन भी दोनों के लिए भिन्न-भिन्न ही होंगे। जब इन दोनों का मेल बैठ जाता है, तो साध्य हमारे हाथ लग जाता है। मन एक तरफ और शरीर दूसरी तरफ, ऐसा न हो जाये, इसलिए शास्त्रकारों ने दुहरा मार्ग बताया है। भक्तियोग में बाहर से तप और भीतर से जप बताया है। उपवास आदि बाहरी तप के चलते हुए यदि भीतर से मानसिक जप न हो, तो वह सारा तप व्यर्थ चला जाता है। जिस भावना से मैं तप कर रहा हूँ, वह भावना अन्दर सतत जलती रहनी चाहिए। 'उपवास' शब्द का अर्थ ही है, भगवान के पास बैठना। परमात्मा के नजदीक हमारा चित्त रहे, इसके लिए बाहरी भोगों का दरवाजा बंद करने की जरूरत है। परन्तु बाहर से विषय भोगों को छोड़कर यदि मन में भगवान का चिंतन न किया जाये, तो फिर इस बाहरी उपवास की क्या कीमत रही? ईश्वर का चिंतन न करते हुए यदि उस समय खाने-पीने की चीजों का ही चिंतन करते रहें, तो फिर वह बड़ा भयंकर भोजन हो जायेगा। यह जो मानसिक भोजन, मन में विषयों का चिन्तन, उससे बढ़कर भयंकर वस्तु दूसरी नहीं। तंत्र के साथ मंत्र होना चाहिए। केवल बाह्य तंत्र का कोई महत्त्व नहीं। केवल कर्महीन मंत्र का भी कोई महत्त्व नहीं। हाथ में भी सेवा हो और हृदय में भी सेवा हो, तभी सच्ची सेवा हमारे हाथों बन पड़ेगी।

21 फ़रवरी

साम्यसूत्र 15: ततः स्फोटः
वृत्ति 5: भावेन सेवा सार्द्रा

5. यदि बाह्य कर्म में हृदय की आर्द्रता न रही, तो वह स्वधर्माचरण सूखा रह जायेगा। उसमें निष्कामतारूपी फूल-फल नहीं लगेंगे। मान लो, हमने किसी रोगी की सेवा-शुश्रूषा शुरू की, परन्तु उस सेवा-कर्म के साथ यदि मन में दयाभाव न हो, तो वह रुग्ण-सेवा नीरस मालूम होगी और उससे जी ऊब उठेगा। वह एक बोझ होगी। रोगी को भी वह सेवा एक बोझ मालूम पड़ेगी। उस सेवा में यदि मन का सहयोग न हो, तो उससे अहंकार पैदा होगा। 'मैं आज उसके काम आया हूँ, तो उसे भी मेरे काम आना चाहिए। उसे मेरी तारीफ करनी चाहिए। लोगों को मेरा गौरव करना चाहिए '- आदि अपेक्षाएं मन में उत्पन्न होंगी। अथवा हम त्रस्त होकर कहेंगे- "हम इसकी सेवा करते हैं, फिर भी यह बड़बड़ाता रहता है।" बीमार आदमी वैसे ही चिड़चिड़ा हो जाता है। उसके ऐसे स्वभाव से वह सेवक, जिसके मन में सच्चा सेवा-भाव नहीं होगा, ऊब जायेगा।

22 फ़रवरी

साम्यसूत्र 15: ततः स्फोटः
वृत्ति 6: विकर्मणा कर्मणि चैतन्यम्

6. कर्म के साथ जब आंतरिक भाव का मेल हो जाता है तो वह कर्म कुछ निराला ही हो जाता है। तेल और बाती के साथ जब ज्योति का मेल होता है, तब प्रकाश उत्पन्न होता है। कर्म के साथ विकर्म का मेल हुआ कि निष्कामता आती है। बारूद में बत्ती लगाने से धड़ाका होता है। उस बारूद में एक शक्ति उत्पन्न होती है। कर्म बंदूक की बारूद की तरह है। उसमें विकर्म की बत्ती लगी कि काम बना। जब तक विकर्म आकर नहीं मिलता, तब तक वह कर्म जड़ है। उसमें चैतन्य नहीं। एक बार जहाँ विकर्म की चिंगारी उसमें गिरी कि फिर उस कर्म में जो सामर्थ्य पैदा होता है, वह अवर्णनीय है। चिमटी भर बारूद जेब में पडी रहती है, हाथ में उछलती रहती है, पर जहाँ उसमें बत्ती लगी कि शरीर की धज्जियां उड़ी। स्वधर्माचरण का अनन्त सामर्थ्य इसी तरह गुप्त रहता है। उसमें विकर्म को जोड़िए, फिर देखिए क्या चमत्कार होते हैं! उसके स्फोट से अहंकार, काम, क्रोध भस्म हो जायेंगे और उसमें से उस परम ज्ञान की निष्पत्ति होगी।

23 फ़रवरी

साम्यसूत्र 15: ततः स्फोटः

वृत्ति 7: रामेक्षणमिव 8. निरूपद्रवं भस्म

7. कर्म ज्ञान का ईंधन है। लकड़ी का बड़ा-सा कुंदा कहीं पड़ा हो, उसे आप जलाइये। वह अंगार हो जाता है। उस लकड़ी और उस आग में कितना अंतर है परंतु उस लकड़ी की ही वह आग होती है। कर्म में विकर्म डाल देने से कर्म दिव्य दिखायी देने लगता है। मां बच्चे की पीठ पर हाथ फेरती है। एक पीठ है, जिस पर हाथ यों ही इधर-उधर फिर गया। परन्तु इस एक मामूली कर्म से उन मां-बेटे के मन में जो भावनाएं उठीं, उनका वर्णन कौन कर सकेगा? यदि कोई ऐसा समीकरण बिठाने लगे कि इतनी लंबी-चौड़ी पीठ पर इतने वजन का एक मुलायम हाथ घुमाने से वह आनंद उत्पन्न होगा; तो वह एक मजाक ही होगा। हाथ फिराने की वह नगण्य क्रिया, परन्तु उसमें मां का हृदय उंड़ेला हुआ है। विकर्म उंड़ेला हुआ है, इसी से यह अपूर्व आनन्द प्राप्त होता है। तुलसी-रामायण में एक प्रसंग है। राक्षसों से लड़कर बंदर आते हैं वे जख्मी हो गये हैं। बदन से खून टपक रहा है। परन्तु प्रभु रामचन्द्र के एक बार प्रेमपूर्वक दृष्टिपात करने भर से उन बंदरों की वेदना मिट जाती है- **राम कृपा कर चितवा सबही। भए बिगतश्रम बानर तबही॥** अब यदि किसी दूसरे मनुष्य ने, राम की उस समय आंख कितनी खुली थी, इसका फोटो लेकर किसी की ओर उसी प्रकार देखा होता, तो क्या उसका वैसा प्रभाव पड़ा होता? वैसा करने का यत्न हास्यास्पद है।

8. कर्म के साथ जब विकर्म का जोड़ मिल जाता है, तो शक्ति स्फोट होता है। और उसमें से 'अकर्म' निमार्ण होता है। लकड़ी जलने पर राख हो जाती है। पहले का वह इतना बड़ा लकड़ी का कुंदा, अंत में चिमटी पर बेचारी राख रह जाती है उसकी! खुशी से उसे हाथ में ले लीजिए और सारे बदन पर मलिए। इस तरह कर्म में विकर्म की ज्योति लगाने से अंत में अकर्म हो जाता है। कहाँ लकड़ी और कहाँ राख! **कः केन संबंधः!** उनके गुण-धर्मों में अब बिलकुल साम्य नहीं रह गया। परन्तु इसमें कोई शक नहीं है कि वह राख उस लकड़ी के कुंदे की ही है।

24 फ़रवरी

साम्यसूत्र 15: ततः स्फोटः

वृत्ति 9:न भारो न श्रमः

9. कर्म में विकर्म उंड़ेलने से अकर्म होता है, इसका अर्थ क्या? इसका अर्थ यह कि ऐसा मालूम ही नहीं होता कि कोई कर्म किया है। उस कर्म का बोझ नहीं मालूम होता। करके भी अकर्ता रहते हैं। गीता कहती है कि मारकर भी तुम मारते नहीं। मां बच्चे को पीटती है, इसलिए तुम भी उसे पीटकर देखो! तुम्हारी मार बच्चा नहीं सहेगा। मां मारती है, फिर भी वह उसके आंचल में मुंह छिपाता है, क्योंकि मां के बाह्य कर्म में चित्त-शुद्धि का मेल है। उसका यह मारना निष्काम भाव से है। उस कर्म में उसका स्वार्थ नहीं है। विकर्म के कारण, मन की शुद्धि के कारण, कर्म का कर्मत्व उड़ जाता है। राम की वह दृष्टि, आंतरिक विकर्म के कारण केवल प्रेम-सुधा सागर हो गयी थी; परन्तु राम को उस कर्म का कोई श्रम नहीं था। चित्त शुद्धि से किया हुआ कर्म निर्लेप रहता है। उसका पाप-पुण्य बाकी नहीं रहता। नहीं तो कर्म का कितना बोझ, कितना जोर, हमारी बुद्धि और हृदय पर पड़ता है। यदि ऐसी खबर अभी दो बजे आये कि कल सारे राजनैतिक कैदी छूटनेवाले हैं, तो फिर देखो, कैसी हलचल मच जाती है। चारों ओर धूमधाम शुरू हो जायेगी। हम कर्म के अच्छे-बुरे होने की वजह से व्यग्र रहते हैं। कर्म हमें चारों ओर से घेर लेता है, मानो कर्म ने हमारी गर्दन धर दबायी है। जिस तरह समुद्र का प्रवाह जोर से जमीन में धंसकर खाड़ियां बना देता है, उसी तरह कर्म का यह जंजाल चित्त में घुसकर क्षोभ पैदा कर देता है। सुख-दुख के द्वंद्व निर्माण होते हैं। सारी शांति नष्ट हो जाती है। कर्म हुआ और होकर चला भी गया; परन्तु उसका वेग बाकी बचा ही रहता है। कर्म चित्त पर हावी हो जाता है। फिर उसकी नींद हराम हो जाती है।

परन्तु ऐसे इस कर्म में यदि विकर्म को मिला दें; तो फिर चाहे जितने कर्म करें, उनका श्रम नहीं मालूम होता। मन ध्रुव की तरह शांत, स्थिर और तेजोमय बना रहता है। कर्म में विकर्म डाल देने से वह अकर्म हो जाता है, मानो कर्म करके फिर उसे पोंछ दिया हो।

25 फ़रवरी

साम्यसूत्र 16: सच्छरणस्य
वृत्ति 10 : विकर्मकला सत्संगेन

16. अकर्म की कला संतों से पूछें
10. यह कर्म का अकर्म कैसे होता है? यह कला किसके पास देखने को मिलेगी? संतों के पास। इस अध्याय के अंत में भगवान कहते हैं- "संतों के पास जाकर बैठो और उनसे शिक्षा लो।" कर्म का अकर्म कैसे हो जाता है, इसका वर्णन करने में भाषा समाप्त हो जाती है। उसकी पूरी कल्पना कर पाने के लिए संतों के चरणों में बैठना चाहिए। परमेश्वर का वर्णन भी तो है **शांताकारं भुजगशयनम्।** परमेश्वर हजार फनों के शेषनाग पर सोते हुए भी शांत है। इसी तरह संत हजारों कर्म करते हुए भी रत्ती भर क्षोभ-तरंग अपने मानस-सरोवर में नहीं उठने देते। यह खूबी संतों के पास गये बिना समझ में नहीं आ सकती।

26 फ़रवरी

साम्यसूत्र 16: सच्छरणस्य
वृत्ति 11 : ज्ञानं निर्ग्रंथम

11. आज के जमाने में पुस्तकें बहुत सस्ती हो गयी हैं। एक-एक, दो-दो आने में गीता, 'मनाचे श्लोक' आदि मिल जाते हैं। गुरुओं की भी कमी नहीं। शिक्षा उदार और सस्ती है। विद्यापीठ ज्ञान की खैरात बांटते हैं। परन्तु ज्ञानामृत भोजन की डकार किसी को नहीं आती। पुस्तकों के इस अंबार को देखकर संत सेवा की जरूरत दिन पर दिन ज्यादा महसूस हो रही है। पुस्तकों की मजबूत कपड़े की जिल्द के बाहर ज्ञान आता नहीं। ऐसे अवसर पर मुझे एक अभंग हमेशा याद आ जाता है- **काम क्रोध आड पडिले पर्वत। राहिला अनंत पैलीकडे॥** 'काम-क्रोध के पहाड़ रास्ते में खड़े हैं। भगवान उनके उस पार है।'

काम-क्रोध रूपी पहाड़ों के परले पार नारायण रहता है उसी तरह इन पुस्तकों की राशि के पीछे ज्ञान-राजा छिपकर बैठा है। पुस्तकालयों और ग्रंथालयों की भरमार होने पर भी अब तक मनुष्य सब जगह संस्कारहीन और ज्ञानहीन बंदर जैसा दिखायी देता है। बड़ौदा में बहुत बड़ी लाइब्रेरी है। एक बार एक सज्जन एक बड़ी सी पुस्तक लेकर जा रहे थे। उसमें तस्वीरें थीं। वे उसे यह समझकर ले जा रहे थे कि वह अंग्रेजी पुस्तक है। मैंने पूछा- "कौन-सी पुस्तक है?" उन्होंने पुस्तक आगे बढ़ा दी। मैंने कहा- "यह तो फ्रेंच है", तो उन्होंने कहा "अच्छा, फ्रेंच आ गयी?" परम पवित्र रोमन लिपि, बढ़िया तस्वीरें, सुंदर जिल्द, फिर ज्ञान की क्या कमी।

27 फ़रवरी

साम्यसूत्र 16: सच्छरणस्य
वृत्ति 12 : अति-श्रुतस्य बुद्धिर्भ्रांतः

12. अंग्रेजी में हर साल कोई दस हजार नयी किताबें तैयार होती हैं। यही हाल दूसरी भाषाओं का समझिए। ज्ञान का इतना प्रसार होते हुए भी मनुष्य का दिमाग अब तक खोखला ही कैसे बना हुआ है? कोई कहता है, स्मरणशक्ति कमज़ोर हो गयी है। कोई कहता है, एकाग्रता नहीं सधती। कोई कहता है, जो भी पढ़ते हैं, सच ही मालूम होता है। कोई कहता है, अजी, विचार करने को फुरसत ही नहीं मिलती! श्रीकृष्ण कहते हैं- "अर्जुन, बहुत कुछ सुन-सुनकर चक्कर में पड़ी तेरी बृद्धि जब तक स्थिर नहीं होगी, तब तक तुझे योगप्राप्ति नहीं हो सकती। सुनना और पढ़ना अब बंद करके संतों की शरण ले! वहाँ जीवन-ग्रन्थ पढ़ने को मिलेगा। वहाँ का 'मौन व्याख्यान' सुनकर तू 'छिन्न-संशय' हो जायेगा। वहाँ जाने से तुझे मालूम हो जायेगा कि लगातार सेवा-कर्म करते हुए भी हम अत्यंत शान्त कैसे रहें; और बाहर से कर्म का जोर रहते हुए भी हृदय में अखंड संगीत की सितार कैसे मिलायी जा सकती है।"

रविवार 13-3-1932

२८ फ़रवरी

पांचवा अध्याय: दुहरी अकर्मावस्था -- योग और संन्यास

साम्यसूत्र 17: कर्ममातृकमकर्म
वृत्ति 1 : गृहे वने संसारः समानः

17. बाह्य कर्म मन का दर्पण

1. संसार बड़ा भयानक है। बहुत बार उसे समुद्र की उपमा दी जाती है। समुद्र में जहाँ देखिए, पानी-ही-पानी दिखायी देता है। वही हाल संसार का है। संसार सर्वत्र भरा हुआ है। यदि कोई व्यक्ति घरबार छोड़कर सार्वजनिक सेवा में लग जाता है, तो वहाँ भी उसके मन में संसार अपना अड्डा जमाये बैठा मिलता है। कोई यदि गुफा में जाकर बैठ जाये, तो भी उसकी बित्ते भर लंगोटी में संसार ओतप्रोत रहता है। वह लंगोटी उसकी ममता का सार-सर्वस्व बन बैठती है। जैसे छोटे से नोट में हजार रुपये भरे रहते हैं, वैसे ही उस छोटी-सी लंगोटी में भी अपार आसक्ति भरी रहती है। घर-प्रपंच छोड़ा, विस्तार कम किया, तो इतने से संसार कम नहीं हो गया। 10/25 कहो या 2/5 कहो, दोनों का मतलब एक ही है। चाहे घर में रहो या वन में, आसक्ति तो पास ही रहती है। संसार लेशमात्र भी कम नहीं होता। दो योगी भले ही हिमालय की गुफा में जाकर बैठ जायें, पर वहाँ भी एक-दूसरे की कीर्ति उनके कानों में जा पड़े, तो वे जल-भुन जायेंगे। सार्वजनिक सेवा के क्षेत्र में भी ऐसा ही दृश्य दिखायी देता है।

29 फ़रवरी

साम्यसूत्र 17: कर्ममातृकमकर्म
वृत्ति 2 : राक्षसवत यथेष्टाकार:

2. इस प्रकार यह संसार हाथ धोकर हमारे पीछे पड़ा है, जिससे स्वधर्माचरण की मर्यादा रहते हुए भी संसार से पिंड नहीं छूटता। बहुतेरा उखाड़-पछाड़ करना छोड़ दिया और झंझटे भी कम कर दीं, अपना संसार-प्रपंच भी छोटा कर दिया, तो भी वहाँ पूरा ममत्व भरा रहता है। राक्षस जैसे कभी छोटे हो जाते तो कभी बड़े, वही हाल इस संसार का है। छोटे हों या बड़े, आखिर वे हैं तो राक्षस ही! चाहे महलों में हो या झोपड़ी में, दुर्निवारत्व एक-सा ही है। स्वधर्म का बंधन डालकर यद्यपि संसार-प्रपंच को मर्यादित रखा, तो भी वहाँ अनेक झगड़े पैदा हो जायेंगे और आपका जी वहाँ से ऊब उठेगा। वहाँ भी अनेक संस्थाओं और अनेक व्यक्तियों से आपका सम्बन्ध आयेगा और आप त्रस्त हो जायेंगे। लगेगा, 'कहां इस आफत में आ फंसे!' लेकिन आपका मन कसौटी पर भी तभी चढ़ेगा। केवल स्वधर्माचरण को अपनाने से ही अलिप्तता नहीं आ जाती। कर्म की व्याप्ति को कम करना ही अलिप्त होना नहीं है।

1 मार्च

साम्यसूत्र 17: कर्ममातृकमकर्म
वृत्ति 3 : तज्जयायविकर्मापेक्षा

3. फिर अलिप्तता कैसे प्राप्त हो? उसके लिए मनोमय प्रयत्न जरूरी है। मन का सहयोग जब तक न हो, तब तक कोई भी बात सिद्ध नहीं हो सकती। मां-बाप किसी संस्था में अपना लड़का भेज देते हैं। वह वहाँ सबेरे उठता है, सूर्य-नमस्कार करता है, चाय नहीं पीता। परन्तु घर आते ही दो-चार दिनों में वह सब कुछ छोड़ देता है; ऐसे अनुभव हमें आते हैं। मनुष्य कोई मिट्टी का ढेला तो है नहीं । उसके मन को हम जो आकार देना चाहते हैं, वह उसके मन में बैठना तो चाहिए न ? मन यदि वह आकार स्वीकारता नहीं, तो कहना होगा कि बाहर की वह सारी तालीम व्यर्थ गयी, इसलिए साधना में मानसिक सहयोग की बहुत आवश्यकता है।

2 मार्च

साम्यसूत्र 17: कर्ममातृकमकर्म
वृत्ति 4 : कर्मणोप्युपकारः

4. साधन के रूप में बाहर से स्वधर्माचरण और भीतर से मन का विकर्म, दोनों बातें चाहिए। बाह्य कर्म की भी आवश्यकता है ही। कर्म किये बिना मन की परीक्षा नहीं होती। प्रातःकाल के प्रशांत समय में हमें अपना मन अत्यंत शांत मालूम होता है। परंतु बच्चे को जरा रोने दो, उस मनःशांति की असली कीमत हमें मालूम हो जाती है। अतः बाह्य कर्म को टालने से काम नहीं चलेगा। ऐसे कर्मों से हमारे मन का स्वरूप प्रकट होता है। पानी ऊपर से साफ दीखता है। परन्तु उसमें पत्थर डालिए, तुरंत ही अंदर की गंदगी ऊपर आयेगी। वैसी ही दशा हमारे मन की है। मन के अंतःसरोवर में घुटने भर गंदगी जमा रहती है। बाहरी वस्तु से उसका स्पर्श होते ही वह ऊपर आ जाती है। हम कहते हैं, उसे गुस्सा आ गया। तो यह गुस्सा कहीं बाहर से आ गया? वह तो अंदर ही था। मन में यदि न होता तो वह बाहर दिखायी ही न देता।

लोग कहते हैं- "सफेद खादी नहीं चाहिए, वह मैली हो जाती है। रंगीन खादी मैली नहीं होती।" मैली तो वह भी होती है। हां, दिखायी नहीं देती। सफेद खादी का मैल दीख जाता है। वह कहती है- "मैं मैली हूं, मुझे धोओ।" यह मुंह से बोलने वाली खादी लोगों को पसंद नहीं आती। इसी तरह हमारा कर्म भी बोलता है। कर्म ये बतला देता है कि आप क्रोधी हैं, स्वार्थी हैं या और कुछ हैं। कर्म वह दर्पण है, जो हमारा स्वरूप हमें दिखा देता है। अतः हमें कर्म का आभार मानना चाहिए। दर्पण में यदि हमारा चेहरा मैला-कुचला दिखायी दे, तो क्या हम उसे फोड़ डालेंगे? नहीं, उल्टा उसका आभार मानेंगे। मुंह धो-धाकर फिर उसमें चेहरा देखेंगे। इसी तरह यदि कर्म की बदौलत हमारे मन की गंदगी, कचरा बाहर आता है, तो क्या इसलिए हम कर्म टालेंगे? कर्म को टालने से क्या हमारा मन निर्मल हो जायेगा? अतः कर्म करते रहें और निर्मल होने का उत्तरोत्तर प्रयत्न करते रहें।

3 मार्च

साम्यसूत्र 17: कर्ममातृकमकर्म
वृत्ति 5 : गुहासीनस्य चित्तं क्षीणम् 6. अकर्मदर्शनमुभयसंयोगेन

5. कोई मनुष्य गुफा में जा बैठता है। वहाँ उसका किसी से भी संपर्क नहीं आता। वह समझने लगता है कि अब मैं बिलकुल शांतमति हो गया। परन्तु गुफा छोड़कर उसे किसी के यहाँ भिक्षा मांगने जाने दीजिए। वहाँ कोई छोटा बच्चा दरवाजे की सांकल बजाता है। वह बाल-ब्रह्म तो उस नाद-ब्रह्म में तल्लीन हो जाता है, परन्तु उस निष्पाप बच्चे का वह सांकल बजाना उस योगी को सहन नहीं होता। वह कहता है- "बच्चे ने क्या खट-खट लगा रखी है।" गुफा में रहकर उसने अपने मन को इतना कमज़ोर बना लिया है कि जरा-सा भी धक्का उसे सहन नहीं होता। जरा खट-खट हुई कि बस, उसकी शांति डिगने लगती है। मन की ऐसी दुर्बल स्थिति अच्छी नहीं।
6. सारांश यह कि अपने मन का स्वरूप समझने के लिए कर्म बड़े काम की चीज है? जब दोष दिखायी देंगे, तो वे दूर भी किये जा सकेंगे। यदि दोष मालूम ही न हो, तो प्रगति रुकी, विकास समाप्त। कर्म करेंगे तो दोष दिखायी देंगे। उन्हें दूर करने के लिए विकर्म की योजना करनी पड़ती है। भीतर जब ऐसे विकर्म के प्रयत्न रात-दिन जारी रहने लगेंगे, तो फिर स्वधर्म का आचरण करते हुए भी अलिप्त कैसे रहें, काम-क्रोधातीत, लोभ-मोहातीत कैसे रहें, यह बात यथा समय समझ में आ जायेगी। कर्म को निर्मल रखने का सतत प्रयत्न हो, तो फिर आगे चलकर निर्मल कर्म अपने-आप होने लगेगा। निर्विकार कर्म जब एक के बाद एक सहज भाव से होने लगते हैं, तो फिर यह पता भी नहीं लगता कि कर्म कब हो गया। जब कर्म सहज हो जाता है, तो वह अकर्म हो जाता है। सहज कर्म को ही 'अकर्म' कहते हैं, यह हमने चौथे अध्याय में देख लिया है। कर्म 'अकर्म' कैसे होता है, सो संत-चरणों में बैठने से मालूम होगा, यह भी भगवान ने चौथे अध्याय के अंत में बता दिया है। इस अकर्म-स्थिति का वर्णन करने के लिए वाणी अपर्याप्त है।

4 मार्च

साम्यसूत्र 18: द्विरूपं तु
वृत्ति 7 : अक्लांतमेकम्

18. अकर्म-दशा का स्वरूप

7. कर्म की सहजता को समझने के लिए हम अपने परिचय का एक उदाहरण लें। छोटा बच्चा पहले चलना सीखता है। उस समय उसे कितना कष्ट होता है। किन्तु हमें उसकी इस लीला से आनंद होता है। हम कहते हैं- 'देखो, लल्ला चलने लगा।' परन्तु पीछे वही चलना सहज हो जाता है वह चलता भी रहता है और बातचीत भी करता रहता है। चलने की ओर ध्यान भी नहीं रहता। यही बात खाने के सम्बन्ध में है। हम छोटे बच्चे का अन्नप्राशन करते हैं, मानो खाना कोई बड़ा काम हो। परन्तु पीछे वही खाना एक सहज कर्म हो जाता है। मनुष्य जब तैरना सीखता है, तो कितना कष्ट होता है। शुरू में उसे तैरने से थकान आती है, पर बाद में जब वह दूसरा श्रम करके थक जाता है, तो कहता है 'चलो, जरा तैर आयें तो थकान निकल जाये।' अब वह तैरना कष्टकर नहीं मालूम होता। शरीर यों ही सहज भाव से पानी पर तैरता रहता है। श्रमित होना मन का धर्म है मन जब उन कर्मों में फंसा रहता है तब श्रम मालूम होता है, परन्तु कर्म जब सहज होने लगते हैं, तो फिर उनका बोझ नहीं मालूम होता। कर्म मानों अकर्म हो जाता है। कर्म आनंदमय हो जाता है।

5 मार्च

साम्यसूत्र 18: द्विरूपं तु
वृत्ति 8 : स्वेनाज्ञातम

8. कर्म का अकर्म हो जाये यही हमारा ध्येय है। इसके लिए स्वधर्माचरण रूपी कर्म करने हैं। उन्हें करते हुए दोष नजर आयेगा जिन्हें दूर करने के लिए विकर्म का पल्ला पकड़ना होगा। ऐसा अभ्यास करते रहने से मन की फिर ऐसी स्थिति हो जाती है कि कर्म में त्रास या कष्ट बिलकुल नहीं मालूम होता। हजारों कर्म हाथों से होते रहेने पर भी मन निर्मल और शांत रहता है। आप आकाश से पूछिए- "भाई आकाश, तुम गर्मी में झुलसते होगे, वर्षा में भीगते होगे और सर्दी में ठिठुरते होगे!" तो वह क्या जवाब देगा? वह कहेगा- "मुझे क्या होता है, इसका फैसला तुम करो, मैं कुछ नहीं जानता।" **पिसें नेसलें कां नागवें। हें लोकीं येऊनि जाणावें**- 'पागल नंगा है या कपड़े पहने है, इसका फैसला लोग करें। पागल को इसका भान नहीं।'

इसका भावार्थ यही है कि स्वधर्माचरण सम्बन्धी कर्म, विकर्म की सहायता से निर्विकार बनाने की आदत होते-होते स्वाभाविक हो जाते हैं। बड़े-बड़े विकट अवसर भी फिर मुश्किल नहीं मालूम होते। कर्मयोग की यह कुंजी है। कुंजी न हो तो ताले को तोड़ते-तोड़ते हाथों में छाले पड़ जायेंगे। परन्तु कुंजी हाथ लग जाने पर पल भर में सब-कुछ खुल जायेगा। कर्मयोग की इस कुंजी के कारण सब कर्म निरुपद्रवी मालूम होते हैं। यह कुंजी मनोजय से मिलती है। अतः मनोजय का अविरत प्रयत्न होना चाहिए। कर्म करते हुए जो मनोमल दिखायी दें, उन्हें धो डालने का प्रयत्न करना चाहिए। तो फिर बाह्य कर्मों की झंझट नहीं मालूम होती। कर्म का अहंकार ही मिट जाता है। काम-क्रोध के वेग नष्ट हो जाते हैं। क्लेशों का अनुभव तक नहीं होता। कर्म का भी भान बाकी नहीं रहता।

6 मार्च

साम्यसूत्र 18: द्विरूपं तु
वृत्ति 9 : अगणितम्

9. एक बार मुझे एक भले आदमी ने पत्र लिखा- "अमुक संख्या में रामनाम का जप करना है तुम भी इसमें शरीक होओ और बताओ कि रोज कितना जप करोगे।" वह बेचारा अपनी बुद्धि के अनुसार प्रयास कर रहा था। मैं उसका दोष नहीं बता रहा हूँ। परन्तु राम-नाम कोई गिनती की चीज नही है। मां बच्चे की सेवा करती है तो क्या व उसकी रिपोर्ट छपाने जाती है? यदि वह रिपोर्ट छपवाने लगे, तो 'थैंक यू' कहकर उसके ऋण से बरी हो सकेंगे। परन्तु माता रिपोर्ट नहीं लिखती। वह तो कहती है- "मैंने क्या किया? मैंने कुछ नहीं किया। यह क्या मेरे लिए कोई बोझ है?" विकर्म की सहायता से मन लगाकर, हृदय उंड़ेलकर जब मनुष्य कर्म करता है, तब वह कर्म ही नहीं रहता, अकर्म हो जाता है। वहाँ क्लेश, कष्ट, झंझट कुछ नहीं रहता।

7 मार्च

साम्यसूत्र 18: द्विरूपं तु
वृत्ति 10 : प्रेरकमपरम्

10. इस स्थिति का वर्णन नहीं किया जा सकता। एक धुंधली-सी कल्पना करायी जा सकती है। सूर्य उगता है, पर उसके मन में क्या कभी यह भाव आता है कि अब मैं अंधेरा मिटाऊंगा, पंछियों को उड़ने की प्रेरणा दूंगा, लोगों को कर्म करने में प्रवृत्त करूंगा? वह उगता है, खड़ा रहता है। उसका वह अस्तित्व ही विश्व को गति देता है। परन्तु सूर्य को उसका पता नहीं। आप यदि सूर्य से कहेंगे- "हे सूर्यदेव, आपके अनंत उपकार हैं, आपने कितना अंधेरा दूर कर दिया।" तो वह चक्कर में पड़ जायेगा। कहेगा- "जरा-सा अंधेरा लाकर मुझे दिखाओ। यदि उसे मैं दूर कर सका, तो कहूँगा कि यह मेरा कर्तृत्व है।" क्या सूर्य के पास अंधेरा ले जाया जा सकेगा? सूर्य के अस्तित्व से अंधकार दूर होता होगा, उसके प्रकाश में काई सद्ग्रन्थ भी पढ़ता होगा, तो कोई असद्ग्रंथ भी पढ़ता होगा; कोई आग लगाता होगा, तो कोई किसी का भला करता होगा। परन्तु इस पाप-पुण्य का जिम्मेदार सूर्य नहीं है। सूर्य कहता है- "प्रकाश मेरा सहज धर्म है। मेरे पास यदि प्रकाश न होगा, तो फिर होगा क्या? मैं जानता ही नहीं कि मैं प्रकाश दे रहा हूँ। मेरा होना ही प्रकाश है। प्रकाश देने की क्रिया का कष्ट मैं नहीं जानता। मुझे नहीं लगता कि मैं कुछ कर रहा हूँ।"

सूर्य का यह प्रकाश-दान जैसा स्वाभाविक है वैसा ही हाल संतों का है। उनका जीवित रहना ही मानो प्रकाश देना है। आप यदि किसी ज्ञानी पुरुष से कहें कि "आप महात्मा सत्यवादी हैं" तो वह कहेगा- "मैं सत्य पर न चलूं तो और करूं क्या?"

8 मार्च

साम्यसूत्र 18: द्विरूपं तु
वृत्ति 11 : सहजधर्मरूपम्

11. अकर्म की यह ऐसी भूमिका है। साधन इतने नैसर्गिक और स्वाभाविक हो जाते हैं कि उनका आना-जाना मालूम नहीं पड़ता। इंद्रियां उनकी सहज आदी हो जाती हैं। **सहज बोलणें हित उपदेश**- 'सहज बोलना ही हित उपदेश हो जाता है।' जब ऐसी स्थिति प्राप्त हो जाती है तब कर्म अकर्म हो जाता है। ज्ञानी पुरुष के लिए सत्कर्म सहज हो जाते हैं। चहचहाते रहना पक्षियों का सहज धर्म है। मां की याद आना बच्चों का सहज धर्म है। इसी तरह ईश्वर का स्मरण होना संतों का सहज धर्म हो जाता है। सुबह होते ही 'कुकडू-कूं' करना मुर्गे का सहज धर्म है। स्वरों का ज्ञान कराते हुए भगवान पाणिनि ने मुर्गे की बांग का उदाहरण दिया है। पाणिनि के समय से आज तक मुर्गा सुबह बांग देता है। पर क्या इसके लिए उसे किसी ने मानपत्र अर्पित किया है ? मुर्गे का वह सहज धर्म है। उसी तरह सच बोलना, भूतमात्र के प्रति दया, किसी का दोष न देखना, सबकी सेवा-शुश्रूषा करना आदि सत्पुरुषों के कर्म सहज रूप से होते रहते हैं। उन्हें किये बिना वे जिंदा नहीं रह सकते। किसी ने भोजन किया, तो क्या हम उसका गौरव करते हैं? खाना, पीना, सोना जैसे सांसारिकों के सहज कर्म हैं, वैसे ही सेवाकर्म ज्ञानियों के लिए सहज कर्म है। उपकार करना ज्ञानी का स्वभाव हो जाता है। ज्ञानी यदि कहे कि 'मैं उपकार नहीं करूंगा' तो उसके लिए वह असंभव है। ऐसे ज्ञानी पुरुष का वह कर्म अकर्म दशा को पहुँच गया है, ऐसा समझना चाहिए। इसी दशा को 'संन्यास' नामक अति पवित्र पदवी दी गयी है। संन्यास ही परम धन्य अकर्म-दशा है। इस दशा को 'कर्मयोग' भी कहना चाहिए। कर्म करता रहता है, अतः वह 'योग' परन्तु करते हुए भी कर रहा है ऐसा नहीं लगता, इसलिए वही 'संन्यास' है। वह कुछ ऐसी युक्ति से कर्म करता है कि उसका लेप उसे नहीं लगता, इसलिए वह 'योग' है; और करके भी कुछ नहीं किया, इसलिए वह 'संन्यास' है।

9 मार्च

साम्यसूत्र 19: व्यक्तलिंगमेकम्
वृत्ति 12 : अकरणमपि कर्मप्रकारः

19 अकर्म का एक पहलू - योग

12. 'संन्यास' की कल्पना क्या है? कुछ कर्म छोड़ना, कुछ कर्म करना, यह कल्पना है क्या? नहीं। मूलतः संन्यास की व्याख्या ही है- "सब कर्मों को छोड़ना।" सब कर्मों से मुक्त होना, कर्म जरा भी न करना संन्यास है। परन्तु कर्म न करने का अर्थ क्या? कर्म बड़ी विचित्र वस्तु है। सर्व-कर्म-संन्यास होगा कैसे? कर्म तो आगे-पीछे, अगल-बगल, सब ओर व्याप्त हो रहा है। अजी, बैठे तो भी क्रिया ही हुई न? 'बैठना' यह क्रियापद है। केवल व्याकरण की दृष्टि से ही वह क्रिया नहीं हुई, परंतु सृष्टिशास्त्र में भी 'बैठना' क्रिया ही है। सतत बैठे रहने से पैर दुखने लगते हैं। बैठने में भी श्रम तो है ही। जहाँ न करना भी कर्म सिद्ध होता है वहाँ कर्म-संन्यास हो भी कैसे? भगवान ने अर्जुन को विश्वरूप दिखलाया। सर्वत्र फैला हुआ वह विश्वरूप देखकर अर्जुन डर गया और घबराकर उसने आँखें मूंद लीं। परन्तु आँखें मूंदकर देखा, तो वह भीतर भी दिखायी देने लगा। अब आंख मूंद लेने पर भी जो दीखता है, उससे कैसे बचा जाये? न करने से भी जो होता है, उसे कैसे टाला जाये?

10 मार्च

साम्यसूत्र 19: व्यक्तलिंगमेकम्
वृत्ति 13 : सुवर्णमंजूषान्यायेन

13. एक मनुष्य की बात है। उसके पास सोने के अनेक बहुमूल्य गहने थे। वह उन्हें एक बड़े संदूक में बंद करके रखना चाहता था। नौकर एक खासा बड़ा-सा लोहे का संदूक बनवा लाया। उसे देखकर उसने कहा- "तू कैसा बेवकूफ है रे गंवार! तुझे सुंदरता की कोई कल्पना भी है क्या? ऐसे बेशकीमती जेवर रखने हैं, तो क्या भद्दे लोहे के संदूक में रखे जायेंगे? जा, अच्छा सोने का संदूक बनवाकर ला!" नौकर सोने का संदूक बनवा लाया। "अब ताला भी सोने का ही ले आ। सोने के संदूक में सोने का ही ताला फबेगा।" वह व्यक्ति गया था जेवर को छिपाने, उसे ढांककर रखने, लेकिन वह सोना छिपा या खुला? चोरों को जेवर खोजने की जरूरत ही नहीं रही। संदूक उड़ाया और काम बना। सारांश यह है कि कर्म न करना भी कर्म करने का ही एक प्रकार हो जाता है। इतना व्यापक जो कर्म है उसका संन्यास कैसे किया जाये?

11 मार्च

साम्यसूत्र 19: व्यक्तलिंगमेकम्
वृत्ति 14 : कर्मसातत्ये नैष्कर्म्यम

14. ऐसे कर्मों का संन्यास करने की रीति ही यह है कि ऐसी युक्ति साधी जाये, जिससे दुनिया भर के कर्म करते हुए भी वे सब गल जायें। जब ऐसा हो सकेगा, तभी कह सकते हैं कि 'संन्यास' प्राप्त हुआ। कर्म करके भी उन सबका 'गल जाना' यह बात आखिर है कैसी? सूर्य के जैसी है। सूर्य रात-दिन कर्म कर रहा है। रात को भी वह कर्म करता ही है। उसका प्रकाश दूसरे गोलार्ध में काम करता रहता है। परन्तु इतना कर्म करते हुए भी ऐसा भी कहा जाता जा सकता है कि वह कुछ भी नहीं करता। इसीलिए चौथे अध्याय में भगवान कहते हैं, "मैंने यह योग पहले सूर्य को सिखाया। फिर विचार करने वाले, मनन करने वाले मनु ने सूर्य से इसे सीखा।" चौबीस घंटे कर्म करते हुए भी सूर्य लेशमात्र कर्म नहीं करता। इसमें कोई संदेह नहीं कि वह स्थिति सचमुच अद्भुत है।

12 मार्च

साम्यसूत्र 20: अव्यक्तलिंगमपरम्
वृत्ति 15 : संन्यासो गूढ़शक्तिः

20. अकर्म का दूसरा पहलू: संन्यास
15. परन्तु यह तो संन्यास का सिर्फ एक प्रकार हुआ। वह कर्म करके भी नहीं करता, यह उसकी स्थिति का एक पहलू हुआ। वह कुछ भी कर्म नहीं करता, फिर भी सारी दुनिया को कर्म करने में प्रवृत्त करता है, यह उसका दूसरा पहलू है। उसमें अपरंपार प्रेरक शक्ति है। अकर्म की खूबी भी यही है। अकर्म में अनंत कार्य के लिए आवश्यक शक्ति भरी रहती है। भाप का भी ऐसा ही है न? भाप को रोककर रखिए, वह कितना प्रचंड कार्य करती है। उस रोकी हुई भाप में अपार शक्ति आ जाती है। बड़े-बड़े जहाज और रेल-गाड़ियों को बात-की बात में खींच ले जाती है। सूर्य की भी ऐसी ही बात है। वह लेश-मात्र भी कर्म नहीं करता, परन्तु चौबीस घंटे लगातार काम करता है। उससे पूछेंगे तो वह कहेगा- "मैं कुछ नहीं करता।" रात-दिन कर्म करते हुए न करना जैसे सूर्य का एक प्रकार हुआ, वैसे ही कुछ न करते हुए रात-दिन अनन्त कर्म करना, यह दूसरा प्रकार हुआ। संन्यास इन दोनों प्रकारों से विभूषित होता है।
दोनों असाधारण हैं। एक प्रकार में कर्म प्रकट है और अकर्मावस्था गुप्त है। दूसरे प्रकार में अकर्मावस्था प्रकट दिखायी देती है, परन्तु उसकी बदौलत अनन्त कर्म होते रहते हैं। इस अवस्था में अकर्म में कर्म लबालब भरा रहता है। इसलिए उससे प्रचंड कार्य होता है। इस अवस्था को प्राप्त मनुष्य में और आलसी में बड़ा अन्तर है। आलसी मनुष्य थकेगा, ऊबेगा। लेकिन यह अकर्मी संन्यासी कर्म शक्ति को रोक रखता है। लेशमात्र भी कर्म नहीं करता। परन्तु कुछ न करते हुए भी वह अनन्त कर्म करता है।

13 मार्च

साम्यसूत्र 20: अव्यक्तलिंगमपरम्
वृत्ति 16 : आसीनो दूरं व्रजति

16. किसी मनुष्य को गुस्सा आ गया। यदि हमारी भूल से वह गुस्सा हुआ है, तो हम उसके पास जाते हैं। वह चुप रहता है, बोलना छोड़ देता है। उसके न बोलने का, उस कर्मत्याग का कितना प्रचंड परिणाम होता है। दूसरा फटाफट बोल देगा। दोनों हैं तो गुस्से में ही, परन्तु एक चुप है, दूसरा बड़बड़ाता है। दोनों हैं गुस्से के ही प्रकार। न बोलना, यह भी क्रोध का ही एक रूप है। उससे भी कार्य होता है। मां या बाप ने बच्चे से बोलना बंद कर दिया तो उसका परिणाम कितना प्रचंड होता है। उस बोलने के कर्म को छोड़ देने से, उस कर्म को न करने से ही इतना प्रचंड कर्म होता है कि प्रत्यक्ष कर्म करने पर भी उसका इतना परिणाम नहीं हो सकता था। उस न बोलने का जो प्रभाव हुआ, वह बोलने से नहीं हो सकता। ज्ञानी पुरुष की ऐसी ही स्थिति होती है। उसका अकर्म ही, उसका खामोश बैठना ही, प्रचंड कर्म करता है, प्रचंड सामर्थ्य उत्पन्न करता है। अकर्मी रहकर वह इतने कर्म करता है कि वे सब क्रिया के द्वारा प्रकट ही नहीं हो सकते। इस तरह यह संन्यास का दूसरा प्रकार है।

ऐसे संन्यासी की सारी प्रवृत्तियां, उसके सारे उद्योग एक आसन पर आकर बैठ जाते हैं।

उद्योगाची धांव बैसली आसनीं, पडिलें नारायणीं मोटळें हें।
सकळ निश्चिंती झाली हा भरंवसा, नाहीं गर्भवासा येणें ऐसा॥
आपुलिये सत्ते नहीं आम्हां जिणें, अभिमान तेणें नेला देवें।
तुका म्हणे चळे एकाचिये सत्ते, आपुलें मी रितेपणें असें॥

{उद्योग की भाग-दौड़ शान्त होकर आसनस्थ हो गयी है। नारायण के चरणों में यह गठरी पड़ी है। मैं पूर्णतः निश्चिंत हो गया हूँ। यह विश्वास हो गया है कि अब मेरा गर्भवास छूट गया है। मैं अब अपनी अहंता से नहीं जीता। भगवान ने मेरा यह अभिमान छीन लिया है। तुकाराम कहता है कि अब सब उसकी ही सत्ता से चल रहा है। मैं अब शून्य-रिक्त बन गया हूँ।}

तुकाराम कहते हैं- "मैं अब ख़ाली हो गया हूँ, गठरी होकर पड़ा हूँ। सब उद्योग समाप्त हो गये।" तुकाराम ख़ाली हो गये, परन्तु उस ख़ाली बोरे में प्रचंड प्रेरक शक्ति है। सूर्य खुद आवाज नहीं लगाता, परन्तु उसके उगते ही पंछी उड़ने लगते हैं, मेमने नाचने लगते हैं, गायें वन में चरने जाती हैं। व्यापारी दुकान खोलते हैं। किसान खेत पर जाते हैं, संसार के नाना व्यवहार शुरू हो जाते हैं। सूर्य केवल है, उतने से ही अनन्त कर्म शुरू हो जाते हैं। इस अकर्मावस्था में अनन्त कर्मों की प्रेरणा, सामर्थ्य ठसाठस भरा रहता है। ऐसा यह संन्यास का दूसरा अद्‌भुत प्रकार है।

14 मार्च

साम्यसूत्र 21: अनिर्वचनीयमुभयम्

वृत्ति 17 : उभयकथा रम्या 18. सद्भिः सदा सेव्या

21. दोनों की तुलना शब्दों से परे

17. पांचवे अध्याय में संन्यास के दो प्रकारों की तुलना की गयी है। एक चौबीसों घंटे कर्म करके भी कुछ नहीं करता और दूसरा क्षणभर भी कुछ न करके सब कुछ करता है। एक बोलकर न बोलने का प्रकार, तो दूसरा न बोलकर बोलने का प्रकार। इन दो प्रकारों की यहाँ तुलना की गयी है। ये जो दो दिव्य प्रकार हैं, उनका अवलोकन करें, विचार करें, मनन करें, इसमें अपूर्व आनन्द है।

18. यह विषय ही अपूर्व और उदात्त है। सचमुच संन्यास की यह कल्पना बहुत ही पवित्र और भव्य है। जिस किसी ने यह विचार, यह कल्पना पहले-पहल खोज निकाली, उसे जितने धन्यवाद दिये जायें, थोड़े है। यह बड़ी उज्ज्वल कल्पना है। मानवीय बुद्धि ने, मानवीय विचार ने अब तक जो ऊंची उड़ानें भरी हैं, उन सबमें ऊंची उड़ान इस संन्यास तक पहुँची है। इससे आगे अभी तक कोई उड़ान नहीं भर सका। उड़ान भरना तो जारी है, परन्तु मुझे पता नहीं कि विचार और अनुभव में इतनी ऊंची उड़ान किसी ने भरी हो। इन दो प्रकारों से युक्त संन्यास की केवल कल्पना ही आंखों के सामने आने से अपूर्व आनन्द होता है। किन्तु भाषा और व्यवहार के इस जगत् में जब आते हैं, तब वह आनन्द कम हो जाता है। जान पड़ता है, नीचे गिर रहे हैं। मैं अपने मित्रों से इसके विषय में हमेशा कहता रहता हूँ। आज कितने ही वर्षों से मैं इन दिव्य विचारों का मनन कर रहा हूँ। यहाँ भाषा अधूरी पड़ती है। शब्दों की श्रेणी में यह आता ही नहीं।

15 मार्च

साम्यसूत्र 21: अनिर्वचनीयमुभयम्
वृत्ति 19: उदात्ता काव्यमयी

19. न करके सब कुछ कर डाला और सबकुछ करके भी लेशमात्र नहीं किया- कितनी उदात्त, रसमय और काव्यमय कल्पना है यह! अब काव्य और क्या बाकी रहा? जो कुछ काव्य के नाम से प्रसिद्ध है, वह सब इस काव्य के आगे फीका है। इस कल्पना में जो आनन्द, जो उत्साह, जो स्फूर्ति और जो दिव्यता है, वह किसी भी काव्य में नहीं। इस तरह यह पांचवां अध्याय ऊंची- बड़ी -ऊंची भूमिका पर प्रतिष्ठित किया गया है। चौथे अध्याय तक कर्म, विकर्म बताकर यहाँ बहुत ही ऊंची उड़ान भरी है। यहाँ अकर्म दशा के दो प्रकारों की प्रत्यक्ष तुलना ही की है। यहाँ भाषा लड़खड़ाती है। कर्मयोगी श्रेष्ठ या कर्म संन्यासी श्रेष्ठ? कर्म कौन ज्यादा करता है, यह कहना संभव ही नहीं है। सब करके भी कुछ न करना और कुछ भी न करते हुए सब-कुछ करना, ये दोनों योग ही हैं; परन्तु तुलना के लिए एक को 'योग' कहा है, दूसरे को 'संन्यास' ।

16 मार्च

साम्यसूत्र 22: बिंदु-देवतादिवत्
वृत्ति 20: दृष्टांता अपूर्णाः 21. अमूर्तस्य भावनं मूरतौ

22. भूमिति और मीमांसकों का दृष्टांत
20. अब इनकी तुलना कैसे की जाये? इसके लिए उदाहरणों से ही काम लेना पड़ेगा। जब उदाहरण देने जाते हैं, तो प्रतीत होता है, मानो नीचे गिर रहे हैं। परन्तु नीचे गिरना ही होगा। सच पूछिए तो पूर्ण कर्म संन्यास अथवा पूर्ण कर्मयोग, ये कल्पनाएं ऐसी हैं, जो इस शरीर में नहीं समा सकती। वे इस देह को फोड़ डालेंगी। परन्तु जो महापुरुष इन कल्पनाओं के नजदीक तक पहुँच गये हैं, उनके उदाहरण से हमें काम चलाना होगा। उदाहरण तो सदा अधूरे ही रहने वाले हैं, परन्तु थोड़ी देर के लिए यही मान लेना होगा कि वे पूर्ण हैं।

21. रेखा-गणित में कहते है कि 'कल्पना' करो 'अ ब क' एक त्रिकोण है। भला 'कल्पना' क्यों करें? क्योंकि इस त्रिकोण की रेखाएं यथार्थ रेखाएं नहीं है। रेखा की तो व्याख्या ही यह है कि उसमें लंबाई है, पर चौडाई नहीं। श्यामपट्ट पर बिना चौड़ाई के यह लंबाई दिखायी कैसे जाये? लंबाई जहाँ आयी, वहाँ चौडाई आ ही जाती है। जो भी रेखा हम खींचेंगे, उसमें कुछ-न-कुछ चौड़ाई रहेगी है। इसलिए भूमिति-शास्त्र में रेखा 'माने' बिना काम नहीं चलता। भक्ति-शास्त्र में क्या ऐसी ही बात नहीं है? वहाँ भी भक्त कहता है- "इस छोटी-सी शालग्राम की बटिया में अखिल ब्रह्मांड का स्वामी है, यह 'मानो'।" यदि कोई कहे- "यह क्या पागलपन है।" तो उससे कहो- "तुम्हारी यह भूमिति क्या पागलपन नहीं है? सर्वथा स्पष्ट मोटी रेखा दिखायी पड़ती है और कहते हो कि इसे बिना चौडाई की मानो। यह कैसा पागलपन है! खुर्दबीन से देखोगे, तो वह आधी इंच चौड़ी दिखायी देगी।"

17 मार्च

साम्यसूत्र 22: बिंदु-देवतादिवत्
वृत्ति 22: यथा भूमिति-शास्त्रे

22. जैसे तुम अपनी भूमिति में मानते हो, वैसे ही भक्ति-शास्त्र कहता है कि इस "शालग्राम में परमेश्वर मानो।" अब कोई यदि कहे कि "परमेश्वर न टूटता है, न फूटता। तुम्हारा यह शालग्राम तो टूट जायेगा, लगांऊ एक चोट?" तो यह समझदारी नहीं कही जायेगी; क्योंकि जब भूमिति में 'मानो' चलता है, तो भक्ति-शास्त्र में क्यों न चलना चाहिए? बिंदु को कहते हैं, 'मानो' और श्यामपट्ट पर बिंदु (प्रत्यक्ष) बनाते हैं। बिंदु भी क्या, एक खासा वर्तुल होता है। बिंदु की व्याख्या यानि ब्रह्म की व्याख्या है। बिंदु को न लंबाई, न चौडाई, न मोटाई कुछ भी नहीं। किन्तु व्याख्या ऐसी करते हुए उसे तख्ते पर बनाकर दिखाते हैं। बिन्दु तो वास्तव में अस्तित्व मात्र है, त्रि-परिणामरहित है। सारांश यह कि सच्चा त्रिकोण, सच्चा बिन्दु व्याख्या में ही रहते हैं, परन्तु हमें उसे मानकर चलना पड़ता है। भक्ति-शास्त्र में भी शालग्राम में न टूटने-फूटने वाला सर्वव्यापी परमेश्वर मानना पड़ता है। हम भी ऐसे ही काल्पनिक दृष्टांत लेकर इनकी तुलना करेंगे।

18 मार्च

साम्यसूत्र 22: बिंदु-देवतादिवत्
वृत्ति 23: यथा च मीमांसा-दर्शने

23. मीमांसकों ने तो बड़ा मजा ही किया है। परमेश्वर कहाँ है- इसकी मीमांसा करते हुए उन्होंने बड़ा सुन्दर निरूपण किया है। वेदों में इन्द्र, अग्नि, वरुण आदि देवता हैं। इन देवताओं का विचार मीमांसा में करते हुए एक ऐसा प्रश्न पूछा जाता है- "यह इन्द्र कैसा है? इसका रूप कैसा है? यह रहता कहाँ है?" मीमांसक उत्तर देते हैं- 'इन्द्र' शब्द ही इन्द्र का रूप है। 'इन्द्र' शब्द में ही वह रहता है। 'इ' और उस पर 'अनुस्वार, फिर 'द्र' यही उसका स्वरूप है। वही उसकी मूर्ति, वही प्रमाण। वरुण देवता कैसा? वैसे ही। पहले 'व' फिर 'रु' फिर 'ण' । व रु ण यह है वरुण का रूप। इसी तरह अग्नि आदि देवताओं के विषय में समझिए। ये सारे देवता अक्षररूपधारी हैं। देवता सब अक्षर-मूर्ति हैं, इस कल्पना में- इस विचार में बड़ी मिठास है। देव यह कल्पना, यह वस्तु आकार में न समाने जैसी है। उस कल्पना को दर्शाने के लिए अक्षर, यही एक चिह्न पर्याप्त होगा। ईश्वर कैसा है? तो 'ई' फिर 'श्व' फिर 'र' आखिर में 'ॐ' ने तो कमाल ही कर डाला। 'ॐ' अक्षर ही ईश्वर हो गया। ईश्वर के लिए वह एक संज्ञा ही बना दी। ऐसी संज्ञाएं बनानी पड़ती हैं, क्योंकि मूर्ति में, आकार में ये विशाल कल्पनाएं समा ही नहीं सकतीं। परन्तु मनुष्य की इच्छा बड़ी प्रचंड होती है। वह इन कल्पनाओं को मूर्ति में बैठाने का प्रयत्न करता ही है।

19 मार्च

साम्यसूत्र 23: शुकजनकयोरेकः पंथाः
वृत्ति 24: एकैव गुरु-परंपरा

23. संन्यासी और योगी एक ही शुक-जनकवत्
24. संन्यास और योग, ये बहुत ऊंची उड़ानें हैं। पूर्ण संन्यास और पूर्ण योग की कल्पना इस देह में नहीं समा सकती। भले ही देह में ये ध्येय न समा सकें, तो भी विचार में जरूर समा जाते हैं। पूर्ण योगी और पूर्ण संन्यासी तो व्याख्या में ही रहने वाले हैं। वे ध्येयभूत और अप्राप्य ही रहेंगे, परन्तु उदाहरण के तौर पर ऐसे व्यक्ति लेने होंगे जो इन कल्पनाओं के अधिक-से-अधिक नजदीक पहुँच पाये होंगे। फिर भूमिति की तरह कहना होगा कि इसे 'पूर्ण योगी' और इसे 'पूर्ण संन्यासी' समझो। संन्यास का उदाहरण देते समय शुक, याज्ञवल्क्य के नाम लिये जाते हैं। इधर कर्मयोगी के रूप में जनक और श्रीकृष्ण का नाम भगवद्गीता में ही लिया गया है। लोकमान्य ने 'गीतारहस्य' में एक नामावली ही दे दी है। "जनक, श्रीकृष्ण आदि इस मार्ग से गये; शुक, याज्ञवल्क्य आदि उस मार्ग से गये।" परन्तु थोड़ा विचार करने से यह सूची उसी तरह मिटायी जा सकती है, जैसे भीगे हाथ से लिखा हुआ मिटाया जा सकता है। याज्ञवल्क्य संन्यासी थे, जनक कर्मयोगी थे यानि संन्यासी याज्ञवल्क्य के कर्मयोगी जनक शिष्य थे, लेकिन उसी जनक के शिष्य शुकदेव संन्यासी हुए। याज्ञवल्क्य के शिष्य जनक और जनक के शिष्य शुक। संन्यासी, फिर कर्मयोगी, फिर संन्यासी- ऐसी यह मालिका बनती है। इस तरह योग और संन्यास एक ही परम्परा में आ जाते हैं।

20 मार्च

साम्यसूत्र 23: शुकजनकयोरेकः पंथाः
वृत्ति 25: शुकस्य ज्ञाननिष्ठा

25. शुकदेव से व्यास ने कहा- "बेटा शुक, तुम ज्ञानी तो हो, परन्तु गुरु की मोहर (छाप) अभी तुम पर नहीं लगी। इसलिए तुम जनक के पास जाओ।" शुकदेव चले। जनक तीसरी मंजिल पर अपने दीवानखाने में बैठे थे। शुक थे वनवासी। नगर देखते-देखते चले।
जनक ने शुकदेव से पूछा- "क्यों आये?"
शुक ने कहा- "ज्ञान पाने के लिए।"
"किसने भेजा?"
"व्यासदेव ने।"
"कहां से आये?"
"आश्रम से।"
"आते हुए यहाँ बाजार में क्या-क्या देखा?"
"चारों तरफ एक ही शक्कर की मिठाई सजी हुई दिखायी दी।"
"और क्या देखा?"
"चलते-बोलते शक्कर के पुतले देखे।"
"फिर क्या देखा?"
"यहाँ आते हुए शक्कर की सख्त सीढ़ियां मिलीं।"
"फिर क्या मिला?"
"शक्कर के चित्र यहाँ भी सर्वत्र देखे।"
"अब क्या दीख रहा है?"
"शक्कर का एक पुतला शक्कर के दूसरे पुतले से बात कर रहा है।"
जनक ने कहा- "जाओ, तुम्हें सब ज्ञान मिल चुका।"
शुकदेव को जनक के हस्ताक्षर का प्रमाणपत्र चाहिए था, वह मिल गया। मुद्दा यह कि कर्मयोगी जनक ने संन्यासी शुकदेव को शिष्य के रूप में पास किया।
शुक है संन्यासी, परन्तु प्रसंग देखो कैसा मजेदार है! परीक्षित को शाप मिला 'सात दिन में तुम मर जाओगे।' परीक्षित को मरने की तैयारी करनी थी। उसे ऐसा गुरु चाहिए था, जो यह सिखाये कि मरें कैसे? उसने शुकाचार्य को बुलाया। शुकाचार्य जो आकर बैठे तो 24 × 7 = 168 घंटे पालथी मारकर भागवत सुनाते रहे। जो आसन जमाया, सो फिर छोड़ा ही नहीं। लगातार कथा कहते ही रहे। आप कहेंगे, 'इसमें कौन बड़ी बात है?' बड़ी बात यह कि सतत सात दिन तक उनसे भारी श्रम कराया गया, फिर भी उन्हें कुछ नहीं मालूम हुआ। सतत कर्म करते रहकर भी मानो वे कर्म कर ही नहीं रहे थे। श्रम की भावना ही वहाँ नहीं थी। सार यह कि संन्यास और कर्मयोग, दोनों भिन्न हैं ही नहीं।

21 मार्च

साम्यसूत्र 23: शुकजनकयोरेकः पंथाः
वृत्ति 26: ज्ञानिनोऽस्तित्वमेव स्फूर्तिः 27. वेगचालितं यंत्रं स्थिरं भासते

23. संन्यासी और योगी एक ही: शुक-जनकवत्

26. इसलिए भगवान कहते हैं- **एकं सांख्यं च योगं च यः पश्यति स पश्यति।** संन्यास और योग में जो एकरूपता देखेगा, उसी ने वास्तविक रहस्य को समझा है। एक न करके करता है और दूसरा करके भी नहीं करता। जो सचमुच श्रेष्ठ संन्यासी है, जिसकी सदैव समाधि लगी रहती है, जो बिलकुल निर्विकार है, ऐसे संन्यासी पुरुष को दस दिन हमारे- आपके बीच आकर रहने दो। कितना प्रकाश, कितनी स्फूर्ति उससे मिलेगी! अनेक वर्षों तक काम का ढेर लगाकर भी जो नहीं हुआ होगा, वह केवल उसके दर्शन से- अस्तित्व मात्र से- हो जायेगा। फोटो देखकर यदि मन में पावनता उत्पन्न होती है, मृत लोगों के चित्रों से यदि भक्ति, प्रेम और पवित्रता हृदय में उत्पन्न होती है, तो जीवित संन्यासी को देखने से पता नहीं कितनी प्रेरणा प्राप्त होगी?

27. संन्यासी और योगी, दोनों भी लोकसंग्रह करते हैं। एक जगह बाहर से कर्मत्याग दिखायी दिया, तो भी उस कर्मत्याग में कर्म ठसाठस भरा हुआ है। उसमें अनन्त स्फूर्ति भरी हुई है। ज्ञानी संन्यासी, और ज्ञानी कर्मयोगी, दोनों एक ही सिंहासन पर बैठने वाले हैं। संज्ञा भिन्न-भिन्न होने पर भी अर्थ एक ही है। एक ही तत्त्व के ये दोनों पहलू या प्रकार हैं। यंत्र जब वेग से घूमता है, तो वह ऐसा दिखायी देता है मानो स्थिर है, घूम ही नहीं रहा। संन्यासी की भी स्थिति ऐसी ही होती है। उसकी शांति में से, स्थिरता में से अनंत शक्ति, अपार प्रेरणा मिलती है। महावीर, बुद्ध, निवृत्तिनाथ ऐसी ही विभूतियां थीं। संन्यासी के सभी उद्योगों की दौड़ एक आसन पर आकर स्थिर हो जाये, तो भी वह प्रचंड कर्म करता है। सारांश यह कि योगी ही संन्यासी है और संन्यासी ही योगी है। दोनों में कुछ भी भेद नहीं है। शब्द अलग-अलग हैं, पर अर्थ एक ही है। जैसे पत्थर के मानी पाषाण और पाषाण मानी पत्थर हे, वैसे ही कर्मयोगी मानी संन्यासी और संन्यासी के मानी कर्मयोगी है। कर्मयोगी के मानी संन्यासी और संन्यासी के मानी कर्मयोगी है।

22 मार्च

साम्यसूत्र 24: वैशेष्यं तु
वृत्ति 28: सौकर्येण विशिष्यते कर्मयोगः

24. फिर भी संन्यास से कर्मयोग विशेष माना गया है
28. बात यद्यपि ऐसी है, तथापि भगवान ने एक बिंदू चढ़ा ही दिया है। भगवान कहते हैं- "संन्यास से कर्मयोग श्रेष्ठ है।" जब दोनों ही एक-से हैं, तो फिर भगवान ऐसा क्यों कहते हैं? इसमें क्या रहस्य है? जब भगवान कहते हैं कि कर्मयोग श्रेष्ठ है, तब वे साधक की दृष्टि से कहते हैं। बिलकुल कर्म न करते हुए सब कर्म करने की विधि एक सिद्ध के लिए ही शक्य है, साधक के लिए नहीं। परन्तु सब कर्म करके भी कुछ न करना, इस तरीके का थोड़ा-बहुत अनुकरण किया जा सकता है। एक विधि ऐसी है, जो साधक के लिए शक्य नहीं, सिर्फ सिद्ध के लिए ही शक्य है। दूसरी ऐसी है, जो साधक के लिए भी थोड़ी-बहुत शक्य है। बिलकुल कर्म न करते हुए कर्म कैसे करना, यह साधक के लिए एक पहेली ही रहेगी। यह उसकी समझ में नहीं आ सकता। कर्मयोग साधक के लिए मार्ग भी है और मंजिल भी है, परन्तु संन्यास तो आखिरी मंजिल पर ही है, मार्ग में नहीं है। इसी कारण साधक की दृष्टि से संन्यास की अपेक्षा कर्मयोग श्रेष्ठ है।

23 मार्च

साम्यसूत्र 24: वैशेष्यं तु
वृत्ति 29: सगुणोपासनवत्

29. इसी न्याय से भगवान ने आगे बारहवें अध्याय में निर्गुण की अपेक्षा सगुण को विशेष माना है। सगुण में सब इंद्रियों के लिए काम है, निर्गुण में ऐसा नहीं है। निर्गुण में हाथ बेकार, पांव बेकार, आंखें बेकार- सब इंद्रियां कर्मशून्य ही रहती हैं। साधक से यह सब नहीं सध सकता। परन्तु सगुण में ऐसी बात नहीं है। आंखों से रूप देख सकते हैं, कानों से कीर्तन सुन सकते हैं, हाथों से पूजा कर सकते हैं, लोगों की सेवा कर सकते हैं, पांवों से तीर्थयात्रा हो सकती है। इस तरह सब इंद्रियों को काम देकर उनसे वैसा काम कराते हुए धीरे-धीरे उन्हें हरिमय बना देना सगुण में शक्य रहता है परन्तु निर्गुण में सब बंद- जीभ बंद, कान बंद, हाथ-पैर बंद। यह सारा 'बंदी' प्रकार देखकर बेचारा साधक घबरा जाता है। फिर उसके चित्त में निर्गुण पैठेगा कैसे? वह यदि खामोश बैठा रहेगा, तो उसके चित्त में ऊटपटांग विचार आने लगेंगे। इंद्रियों का यह स्वभाव ही है कि उन्हें कहते हैं कि न करो, तो वे जरूर करेंगी। विज्ञापनों में क्या ऐसा नहीं होता? ऊपर लिखते हैं 'मत पढ़ो।' तो पाठक मन में कहता है कि यह जो न पढ़ने को लिखा है, तो पहले इसी को पढ़ो। 'मत पढ़ो। ' 'मत पढ़ो' कहना इसी उद्देश्य से होता है कि पाठक उसे जरूर पढ़े। मनुष्य अवश्य ही उसे ध्यानपूर्वक पढ़ता है। निर्गुण में मन भटकता रहेगा। सगुण भक्ति में ऐसी बात नहीं। वहाँ आरती है, पूजा है, सेवा है, भूतदया है, इंद्रियो के लिए वहाँ काम है। इन्हीं इंद्रियों को ठीक काम में लगाकर फिर मन से कहो- ''अब जाओ, जहाँ जी चाहे। ' परन्तु तब मन नहीं जायेगा। वही रमा रहेगा, अनजाने ही एकाग्र हो जायेगा। परन्तु यदि उसे जान-बूझकर एक स्थान पर बैठाना चाहोगे, तो वह भागा ही समझो। भिन्न-भिन्न इंद्रियों को उत्तम, सुंदर काम में लगा दो, फिर मन को खुशी से भटकने के लिए कह दो। वह नहीं भटकेगा। उसे जाने की बिलकुल छुट्टी दे तो, तो वह कहेगा- "लो, मैं यहीं बैठ गया।" यदि उसे हुक्म दिया कि "चुप बैठो" तो कहेगा "मैं यह चला।"

24 मार्च

साम्यसूत्र 24: वैशेष्यं तु
वृत्ति 30: प्रयत्नावकाशात्

30. देहधारी मनुष्य के लिए सुलभता की दृष्टि से निर्गुण की अपेक्षा सगुण श्रेष्ठ है। कर्म करते हुए भी उसे उड़ा देने की युक्ति, कर्म न करते हुए कर्म करने की अपेक्षा श्रेष्ठ है, क्योंकि उसमें सुलभता है। कर्मयोग में प्रयत्न, अभ्यास के लिए जगह है। जब इंद्रियों को अपने वश में करके धीरे-धीरे सब उद्योगों से मन हटा लेने का अभ्यास कर्मयोग में किया जा सकता है। यह युक्ति आज न सधी, तो भी सधने जैसी है। कर्मयोग अनुकरण-सुलभ है, यही संन्यास की अपेक्षा उसकी विशेषता है। परन्तु पूर्णावस्था में कर्मयोग और संन्यास, दोनों समान ही हैं। पूर्ण संन्यास और पूर्ण कर्मयोग, दोनों एक ही हैं। नाम दो हैं, देखने में अलग-अलग है, परन्तु असल में दोनों है एक ही। एकप्रकार में कर्म का भूत बाहर नाचता हुआ दिखायी देता है, परन्तु भीतर शांति है। दूसरे प्रकार में कुछ न करते हुए त्रिभुवन को हिला डालने की शक्ति है। जैसा दीख पड़ता है, वैसा न होना- यह दोनों का स्वरूप है। पूर्ण कर्मयोग संन्यास है, तो पूर्ण संन्यास कर्मयोग है। कोई भेद नहीं, परन्तु साधक के लिए कर्मयोग सुलभ है। पूर्णावस्था में दोनों एक ही हैं।

साम्यसूत्र 24: वैशेष्यं तु
वृत्ति 31: अलिखित-पठनं तु संन्यासः

31. ज्ञानदेव को चांगदेव ने एक पत्र भेजा। वह सिर्फ कोरे कागज का पत्र था। चांगदेव से ज्ञानदेव उम्र में छोटे थे। 'चिरंजीव' लिखते हैं तो ज्ञानदेव ज्ञान में श्रेष्ठ। 'पूज्य' लिखते हैं, तो उम्र में कम। तब सिरनामा क्या लिखें? इसका कुछ निश्चय नहीं हो पाता था। अतः चांगदेव ने कोरा कागज ही भेज दिया। वह पहले निवृत्तिनाथ के हाथ में पड़ा। उन्होंने उसे पढ़कर ज्ञानदेव को दे दिया। ज्ञानदेव ने पढ़ा और मुक्ताबाई को दे दिया। मुक्ताबाई ने पढ़कर कहा- "चांगदेव इतना बड़ा हो गया है, पर है अभी कोरा-का-कोरा ही।" निवृत्तिनाथ ने और ही अर्थ पढ़ा था। उन्होंने कहा- "चांगदेव कोरे हैं, शुद्ध हैं, निर्मल हैं, उपदेश देने योग्य हैं।" फिर ज्ञानदेव से पत्र का जबाव देने के लिए कहा। ज्ञानदेव ने 65 ओवियों का पत्र भेजा। उसे 'चांगदेव-पासष्टी' कहते हैं। ऐसी इस पत्र की मनोरंजक कथा है। लिखा हुआ पढ़ना सरल है, परन्तु न लिखा हुआ पढ़ना कठिन। उसका पढ़ना कभी समाप्त नहीं होता। इसी तरह संन्यासी रीता-कोरा दिखायी दे, तो भी उसमें अपरंपार कर्म भरा रहता है।

25 मार्च

साम्यसूत्र 24: वैशेष्यं तु
वृत्ति 32: केवल निष्ठैव

32. संन्यास और कर्मयोग, पूर्ण रूप में दोनों की कीमत एक-सी है; परन्तु कर्मयोग को उसके अलावा व्यावहारिक कीमत ज्यादा की है। किसी एक नोट की कीमत पांच रुपये है। सोने का सिक्का भी पांच रूपये का होता है। जब तक सरकार स्थिर है, तब तक दोनों की कीमत एक सी है, परन्तु यदि सरकार बदल गयी तो फिर व्यवहार में उस नोट की कीमत एक पाई भी नहीं रहती। मगर सोने के सिक्के की कीमत जरूर कुछ-न-कुछ मिल जायेगी, क्योंकि आखिर वह सोना है। पूर्णावस्था में कर्मत्याग और कर्मयोग, दोनों की कीमत एक-सी है; क्योंकि ज्ञान दोनों में है। ज्ञान की कीमत अनंत है। अनंत में कुछ भी मिलाओ, कीमत अनंत ही रहती है, गणित शास्त्र का यह सिद्धान्त है। कर्मत्याग और कर्मयोग जब परिपूर्ण ज्ञान में मिल जाते हैं, तो दोनों की कीमत बराबर हो जाती है; परन्तु ज्ञान को यदि दोनों ओर से हटा लिया, तो फिर कर्मत्याग की अपेक्षा कर्मयोग ही साधक के लिए श्रेष्ठ सिद्ध होगा। ठोस, शुद्ध ज्ञान दोनों ओर डाला जाये तो कीमत एक-सी है। मंजिल पर पहुँच जाने पर ज्ञान + कर्म = ज्ञान + कर्माभाव। परन्तु ज्ञान को दोनों ओर से घटा दीजिए तो फिर कर्म के अभाव की अपेक्षा कर्म ही साधक की दृष्टि से श्रेष्ठ ठहरेगा। न करके करना साधक की समझ में ही नहीं आ सकता। करके न करना वह समझ सकता है। कर्मयोग मार्ग में भी है और मुकाम पर भी है परन्तु संन्यास सिर्फ मुकाम पर ही है, मार्ग में नहीं। यदि यही बात शास्त्र की भाषा में कहनी हो, तो कर्मयोग साधन भी है और निष्ठा भी, परन्तु संन्यास सिर्फ निष्ठा है। निष्ठा का अर्थ है, अंतिम अवस्था।

रविवार 20. 3. 1932

२६ मार्च

छठा अध्याय: चित्तवृत्ति-निरोध

साम्यसूत्र 25: आरोढुमिच्छेत्
वृत्ति 1: अथ विवरणारंभः

25. आत्मोद्धार की आकांक्षा

1. पांचवें अध्याय में हम कल्पना और विचार के द्वारा देख सके कि मनुष्य की ऊंची-से-ऊंची उड़ान कहाँ तक जा सकती है। कर्म, विकर्म, अकर्म मिलकर सारी साधना पूर्ण होती है। कर्म स्थूल वस्तु है। जो-जो स्वधर्म-कर्म हम करें, उसमें हमारे मन का सहयोग होना चाहिए। मानसिक शिक्षण के लिए जो कर्म करना पड़ता है, वह विकर्म, विशेष कर्म अथवा सूक्ष्म कर्म है। आवश्यकता कर्म और विकर्म, दोनों की है। इन दोनों का प्रयोग करते-करते अकर्म की भूमिका तैयार होती है। हमने पिछले अध्याय में देख लिया कि इस भूमिका में कर्म और संन्यास, दोनों एकरूप ही हो जाते हैं। अब छठे अध्याय के आरम्भ में फिर कहा है कि कर्मयोग की भूमिका संन्यास की भूमिका से अलग दिखायी देने पर भी अक्षरशः एकरूप है। केवल दृष्टि का अंतर है। पांचवें अध्याय में जिस अवस्था का वर्णन किया गया है, उसके साधन खोजना, यह बाद के अध्यायों का विषय है।

27 मार्च

साम्यसूत्र 25: आरोढुमिच्छेत्
वृत्ति 2: गीता व्यवहार-शोधनाय

2. कई लोगों की ऐसी एक भ्रामक कल्पना है कि परमार्थ, गीता आदि ग्रन्थ साधुओं के लिए ही हैं। एक गृहस्थ ने कहा- "मैं कोई साधु नहीं हूँ।" इसका अर्थ यह हुआ कि 'साधु' नाम के कोई प्राणी हैं, जिनमें से वे नहीं हैं । जैसे घोड़े, सिंह, भालू, गाय आदि प्राणी हैं, वैसे ही साधु नाम के भी कोई प्राणी हैं और परमार्थ की कल्पना केवल उन्हीं के लिए है। शेष जो व्यावहारिक जगत् में रहते हैं, वे मानो किसी और जाति के हैं उनके विचार अलग, आचार अलग। इस कल्पना ने साधु-संत और व्यावहारिक लोग, ऐसी दो अलग-अलग जातियां बना दी हैं। 'गीता-रहस्य' में तिलक महाराज ने इस बात की ओर ध्यान खींचा है। गीता ग्रन्थ सर्वसाधारण व्यावहारिक लोगों के लिए है। यह उनका कथन मैं अक्षरशः सही मानता हूँ। भगवद्गीता सारे संसार के लिए है। परमार्थ-विषयक समस्त साधन प्रत्येक व्यावहारिक मनुष्य के लिए है। परमार्थ सिखाता है कि अपना व्यवहार शुद्ध और निर्मल रखकर मन का समाधान और शांति कैसे प्राप्त की जाये। व्यवहार शुद्ध कैसे किया जाये, यह सिखाने के लिए गीता है। जहां-जहाँ आप व्यवहार करते हैं, वहां-वहाँ गीता आती है। परन्तु वह आपको वहां-की-वहाँ रखना नहीं चाहती। आपका हाथ पकड़कर वह अंतिम मंजिल तक आपको ले जायेगी। एक प्रसिद्ध कहावत है कि **पर्वत यदि मुहम्मद के पास न आये, तो मुहम्मद पर्वत के पास जायेगा**। मुहम्मद को यह चिंता है कि मेरा सन्देश जड़ पर्वत तक भी पहुँचे। पर्वत जड़ है, इसलिए मुहम्मद उसके आने की बाट नहीं जोहता रहेगा। यही बात गीता-ग्रन्थ की है। कैसा ही दीन-दुर्बल हो, गंवार-से गंवार हो, गीता उसके पास पहुँच जायेगी। परन्तु इसलिए नहीं कि उसे यथास्थान रहने दे, बल्कि इसलिए कि उसे हाथ पकड़कर आगे ले जाये, ऊपर उठाये। गीता चाहती है कि मनुष्य अपना व्यवहार शुद्ध करके परमोच्च स्थिति को प्राप्त करे। इसी के लिए गीता है।

28 मार्च

साम्यसूत्र 25: आरोढुमिच्छेत्

वृत्ति 3: उच्चकांक्षायामेव ध्यानादि-प्रयोजनम्

3. अतएव 'मैं जड हूं, व्यवहारी हूं, सांसारिक जीव हूं' - ऐसा कहकर अपने आसपास बाड़ मत लगाओ। मत हो कि 'मेरे हाथों से क्या होगा? इस साढ़े तीन हाथ के शरीर में ही मेरा सार-सर्वस्व है।' ऐसी बंधनों की या कारागृह जैसी दीवारें अपने आसपास खड़ी करके पशुवत व्यवहार मत करो। तुम तो आगे बढ़ने की, ऊपर चढ़ने की हिम्मत रखो- **उद्धरेदात्मनात्मानं नात्मानमवसादयेत्।** ऐसी हिम्मत रखो कि मैं अपने को अवश्य ऊपर ले जाऊंगा। यह मानकर कि मैं क्षुद्र सांसारिक जीव हूं, मन की शक्ति को मार मत डालो। कल्पना के पंख काटो मत। अपनी कल्पना को विशाल बनाओ। चंडूल का उदाहरण अपने सामने रखो। प्रातः काल सूर्य को देखकर चंडूल कहता है कि मैं सूर्य तक उड़ जाऊंगा। वैसा ही हमें बनना चाहिए। अपने दुर्बल पंखों से चंडूल बेचारा कितना ही ऊंचा उड़े, तो भी वह सूर्य तक कैसे पहुँचेगा? परन्तु अपनी कल्पना-शक्ति द्वारा वह सूर्य को अवश्य पा सकता है। हमारा आचरण उससे उलटा होता है। हम जितने ऊंचे जा सकते थे, उतने भी न जाकर अपनी कल्पना और भावनाओं पर प्रतिबंध लगाकर अपने-आपको नीचे गिरा लेते हैं। अपने पास जो शक्ति है, उसे भी हम हीनभावना के कारण नष्ट कर डालते हैं। जहाँ कल्पना के ही पांव टूट गये, वहाँ फिर नीचे गिरने के सिवा क्या गति होगी? अतः कल्पना का रुख हमेशा ऊपर की ओर होना चाहिए। कल्पना की सहायता से मनुष्य आगे बढ़ता है, अतः कल्पना को सिकोड़ मत डालो। धोपट मार्गा सोडुं नको। संसारामधिं ऐस आपुला उगा च भटकत फिरूं नको- 'घिसे-पिटे मार्ग को मत छोड़ो। संसार में अपनी जगह चुपचाप पड़े रहो। इधर-उधर व्यर्थ भटका मत करो' - ऐसा रोना मत रोते रहो। आत्मा का अपमान मत कर लो। साधक के पास यदि विशाल कल्पना होगी, आत्मविश्वास होगा, तभी वह टिक सकेगा। इसी से उद्धार होगा। परन्तु "धर्म तो साधु-संतों के लिए ही है, साधु-संतों के पास गये भी तो 'तुम जिस भूमिका में हो, उसमें यही व्यवहार उचित है' ऐसा उनसे प्रशस्ति-पत्र लेने के लिए"- ऐसी कल्पना छोड़ दो। ऐसी भेदात्मक कल्पनाएं करके अपने को बंधन में मत डालो। यदि उच्च आकांक्षा नहीं रखोगे, तो कभी भी एक कदम आगे नहीं बढ़ सकोगे।

यह दृष्टि, यह आकांक्षा, यह महान भावना यदि हो, तब तो साधनों की उठा-पटक आवश्यक है; नहीं तो फिर सारा किस्सा ही समाप्त। बाह्य कर्म की सहायता के लिए मानसिक साधनरूपी विकर्म बताया है। कर्म की सहायता के लिए विकर्म निरंतर चाहिए। इन दोनों की सहायता से अकर्म की जो दिव्य स्थिति प्राप्त होती है, वह और उसके प्रकार पांचवें अध्याय में देखें। इस छठे अध्याय से विकर्म के प्रकार बताये गये हैं। मानसिक साधना बतायी गयी है। इस मानसिक साधना को समझाने से पहले गीता कहती है-

'"हे मेरे जीव, तुम देव हो सकते हो। तुम यह दिव्य आकांक्षा रखो, मन को मुक्त रखकर उसके पंखों को सुदृढ़ बनाओ।"
साधना के - विकर्म के भिन्न-भिन्न प्रकार हैं। भक्तियोग, ध्यान, ज्ञान-विज्ञान, गुण-विकास, आत्मानात्म -विवेक आदि नाना प्रकार हैं। छठे अध्याय में 'ध्यान-योग' नामक साधना का प्रकार बताया गया है।

29 मार्च

साम्यसूत्र 26: एकाग्रतया
वृत्ति 4: एकाग्रता प्राथमिकी

26. चित्त की एकाग्रता
4.ध्यान-योग में तीन बातें मुख्य हैं- चित्त की एकाग्रता, चित्त की एकाग्रता के लिए उपयुक्त जीवन की परमितता और साम्यदशा या सम-दृष्टि।
इस सब बातों के बिना सच्ची साधना नहीं हो सकती। चित्त की एकाग्रता का अर्थ है, चित्त की चंचलता पर अंकुश। जीवन की परिमितता का अर्थ है, सब क्रियाओं का नपा-तुला होना। सम-दृष्टि का अर्थ है, विश्व की ओर देखने की उदार दृष्टि। इन तीन बातों से ध्यान-योग बनता है। इस त्रिविध साधना के भी साधन हैं। वे हैं- अभ्यास और वैराग्य। इन पांचों बातों की थोड़ी सी चर्चा हम यहाँ करें।

30 मार्च

साम्यसूत्र 26: एकाग्रतया
वृत्ति 5:रणांगणेऽपि

5. पहले चित्त की एकाग्रता को लीजिए। किसी भी काम में चित्त की एकाग्रता आवश्यक है। व्यावहारिक बातों में भी चित्त की एकाग्रता चाहिए। यह बात नहीं कि व्यवहार में अलग गुणों की जरूरत है और परमार्थ में अलग। व्यवहार को शुद्ध करने का ही अर्थ है, परमार्थ। कैसा भी व्यवहार हो, उसकी सफलता और असफलता आपकी एकाग्रता पर अवलंबित है। व्यापार, व्यवहार, शास्त्र-शोधन, राजनीति, कूटनीति- किसी को भी ले लीजिए, इनमें जो कुछ सफलता मिलेगी। वह उन-उन पुरुषों के चित्त की एकाग्रता के अनुसार मिलेगी। नेपोलियन के लिए कहा जाता है कि जहाँ वह युद्ध की व्यवस्था एक बार ठीक-ठाक लगा देता कि फिर समर-भूमि में गणित के सिद्धान्त हल किया करता था। डेरों-तंबुओं पर गोले बरसते, सैनिक मरते, परन्तु नेपोलियन का चित्त अपने गणित में ही मग्न रहता। मैं यही नहीं कहता कि नेपोलियन की एकाग्रता बहुत बड़ी थी। उससे भी ऊंचे दर्जे की एकाग्रता के उदाहरण दिये जा सकेंगे। खलीफा उमर की भी ऐसी ही बात कही जाती है। बीच लड़ाई में जब नमाज का वक्त हो जाता, तो वे वहीं समर-भूमि में चित्त एकाग्र करके घुटने टेककर नमाज पढ़ने लगते और उनका चित्त इतना एकाग्र हो जाता कि उन्हें यह होश भी न रहता कि किसके आदमी कट रहे हैं। पहले के मुसलमानों की इस परमेश्वर-निष्ठा के ही कारण, इस एकाग्रता के ही कारण, इसलाम धर्म फैल पाया।

31 मार्च

साम्यसूत्र 26: एकाग्रतया
वृत्ति 6:न ज्ञातं शल्यमुद्धतम 7. वृद्धोऽपि तरुणायते

6. उस दिन मैंने एक कहानी सुनी। एक फकीर था। उसके शरीर में तीर घुस गया। इससे उसे बड़ी वेदना हो रही थी। तीर खींचने की चेष्टा करने जाये, तो हाथ लगाते ही वेदना और बढ़ जाती थी। इससे वह तीर भी नहीं खींचा जा सकता था। आज की तरह क्लोरोफार्म जैसी बेहोश करने की दवा उस समय थी नहीं। बड़ी समस्या खड़ी हो गयी। कुछ लोग उस फकीर को जानते थे। वे आगे आकर बोले- "तीर अभी मत निकालो। यह फकीर नमाज पढ़ने बैठेगा, तब निकाल लेंगे।" शाम की नमाज का वक्त हुआ। फकीर नमाज पढ़ने लगा। पल भर में ही उसका चित्त इतना एकाग्र हो गया कि तीर उसके बदन से निकाल लिया गया, तो भी उसे पता नहीं लगा। कैसी जबर्दस्त है यह एकाग्रता!

7 सारांश यह कि व्यवहार हो या परमार्थ, चित्त की एकाग्रता के बिना उसमें सफलता मिलना कठिन है। यदि चित्त एकाग्र रहेगा, तो फिर सामर्थ्य की कभी कमी न पड़ेगी। साठ वर्ष के बूढ़े होने पर भी किसी नौजवान की तरह आपमें उत्साह और सामर्थ्य दीख पड़ेगा। मनुष्य ज्यों-ज्यों बुढ़ापे की तरफ बढ़े, त्यों-त्यों उसका मन अधिक मजबूत होता जाना चाहिए। फल को ही देखिए न! पहले वह हरा होता है, फिर पकता है, फिर सड़ता है, गलता है और मिट जाता है; परन्तु उसका भीतर का बीज उत्तरोत्तर कड़ा होता जाता है। यह बाहरी शरीर सड़ जायेगा। गिर जायेगा परन्तु बाहरी शरीर फल का सार-सर्वस्व नहीं है। उसका सार-सर्वस्व, उसकी आत्मा तो है बीज। यही बात शरीर की है। शरीर भले ही बूढ़ा होता चला जाये, परन्तु स्मरण-शक्ति तो बढ़ती ही रहनी चाहिए। बुद्धि तेजस्वी होनी चाहिए।परन्तु उसका भीतर का बीज उत्तरोत्तर कड़ा होता जाता है। यह बाहरी शरीर सड़ जायेगा। गिर जायेगा परन्तु बाहरी शरीर फल का सार-सर्वस्व नहीं है। उसका सार-सर्वस्व, उसकी आत्मा तो है बीज। यही बात शरीर की है। शरीर भले ही बूढ़ा होता चला जाये, परन्तु स्मरण-शक्ति तो बढ़ती ही रहनी चाहिए। बुद्धि तेजस्वी होनी चाहिए। परन्तु ऐसा होता नहीं। मनुष्य
कहता है-
"आजकल मेरी स्मरण-शक्ति कम हो गयी है।"
"क्यों?"
"अब बुढ़ापा आ गया है!"
तुम्हारा जो ज्ञान, विद्या या स्मृति है, वह तुम्हारा बीज है। शरीर बूढ़ा होने से ज्यों-ज्यों ढीला पड़ता जाये, त्यों-त्यों आत्मा बलवान होती जानी चाहिए। इसके लिए एकाग्रता आवश्यक है।

1 अप्रैल

साम्यसूत्र 27: साभीष्टा शुद्धिपूर्विका
वृत्ति 8:अंतश्चक्रं निवर्तयेत्

27. एकाग्रता कैसे साधें?

8. अब एकाग्रता तो चाहिए, पर वह हो कैसे? उसके लिए क्या करना चाहिए? भगवान कहते हैं, आत्मा में मन को स्थिर करके **न किंचिदपि चिंतयेत्**- दूसरा कुछ भी चिंतन न करें।
परन्तु यह सधे कैसे? मन को बिलकुल शांत करना बडे महत्त्व की बात है। विचारों के चक्र को जोर से रोके बिना एकाग्रता होगी कैसे? बाहरी चक्र तो किसी तरह रोक भी लिया जाये, परन्तु भीतरी चक्र तो चलता ही रहता है। चित्त की एकाग्रता के लिए ये बाहरी साधन जैसे-जैसे काम में लाते हैं, वैसे-वैसे भीतर का चक्र अधिक वेग से चलने लगता है। आप आसन जमाकर तनकर बैठ जाइए, आंखें स्थिर कर लीजिए। परन्तु इतने से मन एकाग्र नहीं हो सकेगा। मुख्य बात है कि मन का चक्र बंद करना सधना चाहिए।

2 अप्रैल

साम्यसूत्र 27: साभीष्टा शुद्धिपूर्विका
वृत्ति 9:क्षुद्र-विषयेषु ज्ञानशक्तिं न क्षपयेत्

9. बात यह है कि बाहर का यह अपरंपार संसार, जो हमारे मन में भरा रहता है, उसको बंद किये बिना एकाग्रता का सधना अशक्य है। अपनी आत्मा की आपार ज्ञान-शक्ति हम बाह्य क्षुद्र वस्तुओं में खर्च कर डालते हैं, लेकिन ऐसा नहीं होना चाहिए। जिस तरह दूसरे को न लूटते हुए स्वयं अपने प्रयत्न से धनी बनने वाला पुरुष आवश्यकता के बिना खर्च नहीं करता, उसी तरह हमें भी अपनी आत्मा की ज्ञानशक्ति क्षुद्र बातों के चिंतन में खर्च नहीं करनी चाहिए। यह ज्ञानशक्ति हमारी अमूल्य थाती है, परन्तु हम उसे स्थूल विषयों में खर्च कर डालते हैं। यह साग अच्छा नहीं बना, इसमें नमक कम पड़ा! अरे भाई, कितनी रत्ती नमक कम पड़ा? नमक तनिक-सा कम पड़ा, इस महान विचार में ही हमारा ज्ञान खर्च हो जाता है! बच्चों को पाठशाला की चहारदीवारी के अंदर ही पढ़ाते हैं। कहते हैं कि यदि पेड़ के नीचे पढ़ायेंगे, तो कौए, कोयल और चिडियां देखकर उनका मन एकाग्र नहीं होगा। बच्चे ही जो ठहरे! कौए-चिड़ियां नहीं दिखीं, तो हो गयी उनकी एकाग्रता! परन्तु हम हो गये हैं घोड़े! हमारे अब सींग निकल आये हैं। हमें सात-सात दीवालों के भीतर भी किसी ने बंदकर रखा, तो भी हमारे मन की एकाग्रता नहीं हो सकती। क्योंकि, दुनिया की फालतू बातों की चर्चा हम करेंगे। जो ज्ञान परमेश्वर की प्राप्ति करा सकता है, उसे हम साग-सब्जी के जायके की चर्चा करने में ही खो देते हैं और उसमें कृतार्थता मानते हैं।

3 अप्रैल

साम्यसूत्र 27: साभीष्टा शुद्धिपूर्विका
वृत्ति 10:शून्यमनेकं च वर्जयेत्

10. दिन-रात ऐसा भयानक संसार हमारे चारों ओर, भीतर-बाहर धू-धू करता रहता है। प्रार्थना अथवा भजन करने में भी हमारा हेतु बाहरी ही रहता है। परमेश्वर से तन्मय होकर एक क्षण के लिए तो संसार को भुला दें। लेकिन यह भावना ही नहीं रहती। प्रार्थना भी एक दिखावा होता है। जहाँ मन की ऐसी स्थिति है, वहाँ आसन जमाकर बैठना और आंख मूंदना, सब व्यर्थ है। मन की दौड़ निरन्तर बाहर की ओर रहने से मनुष्य का सारा सामर्थ्य नष्ट हो जाता है। किसी भी प्रकार की व्यवस्था, नियंत्रण-शक्ति मनुष्य में नहीं रहती। इसका अनुभव आज हमारे देश में पग-पग पर हो रहा है। वास्तव में भारतवर्ष तो परमार्थ-भूमि है। यहाँ के लोग पहले से ही ऊंची हवा में उड़ने वाले समझे जाते हैं, पर ऐसे देश में हमारी-आपकी क्या दशा है? छोटी-छोटी बातों की इतनी बारीकी से चर्चा करते हैं कि जिसे देखकर दुःख होता है। क्षुद्र विषयों में ही हमारा चित्त डूबा रहता है।

कथा पुराण ऐकतां। झोपें नाडिलें तत्त्वतां॥
खाटेवरि पड़तां। व्यापी चिंता तळमळ॥
ऐसी गहन कर्मगति। काय तयासी रडती॥

-'कथा-पुराण श्रवण करने जाते हैं, तो निद्रा सताती है और बिस्तर पर लेटते हैं तो चिंता और बेचैनी रहती है। ऐसी कर्म की गहन गति है। क्या किया जाये?' कथा-पुराण सुनने के लिए जाते हैं, तो वहाँ नींद आ घेरती है और नींद लेने जाते हैं, तो वहाँ चिंता और विचार-चक्र शुरू हो जाता है। एक ओर शून्याग्रता, तो दूसरी ओर अनेकाग्रता। एकाग्रता का कहीं पता नहीं। मनुष्य इंद्रियों का इतना गुलाम है। एक बार किसी ने पूछा- "आंखें अर्धोन्मीलित रखनी चाहिए, ऐसा क्यों कहा गया है?" मैंने कहा- "सीधा-सादा उत्तर देता हूँ। आंखें पूरी मूंद लें, तो नींद आ जाती हैं खुली रखें, तो चारों ओर दृष्टि जाकर एकाग्रता नहीं होती। आखें मूंदने से नींद लग जाती है, यह तमोगुण हुआ। खुली रखने से दृष्टि सब जगह जाती है, यह रजोगुण हुआ। इसलिए बीच की स्थिति कही है।"
तात्पर्य यह है कि मन की बैठक बदले बिना एकाग्रता नहीं हो सकती। मन की स्थिति शुद्ध होनी चाहिए। केवल आसन जमाकर बैठने से वह प्राप्त नहीं हो सकती। इसके लिए हमारे सब व्यवहार शुद्ध होने चाहिए। व्यवहार शुद्ध करने के लिए उसका उद्देश्य बदलना चाहिए। व्यवहार व्यक्तिगत लाभ के लिए, वासना-तृप्ति के लिए अथवा बाहरी बातों के लिए नहीं करना चाहिए।

4 अप्रैल

साम्यसूत्र 27: साभीष्टा शुद्धिपूर्विका
वृत्ति 11:जीवनं शोधयेत्

11. व्यवहार तो हम दिन भर करते रहते हैं। आखिर दिन भर की इस खटपट का हेतु क्या है? **याजसाठीं केला होता अट्टहास। शेवटचा दिस गोड व्हावा**- 'यह सारा परिश्रम इसीलिए तो किया था कि अंत की घड़ी मीठी हो।' सारी खटपट, सारी दौड़-धूप इसीलिए न कि हमारा अंतिम दिवस मधुर हो जाये? जिंदगी भर कड़ुआ विष क्यों पचाते हैं? इसीलिए कि अंतिम घड़ी, वह मरण, पवित्र हो। दिन की अंतिम घड़ी शाम को आती है। आज के दिन का सारा काम यदि पवित्र भाव से किया होगा, तो रात की प्रार्थना मधुर होगी। वह दिन का अंतिम क्षण यदि मधुर हो गया, तो दिन का सारा काम सफल हुआ समझो। तब मन एकाग्र हो जायेगा।

एकाग्रता के लिए ऐसी जीवन-शुद्धि आवश्यक है। बाह्य वस्तुओं का चिंतन छूटना चाहिए। मनुष्य की आयु बहुत नहीं है। परन्तु इस थोड़ी-सी आयु में भी परमेश्वरीय सुख का अनुभव लेने का सामर्थ्य है। दो मनुष्य बिलकुल एक ही सांचे में ढले, एक-सी छाप लगे हुए, दो आँखें, उनके बीच एक नाक और उस नाक में दो नासा-पुट। इस तरह बिलकुल एक से होकर भी एक मनुष्य देव-तुल्य होता है तो दूसरा पशु-तुल्य। ऐसा क्यों होता है? एक ही परमेश्वर के बाल-बच्चे हैं, **अवघी एकाची च वीण! 'सब एक ही खानिके'** । तो फिर यह फर्क क्यों पड़ता है? इन दो व्यक्तियों की जाति एक है, ऐसा विश्वास नहीं होता। एक नर का नारायण है, तो दूसरा नर का वानर!

5 अप्रैल

साम्यसूत्र 27: साभीष्टा शुद्धिपूर्विका
वृत्ति 12:परदोषं न पश्येत्

12. मनुष्य कितना ऊंचा उठ सकता है, इसका नमूना दिखाने वाले लोग पहले भी हो गये हैं आज भी हमारे बीच हैं। यह अनुभव की बात है। इस नर-देह में कितनी शक्ति है, इसको दिखाने वाले संत पहले हो गये हैं और आज भी हैं। इस देह में रहकर यदि मनुष्य ऐसी महान करनी कर सकता है, तो फिर भला मैं क्यों न कर सकूंगा? मैं अपनी कल्पना को मर्यादा में क्यों बांध लूं? जिस नर-देह में रहकर दूसरे नर-वीर हो गये, वही नर-देह मुझे भी मिली है, फिर मैं ऐसा क्यों? कहीं-न-कहीं मुझसे भूल हो रही है। मेरा यह चित्त सदैव बाहर जाता रहता है। दूसरे के गुण-दोष देखने में वह बहुत आगे बढ़ गया है। परन्तु मुझे दूसरे के गुण-दोष देखने की जरूरत क्या है? **कासया गुणदोष पाहों आणिकांचे। मज काय त्यांचें उणें असे**- 'दूसरों के गुण-दोष क्यों देखूं? मुझमें क्या उनकी कमी है? 'खुद मुझमें क्या दोष कम हैं? यदि मैं सदैव दूसरों की छोटी-छोटी बातें देखने में तल्लीन रहा, तो फिर मेरे चित्त की एकाग्रता सधेगी कैसे? उस दशा में मेरी स्थिति दो ही प्रकार की हो सकती है। एक तो शून्य अवस्था अर्थात नींद और दूसरी अनेकाग्रता। तमोगुण और रजोगुण में ही मैं उलझा रहूंगा।

भगवान ने, चित्त की एकाग्रता के लिए इस तरह बैठो, इस तरह आंखें रखो, इस तरह आसन जमाओ आदि सूचनाएं नहीं दीं, ऐसी बात नहीं। परन्तु इस सबसे लाभ तभी होगा, जब पहले चित्त की एकाग्रता के हम कायल हों। मनुष्य के चित्त में पहले यह जम जाये कि चित्त की एकाग्रता आवश्यक है, फिर तो मनुष्य खुद ही उसकी साधना और मार्ग ढूंढ़ निकालेगा।

6 अप्रैल

साम्यसूत्र 28: गणितं सहकारि

वृत्ति 13:युक्तं जीवेत् 14. आवृत्तचक्षुः

28. जीवन की परिमितता

13. चित्त की एकाग्रता में सहायक दूसरी बात है- जीवन की परिमितता। हमारा सब काम नपा-तुला होना चाहिए। गणित-शास्त्र का यह रहस्य हमारी सब क्रियाओं में आ जाना चाहिए। औषधि जैसे नाप-तौल कर ली जाती है, वैसे ही आहार-निद्रा भी नपी-तुली होनी चाहिए। सब जगह नाप-तौल चाहिए। प्रत्येक इंद्रिय पर पहरा बैठाना चाहिए। मैं ज्यादा तो नहीं खाता, अधिक तो नहीं सोता, जरूरत से ज्यादा तो नहीं देखता- इस प्रकार सतत बारीकी से जांच करते रहना चाहिए।

14. एक भाई किसी व्यक्ति के बारे में कह रहे थे कि वे किसी के कमरे में जाते, तो एक मिनट में उनकी निगाह में आ जाता था कि कमरे में कहाँ क्या रखा है। मैंने मन में कहा- "भगवन, यह महिमा मुझे न प्राप्त हो" क्या मैं उसका सचिव हूं, जो पांच-पचीस चीजों की सूची मन में रखूं? क्या मुझे चोरी करनी है? साबुन यहाँ था, घडी वहाँ थी, इससे मुझे क्या करना है? इस ज्ञान की मुझे क्या जरूरत? आंखों का यह वाहियातपन मुझे छोड़ देना चाहिए। यही बात कान की है। कान पर भी पहरा रखो। कुछ लोग ऐसा मानते हैं कि 'यदि कुत्तों की तरह हमारे कान होते, तो कितना अच्छा होता! जिधर चाहते, उधर एक क्षण में उन्हें हिला सकते! मनुष्य के कान में परमात्मा ने यह कसर ही रख दी! परन्तु कान का यह वाहियातपन हमें नहीं चाहिए। वैसे ही यह मन भी जबर्दस्त है। जरा कहीं खटका हुआ, आहट हुई कि गया उधर ध्यान।

7 अप्रैल

साम्यसूत्र 28: गणितं सहकारि
वृत्ति 15:नातिमात्रं तु भुंजीत

15. अतः जीवन में नियमन और परिमितता लायें। खराब चीज न देखें। खराब किताब न पढें। निंदा-स्तुति न सुनें। सदोष वस्तु तो दूर, निर्दोष वस्तुओं का भी आवश्यकता से अधिक सेवन न करें। लोलुपता किसी भी प्रकार की नहीं होनी चाहिए। शराब, पकौड़ी, रसगुल्ले तो होने ही नहीं चाहिए। परन्तु संतरे, केले, मोसंबी भी बहुत नहीं चाहिए। फलाहार यों शुद्ध आहार है, परन्तु वह भी मनमाना नहीं होना चाहिए। जीभ का स्वेच्छाचार भीतरी मालिक को सहन नहीं करना चाहिए। इंद्रियों को यह भय रहे कि यदि हम ऊटपटांग बरतेंगे तो भीतर का मालिक हमें जरूर सजा देगा। नियमित आचरण को ही 'जीवन की परिमितता' कहते हैं।

8 अप्रैल

साम्यसूत्र 29: साम्येन मंगलम्
वृत्ति 16:मंगलायतनं हरिः 17. विश्वं तद् भद्रं यदवन्ति देवाः

29. मंगल-दृष्टि
16. तीसरी बात है, समदृष्टि होना। समदृष्टि का अर्थ ही है-शुभदृष्टि। शुभदृष्टि प्राप्त हुए बिना चित्त एकाग्र नहीं हो सकता। सिंह इतना बड़ा वनराज है, परन्तु चार कदम चलकर पीछे देखता है। हिंसक सिंह को एकाग्रता कैसे प्राप्त होगी? शेर, कौए, बिल्ली, इनकी आंखें हमेशा घूमती रहती हैं। उनकी निगाह चौकन्नी, घबरायी हुई होती है। हिंस्र प्राणियों का ऐसा ही हाल रहेगा। साम्यदृष्टि आनी चाहिए। यह सारी सृष्टि मंगलमय लगनी चाहिए। जैसे मुझे खुद अपने पर विश्वास है, वैसा ही सारी सृष्टि पर मेरा विश्वास होना चाहिए।

17. यहाँ डरने की बात ही क्या है? सब कुछ शुद्ध और पवित्र है। **विश्वं तद् भद्रं यद्वन्ति देवाः** - यह विश्व मंगलमय है, क्योंकि परमेश्वर उसकी सार-संभाल करता है। अंग्रेज कवि ब्राउनिंग ने भी ऐसा ही कहा है- "ईश्वर आकाश में विराजमान है और सारा विश्व ठीक ही चल रहा है।"
विश्व में कुछ भी बिगाड़ नहीं है। अगर बिगाड़ कहीं है, तो वह मेरी दृष्टि में है। जैसी मेरी दृष्टि, वैसी सृष्टि। यदि मैं लाल रंग का चश्मा चढ़ा लूंगा, तो सारी सृष्टि लाल-ही-लाल दिखायी देगी, जलती हुई दिखायी देगी।

9 अप्रैल

साम्यसूत्र 29: साम्येन मंगलम्

वृत्ति 18:रामदासयोर् मतभेदः! 19. सृष्टिर् मातृसमा

18. रामदास रामायण लिखते जाते और शिष्यों को पढ़कर सुनाते जाते थे। हनुमान भी गुप्त रूप से उसे सुनने के लिए आकर बैठते थे। समर्थ रामदास ने लिखा था- "हनुमान अशोक वन में गये। वहाँ उन्होंने सफेद फूल देखे।" यह सुनते ही वहाँ झट से हनुमान प्रकट हो गये और बोले- "मैंने सफेद फूल बिलकुल नहीं देखे, लाल देखे थे। आपने गलत लिखा है। उसे सुधार लीजिए।" समर्थ ने कहा- "मैंने ठीक लिखा है। आपने सफेद ही फूल देखे थे।" हनुमान ने कहा- "मैं खुद वहाँ गया था और मैं ही झूठा?" अंत में झगड़ा रामचंद्रजी के पास गया। उन्होंने कहा - "फूल तो सफेद ही थे; परन्तु हनुमान की आंखें क्रोध से लाल हो रही थीं, इसलिए शुभ्र फूल उन्हें लाल दिखायी दिये।" इस मधुर कथा का आशय यही है कि संसार की ओर देखने की जैसी हमारी दृष्टि होगी, संसार भी हमें वैसा ही दिखायी देगा।

19. यदि हमारे मन को इस बात का निश्चय न हो कि यह सृष्टि शुभ है, तो चित्त की एकाग्रता नहीं हो सकती। जब तक मैं यह समझता रहूंगा कि सृष्टि बिगड़ी हुई है, तब तक मैं सशंक दृष्टि से चारों ओर देखता रहूंगा। कवि पक्षियों की स्वतंत्रता के गीत गाते हैं। उनसे कहना चाहिए कि जरा एक बार पक्षी होकर देखो तो। फिर उनकी आजादी की सही कीमत मालूम हो जायेगी। पक्षियों की गर्दन बराबर आगे-पीछे सतत नाचती रहती है। उन्हें सतत दूसरों का भय लगा रहता है। चिड़िया को आसन पर ला बिठाओ। क्या वह एकाग्र हो जायेगी? मेरे जरा निकट जाते ही वह फुर्र से उड़ जायेगी। वह डरेगी कि कहीं यह मुझे मारने तो नहीं आ रहा है! जिनके दिमाग में ऐसी भयानक कल्पना है कि यह सारी दुनिया भक्षक है, संहारक है, उन्हें शांति कहां? जब तक यह खयाल दिमाग से नहीं निकलेगा कि अपना रक्षक मैं अकेला ही हूं, बाकी सब भक्षक हैं, तब तक एकाग्रता नहीं सध सकती। समदृष्टि की भावना करना, यही एकाग्रता का उत्तम मार्ग है। सर्वत्र मांगल्य देखने लग जाइए, चित्त अपने-आप शांत हो जायेगा।

10 अप्रैल

साम्यसूत्र 29: साम्येन मंगलम्
वृत्ति 20:अतिष्ठन्तीनामनिवेशनानाम् 21. हिमालयो हृदि स्थितः

20. किसी दुःखी मनुष्य को कल-कल बहने वाली नदी के किनारे ले जाइए। उसके स्वच्छ-शांत प्रवाह को देखकर उसकी बेचैनी कम हो जायेगी। वह अपना दुःख भूल जायेगा। उस झरने में, उस प्रवाह में इतनी शक्ति कहाँ से आयी? परमेश्वर की शुभ शक्ति उसमें प्रकट हुई है। वेदों में झरने का बड़ा ही सुंदर वर्णन है- **अतिष्ठन्तीनां अनिवेशनानाम्।** ऐसे ये झरने हैं झरना अखंड बहता है। उसका अपना कोई घरबार नहीं। वह संन्यासी है। ऐसा पवित्र झरना एक क्षण में मेरे मन को एकाग्र बना देता है। ऐसे सुंदर झरने को देखकर प्रेम का, ज्ञान का झरना मेरे मन में मैं क्यों न निर्माण करूं?

21. यह बाहर का जड़ पानी भी यदि मेरे मन को शांति प्रदान कर सकता है, तो फिर मेरी मानस-दरी में यदि भक्ति और ज्ञान का चिन्मय झरना बहने लगे, तो कितनी शांति प्राप्त होगी!

मेरे एक मित्र हिमालय में, कश्मीर में घूम रहे थे, वहाँ के पवित्र पर्वतों के, सुंदर जल-प्रवाहों के वर्णन वे लिख-लिखकर मुझे भेजते थे। मैंने उन्हें उत्तर दिया कि जो जल-श्रोत, जो पर्वत-माला, जो शुभ समीर तुम्हें वहाँ अनुपम आनंद देते हैं, उन सबका अनुभव मैं अपने हृदय में करता हूँ। अपनी अंतः सृष्टि में मैं नित्य उन सब रमणीय दृश्यों को देखता हूँ। अतः तुम्हारे बुलाने पर भी मैं अपने हृदय के इस भव्य-दिव्य हिमालय को छोड़कर नहीं आऊंगा। **स्थावराणां हिमालयः।** जिस स्थिरता-मूर्ति हिमालय की उपासना स्थिरता लाने के लिए करनी है, उसका वर्णन सुनकर यदि मैंने अपना कर्तव्य छोड़ दिया तो उससे क्या लाभ!

11 अप्रैल

साम्यसूत्र 29: साम्येन मंगलम्
वृत्ति 22:समुद्राद्रूर्मिर् मधुमानुदारत्

22. सारांश, चित्त को जरा शांत कीजिए। सृष्टि की ओर मंगल दृष्टि से देखिए, तो फिर आपके हृदय में अनंत झरने बहने लगेंगे। कल्पनाओं के दिव्य तारे हृदयाकाश में चमकने लगेंगे। पत्थर और मिट्टी की शुभ वस्तु देखकर यदि चित्त शांत हो जाता है, तो फिर अंतः सृष्टि के दृश्य देखकर वह शांत क्यों न होगा?

एक बार मैं त्रावणकोर गया था। एक दिन समुद्र-किनारे बैठा था। वह अपार समुद्र, उसकी धू-धू गर्जना, सायंकाल का समय। मैं स्तब्ध, निश्चेष्ट बैठा था। मेरे मित्र ने वहीं समुद्र किनारे कुछ फल वगैरह खाने के लिए ला दिये। उस समय वह सात्त्विक आहार भी मुझे विष की तरह लगा। समुद्र की वह ॐ ॐ गर्जना, मुझे **मामनुस्मर युध्य च**- इस गीता-वचन की याद दिला रही थी। समुद्र सतत स्मरण कर रहा था और कर्म भी कर रहा था। एक लहर आयी, वह गयी और दूसरी आयी। उसे एक क्षण के लिए विश्रांति नहीं। यह दृश्य देखकर मेरी भूख-प्यास उड़ गयी थी। आखिर उस समुद्र में ऐसा क्या था? उस खारे पानी की लहरों को उछलते हुए देखकर यदि मेरा हृदय उछलने लगता है, तो फिर ज्ञान और प्रेम का अथाह सागर हृदय में हिलोरें मारने लगे तो मैं कितना नाचूंगा? वैदिक ऋषि के हृदय में ऐसा ही समुद्र हिलोरें मारता था-

अंतः समुद्रे हृदि अंतरायुषि.....
घृतस्य धारा अभि चाकशीमि....
समुद्राद्रूर्मिर्मधुमानुदारत्....

इस दिव्य भाषा पर भाष्य लिखते हुए बेचारे भाष्यकारों की फजीहत होने की नौबत आ गयी। कौन-सी वह घृत की धारा! कौन-सी वह मधु की धारा! मेरे अंतः समुद्र में क्या खारी लहरें उठेंगी? नहीं, नहीं, मेरे हृदय में तो दूध-घी और मधु की लहरें हिलोरें मार रही हैं।

12 अप्रैल

साम्यसूत्र 30 : बालवत्
वृत्ति 23:बलवान बालः

30. बालक गुरु
23. हृदय के इस समुद्र को निहारना सीखिए। बाहर के निरभ्र नील आकाश को देखकर चित्त को भी निर्लेप और निर्मल बनाइए। सच पूछो, तो चित्त की एकाग्रता एक खेल है। चित्त की व्यग्रता ही अस्वाभाविक और अनैसर्गिक है। छोटे बच्चों की आंखों की ओर एकटक होकर देखो। छोटा बच्चा टकटकी लगाकर देखता है, लेकिन आप दस बार पलक गिरायेंगे। बच्चों का मन तुरंत एकाग्र हो जाता है। चार-पांच महीने के बच्चे को बाहर की हरी-भरी सृष्टि दिखलाओ वह सतत देखता रहेगा। स्त्रियों की तो ऐसी मान्यता है कि बाहर की हरियाली को देखकर उसकी विष्ठा भी हरे रंग की हो जाती है। मानो सब इंद्रियों की आंखें बनाकर वह देखता है। छोटे बच्चे के मन पर किसी भी घटना का बड़ा प्रभाव पड़ता है। शिक्षाशास्त्री कहते हैं- "शुरू के दो-चार सालों में जो शिक्षा बालकों को मिल जाती है, वही वास्तविक शिक्षा है।" आप कितने ही विद्यापीठ, पाठशालाएं, संघ-संस्थाएं कायम कीजिए, शुरू में जो शिक्षा मिलती है, वैसी फिर आगे नहीं मिल सकती। शिक्षा विषय से मेरा संबंध है। दिन-ब-दिन मेरा यह निश्चय होता जा रहा है कि इस बाहरी शिक्षा का परिणाम शून्यवत है। आरंभिक संस्कार वज्रलेप हो जाते हैं। बाद के शिक्षण को बाहरी रंग, ऊपरी झिल्ली समझो। साबुन लगाने से ऊपर का दाग, मैल निकल जाता है; परन्तु चमड़ी का काला रंग जायेगा क्या? उसी तरह शुरू में जो संस्कार पड़ जाता है, उसका मिटना अत्यंत कठिन हो जाता है।
तो ये शुरू के संस्कार बलवान क्यों? बाद के संस्कार कमज़ोर क्यों? इसलिए कि बचपन में चित्त की एकाग्रता नैसर्गिक रहती है। एकाग्रता होने के कारण जो संस्कार पड़ते हैं, वे फिर नहीं मिटते। चित्त की एकाग्रता की ऐसी महिमा है। जिसे यह एकाग्रता प्राप्त हो गयी, उसके लिए क्या अशक्य है?

13 अप्रैल

साम्यसूत्र 30 : बालवत्
वृत्ति 24:श्रद्धामूर्तिः

24. हमारा सारा जीवन आज कृत्रिम हो गया है। हमारी बालवृत्ति मर गयी है, नष्ट हो गयी है। जीवन में वास्तविक सरसता नहीं। वह शुष्क हो गया है। हम ऊटपटांग, जैसे-तैसे चल रहे हैं। डार्विन साहब नहीं, बल्कि हम खुद अपनी कृति से यह सिद्ध कर रहे हैं कि मनुष्य के पूर्वज बंदर थे।
छोटे बच्चों में विश्वास होता है। मां जो कहे, वह उनके लिए प्रमाण। जो कहानियां उनसे कही जाती हैं, वे असत्य नहीं मालूम होतीं। कौआ बोला, चिड़िया बोली, यह सब उन्हें सच मालूम होता है। बच्चों की इस मंगल-वृत्ति के कारण उनकी एकाग्रता जल्दी होती है।

14 अप्रैल

साम्यसूत्र 31 : श्रद्धयोपेतस्य
वृत्ति 25:धनर्णयोगेन परिपूर्णता 26: रसतमास्वादने नीरसमन्यत्

31. अभ्यास, वैराग्य और श्रद्धा
25.तात्पर्य यह है कि ध्यानयोग के लिए चित्त की एकाग्रता, जीवन की परिमितता और शुभ-साम्य-दृष्टि की जरूरत है। इसके सिवा और भी दो साधन बताये हैं- वैराग्य और अभ्यास। एक है विध्वंसक और दूसरा है विधायक। खेत से घास उखाड़कर फेंकना विध्वंसक काम हुआ। इसी को 'वैराग्य' कहते हैं। उसमें बीज बोना विधायक काम है। मन में सद्विचारों का पुनः पुनः चिंतन करना 'अभ्यास' कहलाता है। वैराग्य विध्वंसक क्रिया है, अभ्यास विधायक क्रिया।

26. अब वैराग्य आये कैसे? हम कहते हैं- 'आम मीठा है' , परन्तु क्या यह मिठास निरे आम में है? नहीं, निरे आम में नहीं है। हम अपनी आत्मा की मिठास वस्तु में डालते हैं और फिर वह वस्तु मीठी लगती है। अतः भीतरी मिठास को चखना सीखो। केवल बाह्य वस्तु में मधुरता नहीं है, बल्कि वह **रसानां रसतमः माधुर्य**- सागर आत्मा मेरे पास है, उसी की बदौलत मीठी वस्तुओं को मिठास मिली है, ऐसी भावना करते रहने से मन में वैराग्य का संचार होता है। सीता माता ने हनुमान को मोतियों का हार दिया। हनुमान मोतियों को चबाता, देखता और फेंक देता। उनमें उसे कहीं 'राम' दिखायी नहीं देता था। राम तो था उसके हृदय में उन मोतियों के लिए मूर्ख लोग लाख रुपये दे देते।

15 अप्रैल

साम्यसूत्र 31 : श्रद्धयोपेतस्य
वृत्ति 27:योगसंस्कारो न नश्यति

27. इस ध्यान-योग का वर्णन करते हुए भगवान ने एक बहुत ही महत्त्व की बात शुरू में ही बता दी है। वह यह कि मनुष्य को ऐसा दृढ़ संकल्प करना चाहिए कि 'मुझे खुद अपना उद्धार करना है। मैं आगे बढ़ूंगा। मैं ऊंची उड़ान भरूंगा। इस नर-देह में मैं ज्यों-का-त्यों पड़ा नहीं रहूंगा। परमेश्वर के पास जाने का हिम्मत के साथ प्रयत्न करूंगा।'
यह सब सुनते-सुनते अर्जुन के मन में शंका उठी कि ''भगवन, अब तो हमारी उम्र बीत गयी। कुछ दिनों में हम मर जायेंगे, तो फिर यह साधना किस काम आयेगी? भगवान ने कहा- "मृत्यु का अर्थ तो है लंबी नींद।" रोज का काम करके हम सात-आठ घंटे सोते हैं। इस नींद से कोई डरता है? बल्कि नींद न आये, तो फ़िक्र पड़ जाती है। जैसे नींद जरूरी, वैसे ही मौत भी जरूरी है। जैसे नींद से उठकर फिर हम अपना काम प्रारंभ कर देते हैं, वैसे ही मरण के बाद भी पहले की यह सारी साधना हमारे काम आयेगी।

साम्यसूत्र 31 : श्रद्धयोपेतस्य
वृत्ति 28: ज्ञानदेव-कथने विशदम्

28. ज्ञानदेव ने 'ज्ञानेश्वरी' में इस प्रसंग पर लिखी ओवियों में मानों अपना आत्मचरित्र ही लिख दिया है! बालपणीं च सर्वज्ञता। वरी तयातें। सकळ शास्त्रें स्वयंभें। निघतीं मुखें॥ -'शैशव में ही उन्हें सर्वज्ञता वरण करती है। सारे शास्त्र स्वयं ही मुख से निकलते हैं' आदि वचनों में यह बात दीख पड़ती है। पूर्वजन्म का अभ्यास आपको खींच लेता है। किसी-किसी का चित्त विषयों की ओर जाता ही नहीं। वह जानता ही नहीं कि मोह कैसे होता है; क्योंकि पूर्वजन्म में वह उसकी साधना कर चुका है। भगवान ने आश्वासन दिया है - न हि कल्याणकृत्कश्चित् दुर्गतिं तात गच्छति- जो मनुष्य कल्याण-मार्ग पर चलता है, उसका जरा भी श्रम व्यर्थ नहीं जाता। अंत में इस तरह की श्रद्धा बतायी है। जो कुछ अपूर्ण है, वह अंत में पूरा होकर रहेगा। भगवान के इस उपदेश का स्वारस्य ग्रहण करिये और अपने जीवन को सार्थक कीजिये।

रविवार 27. 3. 1932

१६ अप्रैल

सातवां अध्याय: प्रपत्ति अथवा ईश्वर-शरणता

साम्यसूत्र 32 : मायिनो-ग्रहणेन
वृत्ति 1:नूतनागारम्

32. भक्ति का भव्य दर्शन

1. भाइयो, अर्जुन के सामने जब स्वधर्म-पालन का प्रश्न उपस्थित हुआ, तो उसके मन में स्वकीय और परकीय का मोह उत्पन्न हो गया और वह स्वधर्माचरण को टालने की चेष्टा करने लगा। उसका यह वृथा मोह पहले अध्याय में दिखाया गया। इस मोह को मिटाने के लिए दूसरा अध्याय शुरू हुआ। उसमें ये तीन सिद्धान्त बताये गये-
अमर आत्मा सर्वत्र व्याप्त है, देह नाशवान है और स्वधर्म का त्याग कभी नहीं करना चाहिए। साथ ही कर्मफल-त्यागरूपी वह युक्ति भी बतलायी, जिससे इन सिद्धान्तों पर अमल किया जा सके। इस कर्मयोग का विवरण देते हुए उसमें से कर्म, विकर्म और अकर्म, ये तीन वस्तुएं उत्पन्न हुईं। कर्म-विकर्म के संगम से उत्पन्न होने वाले दो प्रकार के अकर्म पांचवें अध्याय में हमने देख लिये। छठे अध्याय से भिन्न-भिन्न विकर्म बताने की शुरूआत की गयी है। छठे अध्याय में साधना के लिए आवश्यक एकाग्रता बतायी गयी।
आज सातवां अध्याय है। इस अध्याय में विकर्म का एक नया ही भव्य कक्ष खोल दिया गया है। सृष्टि-देवी के मंदिर में, किसी विशाल वन में, हम जिस तरह नाना प्रकार के मनोहर दृश्य देखते जाते हैं, वैसा ही अनुभव गीता ग्रन्थ में होता है। छठे अध्याय में एकाग्रता का कक्ष देखा। अब हम जरा दूसरे कक्ष में प्रवेश करें।

17 अप्रैल

साम्यसूत्र 32 : मायिनो-ग्रहणेन
वृत्ति 2. द्विविधा प्रकृतिः

2. उस कक्ष का द्वार खोलने से पहले ही भगवान ने इस मोहकारिणी जगत् रचना का रहस्य समझा दिया है। एक ही प्रकार के कागज पर एक ही कूंची से चित्रकार नानविध चित्र अंकित करता है। कोई सितारिया सात स्वरों से ही अनेक राग निकालता है। वाङ्मय के बावन अक्षरों की सहायता से हम नाना प्रकार के विचार और भाव प्रकट करते हैं। वैसा ही इस सृष्टि में भी है। सृष्टि में अनंत वस्तुएं और अनंत वृत्तियां दिखायी देती हैं। परन्तु यह सारी अंतर्बाह्य सृष्टि एक ही अखंड आत्मा और एक ही अष्टधा प्रकृति के दुहरे मसाले से बनी हुई है। क्रोधी मनुष्य का क्रोध, प्रेमी मनुष्य का प्रेम, दुःखी का क्रंदन, आनंदी का हर्ष, आलसी का नींद की ओर झुकाव, उद्योगी का कर्मस्फुरण; ये सब एक ही चैतन्य-शक्ति के खेल हैं। इन परस्पर-विरुद्ध भावों के मूल में एक ही चैतन्य भरा हुआ है। भीतरी चैतन्य एक ही है। उसी तरह बाह्य आवरण का भी स्वरूप एक ही है। चैतन्यमय आत्मा और जड़ प्रकृति, इस दुहरे मसाले से सारी सृष्टि बनी है, जनमी है, यह आरंभ में ही भगवान बता रहे हैं।

18 अप्रैल

साम्यसूत्र 32 : मायिनो-ग्रहणेन
वृत्ति 3: परमात्मा ग्रहीतव्यः 4: प्रपत्ति-योगेन

3. आत्मा और देह, परा और अपरा प्रकृति, सर्वत्र एक ही है, फिर भी मनुष्य मोह में क्यों पड़ जाता है? भेद क्यों दिखायी देता है? प्रेमी मनुष्य का चेहरा मधुर मालूम होता है, तो किसी दूसरे को देखकर तबीयत हटती है। एक से मिलने की और दूसरे को टालने की तबीयत क्यों होती है? एक ही पेंसिल, एक ही कागज, एक ही चित्रकार, परन्तु नाना चित्रों से नाना भाव प्रकट होते हैं। इसी में तो चित्रकार की कुशलता है। चित्रकार की, सितारिये की उंगलियों में ऐसी कुशलता है कि वे हमें रुला देते हैं, हंसा देते हैं। यह सारी खूबी उनकी उन उंगलियों में है।
यह निकट रहे, वह दूर रहे; यह मेरा, वह पराया- ऐसे जो विचार मन में आते हैं और जिनके चलते मनुष्य मौके पर कर्तव्य से कतराने लगता है, उसका कारण मोह है। इस मोह से बचना हो तो उस सृष्टि-निर्माता की उंगली की करामात का रहस्य समझ लेना चाहिए। बृहदारण्यक उपनिषद में नगाड़े का दृष्टांत दिया है। एक ही नगाड़े से भिन्न-भिन्न नाद निकलते हैं कुछ नादों से मैं डर जाता हूं, कुछ को सुनकर नाच उठता हूँ। उन सब भावों को यदि जीत लेना है, तो नगाड़ा बजाने वाले को पकड़ लेना चाहिए। उसके पकड़ में आते ही सारे नाद पकड़ में आ जाते हैं। भगवान एक ही वाक्य में कहते हैं- "जो माया को तर जाना चाहते हैं वे मेरी शरण आयें।"
येथ एकचि लीला तरले। जे सर्व भावें मज भजले।
तयां ऐलीच थडी सर लें। मायाजळ॥
-'यहाँ वही व्यक्ति लीला को तरते हैं, जो सर्वभाव से मेरा भजन करते हैं। उनके लिए इसी किनारे मायाजाल सूख गया है।' तो यह माया क्या है ? माया कहते हैं परमेश्वर की शक्ति को, उसकी कला को, उसकी कुशलता को। आत्मा और प्रकृति- अथवा जैन परिभाषा में कहें, तो जीव और अजीवरूपी इस मसाले से जिसने यह अनंत

18 अप्रैल

रंगोंवाली सृष्टि रची है, उसकी शक्ति अथवा कला ही 'माया' है। जेलखाने में जैसे एक ही अनाज की वह रोटी और वही एक सर्वरसी दाल होती है, वैसे ही एक अखंड आत्मा और एक ही अष्टधा शरीर समझो। इससे परमेश्वर तरह-तरह की चीजें बनाता रहता है। हम इन चीजों को देखकर अनेक विरोधी, अच्छे-बुरे भावों का अनुभव करते हैं। इसके परे जाकर यदि हम सच्ची शांति पाना चाहते हैं, तो इन वस्तुओं के निर्माता को पकड़ना चाहिए, उससे परिचय कर लेना चाहिए। उससे जान-पहचान होने पर ही यह भेद-मूलक, आसक्ति-जन्य मोह टाला जा सकेगा।

19 अप्रैल

साम्यसूत्र 32 : मायिनो-ग्रहणेन
वृत्ति 4: प्रपत्ति-योगेन

4. उस परमेश्वर को समझ लेने का एक महान साधन, एक महान विकर्म, बताने के लिए सातवें अध्याय में भक्ति का भव्य दालान खोल दिया है। चित्त-शुद्धि के लिए यज्ञ-दान, जप-तप, ध्यान-धारणा आदि अनेक विकर्म बताये जाते हैं; परंतु इन साधनों को मैं सोडा, साबुन और अरीठा की उपमा दूंगा। लेकिन भक्ति को पानी कहूंगा। सोडा, साबुन अरीठा सफाई करते हैं, परंतु पानी के बिना उनका काम नहीं चल सकता। पानी न हो, तो उनसे क्या लाभ? सोडा, साबुन, अरीठा न हो, केवल पानी हो, तो भी वह निर्मलता ला सकता है। उस पानी के साथ यदि ये पदार्थ भी हों, तो **अधिकस्य अधिकं फलम्** हो जायेगा। कहेंगे कि दूध में शक्कर पड़ी है। यज्ञ-याग, ध्यान, तप, इन सबमें यदि हार्दिकता न हो, तो फिर चित्त-शुद्धि होगी कैसे? हार्दिकता का ही अर्थ है - भक्ति।
सब प्रकार के साधनों को भक्ति की जरूरत है। भक्ति सार्वभौम उपाय है। सेवा शास्त्र सीखकर, उपचारों का अच्छा ज्ञान प्राप्त कर कोई मनुष्य रोगी की सेवा-शुश्रूषा के लिए जाता है, पर यदि उसके मन में सेवा की भावना न हो तो बताओ, सच्ची सेवा कैसे बनेगी? बैल भले ही खूब मोटा-ताजा हो, पर यदि गाड़ी खींचने की इच्छा ही उसे न हो, तो वह कंधा डालकर बैठ जायेगा और संभव है कि गाड़ी को किसी खड्डे में भी गिरा दे। जिस कार्य में हार्दिकता नहीं है, उससे न तृष्टि मिल सकती है, न पुष्टि।

20 अप्रैल

साम्यसूत्र 33 : भक्तिरसं लब्ध्वा

वृत्ति 5:भक्तिर् वास्तविको रसः 6: अन्ये रसा आभासिकाः

33. भक्ति से विशुद्ध आनंद का लाभ

5. यह भक्ति होगी, तो उस महान चित्रकार की कला हम देख सकेंगे। उसके हाथ की वह कलम हम देख सकेंगे। जहाँ एक बार उस उद्गम के झरने को और वहाँ के अपूर्व मधुर रस को चखा कि और सब रस तुच्छ और नीरस मालूम होंगे। जिसने वास्तविक केले खाये हैं, वह लकड़ी के रंगीन केले एक क्षण के लिए हाथ में लेगा और 'बड़े सुंदर हैं' , कहकर एक ओर रख देगा।

इसी तरह जिसने असली झरने की मिठास चख ली, वह बाहर के गुलाब-शर्बत पर लट्टू नहीं होगा।

6. एक तत्त्वज्ञानी से लोगों ने कहा- "महाराज, चलिए शहर में आज बड़ी आराइश की गयी है।" तत्त्वज्ञानी बोला- "आराइश क्या है? एक दीपक, इसके बाद दूसरा, फिर तीसरा, इस तरह लाख, दस लाख, करोड़ जितने चाहे समझ लो। समझ गया तुम्हारी आराइश।" गणित श्रेणी में होता है, 1 + 2 + 3 इस तरह अनंत तक। संख्याओं में जो अंतर रखना है, वह यदि मालूम हो जाये, तो फिर सारी संख्या लिखने की जरूरत नहीं रहती। उसी तरह वे दीपक एक के बाद एक रख दिये समझो। इनमें इतना मशगूल होने जैसी क्या बात है? परन्तु मनुष्य को ऐसे आनंद प्रिय होते हैं। वह नीबू लायेगा, शक्कर लायेगा, पानी में घोलेगा और फिर बड़ा स्वाद लेकर कहेगा-"वाह, क्या बढ़िया शिकंजी बनी है।" जीभ को जायका लेने के सिवा और धंधा ही क्या है? यह उसमें मिलाओ, वह इसमें मिलाओ। ऐसी मिलावट की चाट खाने में ही सारा मजा! बचपन में एक बार मैं सिनेमा देखने गया था। साथ में एक टाट का टुकड़ा ले गया था, ताकि नींद आने लगे, तो सो जाऊं। परदे पर आंखों को चौंधिया देने वाली वह आग मैं देखने लगा। दो ही चार मिनट में उन अग्निचित्रों को देखकर मेरी आंखें थक गयीं। मैं अपने टाट पर सो गया और कहा कि खेल जब खतम हो जाये, तो जगा लेना। रात को बाहर खुली हवा में आकाश के चांद-तारे देखना छोड़कर, शांत सृष्टि का वह पवित्र आनंद छोड़कर उस हवाबंद थियेटर में आग की पुतलियों को नाचते देखकर लोग तालियां पीटते हैं! यह सारा मेरी तो समझ में ही नहीं आता।

21 अप्रैल

साम्यसूत्र 33 : भक्तिरसं लब्ध्वा
वृत्ति 7: आनंदाभासं निर्मिमीते निरानंदः

7. मनुष्य इतना निरानंद कैसे? उन निर्जीव पुतलियों को देखकर आखिर बेचारा किसी तरह थोड़ा आनंद पा लेता है। जीवन में आनंद नहीं है, तो कृत्रिम आनंद खोजते हैं। एक बार हमारे पड़ोस में 'ढमढम' बजना शुरू हुआ। मैंने पूछा- "यह बाजा क्यों?" तो कहा गया - "लड़का हुआ है!" दुनिया में क्या एक तेरे ही लड़का हुआ है, जो 'ढमढम' बजाकर दुनिया से कहते हो कि मेरे लड़का हुआ है? लड़का होने की बात कहकर नाचता, कूदता और गाता है। यह सब लड़कपन नहीं तो क्या है? मानों आनंद का अकाल ही पड़ गया है। अकाल के दिनों में जैसे कहीं अनाज का दाना दीखते ही लोग टूट पड़ते हैं, उसी तरह जहाँ लड़का हुआ, सरकस आया, सिनेमा आया कि ये आनंद के भूखे-प्यासे लोग फुदकने लगते हैं।
क्या यह सच्चा आनंद है? संगीत की लहरें कानों में घुसकर दिमाग को धक्का देती हैं। रूप आंखों में घुसकर दिमाग को धक्का देता है। इन धक्कों में ही बेचारों का आनंद समाया रहता है। कोई तंबाकू कूटकर उसे नाक में घुसेड़ता है, कोई उसकी बीड़ी बनाकर मुंह में खोंसता है। उस सुंघनी का या उस धुएं का धक्का लगा, तो मानों उन्हें आनंद की गठरी मिल गयी। बीड़ी का ठूंठ मिलते ही उनके आनंद की सीमा नहीं रहती।
टॉलस्टॉय लिखते हैं- "उस बीड़ी की खुमारी में मनुष्य किसी का खून भी कर सकता है!" एक प्रकार का नशा ही तो है वह!
ऐसे आनंद में मनुष्य क्यों मस्त हो जाता है? क्योंकि उसे वास्तविक आनंद का पता नहीं है। मनुष्य परछाई में ही भूला है। आज वह पांच ज्ञानेंद्रियों का ही आनंद ले रहा है। यदि आंख की इंद्रिय न होती, तो वह मानता कि संसार में इंद्रियों के चार ही आनंद हैं। कल यदि मंगल ग्रह से कोई छह इंद्रियों वाला मनुष्य नीचे उतर आये तो ये बेचारे पांच इंद्रियों वाले खिन्न होंगे और रोते-रोते कहेंगे कि "इसके मुकाबले हम कितने दीन-हीन हैं।"
सृष्टि का संपूर्ण अर्थ इन पांच ज्ञानेंद्रियों को कैसे मालूम होगा? इन पांच विषयों में भी फिर मनुष्य चुनाव करता है और उसमें रमता रहता है बेचारा। गधे का रेंकना उसके कानों में जाता है, तो कहता है कि कहाँ से यह अशुभ आवाज आ गयी? तो क्या तुम्हारा दर्शन होने

से उस गधे का कुछ अशुभ नहीं होगा? तुम्हीं को दूसरे से नुकसान होता है, क्या दूसरों का तुमसे कुछ नहीं बिगड़ता? पर मान लिया है कि गधे का रेंकना अशुभ है।

एक बार बड़ौदा कॉलेज में मेरे रहते समय कुछ यूरोपियन गायक आये। थे तो वे उत्तम गवैये, अपनी तरफ से कमाल कर रहे थे; परन्तु मैं सोच रहा था कि कब यहाँ से छूटूंगा, क्योंकि मुझे वैसा गाना सुनने की आदत नहीं थी। मैंने उन्हें फेल कर दिया। हमारी तरफ के गवैये यदि उधर जायें, तो शायद वे भी वहाँ फेल समझे जायेंगे। संगीत से एक को आनंद होता है, तो दूसरे को नहीं। मतलब यह कि वह सच्चा आनंद नहीं है, मायावी आनंद है। जब तक वास्तविक आनंद का दर्शन नहीं होगा, तब तक इस मायावी आनंद में ही झूलते रहेंगे। जब तक असली दूध नहीं मिला था, तब तक आटा घोलकर बनाया दूध ही अश्वत्थामा दूध मानकर पीता था। इसलिए जब आप सच्चा स्वरूप समझ लेंगे, उसका आनंद चख लेंगे, तो फिर दूसरी सब चीजें फीकी लगेंगी।

22 अप्रैल

साम्यसूत्र 33 : भक्तिरसं लब्ध्वा
वृत्ति 8: रामरसं को जानाति?

8. इस आनंद का पता लगाने के लिए उत्कृष्ट मार्ग है- भक्ति। इस रास्ते चलते-चलते परमेश्वरीय कुशलता मालूम हो जायेगी। उस दिव्य कल्पना के आते ही दूसरी सब कल्पनाएं अपने-आप विलीन हो जायेंगी। फिर क्षुद्र आकर्षण नहीं रह जायेगा। फिर संसार में एक आनंद ही भरा हुआ दिखायी देगा। मिठाई की दुकानें भले ही सैकड़ों हों, परंतु मिठाइयों का प्रकार एक-सा होता है। जब तक असली चीज हाथ नहीं लगेगी, तब तक हम चंचल चिड़िया की तरह एक चीज यहाँ की खायेंगे, एक वहाँ की।

सुबह मैं तुलसी-रामायण पढ़ रहा था। दीपक के पास कीड़े जमा हो रहे थे। इतने में वहाँ एक छिपकली आयी। उसे मेरी रामायण से क्या लेना-देना था। कीड़े देखकर उसे बड़ा आनंद हो रहा था। वह कीड़ों पर झपटने वाली थी कि मैंने जरा हाथ हिलाया, वह भाग गयी। परन्तु उसका ध्यान एक-सा लगा था कीड़े की ओर। मैंने अपने मन से पूछा- "तू खायेगा इस कीड़े को? तेरी जीभ से लार टपकती है?" मेरी जीभ से लार नहीं टपकी। जिस रस का आनंद मैं लूट रहा था, उसका उस बेचारी छिपकली को क्या पता? वह रामायण का रस नहीं चख सकती थी। इस छिपकली की तरह हमारी दशा है। हम नाना रसों में मस्त हैं। परंतु यदि सच्चा रस मिल जाये, तो कैसी बहार आये! भगवान भक्तिरूपी एक साधन दिखा रहे हैं, जिससे हम उस असली रस को चख सकें।

23 अप्रैल

साम्यसूत्र 34: काम्यं क्षम्यं हरिस्पर्शात्
वृत्ति 9: अश्रुपूर्णो नामदेवः

34. सकाम भक्ति का भी मूल्य है
9. भगवान ने भक्त के तीन प्रकार बतलाये हैं-
    1. सकाम भक्ति करने वाला
    2. निष्काम परन्तु एकांगी भक्ति करने वाला और
    3. ज्ञानी अर्थात संपूर्ण भक्ति करने वाला।

निष्काम परंतु एकांगी भक्ति करने वालें के भी तीन प्रकार हैं-
    1. आर्त 2. जिज्ञासु 3. अर्थार्थी। भक्तिवृक्ष की ये शाखा-प्रशाखाएं हैं।

सकाम भक्ति करने वाला यानि क्या? कुछ इच्छा मन में रखकर भगवान के पास जाने वाला। मैं उसकी यह कहकर निंदा नहीं करूंगा कि यह भक्ति निकृष्ट प्रकार की है। बहुत लोग सार्वजनिक सेवा-क्षेत्र में इसीलिए कूदते हैं कि मान-सम्मान मिले। इसमें हर्ज क्या है? आप उन्हें खूब मान दीजिए। मान देने से कुछ बिगड़ेगा नहीं। ऐसा मान मिलते रहने से आगे सार्वजनिक सेवा में वे सुस्थिर हो जायेंगे। फिर उसी काम में उन्हें आनंद मालूम होने लगेगा। मान पाने की जो इच्छा होती है, उसका भी अर्थ आखिर क्या है? यही कि उस सम्मान से हमें विश्वास हो जाता है कि जो काम हम करते हैं, वह उत्तम हैं। मेरी सेवा अच्छी है या बुरी, यह समझने के लिए जिसके पास कोई आंतरिक साधन नहीं है, वह इस बाह्य साधन का सहारा लेता है। मां ने बच्चे की पीठ ठोंककर कहा 'शाबाश' , तो उसकी तबीयत होती है कि मां का और काम करूं। यही बात सकाम भक्त की है। सकाम भक्त सीधा परमेश्वर के पास जाकर कहेगा - "दो।" सब कुछ परमेश्वर से मांगना कोई मामूली बात नहीं। यह असाधारण बात है।

ज्ञानदेव ने नामदेव से पूछा- "तीर्थयात्रा के लिए चलते हो?"

नामदेव ने कहा- "यात्रा किसलिए?"

ज्ञानदेव ने जवाब दिया- "साधु-संतों का समागम होगा।"

नामदेव ने कहा- "तो भगवान से पूछ आता हूँ।"

नामदेव मंदिर में जाकर भगवान के सामने खड़े हो गये। उनकी आंखों से आंसू बहने लगे। भगवान के उन समचरणों की ओर वे देखते रहे। अतं में रोते-रोते उन्होंने पूछा- "प्रभो, क्या मैं जाऊं", ज्ञानदेव पास ही थे।

इस नामदेव को क्या आप पागल कहेंगे? ऐसे लोग बहुत हैं, जो घर में स्त्री न होने से रोते हैं। परन्तु परमेश्वर के पास जाकर रोने वाला भक्त सकाम भले ही हो, असाधारण है। अब यह उसका अज्ञान समझना चाहिए कि जो वस्तु सचमुच मांगने योग्य है, उसे वह नहीं मांगता। परन्तु इसलिए उसकी सकाम भक्ति त्याज्य नहीं मानी जा सकती।

24 अप्रैल

साम्यसूत्र 34: काम्यं क्षम्यं हरिस्पर्शात्
वृत्ति 10: व्रतपरायणा महिलाः

10. स्त्रियां सुबह उठकर नाना प्रकार के व्रत आदि करती हैं, काकड़ा आरती करती हैं, तुलसी की परिक्रमा करती है। किसलिए? मरने के बाद परमेश्वर का अनुग्रह प्राप्त हो। उनके मन की ये भोली धारणाएं हो सकती हैं। परन्तु उनके लिए वे व्रत, जप, उपवास आदि अनुष्ठान करती हैं। ऐसे व्रतशील परिवार में महापुरुषों का जन्म होता है। तुलसीदास के कुल में रामतीर्थ उत्पन्न हुए। रामतीर्थ फारसी भाषा के पंडित थे। किसी ने कह दिया- "तुलसीदास के कुल में जनमे हो और तुम संस्कृत नहीं जानते!" रामतीर्थ को यह बात चुभ गयी। कुल स्मृति का यह कितना सामर्थ्य है। इससे प्रेरित होकर वे संस्कृत के अध्ययन में जुट गये। स्त्रियां जो भक्तिभाव रखती हैं, उसकी दिल्लगी नहीं उड़ानी चाहिए। जहाँ भक्ति का ऐसा एक-एक कण संचित होता है, वहाँ तेजस्वी संतति उत्पन्न होती है। इसीलिए भगवान कहते हैं- "मेरा भक्त सकाम होगा, तो भी उसकी भक्ति दृढ़ करूंगा। उसके मन में उलझन नहीं होने दूंगा। यदि वह मुझसे सच्चे हृदय से प्रार्थना करेगा कि मेरा रोग दूर कर दो, तो मैं उसके आरोग्य की भावना को पुष्ट करके उसका रोग दूर कर दूंगा। किसी भी निमित्त से क्यों न हो, वह मेरे पास आयेगा तो मैं उसकी पीठ पर हाथ फेरकर उसकी कद्र ही करूंगा।" ध्रुव को ही देखो। पिता की गोद में नहीं बैठ पाया, तो उसकी मां ने कहा, "ईश्वर से स्थान मांग।" वह उपासना में जुट पड़ा। भगवान ने उसे अचल स्थान दे दिया। मन निष्काम न हो, तो भी क्या? महत्त्व की बात तो यह है कि मनुष्य जाता किसके पास है, मांगता किससे है? दुनिया के सामने हाथ पसारकर ईश्वर से मांगने की वृत्ति बड़े महत्त्व की है।

25 अप्रैल

साम्यसूत्र 34: काम्यं क्षम्यं हरिस्पर्शात्
वृत्ति 11: युधिष्ठिरस्य कुक्कुरः

11. निमित्त कुछ भी हो, एक बार आप भक्ति-मंदिर में जाओ तो सही। पहले यदि कामना लेकर भी जाओगे, तो भी आगे चलकर निष्काम हो जाओगे। प्रदर्शनियां की जाती हैं। उनके संचालक कहते हैं- "अजी, आप आकर देखिए, कैसी, बढ़िया, रंगीन, महीन खादी बनने लगी है। जरा नये-नये नमूने तो देखिए।" मनुष्य आता है और प्रभावित होता है। यही बात भक्ति की है। भक्ति मंदिर में एक बार प्रवेश तो करो, फिर वहाँ का सौंदर्य और सामर्थ्य अपने-आप मालूम हो जायेगा। स्वर्ग जाते हुए धर्मराज के साथ अंत में एक कुत्ता ही रह गया। भीम, अर्जुन सब रास्ते में गल गये। स्वर्ग-द्वार के पास धर्मराज से कहा गया- "तुम आ सकते हो, परन्तु कुत्ते को मनाही है।" धर्मराज ने कहा- "अगर मेरा कुत्ता नहीं आ सकता तो मैं भी नहीं आ सकता।" अनन्य सेवा करने वाला कुत्ता भी क्यों न हो, दूसरे 'मैं-मैं' करने वालों से तो वह श्रेष्ठ ही है। वह कुत्ता भीम-अर्जुन से भी श्रेष्ठ साबित हुआ। परमेश्वर की ओर जाने वाला कीड़ा ही क्यों न हो, वह परमेश्वर की ओर न जाने वाले बड़े-से-बड़े व्यक्ति से श्रेष्ठ और महान है। मंदिर में कछुए और नंदी की मूर्तियां रहती हैं, परन्तु उस नंदी बैल को सब नमस्कार करते हैं; क्योंकि वह साधारण बैल नहीं है। वह भगवान के सामने रहता है। बैल होने पर भी यह नहीं भूल सकते कि वह परमेश्वर का है। बड़े-बड़े बुद्धिमानों की अपेक्षा वह श्रेष्ठ है। भगवान का स्मरण करने वाला बावला जीव भी विश्ववंद्य हो जाता है।

26 अप्रैल

साम्यसूत्र 34: काम्यं क्षम्यं हरिस्पर्शात्
वृत्ति 12: भाविको यात्रिकः

12. एक बार मैं रेल में जा रहा था। यमुना के पुल पर गाड़ी आयी। पास बैठे एक आदमी ने बड़े पुलकित हृदय से उसमें एक धेला डाल दिया। पड़ोस में एक आलोचक महाशय बैठे थे। कहने लगे- "पहले ही देश कंगाल है और ये लोग यों व्यर्थ पैसा फेंकते हैं!" मैंने कहा- "आपने उसके हेतु को पहचाना नहीं। जिस भावना से उसने धेला-पैसा फेंका, उसकी कीमत दो-चार पैसे होगी या नहीं? यदि दूसरे सत्कार्य के लिए पैसे दिये होते, तो यह दान और भी अच्छा होता। किन्तु इस बात का विचार पीछे करेंगे। परन्तु उस भावनाशील मनुष्य ने तो इस भावना से प्रेरित होकर यह त्याग किया है कि यह नदी यानि ईश्वर की करुणा ही बह रही है। इस भावना के लिए आपके अर्थशास्त्र में कोई स्थान है क्या? देश की एक नदी को देखकर उसका अंतःकरण द्रवित हो उठा। यदि इस भावना की आप कद्र कर सकें, तो मैं आपकी देश-भक्ति को परखूंगा।" देश-भक्ति का अर्थ क्या रोटी है? देश की महान नदी को देखकर यदि यह भावना मन में जगती है कि अपनी सारी संपत्ति इसमें डुबो दूं, इसके चरणों में अर्पण कर दूं, तो यह कितनी बड़ी देश-भक्ति है! वह सारी धन-दौलत, वे सब सफेद, लाल, पीले पत्थर, कीड़ों की विष्ठा से बने मोती, मूंगा- इन सबकी कीमत पानी में डुबो देने लायक ही है। परमेश्वर के चरणों के आगे यह सारी धूल तुच्छ समझो। आप कहेंगे कि नदी का और परमेश्वर के चरणों का क्या संबंध? आपकी सृष्टि में परमात्मा का कुछ संबंध है भी? नदी है, ऑक्सीजन और हाइड्रोजन। सूर्य है, गैस की बत्ती का एक बड़ा-सा नमूना। उसे नमस्कार क्या करें! नमस्कार करना होगा सिर्फ आपकी रोटी को! फिर उस रोटी में भला क्या है? वह भी तो आखिर एक सफेद मिट्टी ही है। उसके लिए क्यों इतनी लार टपकाते हो? इतना बड़ा यह सूर्य उगा है, ऐसी यह सुंदर नदी बह रही है- इनमें यदि पमेश्वर का अनुभव न होगा, तो फिर होगा कहां? अंग्रेज कवि वर्डस्वर्थ बड़े दुःख से कहता है- "पहले जब मैं इंद्र-धनुष देखता था, तो नाच उठता था। हृदय हिलोरें मारने लगता था। पर आज मैं क्यों नहीं नाच उठता? पहले की जीवन-माधुरी खोकर कहीं मैं पत्थर तो नहीं बन गया?"

सारांश यह कि सकाम भक्ति अथवा गंवार मनुष्य की भावना का भी बड़ा महत्त्व है। अंत में इससे महान सामर्थ्य पैदा होता है। जीवधारी कोई भी और कैसा ही हो, वह जब एक बार, परमेश्वर के दरबार में आ जाता है, तो फिर मान्य हो जाता है। आग में किसी भी लकड़ी को डालिए, वह जल ही उठेगी। परमेश्वर की भक्ति एक अपूर्व साधना है। परमेश्वर सकाम भक्ति का भी कद्र करेगा। बाद में वह भक्ति निष्कामता और पूर्णता की ओर जायेगी।

27 अप्रैल

साम्यसूत्र 35: निष्कामाश्चतुर्विधाः
वृत्ति 13:आर्तः साधकः 14: जिज्ञासुः शोधकः

35. निष्काम भक्ति के प्रकार और पूर्णता
13. सकाम भक्त हमने देखा। अब निष्काम भक्त देखें। उनमें दो प्रकार हैं- एकांगी और पूर्ण। एकांगी के भी तीन प्रकार। उनमें पहला प्रकार है आर्त भक्तों का। आर्त होता है आर्द्रता ढूंढने वाला, भगवान के लिए रोने-छटपटानेवाला; जैसे नामदेव। वह इस बात के लिए उत्सुक, व्याकुल रहता है कि कब भगवान का प्रेम पाऊंगा, कब उसके गले लगूंगा; कब उसके चरणें में अपने को डालूंगा! प्रत्येक कार्य में वह यह देखेगा कि उसमें हार्दिकता है या नहीं, प्रेम है या नहीं।
14. दूसरा प्रकार है, जिज्ञासुओं का। आजकल अपने देश में इस श्रेणी के भक्त बहुत नहीं हैं । इस कोटि के भक्तों में कोई गौरीशंकर पर बार-बार चढ़ेंगे और मरेंगे। कोई उत्तर ध्रुव की खोज में निकलेंगे और अपनी खोज के फल कागज पर लिखकर उन्हें बोतल में बंद करके पानी में छोड़कर मर जायेंगे। कोई ज्वालामुखी के गर्भ में उतरेंगे। अभी तो हिंदुस्तानियों के लिए मौत एक हौआ बन बैठी है। परिवार के भरण-पोषण से बढ़कर कोई पुरुषार्थ ही नहीं रहा है। जिज्ञासु भक्त के पास अदम्य जिज्ञासा होती है। वह प्रत्येक वस्तु के गुण-धर्म की खोज करता है। मनुष्य जैसे नदी-मुख से अंत में सागर को पा लेता है, उसी तरह यह जिज्ञासु भी अंत में परमेश्वर को प्राप्त कर लेगा।

साम्यसूत्र 35: निष्कामाश्चतुर्विधाः वृत्ति 15:. हितार्थी सेवकः

15. तीसरा प्रकार है, अर्थार्थियों का। अर्थार्थी का अर्थ है, प्रत्येक बात में अर्थ देखने वाला। 'अर्थ' का मतलब पैसा नहीं; बल्कि हित, कल्याण है। किसी भी बात की जांच करते समय वह उसे इस कसौटी पर कसेगा कि इसके द्वारा समाज का क्या कल्याण होगा। वह देखेगा कि मैं जो कुछ कहता, लिखता, करता हूं, उससे संसार का मंगल होगा या नहीं? निरुपयोगी, अहितकर क्रिया उसे पसंद नहीं आयेगी। संसार के हित की चिंता करने वाला कितना बड़ा महात्मा है। वह! जगत् का कल्याण ही उसका आनंद हैं। जो प्रेम की दृष्टि से समस्त क्रियाओं को देखता है, वह आर्त; ज्ञान की दृष्टि से देखता है, वह जिज्ञासु और सबके कल्याण की दृष्टि से देखता है, वह अर्थार्थी।

28 अप्रैल

साम्यसूत्र 35: निष्कामाश्चतुर्विधाः

वृत्ति 16: ज्ञानी परिपूर्णः

16. ये तीनों भक्त हैं तो निष्काम, परन्तु एकांगी हैं। एक कर्म के द्वारा, दूसरा हृदय के द्वारा, तीसरा बुद्धि के द्वारा ईश्वर के पास पहुँचता है। अब रहा पूर्ण भक्त का प्रकार। इसी को ज्ञानी भक्त कहना चाहिए। इस भक्त को जो कुछ दीखता है सो सब परमेश्वर का ही रूप है। कुरुप-सुरूप, राव-रंक, स्त्री-पुरुष, पशु-पक्षी सर्वत्र परमात्मा के ही पावन दर्शन। **नर-नारी बाळे अवघा नारायण। ऐसें माझें मन करीं देवा-** 'नर, नारी, बालक सभी नारायण हैं। ऐसा मेरा मन बना दो, हे प्रभु!' संत तुकाराम की ऐसी प्रार्थना है। हिन्दू-धर्म में जैसे नाग-पूजा, हाथी की सूंड वाले देवता की पूजा, पेड़ों की पूजा आदि पागलपन के नमूने हैं, उनसे भी अधिक पागलपन का कमाल, ज्ञानी भक्तों में दीखता है। उनसे कोई भी क्यों न मिले, उन्हें चींटी से लेकर चंद्र-सूर्य तक सर्वत्र एक ही परमात्मा दीखता है और उनका हृदय आनंद से हिलोरें मारने लगता है।

मग तया सुखा अंत नाहीं पार। आनंदें सागर हेलावती- 'फिर उसे अपार सुख मिलता है। आनंद से उसका हृदय-सागर हिलोरें मारने लगता है।

ऐसा जो यह दिव्य और भव्य दर्शन है, उसे भले ही आप भ्रम कहें; परंतु यह भ्रम सौख्यकी राशि है, आनंद की निधि है। गंभीर सागर में उसे परमेश्वर का विलास दिखायी देता है, गौ-माता में उसे ईश्वर का वात्सल्य नजर आता है, पृथ्वी में उसकी क्षमता दीख पड़ती है, निरभ्र आकाश में उसकी निर्मलता, रवि-चंद्र-तारों में उसका तेज और भव्यता दीख पड़ती है। फूल में उसकी कोमलता और दुर्जनों में अपनी कसौटी करने वाला परमेश्वर दीखता है। इस तरह 'एक ही परमात्मा सर्वत्र रम रहा है' यह देखने का अभ्यास ज्ञानी भक्त किया करते हैं। ऐसा करते-करते वह ज्ञानी भक्त एक दिन ईश्वर में ही मिल जाता है।

रविवार 3. 4. 1932

२९ अप्रैल

आठवां अध्याय: प्रयाण-साधना - सातत्ययोग

साम्यसूत्र 36: शुभं शनैः संचिनुयात्
वृत्ति 1: संस्कारसंचयो जीवनम्

36. शुभ संस्कारों का संचय

1. मनुष्य का जीवन अनेक संस्कारों से भरा होता है। हमसे असंख्य क्रियाएं होती रहती हैं। यदि हम उनका हिसाब लगाने लगें, तो उनका अंत ही नहीं आ सकता। यदि मोटे तौर पर हम चौबीस घंटों की ही क्रियाओं को देखने लगें, तो उनकी गिनती भी बहुत अधिक होगी। खाना, पीना, सोना, चलना, फिरना, काम करना, लिखना, बोलना, पढ़ना- इनके अलावा नाना प्रकार के स्वप्न, राग-द्वेष, मानापमान, सुख-दुःख आदि अनंत प्रकार दिखायी देंगे। इन सबके संस्कार हमारे मन पर होते रहते हैं। अतः मुझसे यदि कोई पूछे कि जीवन किसे कहते हैं, तो मैं उसकी व्याख्या करूंगा- संस्कार-संचय।

30 अप्रैल

साम्यसूत्र 36: शुभं शनैः संचिनुयात्
वृत्ति 2: तच्छेषोऽल्पः

2. संस्कार अच्छे भी होते हैं, बुरे भी। दोनों का प्रभाव मनुष्य के जीवन पर पड़ता रहता है। बचपन की क्रियाओं की तो हमें याद भी नहीं रहती। सारा बचपन इस तरह मिट जाता है, जैसे स्लेट पर लिखकर पोंछ दिया हो। पूर्वजन्म के संस्कार तो बिलकुल ही साफ पोंछ दिये जैसे हो जाते हैं- यहाँ तक कि इस बात की भी शंका उठ सकती है कि पूर्वजन्म था भी या नहीं। जब इस जन्म का ही बचपन याद नहीं आता, तो फिर पूर्वजन्म की तो बात ही क्या? पूर्वजन्म को जाने दीजिए, हम इसी जन्म का विचार करें।

जितनी क्रियाएं हमें याद रहती हैं, उतनी ही होती हैं, सो बात नहीं। क्रियाएं अनेक होती हैं, और ज्ञान भी अनेक होते हैं; परन्तु ये क्रियाएं और ये ज्ञान मिटकर अंत में कुछ संस्कार ही बच जाते हैं। रात को सोते समय दिन की सब क्रियाओं को यदि हम याद करने लगें तो भी याद नहीं आतीं। कौन सी क्रियाएं याद आती है? वे ही क्रियाएं हमारी आंखों के सामने आती हैं, जो बहुत स्पष्ट और प्रभावकारी होती हैं। यदि हमारा किसी से बहुत लड़ाई-झगड़ा हुआ हो, तो वह याद रहता है; क्योंकि उस दिन की वही मुख्य कमाई होती है।

मुख्य और स्पष्ट क्रियाओं के संस्कार मन पर बड़े गहरे हो जाते हैं। मुख्य क्रिया याद रहती है, शेष सब फीकी पड़ जाती हैं। यदि हम रोजनामचा लिखने बैठें तो दो-चार ही महत्त्व की बातें लिखते हैं। यदि प्रतिदिन के ऐसे संस्कारों को लेकर एक हफ्ते का हिसाब लगाने लगें, तो और भी कई बातें उसमें से निकल जायेंगी और सप्ताह की मुख्य घटनाएं ही बच जायेंगी। पिछले महीने का हिसाब लगाने बैठें, तो उतनी ही बातें हमारे सामने आयेंगी, जो उस महीने में मुख्य रही होंगी। इसी तरह फिर छह महीना, साल, पांच साल का हिसाब लगायें, तो बहुत थोड़ी खास-खास बातें याद रहेंगी और उन्हीं के संस्कार बनेंगे। असंख्य क्रियाओं और अनंत ज्ञानों के होने पर भी अंत में मन के पास बहुत थोड़ी बचत रहती है। वे विभिन्न कर्म और ज्ञान आये और अपना काम करके समाप्त हो गये। उन सब कर्मों के पांच-दस दृढ़ संस्कार ही शेष रह जाते हैं।

ये संस्कार ही हमारी पूंजी हैं। हम जीवनरूपी व्यापार करके सिर्फ संस्काररूपी संपत्ति कमाते हैं। जिस प्रकार व्यापारी रोज का, महीने का और साल भर का जमा-नाम करके अंत में लाभ या हानि का एक ही आंकड़ा निकालता है, ठीक वही हाल जीवन का होता है। अनेक संस्कारों का जमा-नाम होते-होते अंत में एक अत्यंत छोटी और सीमित पूंजी बच जाती है। जब जीवन की अंतिम घड़ी आती है, तब जीवन की यह बचत आत्मा याद करने लगता है। जन्म भर में क्या किया, इसकी याद आने पर उसे सारी कमाई दो-चार बातों में दीख पड़ती है। इसका यह अर्थ नहीं कि अन्य सब कर्म और ज्ञान व्यर्थ चले गये। उनका काम पूरा हो गया। हजारों प्रकार के लेन-देन के बाद अंत में कुल पांच हजार का घाटा या दस हजार का नफा, इतना ही सार व्यापारी के हाथ लगता है। घाटा हुआ तो छाती बैठ जाती है, नफा हुआ तो दिल उछलने लगता है।

1 मई

साम्यसूत्र 36: शुभं शनैः संचिनुयात्
वृत्ति 3: अंत्यस्मृतिर बलीयसी

3. हमारा भी यही हाल है। मरने के समय यदि खाने की वासना हुई, तो जिंदगी भर भोजन का स्वाद लेने का ही अभ्यास करते रहे, यह सिद्ध होगा। भोजन या स्वाद की वासना, यही जिंदगी भर की कमाई। किस माता को, मरते समय यदि बेटे की याद हो आयी, तो उसका पुत्र संबंधी संस्कार ही बलवान मानना चाहिए। बाकी जो असंख्य कर्म किये, वे गौण हो गये। अंकगणित में अपूर्णांक के सवाल होते हैं। कितनी बड़ी-बड़ी संख्याएं! परन्तु संक्षेप करते-करते अंत में एक अथवा शून्य उत्तर आता है। इसी तरह जीवन में संस्कारों की अनेक संख्याएं बाद होकर अंत में एक बलवान संस्कार ही सार रूप में रह जाता है। जीवन रूपी प्रश्न का वह उत्तर है। अंतकालीन स्मरण ही सारे जीवन का फलित होता है।

जीवन का यह अंतिम सार मधुर निकले, अंत की यह घड़ी मधुर हो, इसी दृष्टि से सारे जीवन के उद्योग होने चाहिए। जिसका अंत मधुर, उसका सब मधुर। उस अंतिम उत्तर पर ध्यान रखकर सारे जीवन का सवाल हल करना चाहिए। इस ध्येय को दृष्टि के सामने रखकर सारे जीवन की योजना बनाओ। गणित में जो विशिष्ट प्रश्न पूछा गया होगा, उसको सामने रखकर उत्तर निकालते हैं। उसी तरह की रीति से काम लेना पड़ता है। अतः मरने के समय जो संस्कार दृढ़ रखने की इच्छा हो, उसी के अनुसार ही सारे जीवन का प्रवाह मोड़ना चाहिए। दिन-रात उसी की तरफ झुकाव रहना चाहिए।

2 मई

साम्यसूत्र 37: मृति-स्मृतिः शुद्धये

वृत्ति 4: अंत्यस्मृत्यनुसारि पुनर्जन्म 5: एकनाथेन सूचितम्

37. मरण का स्मरण रहे

4. इस आठवें अध्याय में यह सिद्धान्त बताया गया है कि जो विचार मरते समय स्पष्टतः उभरता है, वही अगले जन्म में बलवत्तर सिद्ध होता है। इस पाथेय को साथ लेकर जीव आगे की यात्रा के लिए निकलता हैं आज के दिन की कमाई लेकर, नींद के बाद हम कल का दिन शुरू करते हैं। उसी तरह इस जन्म के पाथेय को लेकर मरणरूपी बड़ी नींद के बाद फिर हमारी यात्रा शुरू होती है। इस जन्म का जो अंत है, वही अगले जन्म का आरंभ है। अतः सदैव मरण का स्मरण रखकर चलो।

5. मरण का स्मरण रखने की जरूरत इसलिए भी है कि मृत्यु की भयानकता का मुकाबला किया जा सके, उसका उपाय निकाला जा सके। एकनाथ महाराज की एक कहानी है। एक सज्जन ने उनसे पूछा- "महाराज, आपका जीवन कितना सादा, कितना निष्पाप है! हमारा जीवन ऐसा क्यों नहीं? आप कभी गुस्सा नहीं होते, किसी से लड़ाई-झगड़ा नहीं, टंटा-बखेड़ा नहीं। कितने शांत, कितने प्रेमपूर्ण, कितने पवित्र हैं आप।" एकनाथ ने कहा- "अभी मेरी बात छोड़ो। तुम्हारे संबंध में मुझे एक बात मालूम हुई है। आज से सात दिन के भीतर तुम्हारी मृत्यु हो जायेगी।" अब एकनाथ की कही बात को झूठ कौन मानता? सात दिन में मृत्यु! सिर्फ 168 ही घंटे बाकी रहे। हे भगवन्! वह मनुष्य जल्दी-जल्दी घर दौड़ गया। कुछ सूझ नहीं पड़ता था। सारा समेटने की बातें करने लगा। तैयारी करने लगा, वह बीमार हो गया। बिस्तर पर पड़ गया। छह दिन बीत गये। सातवें दिन एकनाथ उससे मिलने आये। उसने नमस्कार किया। एकनाथ ने पूछा- "कैसा है?" वह बोला- "जाता हूँ अब।" फिर एकनाथ ने पूछा, "इन छह दिनों में कितना पाप हुआ? पाप के कितने विचार मन में आये?" वह आसन्न-मरण व्यक्ति बोला- "नाथ जी पाप का विचार करने की तो फुरसत ही नहीं मिली। मौत सतत आंखों के सामने खड़ी थी।" नाथ जी ने कहा- "हमारा जीवन इतना निष्पाप क्यों है, इसका उत्तर अब मिल गया न?" मरणरूपी शेर सदैव सामने खड़ा रहे, तो फिर पाप सूझेगा कैसे? पाप करने के लिए भी निश्चिंतता चाहिए। मरण का सदैव स्मरण रखना पाप से मुक्त होने का उपाय है। यदि मौत सामने दीखती रहे, तो फिर मनुष्य किस बल पर पाप करेगा?

3 मई

साम्यसूत्र 37: मृति- स्मृतिः शुद्धये
वृत्ति 6: पास्कलस्य प्रतिभा

6. परंतु मनुष्य मरण का स्मरण टालता है। 'पास्कल' नाम का एक फ्रेंच दार्शनिक हो गया। उसकी एक पुस्तक है- 'पांसे' । 'पांसे' का अर्थ है- 'विचार' । उसने इस पुस्तक में भिन्न-भिन्न स्फुट विचार दिये हैं। उसमें वह एक जगह लिखता है- "मौत सदा पीछे खड़ी है; परन्तु मनुष्य का यह प्रयत्न सतत चल रहा है कि उसे भूले कैसे? किंतु वह यह बात अपने सामने नहीं रखता कि मृत्यु को याद रखकर कैसे चले?" मनुष्य को 'मरण' शब्द तक सहन नहीं होता। खाते समय यदि मृत्यु का नाम किसी ने ले लिया, तो कहते हैं- "क्या अशुभ बात मुंह से निकालते हो!" परंतु इतना होते हुए भी हमारा एक-एक कदम मृत्यु की ओर ही बढ़ रहा है। बंबई का टिकट कटाकर एक बार तुम रेल में बैठ गये, तो तुम भले ही बैठे रहो, परन्तु गाड़ी तुम्हें बंबई ले जाकर छोड़ ही देगी। जन्म होते ही हमने मृत्यु का टिकट कटा रखा है। अब आप बैठे रहिए या दौड़ते रहिए। बैठे रहेंगे तो भी मृत्यु आयेगी, दौड़ते रहेंगे तो भी। आप मृत्यु का विचार करें या न करें, वह आये बिना नहीं रहेगी। मरण निश्चित है, और बातें भले ही अनिश्चित हों। सूर्य अस्ताचल की ओर चला कि हमारी आयु का एक अंश उसने खाया। जीवन के टुकड़े यों कटते जा रहे हैं, जीवन छीज रहा है, एक-एक बूंद घट रहा है, तो भी मनुष्य को उसका कुछ खयाल नहीं। ज्ञानेश्वर कहते हैं- "बड़ा अजीब है!" उन्हें आश्चर्य होता है कि मनुष्य क्यों कर इतनी निश्चिंतता अनुभव करता है। मनुष्य को मरण का इतना भय लगता है कि उसे मरण का विचार तक सहन नहीं होता। वह सदा मरण के विचार को टालता रहता है। आंखों पर पर्दा डालकर बैठ जाता है। लड़ाई पर जाने वाले सैनिक मरण का विचार टालने के लिए खेलते हैं, नाचते-गाते हैं, सिगरेट पीते हैं, पास्कल लिखता है कि - "प्रत्यक्ष मरण सर्वत्र देखते हुए भी यह टामी, यह सिपाही, उसे भूलने के लिए खाने-पीने में और गान-तान में मस्त रहता है।"

4 मई

साम्यसूत्र 37: मृति- स्मृतिः शुद्धये
वृत्ति 7: कालापसारिणो विद्यार्थिनः

7. हम सब इसी टामी की तरह हैं। चेहरे को गोल हंसमुख बनाने का प्रयत्न करना, सूखा हो तो तेल, पोमेड लगाना; बाल सफेद हो गये हों तो खिजाब लगाना- ऐसे प्रयत्न मनुष्य करता है। छाती पर मृत्यु नाच रही है, फिर भी हम टामी की तरह उसे भूलने का अखंड प्रयत्न कर रहे हैं। और चाहे कोई भी बातें करेंगे, पर "मौत की बात मत निकालो" कहेंगे। मैट्रिक पास लड़के से पूछो कि "अब आगे क्या इरादा है?" तो वह कहता है- "अभी मत पूछो, अभी तो फस्ट ईयर में हूँ।" दूसरे साल फिर पूछोगे तो कहेगा- "पहले इंटर तो हो जाने दो, फिर देखेंगे।" यही सिलसिला चलता है। जो आगे होने वाला है, उसका क्या पहले से विचार नहीं करना चाहिए? अगले कदम के बारे में पहले से सोच लेना चाहिए, नहीं तो वह गड्ढे में गिर सकता है, परंतु विद्यार्थी इन सबको टालता है। बेचारे की शिक्षा ही इतनी अंधकारमय होती है कि उससे उस पार का भविष्य उसे दिखायी नहीं देता। अतः आगे क्या करना है, यह सवाल ही वह सामने नहीं आने देता, क्योंकि उसे चारों ओर अंधकार ही दिखायी देता है। परंतु भविष्य टाला नहीं जा सकता। वह तो गर्दन पर आकर सवार हो ही जाता है।

5 मई

साम्यसूत्र 37: मृति- स्मृतिः शुद्धये
वृत्ति 8: सुक्राताय समर्पणम्!

8. कॉलेज में प्रोफेसर तर्कशास्त्र पढ़ाता है- ''मनुष्य मर्त्य है। सुकरात मनुष्य है, अतः सुकरात मरेगा।' ' यह अनुमान वह सिखाता है। प्रोफेसर भी मर्त्य है। वह क्यों नहीं पढ़ाता कि "सब मनुष्य मर्त्य हैं, अतः मैं प्रोफेसर भी मर्त्य हूँ और तुम शिष्य भी मर्त्य हो!" वह उस मरण को सुकरात पर ढकेल देता है, क्योंकि सुकरात तो मर चुका है। वह झगड़ा करने के लिए हाजिर नहीं है। शिष्य और गुरु दोनों सुकरात को मरण सौंपकर अपने लिए 'तेरी भी चुप, मेरी भी चुप' वाली गति करते हैं। मानो, वे यह समझ बैठे हैं कि हम तो बहुत सुरक्षित हैं।

5 मई

साम्यसूत्र 37: मृति- स्मृतिः शुद्धये
वृत्ति 9: सर्वेषामनिवार्यम्

9. इस तरह मृत्यु को भूलने का यह प्रयत्न सर्वत्र रात-दिन जान-बूझकर हो रहा है। परंतु इससे मृत्यु कहीं टल सकती है? कल यदि मां मर जाये, तो मौत सामने आने ही वाली है। मनुष्य निर्भयतापूर्वक मरण का विचार करके यह हिम्मत ही नहीं करता कि उसमें से रास्ता कैसे निकाला जाये। मान लो कि कोई शेर हिरन के पीछे पड़ा है। वह हिरन खूब चौकड़ी भरता है, परंतु उसकी शक्ति कम पड़ती जाती है और अंत में वह थक जाता है। पीछे से वह शेर, यमदूत दौड़ा आ ही रहा है। उस समय उस हिरन की क्या दशा होती है? वह उस शेर की ओर देख भी नहीं सकता। वह मिट्टी में सींग और मुंह घुसाकर, आंख मूंदकर खड़ा हो जाता है, मानो निराधार होकर कहता है- "ले, आ और मुझे हड़प जा।" हम मृत्यु का सामना नहीं कर सकते। उससे बचने के लिए हम हजारों तरकीबें निकालें तो भी उसका जोर इतना होता है कि अंत में वह धर दबाती ही है।

6 मई

साम्यसूत्र 37: मृति- स्मृतिः शुद्धये
वृत्ति 10: अद्यप्रभृत्येव चिंतनीयम्

10. और फिर जब मृत्यु आती है, तब मनुष्य अपने जीवन की रोकड़-बाकी देखने लगता है। परीक्षा में बैठा हुआ आलसी, मंद विद्यार्थी दवात में कलम डुबोता है, बाहर निकालता है, परंतु सफेद कागज को काला करने की हिम्मत नहीं करता। अरे भाई, कुछ लिखोगे भी या नहीं? सरस्वती आकर थोड़े ही लिख जायेगी! तीन घंटे समाप्त हो जाते हैं, वह कोरा कागज दे देता है या अंत में कुछ घसीट मारता है। सवाल हल करना है, जवाब लिखना है, यह उसे सूझता ही नहीं। वह इधर देखता है, उधर देखता है। ऐसा ही हमारा हाल है। अतः हमें चाहिए कि हम इस बात को याद रखकर कि जीवन का छोर मृत्यु की ओर गया हुआ है, अंतिम क्षण को पुण्यमय, अत्यंत पावन और मधुर बनाने का अभ्यास जीवन भर करते रहें।

आज से ही इस बात का विचार करते रहना चाहिए कि मन पर उत्तम-से-उत्तम संस्कार कैसे पड़े। परंतु अच्छे संस्कारों के अभ्यास की पड़ी किसे है? इससे विपरीत, बुरी बातों का अभ्यास पग-पग पर होता रहता है। जीभ, आंख और कान को हम चटोरपन सिखा रहे हैं। चित्त को इससे भिन्न अभ्यास में लगाना चाहिए। अच्छी बातों की ओर चित्त लगाना चाहिए। उनमें उसे रंग देना चाहिए। जिस क्षण अपनी भूल प्रतीत हो जाये, उसी क्षण से उसे सुधारने में व्यस्त हो जाना चाहिए। भूल मालूम हो जाने पर भी क्या वही करते रहेंगे? जिस क्षण हमें अपनी भूल मालूम हुई, उसी क्षण हमारा पुनर्जन्म हुआ। उसे अपना नवीन बचपन, अपने जीवन का नव-प्रभात समझो। अब तुम सचमुच जगे हो। अब दिन-रात जीवन की जांच-पड़ताल करते रहो और सावधान रहो। ऐसा न करोगे तो फिर फिसलोगे, फिर बुरी बात का अभ्यास शुरू हो जायेगा।

7 मई

साम्यसूत्र 37: मृति- स्मृतिः शुद्धये
वृत्ति 11: पितामह्याः स्मृतितंत्रम्

11. बहुत साल पहले मैं अपनी दादी से मिलने गया था। वह बहुत बूढ़ी हो गयी थी। वह मुझसे कहती- "विन्या, अब मुझे कुछ याद नहीं रहता। घी की बरनी लेने जाती हूँ और उसे बिना लिये ही लौट आती हूँ।" परंतु वह 50 साल पहले की गहनों की एक बात मुझसे कहा करती। पांच मिनट पहले की बात याद नहीं, मगर पचास साल पहले के बलवान संस्कार अंत तक सतेज हैं। इसका कारण क्या है? वह गहने वाली बात उसने हर एक से कही होगी। उस बात का सतत उच्चारण होता रहा। अतः वह जीवन से चिपककर बैठ गयी। जीवन के साथ एकरूप हो गयी। मैंने मन में कहा- "भगवान करे, दादी को मरते समय उन गहनों की याद न आये।"

8 मई

साम्यसूत्र 38: तद्भावभावितः
वृत्ति 12: सदा सावधानेन भाव्यम्

38. सदा उसी में रंगा रह

12. जिस बात का हम रात-दिन अभ्यास करते हैं, वह हमसे क्यों नहीं चिपकी रहेगी? अजामिल की वह कथा पढ़कर भ्रम में मत पड़ियेगा। वह ऊपर से पापी था; परंतु उसके जीवन के भीतर से पुण्य की धारा बह रही थी। वह पुण्य अंतिम क्षण में जाग उठा। सदा-सर्वदा पाप करके अंत में राम-नाम अचूक याद आ जायेगा, इस धोखे में मत रहिये। बचपन से ही मन लगाकर अभ्यास करिये। ऐसी सावधानी रखें कि हमेशा अच्छे ही संस्कार पड़ें। ऐसा न कहें कि इससे क्या होगा और उससे क्या होगा? चार बजे ही क्यों उठें? सात बजे उठें, तो उससे क्या बिगड़ेगा? ऐसा कहने से काम नहीं चलेगा। यदि मन को बराबर ऐसी आजादी देते जाओगे, तो अंत में फंस जाओगे। फिर अच्छे संस्कार अंकित नहीं होने पायेंगे। एक-एक कण बीनकर लक्ष्मी जुटानी पड़ती है। एक-एक क्षण व्यर्थ न जाने देते हुए विद्यार्जन में लगाना पड़ता है।

इस बात का ध्यान रखो कि प्रतिक्षण अच्छा ही संस्कार पड़ रहा है न? बुरी बात बोले कि हुआ बुरा संस्कार। हमारी प्रत्येक कृति छेनी बनकर हमारा जीवनरूपी पत्थर गढ़ती है। दिन अच्छी तरह बीता, तो भी स्वप्न में बुरे विचार आ जाते हैं। दस-पांच दिन के विचार स्वप्न में आते हों, सो बात नहीं। कितने ही बुरे संस्कार असावधानी में पड़ जाते हैं। नहीं कह सकते कि वे कब जग पड़ेंगे। इसलिए छोटी-से-छोटी बातों में भी सजग रहना चाहिए। डूबते को तिनके का भी सहारा हो जाता है। हम संसार-सागर में डूब रहे हैं। यदि हम थोड़ा भी अच्छा बोलें, तो वह भी हमारे लिए आधार बन जाता है। भला किया व्यर्थ नहीं जाता। वह तुम्हें तार देगा। लेशमात्र भी बुरे संस्कार न होने चाहिए। सदा ऐसा ही उद्योग करो, जिससे आंखें पवित्र रहें, कान निंदा न सुनें, मुख से वाणी अच्छी निकले।

9 मई

साम्यसूत्र 38: तद्भावभावितः
वृत्ति 13: दैनिककर्तव्य-पूर्तिः 14: सत्-संस्कार-धारा

13. पवित्र संस्कार डालने के लिए उदात्त विचार मन में घोलने चाहिए। हाथ पवित्र कर्म करने में लगे रहें। भीतर ईश्वर का स्मरण और बाहर से स्वधर्माचरण। हाथों से सेवारूपी कर्म, मन में विकर्म- ऐसा नित्य करते रहना चाहिए। गांधी जी को देखो, रोज चरखा चलाते हैं। वे रोज कातने पर जोर देते हैं। रोज क्यों कातें? कपड़े के लिए कभी-कभी कात लिया करें, तो क्या काम नहीं चलेगा? परंतु यह तो हुआ व्यवहार। रोज कातने में आध्यात्मिकता है। देश के लिए मुझे कुछ-न-कुछ करना है, इस बात का वह चिंतन है। वह सूत हमें नित्य दरिद्र-नारायण से जोड़ता है। वह संस्कार दृढ़ होता है।

14. डॉक्टर ने रोज दवा पीने के लिए कहा, पर हम सारी दवा एक ही रोज पी लें, तो? तो वह बेतुकी बात होगी। औषधि का उद्देश्य सफल नहीं होगा। प्रतिदिन औषधि के संस्कार से प्रकृति की विकृति दूर करनी चाहिए। ऐसी ही बात जीवन की है। शिवजी पर धीरे-धीरे ही अभिषेक करना पड़ता है। मेरा यह प्रिय दृष्टांत है। बचपन में मैं नित्य इस क्रिया को देखता था। चौबीस घंटों में कुल मिलाकर वह पानी दो बाल्टी होता होगा, तो फिर एक साथ दो बाल्टी पानी शिवजी पर क्यों न उंड़ेल दें?
इसका उत्तर बचपन में ही मुझे मिल गया। पानी एकदम उंड़ेल देने से वह कर्‌म सफल नहीं हो सकता। एक-एक बूंद की सतत धार पड़ना ही उपासना है। समान संस्कारों की धारा सतत बहनी चाहिए। जो संस्कार सबेरे, वही दोपहर को, वही शाम को, वही दिन में, वही रात में, वही कल, वही आज और जो आज, वही कल, जो इस साल, वही अगले साल, जो इस जनम में, वही अगले जन्म में, जो जीवन में, वही मृत्यु में। ऐसी एक-एक सत्संस्कार की दिव्यधारा सारे जीवन में सतत बहती रहनी चाहिए। ऐसा प्रवाह अखंड चालू रहेगा, तभी हम अंत में जीत सकेंगे। तभी हम मुकाम पर अपना झंडा गाड़ सकेंगे।
संस्कारों का प्रवाह एक ही दिशा में बहना चाहिए। पहाड़ पर गिरा पानी यदि दसों दिशाओं में बह जायेगा, तो फिर उससे नदी नहीं बन

सकती। इसके विपरीत अगर सारा पानी एक ही दिशा में बहेगा, तो वह सोते से धारा, धारा से प्रवाह, प्रवाह से नदी, नदी से गंगा बनकर ठेठ समुद्र तक जा पहुँचेगा। एक दिशा में बहने वाला पानी समुद्र में मिलेगा, चारों दिशाओं में जाने वाला यों ही सूख जायेगा। यही बात संस्कारों की है। संस्कार यदि आते और मिटते गये, तो क्या फायदा? जब जीवन में संस्कारों का पवित्र प्रवाह सतत बहता रहेगा, तभी अंत में मरण महाआनंद का निधान मालूम पड़ेगा। जो यात्री रास्ते में ज्यादा न ठहरते हुए रास्ते के मोह और प्रलोभन से बचते हुए, कष्ट से कदम जमा-जमाकर, शिखर पर पहुँच गया और ऊपर पहुँचकर छाती पर के सारे बोझ और बंधन हटाकर, वहाँ की खुली हवा का अनुभव करने लगा, उसके आनंद की कल्पना क्या दूसरे लोग कर सकेंगे? पर जो प्रवासी रास्ते में रुक गया, उसके लिए सूर्य थोड़े ही रुकेगा?

10 मई

साम्यसूत्र 39: संनद्धश्च
वृत्ति 15: अखंडभगवत्स्मृतिः 16: निरंतरं युद्ध-प्रसंगः

39. रात-दिन युद्ध का प्रसंग
15. सार यह है कि बाहर से सतत स्वधर्माचरण और भीतर से हरिस्मरणरूपी चित्त-शुद्धि की क्रिया, इस तरह जब ये अंतर्बाह्य-कर्म-विकर्म के प्रवाह काम करेंगे, तब मरण आनंददायी मालूम होगा। इसलिए भगवान कहते हैं- **तस्मात् सर्वेषु कालेषु मामनुस्मर युध्य च**- 'मेरा अखंड स्मरण करो और लड़ते रहो।' **सदा त्यांत चि रंगला**- 'उसी में सदा रंगा रह।' सदा ईश्वर में लीन रहो। ईश्वरीय प्रेम से जब अंतर्बाह्य रंग जाओगे, जब वह रंग सारे जीवन में चढ़ जायेगा, तब पवित्र बातों में सदैव आनंद आने लगेगा। तब बुरी वृत्तियां सामने आकर खड़ी ही नहीं रहेंगी। सुंदर, बढ़िया मनोरथों के अंकुर मन में उगने लगेंगे। अच्छे कर्म सहज ही होने लगेंगे।
16. यह तो ठीक है कि ईश्वर-स्मरण से अच्छे कर्म सहज भाव से होने लगेंगे; परंतु भगवान की आज्ञा है कि 'लड़ते रहो' । तुकाराम महाराज कहते हैं- **रात्री दिवस आम्हां युद्धाचा प्रसंग। अंतर्बाह्यजग आणि मन** - 'हमारे लिए रात-दिन युद्ध का ही प्रसंग है। एक ओर है मन और दूसरी ओर हैं अंतर्बाह्य जगत्!' भीतर और बाहर अनंत सृष्टि व्याप्त है। इस सृष्टि से मन का सतत झगड़ा जारी रहता है। इस झगड़े में हर बार जय ही होगी, ऐसा नहीं। जो अंत को साध लेगा, वही सच्चा विजयी। अंत में जो फैसला हो, वही सही। कभी सफलता मिलेगी, तो कभी असफलता। असफलता मिली, तो निराश होने का कोई कारण नहीं।

11 मई

साम्यसूत्र 39: संनद्धश्च
वृत्ति 17: निराशा नैव

17 निराश होने का अर्थ है, नास्तिक होना। विश्वास रखो कि परमेश्वर हमारा रक्षक है। बच्चे की हिम्मत बढ़ाने के लिए मां उसे इधर-उधर जाने देती है; परंतु वह उसे गिरने नहीं देती। जहाँ वह गिरने लगा कि झट् आकर धीरे से उठा लेती है। ईश्वर भी तुम्हारी ओर देख रहा है। तुम्हारी जीवनरूपी पतंग की डोरी उसके हाथ में है। कभी वह डोर खींच लेता है, कभी ढीली छोड़ देता है; परंतु यह विश्वास रखो कि डोर है उसके हाथ में। गंगा के घाट पर तैरना सिखाते हैं। घाट पर के वृक्ष में सांकल या डोरी बंधी रहती है। उसे कमर से बांधकर आदमी को पानी में फेंक देते हैं। सिखाने वाले उस्ताद भी पानी में रहते ही हैं। नौसिखिया पहले दो-चार बार डुबकी खाता है, परंतु अंत में वह तैरने की कला सीख जाता है। इसी तरह परमेश्वर हमें जीवन की कला सिखा रहा है।

12 मई

साम्यसूत्र 40: आप्रायणात्
वृत्ति 18: प्रयाणसाधनारूपकम्

40. शुक्ल-कृष्ण गति
18. परमेश्वर पर श्रद्धा रखकर यदि 'मनसा-वाचा-कर्मणा' दिन-रात लड़ते रहोगे, तो अंत की घड़ी अतिशय उत्तम होगी। उस समय सब देवता अनुकूल हो जायेंगे। यही बात इस अध्याय के अंत में एक रूपक द्वारा बतायी गयी है। इस रूपक को समझ लीजिए। जिसके मरण के समय आग जल रही है, सूर्य चमक रहा है, शुक्ल पक्ष का चंद्र बढ़ रहा है, उत्तरायण का निरभ्र और सुंदर आकाश फैला हुआ है, वह ब्रह्म में विलीन होता है और जिसकी मृत्यु के समय धुआं फैल रहा है, भीतर-बाहर अंधेरा हो रहा है, कृष्ण पक्ष का चंद्रमा क्षीण हो रहा है, दक्षिणायन का मलिन और अभ्राच्छादित आकाश फैला है, वह फिर से जन्म-मरण के फेरे में पड़ेगा।

13 मई

साम्यसूत्र 40: आप्रायणात्
वृत्ति 18: प्रयाणसाधनारूपकम्
वृत्ति 19: रूपक-विवेचनम्

19. बहुत से लोग इस रूपक को पढ़कर चक्कर में पड़ जाते हैं। यदि पुण्यमरण की इच्छा हो, तो अग्नि, सूर्य, चंद्र, आकाश, इन देवताओं की कृपा रहनी चाहिए। अग्नि कर्म का चिह्न, यज्ञ का चिह्न है। जीवन के अंतिम क्षण में भी यज्ञ की ज्वाला जलती रहनी चाहिए। न्यायमूर्ति रानडे कहते थे- "सतत कर्तव्य करते हुए मौत आ जाये, तो वह धन्य है। कुछ-न-कुछ पढ़ रहे हैं, कोई काम कर रहे है- ऐसी हालत में मैं मरूं, तो भर पाया।" 'ज्वाला जलती रहे' , इसका यह अर्थ है। मरण-समय में भी कर्म करते रहें।- यह अग्नि की कृपा है। सूर्य की कृपा का अर्थ है कि बुद्धि की प्रभा अंत तक चमकती रहनी चाहिए। चंद्र की कृपा का अर्थ यह है कि मृत्यु के समय पवित्र भावना बढ़ती जानी चाहिए। चंद्र मन का, भावना का- देवता है। शुक्ल पक्ष के चंद्र की तरह मन की भक्ति, प्रेम, उत्साह, परोपकार, दया आदि शुद्ध भावनाओं का पूर्ण विकास होना चाहिए। आकाश की कृपा यानि हृदयाकाश में आसक्तिरूपी बादल बिलकुल नहीं रहने चाहिए। एक बार गांधी जी ने कहा- "मैं दिन-रात चरखा-चरखा चिल्ला रहा हूँ। चरखे को बड़ी पवित्र वस्तु मानता हूँ। परंतु अंत-समय में उसकी भी वासना नहीं रहनी चाहिए। जिसने मुझे चरखे की प्रेरणा दी है, वह स्वयं चरखे की चिंता करने में सर्वथा समर्थ है। चरखा अब दूसरे भले-भले लोगों के हाथ में चला गया है। चरखे की चिंता छोड़कर मुझे परमात्मा से मिलने को तैयार रहना चाहिए।" सारांश यह कि उत्तरायण का अर्थ है, हृदय में आसक्ति रूपी बादल का न रहना।

13 मई

साम्यसूत्र 40: आप्रायणात्
वृत्ति 20: तच्चिंतनं पुनः पुनः

20. अंतिम सांस तक हाथ से कोई-न-कोई सेवा-कार्य हो रहा है, भावना की पूर्णिमा चमक रही है, हृदयाकाश में जरा भी आसक्ति नहीं है, बुद्धि सतेज है- इस तरह जिसकी मृत्यु होगी, वह परमात्मा में लीन हुआ समझो। ऐसा परम मंगलमय अंत लाने के लिए रात-दिन सावधान और दक्ष रहकर लड़ते रहना चाहिए। एक क्षण के लिए भी मन पर अशुभ संस्कार न पड़ने देना चाहिए। ऐसा बल मिलता रहे, इसके लिए परमात्मा से सतत प्रार्थना करते रहना चाहिए। नाम-स्मरण, तत्त्व-स्मरण पुनः-पुनः करते रहना चाहिए।

रविवार 10. 4. 1932

१४ मई

नौवां अध्याय: मानव-सेवारूपी राजविद्या। समर्पणयोग

साम्यसूत्र 41: प्रात्यक्षिकी

वृत्ति 1: प्रवचने जपभावना 2: नवमाध्यायमहिमा

41. प्रत्यक्ष अनुभव की विद्या

1. आज मेरे गले में दर्द है। मुझे संदेह है कि मेरी आवाज आप तक पहुँच सकेगी या नहीं। इस समय साधुचरित बड़े माधवराव पेशवा के अंत समय की बात स्मरण आ रही है। यह महापुरुष मरणशय्या पर पड़ा था। कफ बहुत बढ़ गया था। कफ का अतिसार में पर्यवसान किया जा सकता है। अतः माधवराव ने वैद्य से कहा- "ऐसा करिए कि मेरा कफ हट जाये और उसकी जगह अतिसार हो जाये। उससे राम-नाम लेने का मुंह खुल जायेगा।" मैं भी आज परमेश्वर से प्रार्थना कर रहा था। भगवान ने कहा- "जैसा गला चले, वैसा ही बोलता रह।" मैं जो यहाँ गीता सुना रहा हूं, वह किसी को उपदेश देने के लिए नहीं। जो उससे लाभ उठाना हैं, उन्हें अवश्य उससे लाभ होगा; परंतु मैं तो गीता राम-नाम समझकर सुना रहा हूँ। गीता का प्रवचन करते समय मेरी भावना 'हरि-नाम' की रहती है।

2. मैं जो यह कर रहा हूं, उसका आज के अध्याय से संबंध है। इस अध्याय में हरि-नाम की अपूर्व महिमा बतायी गयी है। यह अध्याय गीता के मध्य भाग में खड़ा है। सारे महाभारत के मध्य गीता और गीता के मध्य यह नौवां अध्याय! अनेक कारणों से इस अध्याय को पावनता प्राप्त हुई है। कहते हैं। कि ज्ञानदेव ने जब समाधि ली, तो उन्होंने इस अध्याय का जप करते हुए प्राण छोड़ा था। इस अध्याय के स्मरण मात्र से मेरी आंखें छलछलाने लगती हैं और दिल भर आता है। व्यासदेव का यह कितना बड़ा उपकार है! केवल भारतवर्ष पर ही नहीं, सारी मनुष्य-जाति पर उनका यह उपकार है। जो अपूर्व बात भगवान ने अर्जुन को बतायी, वह शब्दों द्वारा प्रकट करने योग्य नहीं थी। परंतु दया भाव से प्रेरित होकर व्यासजी ने इसे संस्कृत भाषा द्वारा प्रकट कर दिया। गूढ़ वस्तु को वाणी का रूप दिया।

15 मई

साम्यसूत्र 41: प्रात्यक्षिकी
वृत्ति 3: पारत्रिकं को जानाति?

3. इस अध्याय के आरंभ में ही भगवान कहते हैं- **राजविद्या राजगृह्यं पवित्रमिदमुत्तमम्**। यह जो राज-विद्या है, यह जो अपूर्व वस्तु है, यह प्रत्यक्ष अनुभव करने की है। भगवान उसे 'प्रत्यक्षावगम' कहते हैं। शब्दों में न समाने वाली, परंतु प्रत्यक्ष अनुभव की कसौटी पर कसी हुई यह बात इस अध्याय में बतायी गयी है। इससे यह बहुत मधुर हो गया है। तुलसीदास जी ने कहा है-

को जानैको जैहै जमपुर, को सुरपुर पर-धामको।
तुलसिहिं बहुत भलो लागत जग जीवन राम-गुलामको॥

मरने के बाद मिलने वाले स्वर्ग और उसकी कथाओं से यहाँ क्या काम? कौन कह सकता है कि स्वर्ग कौन जायेगा, यमपुर कौन? यदि संसार में चार दिन रहना है, तो राम का गुलाम बनकर रहने में ही मुझे आनंद है- ऐसा तुलसीदासजी कहते हैं। राम का गुलाम होकर रहने की मिठास इन अध्याय में है। प्रत्यक्ष इसी देह में, इन्हीं आंखों से अनुभूत होने वाला फल, जीते-जी अनुभव की जानेवाली बातें इस अध्याय में बतायी गयी हैं, गुड़ खाते हैं तो उसकी मिठास प्रत्यक्ष मालूम होती है। उसी तरह राम का गुलाम होकर रहने की मिठास यहाँ है। इस मृत्युलोक के जीवन का माधुर्य प्रत्यक्ष चखाने वाली यह राज-विद्या इस अध्याय में कही गयी है। वैसे वह गूढ़ है, परंतु भगवान उसे सबके लिए सुलभ करके और खोलकर रख रहे हैं।

16 मई

साम्यसूत्र 42: सुसुखं कर्तुम्
वृत्ति 4: वेदसारामृतं गीता 5: वेदविचारो गहनः

42. सरल मार्ग

4. गीता जिस धर्म का सार है, उस धर्म को 'वैदिक धर्म' कहते हैं। वैदिक धर्म का अर्थ है, वेदों से निकला हुआ धर्म। इस जगतीतल पर जितने अति प्राचीन लेख हैं, उनमें वेद सबसे पहले लेख माने जाते हैं। भक्त लोग उन्हें अनादि मानते हैं। इसी से वेद पूज्य माने जाते हैं। यदि इतिहास की दृष्टि से देखा जाये, तो भी वेद हमारे समाज की प्राचीन भावनाओं के प्राचीनतम चिह्न हैं। ताम्रपट, शिलालेख, सिक्के, बर्तन, प्राणियों के अवशेष आदि की अपेक्षा ये लिखित साधन बड़े ही महत्त्वपूर्ण हैं। संसार में पहला ऐतिहासिक प्रमाण यदि कोई है, तो वह वेद है। इन वेदों में जो धर्म बीजरूप में था, उसका वृक्ष होते-होते अंत में उसमें गीता रूपी दिव्य मधुर फल लगा। फल के सिवा पेड़ का हम खायें भी क्या? जब वृक्ष में फल लगते हैं, तभी हमारे खाने की चीज उसमें हमें मिल सकती है। गीता वेदधर्म के सार का भी सार है।

5. यह जो वेद-धर्म प्राचीन काल से रूढ़ था, उसमें नाना यज्ञयाग, क्रियाकलाप, विविध तपश्चर्या, अनेक साधनाएं बतलायी गयी हैं। ऊंचे नारियल के पेड़ पर चढ़कर फल कौन तोड़े, कौन छीले और कौन फोड़े? मैं चाहे कितना ही भूखा होऊं, पर ऊंचे पेड का वह नारियल मुझे मिले कैसे? मैं नीचे से उसकी ओर देखता हूं, ऊपर से नारियल मुझे देखता है। परंतु इससे पेट की ज्वाला कैसे बुझेगी जब तक वह नारियल मेरे हाथ में न पड़े, तब तक सब व्यर्थ है। वेदों की इन नाना क्रियाओं में बड़े बारीक विचार रहते हैं। जन-साधारण को उनका ज्ञान कैसे हो? वेद-मार्ग के सिवा मोक्ष नहीं, परंतु वेदों का तो अधिकार नहीं। तब दूसरों का काम कैसे चले?

17 मई

साम्यसूत्र 42: सुसुखं कर्तुम्
वृत्ति 6: अयं तु मुक्तमार्गः 7: न स्खलेन्नपतेदिह

6. अतः कृपासागर संत लोग आगे बढ़कर बोले- "आओ, हम इन वेदों का रस निकाल लें। वेदों का सार थोड़े में निकालकर संसार को दें।" इसलिए तुकाराम महाराज कहते हैं- **वेद अनंत बोलिला। अर्थ इतुकाचि साधिला**- 'वेदों ने अनंत बातें कहीं हैं, परंतु उनमें से केवल इतना ही सार रूप अर्थ निकला है' ।'
वह अर्थ क्या है? तो हरि-नाम। हरि-नाम वेदों का सार है। राम-नाम से मोक्ष निश्चित हुआ। स्त्रियां, बच्चे, शूद्र, वैश्य, गंवार, दीन, दुर्बल, रोगी, पंगु सबके लिए मोक्ष सुलभ हो गया। वेदों की अलमारी में बंद मोक्ष को भगवान ने राजमार्ग पर लाकर रख दिया। मोक्ष की यह कितनी सीधी-सादी, सरल तरकीब! जिनका जैसा भी सीधा-सादा जीवन है, जो कुछ स्वधर्म-कर्म है, सेवा-कर्म है, उसी को यज्ञमय क्यों न बना दें? फिर दूसरे यज्ञ-याग की जरूरत ही क्या है? अपने नित्य के सीधे-सादे सेवा-कर्म को ही यज्ञ समझकर करो।
7. यही राज-मार्ग है।
यानास्थाय नरो राजन्! न प्रमाद्येत कर्हिचित्।
धावन्निमील्य वा नेत्रे न स्खलेन्न पतेदिह॥
इस मार्ग पर यदि आंखें मूंदकर दौड़ते चले जाओ, तो भी गिरने या ठोकर खाने का भय नहीं । दूसरा मार्ग है, क्षुरस्य धारा निशिता दुरत्यया। तलवार की धार भी शायद थोड़ी भोथरी पड़ेगी, ऐसा विकट यह वैदिक मार्ग है। राम का गुलाम होकर रहने का मार्ग अधिक सुलभ है। इंजीनियर रास्ते की ऊंचाई धीरे-धीरे बढ़ाता हुआ ऊपर ले जाता है और हमें ऊंचे शिखर पर ला बिठाता है। हमें पता भी नहीं लगता कि इतने ऊंचे चढ़ रहे हैं। मनुष्य जिस जगह कर्म करते हुए खड़ा है; वहीं उस सादे कर्म द्वारा वह परमात्मा को प्राप्त कर सकता है- ऐसा यह मार्ग है।

18 मई

साम्यसूत्र 42: सुसुखं कर्तुम्
वृत्ति 8: हरिरेव जगत् जगदेव हरिः

8. परमेश्वर क्या कहीं छिपकर बैठा है? किसी खोह में, किसी घाटी में, किसी नदी में या किसी स्वर्ग में वह लुककर बैठ गया है? लाल, नीलम, चांदी-सोना पृथ्वी के पेट में छिपा रहता है। मोती-मूंगा रत्नाकर समुद्र में छिपे रहते हैं। वैसा वह परमेश्वररूपी 'लाल रतन' क्या कहीं छिपा हुआ है? भगवान को कहीं से खोदकर निकालना है? यह सामने और सर्वत्र भगवान ही खड़ा है। ये सभी लोग परमात्मा की ही तो मूर्तियां हैं।

भगवान कहते हैं-: "इस मानव रूप में प्रकटित हरि-मूर्ति का अपमान मत करो भाई!" ईश्वर ही सारे चराचर में प्रकट हो रहा है। उसे खोजने के लिए कृत्रिम उपायों की क्या जरूरत? उपाय तो सीधा सरल है। तुम जो कुछ सेवा-कार्य करो, उस सबका संबंध भगवान से जोड़ दो; बस, काम बन गया। तुम राम के गुलाम हो जाओ। वह कठिन वेद-मार्ग, वह यज्ञ, वह स्वाहा, वह स्वधा, वह श्राद्ध, वह तर्पण सब हमें मोक्ष की ओर ले जायेंगे। परंतु उसमें अधिकारी और अनधिकारी का झमेला खड़ा होता है। हमें उनकी जरूरत ही नहीं। इतना ही करो कि जो कुछ करते हो, वह ईश्वरार्पण कर दो। अपनी प्रत्येक कृति का संबंध ईश्वर से जोड़ दो। इस नौवें अध्याय की यही शिक्षा है। इसलिए यह भक्तों को बहुत प्रिय है।

19 मई

साम्यसूत्र 43: अधिकार-सामान्यात्
वृत्ति 9: पापयोनीनामप्यधिकारः

43. अधिकार-भेद की झंझट नहीं

9. कृष्ण के सारे जीवन में उसका बचपन बहुत ही मधुर है। बालकृष्ण की ही विशेष उपसना की जाती है। वह ग्वाल-बालों के साथ गायें चराने जाता है, उनके साथ खाता-पीता और हंसता-खेलता। इंद्र की पूजा करने के लिए जब ग्वाल-बाल निकले, तो उसने उनसे कहा- "इंद्र को किसने देखा है? उसके उपकार ही क्या है? पर यह गोवर्धन पर्वत हमें प्रत्यक्ष दिखायी देता है। यहाँ गायें चरती हैं। इसमें पानी के सोते बहते हैं। अतः इसी की पूजा करो।" ऐसी बातें वह उन्हें सिखाया करता। जिन ग्वालों में खेला, जिन गोपियों से हंसा-बोला, जिन गाय-बछड़ों में रमा, उन सबके लिए उसने मोक्ष का द्वार खोल दिया। कृष्ण परमात्मा ने अपने अनुभव से यह सरल मार्ग बताया है। बचपन में उसका गाय-बछड़ों से संबंध रहा। बड़े होने पर घोड़ों से। मुरली की ध्वनि सुनते ही गायें गद्गद् हो जातीं और कृष्ण के हाथ फेरते ही घोड़े फुरफुराने लगते। वे गाय-बछड़े और वे रथ के घोड़े केवल कृष्णमय हो जाते। 'पापयोनि' माने गये उन पशुओं को भी मानों मोक्ष मिल जाता था। मोक्ष पर केवल मनुष्य का ही अधिकार नहीं, बल्कि पशु-पक्षियों का भी है- यह बात श्रीकृष्ण ने स्पष्ट कर दी है। अपने जीवन में उन्होंने इस बात का अनुभव किया था।

20 मई

साम्यसूत्र 43: अधिकार-सामान्यात्

वृत्ति 10: व्यासस्य संमतम्

10. जो अनुभव भगवान को हुआ, वही व्यास जी को भी हुआ। कृष्ण और व्यास, दोनों एकरूप ही हैं। दोनों के जीवन का सार भी एक ही है। मोक्ष न विद्वत्ता पर अवलंबित है, न कर्म-कलाप पर। उसके लिए तो सीधी-सादी भक्ति ही पर्याप्त है। 'मैं' 'मैं' कहने वाले ज्ञानी पीछे ही रह गये और भोली-भावुक स्त्रियां उनसे आगे बढ़ गयीं। यदि मन पवित्र हो और सीधा-भोला पवित्र भाव हो, तो फिर मोक्ष कठिन नहीं है। महाभारत में '**जनक-सुलभा-संवाद**; नामक प्रकरण है। उसमें व्यासजी ने एक ऐसे प्रसंग की रचना की है, जिसमें राजा जनक ज्ञान प्राप्ति के लिए एक स्त्री के पास गये हैं। आप लोग भले ही बहस करते रहें कि स्त्रियों को वेदों का अधिकार है या नहीं, परंतु सुलभा तो यहाँ प्रत्यक्ष जनक राजा को ब्रह्मविद्या सिखा रही है। वह एक मामूली स्त्री और जनक कितना बड़ा सम्राट! कितनी विद्याओं से संपन्न! पर उस महाज्ञानी जनक के पास मोक्ष नहीं था। इसलिए व्यासदेव ने उसे सुलभा के चरणों में झुकाया। ऐसी ही बात उस तुलाधार वैश्य की है। जाजलि ब्राह्मण उसके पास ज्ञान पाने के लिए जाता है। तुलाधार कहता है- "तराजू की डंडी सीधी रखने में ही मेरा सारा ज्ञान समाया हुआ है!" वैसी ही कथा व्याध की है। व्याध ठहरा कसाई। पशुओं को मारकर वह समाज की सेवा करता था। एक अहंकारी तपस्वी ब्राह्मण को उसके गुरु ने व्याध के पास जाने के लिए कहा। ब्राह्मण को आश्चर्य हुआ कि यह कसाई मुझे क्या ज्ञान देगा? ब्राह्मण व्याध के पास गया। व्याध क्या कर रहा था? मांस काट रहा था, मांस धो रहा था और साफ करके उसे बिक्री के लिए रख रहा था। उसने ब्राह्मण से कहा- "देखो, मेरा यह कर्म जितना धर्ममय किया जा सकता है, उतना मैं करता हूँ। अपनी आत्मा जितनी इस कर्म में उंड़ेली जा सकती है, उतनी उंड़ेलकर मैं यह कर्म करता हूँ और अपने मां-बाप की सेवा करता हूँ।" ऐसे इस व्याध के रूप में व्यास देव ने आदर्श मूर्ति खड़ी की है।

21 मई

साम्यसूत्र 43: अधिकार-सामान्यात्
वृत्ति 11: वधिकोदाहरणमात्यंतिकम्

11. महाभारत में ये जो स्त्री, शूद्र, वैश्य आदि की कथाएं आती हैं, उनका उद्देश्य यही है कि सबको यह साफ-साफ दीख जाये कि मोक्ष का द्वार सबके लिए खुला है। इन कथाओं का तत्त्व इस नौवें अध्याय में बतलाया गया है। इन कथाओं पर इस अध्याय में मुहर लगायी गयी है। राम का गुलाम होकर रहने में जो मिठास है, वही व्याध के जीवन में है। संत तुकाराम अहिंसक थे, परंतु उन्होंने बड़े चाव से यह वर्णन किया है कि सजन कसाई ने कसाई का काम करके मोक्ष प्राप्त कर लिया। तुकाराम ने एक जगह कहा है- "भगवन, पशुओं का वध करने वालों की क्या गति होगी!" परंतु- सजन कसाया विकूं लागे मांस- 'सजन कसाई के साथ मांस बेचता है ' - यह चरण लिखकर उन्होंने कहा कि भगवान सजन कसाई की मदद करते हैं। नरसी मेहता की हुंडी सकारने वाला, एकनाथ के यहाँ कांवर भरकर लानेवाला, दामाजी के लिए महार बनने वाला, महाराष्ट्र की प्रिय जनाबाई को कूटने-पीसने में मदद करने वाला भगवान सजन कसाई की भी उतने ही प्रेम से मदद करता है, ऐसा तुकाराम कहते हैं। सारांश यह कि अपने कृत्यों का संबंध परमेश्वर से जोड़ना चाहिए। कर्म यदि शुद्ध भावना से पूर्ण और सेवामय हो, तो वह यज्ञरूप ही है।

22 मई

साम्यसूत्र 44: समर्पणेन योगः
वृत्ति 12: सहानुभूति-रसायनम्

44. कर्मफल भगवान को अर्पण
12. नौवें अध्याय में यही विशेष बात कही गयी है। इसमें कर्म-योग और भक्ति-योग का मधुर-मिलाप है। कर्मयोग का अर्थ है कर्म तो करना, परंतु फल का त्याग कर देना। कर्म ऐसी खूबी से करो कि फल की वासना चित्त को न छुए। यह अखरोट के पेड़ लगाने जैसा है। अखरोट के वृक्ष में पच्चीस वर्ष में फल लगते हैं। लगाने वाले को अपने जीवन में शायद ही उसके फल चखने को मिलें। फिर भी पेड़ लगाना और उसे बहुत प्रेम से पानी पिलाना है। कर्म-योग का अर्थ है- पेड़ लगाना और फल की अपेक्षा न रखना। और भक्ति-योग किसे कहते हैं? भावपूर्वक ईश्वर के साथ जुड़ जाने का अर्थ है- भक्ति-योग। राज-योग में कर्म-योग और भक्ति-योग दोनों इकट्ठे हो जाते हैं। राजयोग की कई लोगों ने कई व्याख्याएं की हैं, परंतु राजयोग यानि कर्म-योग और भक्ति-योग का मधुर- मिश्रण, ऐसी थोड़े में मेरी व्याख्या है।
कर्म तो करना है, पर फल फेंकना नहीं, प्रभु को अर्पण कर देना है। फल फेंक देने का अर्थ होता है फल का निषेध, किंतु अर्पण में ऐसा नहीं होता। बहुत सुंदर व्यवस्था है यह! बड़ी मिठास है इसमें। फल छोड़ने का यह अर्थ नहीं कि फल कोई लेगा ही नहीं। कोई-न-कोई तो फल लेगा ही। किसी-न-किसी को तो वह मिलेगा ही। फिर ऐसे तर्क खड़े हो सकते हैं कि जो इस फल को पायेगा। वह इसका अधिकारी भी है या नहीं? कोई भिखारी घर आ जाता है, तो हम झट् कहते हैं- "अरे, तू खासा मोटा-ताजा है। भीख मांगना तुझे शोभा नहीं देता। चला जा।' हम यह देखते हैं कि उसका भीख मांगना उचित है या नहीं। भिखारी बेचारा शर्मिंदा होकर चला जाता है। हममें सहानुभूति का पूर्ण अभाव होगा तो भीख मांगने वाले की योग्यता हम जानेंगे कैसे?

23 मई

साम्यसूत्र 44: समर्पणेन योगः
वृत्ति 13: अपात्रं पात्रीभवति भावनेन

13. बचपन में मैंने एक बार अपनी मां से भिखारियों के बारे में ऐसी ही शंका की थी। उसने जो उत्तर दिया, वह अभी तक मेरे कानों में गूंज रहा है। मैंने उससे कहा- "यह भिखारी तो हट्टा-कट्टा दीखता है। इसको भिक्षा देने से तो व्यसन और आलस्य ही बढ़ेंगे।" गीता का देशे काले च पात्रे च............ यह श्लोक भी मैंने उसे सुनाया। वह बोली- "जो भिखारी आया था, वह परमेश्वर ही था- अब पात्रापात्रता का कर विचार। भगवान क्या अपात्र हैं? पात्रापात्रता का विचार करने का तुझे और मुझे क्या अधिकार है? अधिक विचार करने की मुझे जरूरत नहीं मालूम होती। मेरे लिए वह भगवान ही है।" मां के इस उत्तर का कोई जवाब अभी तक मुझे नहीं सूझा है।
दूसरों को भोजन कराते समय मैं उसकी पात्रापात्रता का विचार करता हूं; परंतु अपने पेट में रोटी डालते समय मुझे यह ख्याल तक नहीं आता कि मुझे भी इसका कोई अधिकार है या नहीं? जो हमारे दरवाजे आ जाता है, उसे अभद्र भिखारी ही क्यों समझा जाये? जिसे हम देते हैं, वह भगवान ही है, ऐसा हम क्यों न समझें?

24 मई

साम्यसूत्र 44: समर्पणेन योगः
वृत्ति 14: पात्रापात्रविवेकः सुबोधः 15: कामक्रोधौ समर्पितौ 16: इंद्रियाणि साधनानि

14. राजयोग कहता है "तुम्हारे कर्म का फल किसी-न-किसी को तो मिलेगा ही न? तो उसे भगवान को ही दे डालो। उसी को अर्पण कर दो।" राजयोग उचित स्थान बता रहा है। यहाँ फलत्यागरूपी निषेधात्मक कर्म भी नहीं है और सब कुछ भगवान को ही अर्पण करना है, इसलिए पात्रापात्रता का प्रश्न भी हल हो जाता है। भगवान को जो दान दिया गया है, वह सदा-सर्वदा शुद्ध ही है। तुम्हारे कर्म में यदि दोष भी रहा, तो उसके हाथों में पड़ते ही वह पवित्र हो जायेगा। हम दोष दूर करने का कितना ही उपाय करें, तो भी दोष बाकी रहता ही है। फिर भी हम जितने शुद्ध होकर कर्म कर सकें, करें। बुद्धि ईश्वर की देन है। उसका जितना शुद्धता से उपयोग किया जा सकता है, करना हमारा कर्तव्य ही है। ऐसा न करना अपराध होगा। अतः पात्रापात्र-विवेक तो करना ही चाहिए; किंतु भगवद्भाव रखने से वह सुलभ हो जाता है।

15. फल का विनियोग चित्त-शुद्धि के लिए करना चाहिए। जो काम जैसा हो जाये, वैसा ही भगवान को अर्पण कर दो। प्रत्यक्ष क्रिया जैसे-जैसे होती जाये वैसे-वैसे उसे भगवान को अर्पण करके मन की पुष्टि प्राप्त करते रहना चाहिए। फल को छोड़ना नहीं हैं, उसे भगवान को अर्पण कर देना है। यह तो क्या, मन में उत्पन्न होने वाली वासनाएं और काम-क्रोधादि विकार भी परमेश्वर को अपर्ण करके छुट्टी पाना है। **काम-क्रोध आम्हीं वाहिले विठ्ठलीं**- 'काम-क्रोध मैंने प्रभु के चरणों में अर्पण कर दिये हैं।' यहाँ न तो संयमाग्नि में जलना है, न झुलसना। चट् अर्पण किया और छूटे। न किसी को दबाना, न मारना! **रोग जाय दुधें साखरें। तरी निंब कां पियावा**- 'जो गुड़ दीन्हें ही मरै, माहुर काहे देय?'

16. इंद्रियां भी साधन हैं। उन्हें ईश्वरार्पण कर दो। कहते हैं- "कान हमारी नहीं सुनते", तो फिर क्या सुनना ही बंद कर दें? नहीं, सुनो जरूर, पर हरिकथा ही सुनो। न सुनना बड़ा कठिन है। परंतु हरिकथारूपी श्रवण का विषय देकर कान का उपयोग करना अधिक सुलभ, मधुर और हितकर है। अपने कान तुम राम को दे दो। मुख से राम-नाम लेते रहो। इंद्रियां शत्रु नहीं हैं। वे अच्छी हैं। उनमें बड़ा सार्मथ्य है। अतः ईश्वरार्पण- बुद्धि से प्रत्येक इंद्रिय से काम लेना- यही राज-मार्ग है। इसी को 'राजयोग' कहते हैं।

25 मई

साम्यसूत्र 45: क्रियाविशेषानपेक्षः
वृत्ति 17: यशोदावत् बालसंगोपनम्

45. विशिष्ट क्रिया का आग्रह नहीं
17. ऐसा नहीं कि कोई विशेष क्रिया ही भगवान को अर्पण करनी है। कर्ममात्र उसे सौंप दो। शबरी के वे बेर! राम ने उन्हें कितने प्रेम से स्वीकार किया। परमेश्वर की पूजा करने के लिए गुफा में जाकर बैठने की जरूरत नहीं है। तुम जहां, जो भी कर्म करो, वह परमेश्वर को अर्पण करो। मां बच्चे को संभालती है, मानो भगवान को ही संभालती है। बच्चे को नहलाती क्या है, परमेश्वर पर रुद्राभिषेक ही करती है। बालक परमेश्वरीय कृपा की देन है, ऐसा मानकर मां को चाहिए कि वह परमेश्वर-भावना से बच्चे का लालन-पालन करे। कौशल्या राम की और यशोदा कृष्ण की चिंता कितने दुलार से करती थी। उसका वर्णन करते हुए शुक, वाल्मीकि, तुलसीदास ने अपने को धन्य माना। उस क्रिया में उन्हें अपार कौतुक मालूम होता है। माता की वह सेवासंगोपन-क्रिया अत्यंत उच्च है। वह बालक यानि परमेश्वर की मूर्ति! उस मूर्ति की सेवा से बढ़कर भाग्य क्या हो सकता है? यदि एक-दूसरे की सेवा करते समय हम ऐसी ही भावना रखें, तो हमारे कर्मों में कितना परिवर्तन हो जायेगा! जिसको जो सेवा मिल गयी, वह ईश्वर की ही सेवा है, ऐसी भावना करते रहना चाहिए।

26 मई

साम्यसूत्र 45: क्रियाविशेषानपेक्षः
वृत्ति 18: कृषकस्य वृषभसेवा 19: पाकयज्ञो गृहलक्ष्म्याः

18. किसान बैल की सेवा करता है। क्या वह बैल तुच्छ है? नहीं, वेदों में वामदेव ने शक्तिरूप से विश्व में व्याप्त जिस बैल का वर्णन किया है, वही उस किसान के बैल में भी है-

चत्वारि शृंगा त्रयो अस्य पादाः द्वे शीर्षे सप्त हस्तासो अस्य।
त्रिधा बद्धो वृषभो रोरवीति महो देवो मर्त्यां आ विवेश॥

- 'जिसके चार सींग हैं, तीन पैर हैं, दो सिर हैं, सात हाथ हैं, जो तीन जगह बंधा हुआ है, जो महान तेजस्वी होकर सब मर्त्य वस्तुओं में व्याप्त है, उसी गर्जना करने वाले विश्वव्यापी बैल की पूजा किसान करता है।' टीकाकारों ने इस एक ऋचा के पांच-सात भिन्न-भिन्न अर्थ दिये हैं। यह बैल है भी विचित्र! आकाश में गर्जना करके जो बैल पानी बरसाता है, वही मल-मूत्र की वृष्टि करके खेत में फसल पैदा करने वाले इस किसान के बैल में मौजूद है। यदि किसान इस उच्च भावना से अपने बैलों की सेवा करेगा, तो उसकी यह मामूली सेवा भी ईश्वर को अर्पण हो जायेगी।

19. इसी तरह हमारे घर की गृह-लक्ष्मी, जो चौका लगाकर रसोईघर को साफ सुथरा रखती है, चूल्हा जलाती है, स्वच्छ और सात्त्विक भोजन बनाती है और यह इच्छा रखती है कि यह रसोई मेरे घर के सब लोगों को पुष्टि-तृष्टिदायक हो, तो उसका यह सारा कर्म यज्ञरूप ही है। चूल्हा क्या, मानो उस माता ने एक छोटा सा यज्ञकुंड ही जलाया है। परमेश्वर को तृप्त करने की भावना मन में रखकर जो भोजन तैयार किया जायेगा, वह कितना स्वच्छ और पवित्र होगा, जरा इसकी कल्पना तो कीजिए। यदि उस गृहलक्ष्मी के मन में ऐसी उच्च भावना हो, तो उसे फिर भागवत की ऋषि-पत्नियों के ही समतोल रखना होगा। ऐसी कितनी ही माताएं सेवा करके तर गयी होंगी और 'मैं-मैं' करने वाले पंडित और ज्ञानी कोने में ही पड़े रहे होंगे।

27 मई

साम्यसूत्र 46: व्यापकत्वात्
वृत्ति 20: पुरुषसूक्तेन स्नानम्

46. सारा जीवन हरिमय हो सकता है

20. हमारा दैनिक क्षण-क्षण का जीवन मामूली दिखायी देता हो, तो भी वह वास्तव में वैसा नहीं होता। उसमें बड़ा अर्थ भरा है। सारा जीवन एक महान यज्ञकर्म ही है। आपकी निद्रा क्या, एक समाधि है। सब प्रकार के भोगों को यदि हम ईश्वरार्पण करके निद्रा लेंगे, तो वह समाधि नहीं तो क्या होगी? हम लोगों में स्नान करते समय पुरुषसूक्त के पाठ करने की रूढ़ि चली आ रही है। अब सोचो कि इस स्नान की क्रिया से इस पुरुषसूक्त का क्या संबंध? देखना चाहोगे तो संबंध जरूर दिखेगा। जिस विराट पुरुष के हजार हाथ और हजार आंखें हैं, उसका मेरे इस स्नान से क्या संबंध। संबंध यह कि तुम जो लोटा भर जल सिर पर डालते हो, उसमें हजारों बूंदे हैं। वे बूंदें तुम्हारा मस्तक धो रही हैं- तुम्हें निष्पाप बना रही हैं। मानो तुम्हारे मस्तक पर ईश्वर का आशीर्वाद बरस रहा है। परमेश्वर के सहस्र हाथों से सहस्रधारा ही मानो तुम पर बरस रही है। इन बूंदों के रूप में मानो परमेश्वर ही तुम्हारे सिर के अंदर का मैल धो रहा है। ऐसी दिव्य भावना उस स्नान में उंड़ेलो, तो वह स्नान कुछ निराला ही हो जायेगा, उस स्नान में अनंत शक्ति आ जायेगी।

28 मई

साम्यसूत्र 46: व्यापकत्वात्
वृत्ति 21: . वस्त्रेव भद्रा सुकृता

21. कोई भी कर्म जब इस भावना से किया जाता है कि वह परमेश्वर का है तो मामूली होने पर भी पवित्र हो जाता है, यह बात अनुभवसिद्ध है। मन में जरा यह भावना करके देखो तो कि जो व्यक्ति हमारे घर आया है वह ईश्वररूप है। मामूली तौर पर कोई बड़ा आदमी भी जब हमारे घर आता है, तो हम कितनी सफाई रखते हैं और कैसा बढ़िया भोजन बनाते हैं। फिर यदि यह भावना करें कि यह परमेश्वर है, तो भला बताओ, हमारी उस क्रिया में कितना फर्क पड़ जायेगा? **कबीर** कपड़े बुनता था। उसी में निमग्न होकर वह गाता- **झीनी झीनी बीनी चदरिया।** वह गाता हुआ झूमता जाता, मानो परमेश्वर को ओढ़ाने के लिए वह चादर बुन रहा हो। ऋग्वेद का ऋषि कहता है- **वस्त्रेव भद्रा सुकृता वसूयुः।** "मैं अपना यह स्तोत्र सुंदर हाथों से बुने हुए वस्त्र की तरह ईश्वर को पहनाता हूँ।" कवि स्तोत्र बनाता है ईश्वर के लिए। बुनकर जो वस्त्र बनाता है, सो भी ईश्वर के लिए ही। कैसी हृदयंगम कल्पना! कितना चित्त को विशुद्ध बनाने वाला और हृदय को हिलोर देने वाला विचार! यह भावना यदि जीवन में एक बार जाये, तो फिर जीवन कितना निर्मल हो जोयगा! अंधेरे में बिजली चमकती है, तो वह अंधेरा एक क्षण में प्रकाश बन जाता है। वह अंधकार क्या धीरे-धीरे प्रकाश बनता है? नहीं, एक क्षण में ही सारा भीतर-बाहर परिवर्तन हो जाता है। उसी तरह प्रत्येक क्रिया को ईश्वर से जोड़ देते ही जीवन में एकदम अद्‌भुत शक्ति आती है। प्रत्येक क्रिया विशुद्ध होने लगती है। जीवन में उत्साह का संचार होता है। आज हमारे जीवन में उत्साह है कहां? हम जी रहे हैं, क्योंकि मरते नहीं। उत्साह का चारों ओर अकाल है। कलाहीन रोता जीवन! परंतु जरा यह भाव मन में लाओ कि हमें अपनी सब क्रियाएं ईश्वर के साथ जोड़नी हैं। फिर देखोगे कि तुम्हारा जीवन कितना रमणीय और नमनीय हो जाती है।

29 मई

साम्यसूत्र 46: व्यापकत्वात्
वृत्ति 22: पांथिको नारायणः

22. इसमें शक नहीं कि परमेश्वर के एक नाम मात्र से झट् परिवर्तन हो जाता है। यह मत कहो कि राम कहने से क्या होता है! जरा कहकर तो देखो! कल्पना करो कि संध्या समय किसान काम करके घर लौट रहा है। रास्ते में उसे कोई यात्री मिल जाता है। वह उससे कहता है- **चाल घरा उभा राहे नारायणा।** 'हे पदयात्री नारायण, जरा ठहरो। अब रात हो आयी। भगवन, मेरे घर चलो।' उस किसान के मुंह से ऐसे शब्द निकलने तो दो, फिर देखो, उस यात्री का रूप बदलता है या नहीं। वह यात्री यदि डाकू और लुटेरा होगा, तो भी पवित्र हो जायेगा। यह फर्क भावना के कारण होता है। भावना में ही सब कुछ भरा है। जीवन भावनामय है। बीस साल का एक पराया लड़का घर आता है, पिता उसे अपनी कन्या देता है। वह लड़का है तो सिर्फ बीस साल का, परंतु पचास साल का श्वशुर उसके पैर छूता है, यह क्या बात है? कन्या अर्पण करने का वह कार्य ही कितना पवित्र है! वह जिसे दी जाती है, वह परमेश्वर ही मालूम होता है। यह जो भावना दामाद के प्रति, वर के प्रति रखी जाती है, उसी को और ऊपर ले जाओ, और आगे बढ़ाओ।

30 मई

साम्यसूत्र 46: व्यापकत्वात्
वृत्ति 23: वाल्मीकि-परिवर्तनम्

23. कोई कहेगा कि आखिर ऐसी झूठी कल्पना करने से लाभ क्या? मैं कहता हूँ कि पहले से ही सच्चा-झूठा मत कहो। पहले अभ्यास करो, अनुभव लो, तब तुम्हें सच-झूठ मालूम हो जायेगा। उस कन्यादान में कोरी शाब्दिक नहीं, किंतु यह सच्ची भावना करो कि वह जमाई सचमुच ही परमात्मा है, तो फिर देखोगे कि कितना फर्क पड़ जाता है। इस पवित्र भावना के प्रभाव से वस्तु के पूर्वरूप और उत्तर रूप में आकाश-पाताल का अंतर पड़ जायेगा। कुपात्र सुपात्र बन जायेगा। दुष्ट सुष्ट बन जायेगा। वाल्या भील का कायापलट इसी तरह हुआ न? वीणा पर उंगलियां नाच रही हैं, मुख से नारायण नाम का जप चल रहा है और मारने के लिए दौड़ने पर भी शांति डिगती नहीं, बल्कि उसकी ओर प्रेमपूर्ण दृष्टि से निहारता है- वाल्या ने ऐसा दृश्य ही इससे पहले कभी नहीं देखा था। उसने अभी तक दो ही प्रकार के प्राणी देखे थे- एक तो उसकी कुल्हाड़ी देखकर भाग जाने वाले या उलटकर उस पर हमला करने वाले। परंतु नारद उसे देखकर न तो भागे, न हमला ही किया, बल्कि शांत भाव से खड़े रहे। वाल्या की कुल्हाड़ी रुक गयी। नारद की न भौहें हिलीं, न आंखें झपकीं, मधुर भजन ज्यों-का-त्यों जारी रहा। नारद ने वाल्या से पूछा- "तुम्हारी कुल्हाड़ी क्यों रुक गयी?" वाल्या ने कहा- "आपके शांत भाव को देखकर।" नारद ने वाल्या का रूपांतर कर दिया। वह रूपांतर झूठ था या सच?

31 मई

साम्यसूत्र 46: व्यापकत्वात्
वृत्ति 24: वस्तुतो न कश्चित् दुष्टो नाम

24, सचमुच संसार में कोई दुष्ट है या नहीं, इसका निर्णय आखिर कौन करे? कोई असली दुष्ट आ जाये तो भी ऐसी भावना करो कि यह परमात्मा है। वह दुष्ट हो भी, तो संत बन जायेगा। तो क्या झूठ-मूठ यह भावना करें? मैं कहता हूं, किसको पता है कि वह दुष्ट ही है? कुछ लोग कहते हैं कि सज्जन लोग खुद अच्छे होते हैं, इसलिए उन्हें सब कुछ अच्छा दिखायी पड़ता है, किंतु वास्तव में ऐसा नहीं होता। तो फिर तुम्हें जैसा दिखायी देता है, उसी को सच मान लें? सृष्टि का सम्यक् ज्ञान होने का साधन मानो अकेले दुष्टों के ही पास है। यह क्यों न कहें कि सृष्टि तो अच्छी है, पर तुम दुष्ट हो, इसलिए वह तुम्हें दुष्ट दिखायी देती है। देखो, सृष्टि तो आईना है। तुम जैसे होगे, वैसा ही सामने की सृष्टि में तुम्हारा प्रतिबिंब दिखायी देगा। जैसी तुम्हारी दृष्टि, वैसा ही सृष्टि का रूप? इसलिए ऐसी कल्पना करो कि यह सृष्टि अच्छी है, पवित्र है। अपनी मामूली क्रिया में भी ऐसी भावना का संचार करो। फिर देखो कि क्या चमत्कार होता है। भगवान यही बात समझा देना चाहते हैं-

यत्करोषि यदश्नासि यज्जुहोषि ददासि यत्।
यत्तपस्यसि कौंतेय तत्कुरुष्व मदर्पणम्॥

-'तुम जो कुछ करो, सब ज्यों-का-त्यों भगवान को अर्पण कर दो।'

1 जून

साम्यसूत्र 46: व्यापकत्वात्
वृत्ति 25: मातृकथिता कृष्णार्पणकथा

25. मेरी मां बचपन में एक कहानी सुनाया करती थी। बात मजेदार है, परंतु उसका रहस्य बहुत मूल्यवान है। एक स्त्री थी। उसका यह निश्चय था कि जो कुछ करूंगी, कृष्णार्पण कर दूंगी। चौका लीपने के बाद बची हुई गोबर-मिट्टी का गोला बनाकर बाहर फेंकती और कह देती- 'कृष्णार्पणमस्तु।' होता क्या था कि वह गोबर का गोला वहाँ से उठता और मंदिर में भगवान की मूर्ति के मुंह पर जा चिपकता। पुजारी बेचारा मूर्ति को धो-धोकर थक गया, पर करे क्या? अंत में मालूम हुआ कि यह करामात उस स्त्री की थी। जब तक वह स्त्री जीवित है, तब तक मूर्ति कभी साफ रह ही नहीं सकती। एक दिन वह स्त्री बीमार पड़ गयी। मरण की अंतिम घड़ी निकट आ गयी। उसने मरण को भी कृष्णार्पण कर दिया। उसी समय मंदिर की मूर्ति के टुकड़े-टुकड़े हो गये। मूर्ति टूटकर गिर पड़ी। स्वर्ग से विमान आया स्त्री को लेने के लिए। विमान को भी कृष्णार्पण कर दिया। विमान जाकर मंदिर से टकराया और वह भी टुकड़े-टुकड़े हो गया। स्वर्ग श्रीकृष्ण के ध्यान के सामने व्यर्थ है।

2 जून

साम्यसूत्र 46: व्यापकत्वात्
वृत्ति 26: विठ्ठल-मिश्रितं स्वादु

26. सारांश यह कि जो कुछ भले-बुरे कर्म हमसे बन पड़े, उन सबको ईश्वरार्पण कर देने से उनमें कुछ और ही सामर्थ्य उत्पन्न हो जाता है। ज्वार का दाना यों कुछ पीलापन और लाली लिये हुए होता है। पर उसी को भूनने से कितनी बढ़िया फूली बन जाती है। साफ सफेद, अठपहलू व्यवस्थित और शानदार वह फूली उस दाने के पास रखकर तो देखो! कितना अंतर है! मगर वह फूली है, उस दाने की ही, इसमें संदेह नहीं। यह अंतर केवल अग्नि के कारण हो गया।
इसी तरह उस कड़े दाने को चक्की में डालकर पीसो, तो उसका मुलायम आटा बन जायेगा। अग्नि के संपर्क से फूली बन गयी, चक्की में डालने से मुलायम आटा बन गया। इसी तरह हमारी किसी छोटी-सी क्रिया पर हरिस्मरणरूपी संस्कार करने से वह अपूर्व हो जायेगी। भावना से मोल बढ़ जाता है। वह गुड़हल का मामूली-सा फूल, बेल की पंत्तियां, तुलसी की मंजरी और दूब के तिनके, इन्हें तुच्छ मत मानो- **तुका म्हणे चवी आलें। जें कां मिश्रित विठ्ठलें-** 'तुका कहता है कि जो भी राम-मिश्रित हो जाता है, उसमें स्वाद आ जाता है।'
प्रत्येक बात में भगवान को मिला दो और फिर अनुभव करो, इस रामरूपी मसाले के बराबर दूसरा कोई मसाला है क्या? इस दिव्य मसाले से बढ़कर तुम दूसरा कौन-सा मसाला लाओगे? यही ईश्वर रूपी मसाला अपनी प्रत्येक क्रिया में मिला दो, फिर सब कुछ सुंदर और रुचिकर हो जायेगा।

3 जून

साम्यसूत्र 46: व्यापकत्वात्　　　　वृत्ति 27: मधुरेणोत्थापयेत्

27. रात को आठ बजे, जब मंदिर में आरती हो रही हो, धूप की सुगंध फैल रही हो, दीप जलाये जा रहे हों, आरती उतारी जा रही हो, ऐसे समय सचमुम यह भावना होती है कि हम परमात्मा के दर्शन कर रहे हैं। भगवान दिन भर जागे अब उनके सोने का समय हुआ। भक्त गाते हैं- "**सुख निंदिया अब सोओ गोपाल।**"
पर शंकाशील पूछता है- "भला, भगवान भी कहीं सोता है?" अरे भगवान क्या नहीं करता! भले आदमी, अगर भगवान सोता नहीं, जागता नहीं तो क्या पत्थर सोयेगा, जागेगा? भाई, भगवान ही सोता है, भगवान ही जागता है, और भगवान ही खाता-पीता है। तुलसीदासजी प्रातः काल के समय भगवान को जगाते हैं, विनय करते हैं- जागिये रघुनाथ कुंवर पंछी बन बोले। अपने भाई-बहनों को, स्त्री-पुरुषों को रामचंद्र की मूर्ति मानकर वे कहते हैं- "मेरे रामचंद्रों, अब उठो।" कितना सुंदर विचार है! नहीं तो किसी बोर्डिंग को देखो वहाँ लड़कों को उठाते समय डांटकर कहते हैं- "अरे, उठते हो कि नहीं?" प्रातः काल की मंगल-वेला! ऐसे समय कठोर वाणी अच्छी लगती है? विश्वामित्र के आश्रम में रामचंद्र जी सो रहे हैं। विश्वामित्र उन्हें उठा रहे हैं। वाल्मीकि-रामायण में उसका वर्णन है-

रामेति मधुरां वाणीं विश्वामित्रोऽभ्यभाषत।
उत्तिष्ठ नरशार्दूल पूर्वा संध्या प्रवर्तते॥

"बेटा राम, उठो अब।" ऐसी मीठी वाणी से विश्वामित्र उन्हें उठा रहे हैं। कितना मधुर है यह कर्म। बोर्डिंग का वह जगाना कितना कर्कश! उस सोते हुए लड़के को ऐसा मालूम होता है, मानो कोई सात जन्म का वैरी ही जगाने आया है। पहले धीरे-धीरे पुकारो, फिर कुछ जोर से पुकारो। परंतु पुकारने में कर्कशता, कठोरता बिलकुल न हो। यदि न जगे, तो फिर दस मिनट के बाद जगाओ। आशा रखो कि आज नहीं तो कल (जल्दी) उठेगा। उसे जगाने के लिए मीठे-मीठे भजन, प्रभाती, स्तोत्र आदि सुनाओ। जगाने की क्रिया मामूली है परंतु उसे कितना काव्यमय, सहृदय और सुंदर बना सकते हैं! मानो भगवान को ही उठाना है। परमेश्वर की मूर्ति को ही धीरे से जगाना है। नींद से कैसे जगाना, इसका भी एक शास्त्र है।

4 जून

साम्यसूत्र 46: व्यापकत्वात्
वृत्ति 28: गुरुशिष्यावन्योन्यदेवते

28. अपने सब व्यवहारों में इस कल्पना को लाओ। शिक्षाशास्त्र में तो इस कल्पना की बड़ी ही आवश्यकता है। लड़के क्या है, प्रभु की मूर्तियां हैं। गुरु की यह भावना होनी चाहिए कि मैं इन देवताओं की ही सेवा कर रहा हूँ। तब वह लड़कों को ऐसे नहीं झिड़केगा- "चला जा अपने घर! खड़ा रह घंटे भर। हाथ आगे कर। कैसे मैले कपड़े हैं! नाक से कितनी रेंट बह रही है!" बल्कि हल्के हाथ से नाक साफ कर देगा, मैले कपड़े धो देगा और फटे कपड़े सी देगा। यदि शिक्षक ऐसा करे, तो इसका कितना अच्छा परिणाम होगा! मार-पीटकर कहीं अच्छा नतीजा निकाला जा सकता है?

लड़कों को भी चाहिए कि वे इसी दिव्य भावना से गुरु को देखें। गुरु शिष्यों को हरिमूर्ति और शिष्य गुरु को हरिमूर्ति मानें। परस्पर ऐसी भावना रखकर यदि दोनों व्यवहार करें, तो विद्या तेजस्वी होगी। लड़के भी भगवान और गुरु भी भगवान! यदि छात्र यह मान लें कि ये गुरु नहीं, भगवान शंकर की मूर्ति हैं, हम इनसे बोधामृत पा रहे हैं, इनकी सेवा करके ज्ञान प्राप्त कर रहे हैं, तो फिर सोच लीजिए कि वे गुरु के साथ कैसा व्यवहार करेंगे?

5 जून

साम्यसूत्र 47: अकुतोभयम्
वृत्ति 29: पापं बिभेति हरिनाम्नः

47 पाप का भय नहीं
29. सब जगह प्रभु विराजमान हैं, ऐसी भावना चित्त में जम जाये, तो फिर एक - दूसरे के साथ हम कैसा व्यवहार करें, यह नीति-शास्त्र हमारे अंतः करण में अपने-आप स्फुरित होने लगेगा। शास्त्र पढ़ने की जरूरत ही नहीं रहेगी। तब सब दोष दूर हो जायेंगे, पाप भाग जायेंगे, दुरितों का तिमिर हट जायेगा।
तुकाराम ने कहा है-
चाल केलासी मोकळा। बोल विठ्ठल वेळोवेळां।
तुज पाप चि नाहीं ऐसें। नाम घेतां जवळीं वसे॥
-'चल तुझे छुट्टी देता हूँ हर श्वास पर विठ्ठल का नाम ले। तेरा ऐसा एक भी पाप नहीं है, जो नाम लेने पर भी तेरे पास बना रहे। अच्छा चलो तुम्हें पाप करने की छुट्टी! मैं देखता हूँ कि तुम पाप करने से थकते हो या हरिनाम पाप जलाने से थकता है। ऐसा कौन-सा जबर्दस्त और मगरूर पाप है, जो हरि-नाम के सामने टिक सकता है ? **करीं तुजसी करवती**- 'करो चाहे जितने पाप।' तुमसे जितने पाप बन सकें, करो। तुम्हें खुली छूट है। होने दो हरि-नाम की और तुम्हारे पापों की कुश्ती! अरे, इस हरि-नाम में इस जन्म के ही नहीं, अनंत जन्मों के पाप पल भर में भस्म कर डालने का सामर्थ्य है। गुफा में अनंत युग का अंधकार भरा हो, तो भी एक दियासलाई जलाते ही वह भाग जाता है। वह अंधकार प्रकाश बन जाता है। पाप जितने पुराने, उतने ही जल्दी वे नष्ट होते हैं, क्योंकि वे मरने को ही होते हैं। पुरानी लकड़ियों को राख होते देर नहीं लगती।

6 जून

साम्यसूत्र 47: अकुतोभयम्
वृत्ति 30: बालोऽपि श्मशाने निर्भयः

30. राम-नाम के नजदीक पाप ठहर ही नहीं सकता। बच्चे कहते हैं कि राम कहते ही भूत भागता है। हम बचपन में रात को श्मशान हो आते थे। श्मशान में जाकर मेख ठोंक कर आने की शर्त लगाया करते। रात को सांप भी रहते, कांटे भी रहते, बाहर चारों ओर अंधकार रहता, फिर भी कुछ नहीं लगता। भूत-कभी दिखायी नहीं दिया। कल्पना के ही तो भूत! फिर दीखने क्यों लगें? दस वर्ष के बच्चे में रात को श्मशान में जा आने का सामर्थ्य कहाँ से आ गया? राम-नाम से। वह सामर्थ्य सत्यरूप परमात्मा का था। यदि यह भावना हो कि पमात्मा मेरे पास है, तो सारी दुनिया उलट पड़े, तो भी हरि का दास भयभीत नहीं होगा। उसे कौन सा राक्षस खा सकता है? भले ही राक्षस उसका शरीर खाकर पचा डाले, पर उसे सत्य पचने वाला नहीं। सत्य को पचा लेने की शक्ति संसार में कहीं नहीं। ईश्वर नाम के सामने पाप टिक नहीं सकता। इसलिए ईश्वर से जी लगाओ। उसकी कृपा प्राप्त कर लो। सब कर्म उसे अर्पण कर दो। उसी के हो जाओ। अपने सब कर्मों का नैवेद्य प्रभु को अर्पण करना है इस भावना को उत्तरोत्तर अधिक उत्कृष्ट बनाते चले जाओगे तो क्षुद्र जीवन दिव्य बन जायेगा, मलिन जीवन सुंदर बन जायेगा।

7 जून

साम्यसूत्र 48: स्वल्पेनापि
वृत्ति 31: भावनाया मूल्यम्

48. थोड़ा भी मधुर

31. पत्रं पुष्पं फलं तोयम्- कुछ भी हो, उसके साथ भक्ति-भाव हो तो पर्याप्त है। कितना दिया, कितना चढ़ाया, यह भी मुद्दा नहीं, किस भावना से दिया, यह मुद्दा है।

एक बार एक प्रोफेसर के साथ मेरी बात चल रही थी! वह शिक्षण शास्त्र संबंधी थी। हम दोनों के विचार मिलते नहीं थे। अंत में प्रोफेसर ने कहा- "भाई, मैं अठारह साल से काम कर रहा हूँ।" प्रोफेसर को चाहिए था कि वे मुझे कायल करते; परंतु ऐसा न करते हुए जब उन्होंने मुझे कहा कि मैं इतने साल से शिक्षा का कार्य कर रहा हूं, तो मैंने उनसे मजाक में कहा- "अठारह साल तक बैल यदि यंत्र के साथ घूमता रहे, तो क्या वह यंत्र-शास्त्रज्ञ हो जायेगा?" यंत्रशास्त्रज्ञ और है, आंख मूंदकर चक्कर काटने वाला बैल और। शिक्षा-शास्त्रज्ञ और है और शिक्षा का बोझ ढोने वाला और। जो शास्त्रज्ञ होगा, वह छह महीने में ही ऐसा अनुभव प्राप्त कर लेगा कि जो अठारह साल तक बोझा ढोनेवाला मजदूर समझ भी नहीं सकेगा। सारांश यह कि उस प्रोफेसर ने मुझे अपनी दाढ़ी दिखायी कि मैंने इतने साल काम किया है, किंतु दाढ़ी से सत्य सिद्ध नहीं हो सकता।

इसी तरह परमेश्वर के सामने कितना ढेर लगा दिया, इसका महत्त्व नहीं है। मुद्दा नाप का, आकार का, कीमत का नहीं है; मुद्दा भावना का है। कितना, क्या अर्पण किया, इससे मतलब नहीं; बल्कि कैसे किया, यह मुद्दा है। गीता में सात सौ ही श्लोक हैं। पर ऐसे भी ग्रंथ हैं, जिनमें दस-दस हजार श्लोक हैं। किंतु वस्तु का आकार बड़ा होने से उसका उपयोग भी अधिक होगा, ऐसा नहीं कर सकते। देखने की बात यह है कि वस्तु में तेज कितना है, सामर्थ्य कितना है। जीवन में कितनी क्रिया की है इसका महत्त्व नहीं। ईश्वरार्पण-बुद्धि से यदि एक भी क्रिया की हो, तो वही हमें पूरा अनुभव करा देगी। कभी-कभी एक ही पवित्र क्षण में हमें ऐसा अनुभव होता है, जैसा बारह-बारह वर्षों में भी नहीं हो पाता।

8 जून

साम्यसूत्र 48: स्वल्पेनापि
वृत्ति 32: ईश्वरार्पितमुप्तमिव

32. आशय यह कि जीवन के सादे कर्मों को, सादी क्रियाओं को परमेश्वर को अर्पण कर दो, तो इससे जीवन में सामर्थ्य आ जायेगा। मोक्ष हाथ लग जायेगा। कर्म करके और उसका फल न छोड़कर उसे ईश्वर को अर्पण कर देना- ऐसा यह राज-योग, कर्म-योग से भी एक कदम बढ़कर है।

कर्म-योग कहता है कि "कर्म करो, फल छोड़ो। फल की आशा मत रखो।" यहाँ कर्म-योग समाप्त हो गया। राज-योग कहता है, "कर्म-फलों को छोड़ो मत, बल्कि सब कर्म ईश्वर को अर्पण कर दो। वे फूल हैं, तुम्हें आगे ले जाने वाले साधन हैं, उन्हें उस मूर्ति पर चढ़ा दो।"

एक ओर से कर्म और दूसरी ओर से भक्ति जोड़कर जीवन को सुंदर बनाते चलो। फलों को त्यागो मत। उन्हें फेंकना नहीं, बल्कि भगवान से जोड़ देना है। कर्म-योग में जो फल तोड़ दिया, उसे राज-योग में जोड़ दिया जाता है। बोने और फेंक देने में फर्क है। बोया हुआ थोड़ा भी अनंतगुना होकर मिलता है। फेंका हुआ यों ही नष्ट हो जाता है। जो कर्म ईश्वर को अर्पण किया गया है, उसे बोया हुआ समझो। उससे जीवन में अपार आनंद भर जायेगा, अपार पवित्रता आ जायेगी।

रविवार 17. 4. 1932

९ जून

दसवां अध्याय: विभूति-चिंतन

साम्यसूत्र 49: क्रमेण प्रतिपत्तिः
वृत्ति 1: अभितो ब्रह्मनिर्वाणम्

49. गीता के पूर्वार्ध पर दृष्टि
1. मित्रों, गीता का पूर्वार्ध समाप्त हो गया। उत्तरार्ध में प्रवेश करने के पहले जो भाग हम समाप्त कर चुके, उसका थोड़े में सार देख लें, तो अच्छा होगा। पहले अध्याय में बताया गया कि गीता मोह-नाश के लिए और स्वधर्म में प्रवृत्त कराने के लिए है। दूसरे अध्याय में जीवन के सिद्धांत, कर्मयोग और स्थितप्रज्ञ का दर्शन हमें हुआ। तीसरे, चौथे और पांचवें अध्याय मे कर्म, विकर्म और अकर्म का स्पष्टीकरण हुआ। कर्म का अर्थ है- स्वधर्माचरण करना। विकर्म का अर्थ है- वह मानसिक कर्म जो बाहर से स्वधर्माचरण का कर्म करते हुए उसकी सहायता के लिए किया जाता है। कर्म और विकर्म, दोनों के एकरूप होने पर जब चित्त की पूर्ण शुद्धि हो जाती है, सब प्रकार के मैल धुल जाते हैं, वासना जाती रहती है, विकास शांत हो जाते हैं, भेद-भाव मिट जाता है, तब अकर्म-दशा प्राप्त होती है। यह अकर्म-दशा भी दो प्रकार की बतायी गयी है। इसका एक प्रकार तो यह कि दिन-रात कर्म करते हुए भी मानो लेशमात्र कर्म न कर रहे हों, ऐसा अनुभव होना। इसके विपरीत दूसरा प्रकार यह कि कुछ भी न करते हुए, सतत कर्म करते रहना। इस तरह अकर्म-दशा दो प्रकारों से सिद्ध होती है। ये दो प्रकार यों अलग-अलग दिखायी देते हैं, तथापि हैं पूर्णरूप से एक ही। इन्हें कर्म-योग और संन्यास, ऐसे दो नाम दिये गये हैं, फिर भी भीतर की सारवस्तु दोनों में एक ही है। अकर्म-दशा अंतिम साध्य, आखिरी मंज़िल है। इस स्थिति को ही 'मोक्ष' संज्ञा दी गयी है। अतः **गीता** के पहले पांच अध्यायों में जीवन का सारा शास्त्र पूरा हो गया।

10 जून

साम्यसूत्र 49: क्रमेण प्रतिपत्तिः
वृत्ति 2: ध्यान-प्रपत्ति-सातत्यम्

2. उसके बाद अकर्मरूपी साध्य प्राप्त करने के लिए विकर्म के जो अनेक मार्ग हैं, मन को भीतर से शुद्ध करने के जो अनेक साधन हैं, उनमें से कुछ मुख्य साधन बताने की छठे अध्याय से शुरूआत की गयी है। छठे अध्याय में चित्त की एकाग्रता के लिए ध्यान-योग बताकर अभ्यास और वैराग्य का सहारा उसे दिया गया है। सातवें अध्याय में विशाल भक्तिरूपी उच्च साधन बताया गया है। ईश्वर की ओर चाहे प्रेम-भाव से जाओ, जिज्ञासु-बुद्धि से जाओ, विश्व-कल्याण की व्याकुलता से जाओ या व्यक्तिगत कामना से जाओ- किसी भी तरीके से जाओ, परन्तु एक बार उसके दरबार में पहुँच जरूर जाओ। इस अध्याय का नाम मैंने 'प्रपत्ति-योग' अर्थात 'ईश्वर की शरण में जाने की प्रेरणा करने वाला योग' दिया है। सातवें में प्रपत्ति-योग बताकर आठवें में 'सातत्य-योग' बताया है मैं जो ये नाम बता रहा हूं, वे पुस्तक में नहीं मिलेंगे। अपने लिए जो उपयोगी नाम मालूम हुए, वही मैं दे रहा हूँ। सातत्य-योग का अर्थ है- अपनी साधना को अंतकाल तक सतत चालू रखना। जिस रास्ते पर एक बार चल पड़े, उसी पर लगातार कदम बढ़ाते जाना। कभी चले, कभी नहीं ऐसा करने से मंज़िल पर पहुँचने की कभी आशा नहीं हो सकती। ऊबकर निराशा से कभी यह नहीं सोचना चाहिए कि कहाँ तक साधना करते रहें? जब तक फल न मिले, तब तक साधना जारी रखनी चाहिए।

11 जून

साम्यसूत्र 49: क्रमेण प्रतिपत्तिः
वृत्ति 3: राजविद्या राजगुह्यम्

3. इस सातत्य-योग का परिचय देकर नौवें अध्याय में बहुत मामूली, परंतु जीवन का सारा रंग ही बदल देने वाली एक बात भगवान ने बतायी है, और वह है 'राज-योग' । नौंवां अध्याय कहता है कि जो कुछ भी कर्म हर घड़ी होते हैं, वे सब ईश्वरार्पण कर दो। इस एक ही बात में सारे शास्त्रसाधन, सब कर्म-विकर्म डूब गये। सब कर्म-साधना इस समर्पण-योग में विलीन हो गयी। समर्पण-योग को ही 'राज-योग ' कहते हैं। यहाँ सब साधन समाप्त हो गये। यह व्यापक और समर्थ ईश्वरार्पणरूपी साधन यों बहुत मामूली और आसान दीखता है, परंतु हो बैठा है अत्यंत कठिन। यह साधना सरल इसलिए है कि अपने ही घर में बैठकर गंवार देहाती से लेकर महाविद्वान तक सब बिना विशेष श्रम के इसे साध सकते हैं। हालांकि यह इतनी सरल है, फिर भी इसे साधने के लिए बड़े भारी पुण्य की जरूरत है। **बहुतां सुकृतांची जोड़ी। म्हणुनी विठ्ठलीं आवडी**- 'अनेक सुकृतों का योग हुआ है, इसलिए विठ्ठल में प्रेम उत्पन्न हुआ है।' अनंत जन्मों का पुण्य संचित होता है, तभी ईश्वर में प्रीति उत्पन्न होती है। जरा कुछ हो, आंखों से आंसुओं की धारा लग जाती है। परंतु भगवान का नाम लेने पर आंखों में दो बूंद आंसू भी नहीं आते- इसका उपाय क्या? संतों के कथानुसार एक तरह से यह साधना बहुत ही सरल है। परंतु दूसरी तरह से वह कठिन भी है और आजकल तो और भी कठिन हो गयी है।

12 जून

साम्यसूत्र 49: क्रमेण प्रतिपत्तिः
वृत्ति 4: बुभुक्षमाणो रुद्ररूपः

4. आज तो जड़वाद का पर्दा हमारी आंखों पर पड़ा हुआ है। आज तो श्रीगणेश यहीं से होता है कि ईश्वर कहीं है भी? वह कहीं भी किसी को प्रतीत ही नहीं होता। सारा जीवन विकारमय विषयलोलुप और विषमता से भरा है। इस समय तो ऊंचे-ऊंचे विचार करने वाले जो तत्त्वज्ञानी हैं,उनके भी विचार इस बात से आगे नहीं जा पा रहे कि सबको पेट भर रोटी कैसे मिलेगी! इसमें उनका दोष नहीं; क्योंकि आज हालत ऐसी है कि बहुतों को खाने को भी नहीं मिलता। आज की बड़ी समस्या है- रोटी। इस समस्या को हल करने में आज सारी बुद्धि उलझ रही है। सायणाचार्य ने रुद्र की व्याख्या की है- **बुभुक्षमाणः रुद्ररूपेण अवतिष्ठते।** 'भूखे लोग ही रुद्र के अवतार है। ' उनकी क्षुधा-शांति के लिए अनेक तत्त्वज्ञान, अनेक वाद और राजनीति के अनेक प्रकार उठ खड़े हुए हैं। इन समस्याओं में से सिर ऊपर उठाने के लिए आज फुरसत ही नहीं। आज हमारे सारे भगीरथ-प्रयत्न इसी दिशा में हो रहे हैं कि परस्पर न लड़ते हुए सुख-शांति से और प्रसन्न मन से दो कौर रोटी कैसे खायें। ऐसी विचित्र समाज-रचना जिस युग में हो रही है, वहाँ ईश्वरार्पणता जैसी सीधी-सादी और सरल बात भी बहुत कठिन हो बैठे, तो क्या आश्चर्य! परंतु इसका उपाय क्या है? दसवें अध्याय में आज हम यही देखने वाले है कि ईश्वरार्पण-योग कैसे साधा जाये, कैसे सरल बनाया जाये।

13 जून

साम्यसूत्र 50: स्थूलात् सूक्ष्मं प्रपद्ये
वृत्ति 5: स्थूल-सूक्ष्म-सरल-कठिन-क्रमेण

50. परमेश्वर-दर्शन की सुबोध रीति

छोटे बच्चों को पढ़ाने के लिए जो उपाय हम करते हैं, वही उपाय परमात्मा का सर्वत्र दर्शन करने के लिए इस अध्याय में बताया गया है। बच्चों को वर्णमाला दो तरह से सिखायी जाती है। एक तरकीब है, पहले बड़े-बड़े अक्षर लिखकर बताने की। फिर उन्हीं अक्षरों को छोटा लिखकर बताया जाता है। वही 'क' और वही 'ग'; परंतु पहले ये बड़े थे, अब छोटे हो गये। यह एक विधि हुई। दूसरी विधि है, पहले सीधे-सादे सरल अक्षर और बाद में जटिल संयुक्ताक्षर सिखाने की, ठीक इसी तरह परमेश्वर को देखना सीखना चाहिए। पहले स्थूल स्पष्ट परमेश्वर को देखें। समुद्र, पर्वत आदि महान विभूतियों में प्रकटित परमेश्वर तुरंत आखों में समा जाता है। यह स्थूल परमात्मा समझ में आ जाये, तो एक जल-बिंदु में, मिट्टी के एक कण में, वही परमात्मा भरा हुआ है, यह भी आगे समझ में आ जायेगा। बड़े 'क' और छोटे 'क' में अंतर नहीं। जो स्थूल में वहीं सूक्ष्म में। यह एक पद्धति हुई।

दूसरी पद्धति है, सीधे-सादे सरल परमात्मा को पहले देखें, फिर उसके जटिल रूप को। जिस व्यक्ति में शुद्ध परमेश्वरीय आविर्भाव सहज रूप से प्रकट हुआ है, वह बहुत जल्दी ग्रहण कर लिया जा सकता है, जैसे राम में प्रकटित परमेश्वरीय आविर्भाव तुरंत मन पर अंकित हो जाता है। राम सरल अक्षर है। यह बिना झंझट का परमेश्वर है। परंतु रावण? यह संयुक्ताक्षर है। उसमें कुछ मिश्रण है। रावण की तपस्या, कर्म-शक्ति महान है। परंतु उसमें क्रूरता मिली हुई है। पहले रामरूपी सरल अक्षर को सीख लो। जिसमें दया है, वत्सलता है, प्रेमभाव है, ऐसा राम सरल परमेश्वर है, वह तुरंत पकड़ में आ जायेगा। रावण में रहने वाले परमेश्वर को समझने में जरा देर लगेगी। पहले सरल अक्षर, फिर संयुक्ताक्षर। सज्जनों में पहले परमात्मा को देखकर अंत में दुर्जनों में भी उसे देखने का अभ्यास करना चाहिए। समुद्रस्थित विशाल परमेश्वर ही पानी की उस बूंद में है। रामचंद्र अंदर का परमेश्वर ही रावण में है। जो स्थूल में है, वही सूक्ष्म में भी। जो सरल में है, वही कठिन में भी इन दो विधियों से हमें यह संसारूपी ग्रंथ पढ़ना सीखना है।

14 जून

साम्यसूत्र 50: स्थूलात् सूक्ष्मं प्रपद्ये
वृत्ति 6: सरलं न रोचते कठिनं न पच्यते

6. यह अपार सृष्टि मानो ईश्वर की पुस्तक है। आंखों पर गहरा पर्दा पड़ने से यह पुस्तक हमें बंद हुई-सी जान पड़ती है। इस सृष्टिरूपी पुस्तक में सुंदर अक्षरों में सर्वत्र परमेश्वर लिखा हुआ है। परंतु वह हमें दिखायी नहीं देता। ईश्वर का दर्शन होने में एक बड़ा विघ्न है। वह यह कि मामूली, सरल, नजदीक का ईश्वर-स्वरूप मनुष्य की समझ में नहीं आता और दूर का प्रखररूप उसे हजम नहीं होता। यदि किसी से कहें कि माता में ईश्वर को देखो, तो वह कहेगा- "क्या ईश्वर इतना सीधा और सरल है?" पर यदि प्रखर परमात्मा प्रकट हुआ, तो उसका तेज तुम सह सकोगे? कुंती की इच्छा हुई कि वह दूर वाला सूर्य मुझे प्रत्यक्ष आकर मिले; परंतु उसके निकट आते ही वह जलने लगी। उसका तेज उससे सहन नहीं हुआ। ईश्वर यदि अपने सारे सामर्थ्य के साथ सामने आकर खड़ा हो जाये, तो हमें पचता नहीं। यदि माता के सौम्यरूप में आकर खड़ा हो जाये, तो जंचता नहीं। पेड़ा-बर्फी पचती नहीं और मामूली दूध रुचता नहीं । ये लक्षण हैं फूटी किस्मत के, मरण के, ऐसी यह रुग्ण मनःस्थिति परमेश्वर के दर्शन में बड़ा भारी विघ्न है। इस मनःस्थिति का त्याग करना चाहिए। पहले हम अपने पास के स्थूल और सरल परमात्मा को पढ़ लें और फिर सूक्ष्म और जटिल परमात्मा को पढ़ें।

15 जून

साम्यसूत्र 51: मानुषं सौम्यम्
वृत्ति 7: मातृपित्रादिषु सौम्यम्

51. मानवस्थित परमेश्वर
7. परमेश्वर की बिलकुल पहली मूर्ति जो हमारे पास है, वह है स्वयं हमारी मां। श्रुति कहती है- मातृदेवो भव। पैदा होते ही बच्चे को मां के सिवा और कौन दिखायी देता है? वत्सलता के रूप में वह परमेश्वर की मूर्ति ही वहाँ खड़ी है। उस माता की व्याप्ति को हम बढ़ा लें और वंदे मातरम् कहकर राष्ट्रमाता की और फिर अखिल भू-माता पृथ्वी की पूजा करें। परंतु प्रारंभ में सबसे ऊंची परमेश्वर की पहली प्रतिमा, जो बच्चों के सामने आती है, वह है माता के रूप में। माता की पूजा से मोक्ष मिलना असंभव नहीं है। माता की पूजा क्या है, मानो वत्सलता से खड़े परमेश्वर की ही पूजा है। मां तो एक निमित्तमात्र है। परमेश्वर उसमें अपनी वत्सलता उंड़ेलकर उसे नचाता है। उस बेचारी को मालूम भी नहीं होता कि इतनी माया-ममता भीतर से क्यों उमड़ती है? क्या वह यह हिसाब लगाकर बच्चों को लालन-पालन करती है कि बुढ़ापे में काम आयेगा? नहीं-नहीं, उसने उस बालक को जन्म दिया है। उसे प्रसव-वेदना हुई है। इन वेदनाओं ने उसे उस बच्चे के लिए पागल बना दिया है। वे वेदनाएं उसे वत्सल बना देती हैं। वह प्यार किये बिना रह ही नहीं सकती। वह लाचार है। वह मां मानो निस्सीम सेवा की मूर्ति है। परमेश्वर की यदि कोई सबसे उत्कृष्ट पूजा है, तो वह है, मातृ-पूजा। ईश्वर को 'माँ' के नाम से ही पुकारो। 'माँ' से बढ़कर और ऊंचा शब्द है कहां? माँ पहला स्थूल अक्षर है। उसमें परमेश्वर देखना सीखो। फिर पिता, गुरु इनमें भी देखो। गुरु शिक्षा देते हैं। वे हमें पशु से मनुष्य बनाते हैं। कितने हैं उनके उपकार! पहले माता, फिर पिता, फिर गुरु, फिर दयालु संत। अत्यंत स्थूल रूप में खड़े इस परमेश्वर को पहले देखो। यदि परमेश्वर यहाँ नहीं दिखायी देगा, तो फिर दीखेगा कहां?

16 जून

साम्यसूत्र 51: मानुषं सौम्यम्
वृत्ति 8: बालकेषु च

8. माता, पिता, गुरु, संत- इनमें परमात्मा को देखो। इसी तरह यदि छोटे बालकों में भी हम परमात्मा को देख सकें तो कितना मजा आये? ध्रुव, प्रह्लाद, नचिकेता, सनक , सनंदन, सनत्कुमार- ये सब छोटे बालक ही तो थे। परंतु पुराणकारों को, व्यासादि को समझ में नहीं आता कि उन्हें कहाँ रखें, कहाँ न रखें? शुकदेव, शंकराचार्य बचपन से ही विरक्त थे। ज्ञानदेव का भी यही हाल था। सब-के-सब बालक! परंतु उनमें परमेश्वर जितने शुद्धरूप में प्रकट हुआ है, उतना कहीं अन्यत्र नहीं। ईसा मसीह बच्चों को बहुत प्यार करते थे। एक बार उनके शिष्यों ने उनसे पूछा- "आप हमेशा ईश्वरीय राज्य का जिक्र करते हैं, उस ईश्वर के राज्य में कौन जा सकेगा?" पास ही एक बच्चा बैठा था। ईसा ने उसे मेज पर खड़ा करके कहा- "जो इस बच्चे की तरह होंगे, वे वहाँ जा सकेंगे।" ईसा का कहना पूर्णतः सत्य था। रामदास स्वामी एक बार बच्चों के साथ खेल रहे थे। बच्चों के साथ समर्थ खेल रहे हैं, यह देखकर कुछ बड़े-बूढ़ों को आश्चर्य हुआ। एक ने उनसे पूछा- "यह आज आप क्या कर रहे हैं?" समर्थ ने जवाब दिया- **वयें पोर ते थोर होऊन गेले। वयें थोर ते चोर होऊन ठेले।**- 'आयु में जो छोटे थे वे बड़े हो गये और आयु में जो बड़े थे, वे चोर साबित हुए।'

उम्र बढ़ती है तो सींग फूटते हैं, फिर परमेश्वर का स्मरण कहां। छोटे बच्चों के मन पर कोई लेप नहीं रहता। उनकी बुद्धि निर्मल होती है। बच्चे को हम सिखाते हैं- "झूठ मत बोलो ।" वह पूछता है- 'झूठ किसे कहते हैं?' तब उसे सत्य का सिद्धांत बताते हैं, "बात जैसी हो, वैसी ही कहनी चाहिए।" बच्चा उलझन में पड़ता है कि क्या जैसा हो वैसा कहने के अलावा भी कोई दूसरा तरीका है? जैसा न हो, वैसा कहें कैसे? चौकोर को चौकोर कहो, गोल मत कहो, ऐसा ही समझाने जैसा है बच्चे को आश्चर्य होता है। बच्चे विशुद्ध परमात्मा की मूर्ति हैं। प्रौढ़ लोग उन्हें गलत शिक्षा देते हैं। सारांश, मां, बाप, गुरु, संत, बच्चे इनमें यदि हम परमात्मा न देख सकें, तो फिर किस रूप में देखेंगे? इससे उत्कृष्ट रूप परमेश्वर का दूसरा नहीं है। परमेश्वर के इन सादे, सौम्य रूपों को पहले पहचानो। इनमें परमेश्वर स्पष्ट और मोटे अक्षरों में लिखा हुआ है।

17 जून

साम्यसूत्र 52: सृष्टौ रम्यम्
वृत्ति 9: प्रदर्शनं पश्येम 10: आविर्कर् भुवनं विश्वमुषाः

52. सृष्टिस्थित परमेश्वर

9. पहले हम मानव की सौम्यतम और पावन मूर्तियों में परमात्मा का दर्शन करना सीखें। उसी तरह इस सृष्टि में भी जो-जो विशाल और मनोहर रूप है, उनमें उसके दर्शन पहले करें।

10. वह उषा! सूर्योदय के पहले की वह दिव्य प्रभा! उस उषा देवी के गीत गाते हुए मस्त होकर ऋषि नाचने लगते थे- "उषे, तू परमेश्वर का संदेश लाने वाली दिव्य दूतिका है, तू हिमकणों से नहाकर आयी है। तू अमृतत्त्व की पताका है।" ऐसे भव्य और हृदयस्पर्शी वर्णन ऋषियों ने उषा के किये हैं। वैदिक ऋषि कहते हैं- "तू जो परमेश्वर की संदेश-वाहिका है, तुझे देखकर यदि परमेश्वर की पहचान मुझे न हो, उसके स्वरूप का ज्ञान न हो, तो फिर मुझे परमेश्वर का स्वरूप कौन समझा सकेगा?" इतने सुंदर रूप में सज-धजकर यह उषा सामने खड़ी है, परंतु हमारी दृष्टि उस पर जाती कहाँ है?

18 जून

साम्यसूत्र 52: सृष्टौ रम्यम्
वृत्ति 11: सूर्य आत्मा जगतस् तस्थुषश्च

11. उसी तरह उस सूर्य को देखो। उसके दर्शन मानो परमात्मा के ही दर्शन हैं। वह नाना प्रकार के रंग-बिरंगे चित्र आकाश में खींचता है। चित्रकार महीनों तक कूंची चलाकर सूर्योदय के चित्र बनाते रहते हैं। प्रातः काल में उठकर परमेश्वर की कला को देखो! उस दिव्य कला के लिए, उस अनंत सौंदर्य के लिए भला कोई उपमा दी जा सकेगी? परंतु देखता कौन है? उधर वह सुंदर भगवान खड़ा है और इधर यह मुंह पर और भी रजाई ओढ़कर नींद में पड़ा है! सूर्य कहता है- "अरे आलसी, तू पड़ा रहना चाहेगा, किंतु मैं तुझे अवश्य उठाऊंगा।" ऐसा कहकर वह अपनी जीवनदायी किरणें खिड़कियों में से भेजकर उस आलसी को जगा देता है। **सूर्य आत्मा जगतस्तस्थुषश्च**- सूर्य समस्त स्थावर-जंगम की आत्मा है। चराचर का आधार है। ऋषि ने उसे 'मित्र नाम दिया है- **मित्रो जनान् यातयति ब्रुवाणः, मित्रो दाधार पृथ्वीमुत द्याम्-** 'यह मित्र लोगों को पुकारता है, उन्हें काम में लगाता है। उसने स्वर्ग और पृथ्वी का धारण किया है।' सचमुच ही वह सूर्य जीवन का आधार है। उसमें परमात्मा के दर्शन करो।

19 जून

साम्यसूत्र 52: सृष्टौ रम्यम्
वृत्ति 12: भगवती भागीरथी दृश्यते

12. और वह पावन गंगा! जब मैं काशी में था, तो गंगा के किनारे जाकर बैठता था। रात्रि के एकांत समय में जाता था। कितना सुंदर और प्रसन्न उसका प्रवाह! उसका वह भव्य-गंभीर प्रवाह और उसमें प्रतिबिंबित वे आकाश के अनंत तारे! मैं मुग्ध हो जाता। शंकर के जटाजूट से अर्थात उस हिमालय से बहकर आनेवाली वह गंगा, जिसके तीर पर राज-पाट को तृणवत त्यागकर राजा लोग तप करने जा बैठते थे, उस गंगा का दर्शन करके मुझे असीम शांति मिलती थी। उस शांति का वर्णन मैं कैसे करूं? वाणी की वहाँ सीमा आ जाती है। यह समझ में आता कि हिंदू यह क्यों चाहता है कि मरने पर कम-से-कम मेरी अस्थि तो गंगा मं पड़े। आप हंसिए, आपके हंसने से कुछ बिगड़ता नहीं। परंतु मुझे ये भावनाएं बहुत पवित्र और संग्रहणीय लगती हैं। मरते समय गंगा-जल की दो बूंदें मुंह में डालते हैं। ये दो बूंदें क्या हैं? मानो परमेश्वर ही मुंह में उतर आता है। उस गंगा को परमात्मा ही समझो। वह परमेश्वर की करुणा बह रही है। तुम्हारा सारा भीतर-बाहर का कूड़ा-कर्कट वह माता धो रही है, बहा ले जा रही है। गंगामाता में यदि परमेश्वर प्रकटित न दिखायी दे, तो कहाँ दिखायी देगा? सूर्य, नदियां, धू-धू करके हिलोरें मारने वाला वह विशाल सागर- ये सब परमेश्वर की ही मूर्तियां हैं।

20 जून

साम्यसूत्र 52: सृष्टौ रम्यम्

वृत्ति 13: द्वाविमौ वातौ वातः 14: अग्निमीळे पुरोहितम्

13. और वह पवन! कहाँ से आता है, कहाँ जाता है, कुछ पता नहीं। मानो भगवान का दूत ही है। हिंदुस्तान में कुछ वायु स्थिर हिमालय पर से आती है, कुछ गंभीर सागर पर से। यह पवित्र वायु हमारे हृदय को छूती है, हमें जागृत करती है, हमारे कानों में गुनगुनाती है। परंतु इस वायु का संदेश सुनता कौन है? जेलर ने यदि हमारा चार पंक्तियों का पत्र न दिया तो हमारा दिल खट्टा हो जाता है। अरे मंदभागी क्या रखा है उस चिट्ठी में? परमेश्वर का यह प्रेमभरा संदेश वायु के साथ हर घड़ी आ रहा है, उसे सुन!

14. वेदों में अग्नि की उपासना बतायी गयी है। अग्नि साक्षात नारायण है। कैसी उसकी देदीप्यमान मूर्ति! दो लकड़ियों को रगड़ते ही वह प्रकट हो जाता है। कौन जाने पहले कहाँ छिपा था। कितना गरम, कितना तेजस्वी! वेदों की जो पहली ध्वनि निकली, वह अग्नि की उपसना को लेकर ही-

अग्निमीळे पुरोहितं यज्ञस्य देवमृत्विजम्। होतारं रत्नधातमम्॥

जिस अग्नि की उपासना से वेदों का आरंभ हुआ, उसकी ओर देखो तो। उसकी वे ज्वालाएं देखने से मुझे जीवात्मा की छटपटाहट याद आ जाती है। वे ज्वालाएं, वे लपटें, चाहे घर के चूल्हे की हों, चाहे जंगल के दावाग्नि की हों। विरक्त को घर-बार नहीं होता। वे ज्वालाएं जहाँ होंगी, वहाँ उनकी वह दौड़-धूप शुरू ही है। वे लगातार छटपटाती हैं। वे ज्वालाएं ऊपर जाने के लिए आतुर रहती हैं। ये वैज्ञानिक कहेंगे कि ईथर के कारण ये ज्वालाएं हिलती हैं, हवा के दबाव के कारण हिलती हैं। परंतु मेरा तो अर्थ यह है कि ऊपर जो परमात्मा है, तेजस-समुद्र सूर्यनारायण है, उससे मिलने के लिए वें निरंतर उछल रही हैं। जन्म से लेकर मृत्यु तक उनकी दौड़-धूप जारी रहती है। सूर्य अंशी है और ये ज्वालाएं अंश हैं। अंश अंशी की ओर जाने के लिए छटपटाता रहता है। वे लपटें बुझ जायेंगी, तभी वह दौड़-धूप बंद होगी, वरना नहीं। सूर्य से हम बहुत दूरी पर हैं, यह विचार भी उनके मन में नहीं आता। वे इतना ही जानती है कि अपनी शक्ति भर पृथ्वी से ऊपर उछलती चली जायें। ऐसा यह अग्नि क्या, मानो उसके रूप में प्रज्वलित वैराग्य ही प्रकट हुआ है। इसलिए वेद की पहली ध्वनि निकली-**अग्निमीळे**!

21 जून

साम्यसूत्र 53: प्राणिषु चित्रम्
वृत्ति 15: वाश्राः इव धेनवः स्यंदमानाः

53. प्राणी स्थित परमेश्वर
15. और हमारे घर के मवेशी। वह गो-माता कितनी वत्सल, कितनी ममतामयी और प्रेममयी! दो-दो, तीन-तीन मील से, जंगल-झाड़ियों से अपने बछड़ों के लिए कैसी दौड़ी चली आती है! वैदिक ऋषियों को , पहाड़ों-पर्वतों से स्वच्छ जल-धाराओं को लेकर कल-कल करती हुई दौड़ी आने वाली, उन नदियों को देखकर बछ्डों के लिए दूध-भरे स्तनों से रंभाती हुई आने वाली वत्सल गायों की याद हो आती है। ऋषि नदी से कहता है- "हे देवि! दूध की तरह पवित्र, पावन मधुर जल लाने वाली तू धेनु जैसी है। जैसे गाय बछड़े को छोड़कर जंगल में नहीं रह सकती वैसे तू भी पर्वतों में नहीं रह सकती। तू सरपट दौड़ती हुई प्यासे बालकों से मिलने के लिए आती है।" वाश्रा इव धेनवः स्यंदमानाः। वत्सल गाय के रूप में भगवान दरवाजे पर खड़ा है।

22 जून

साम्यसूत्र 53: प्राणिषु चित्रम्
वृत्ति 16: प्रामाणिकः स्वामिनिष्ठोऽश्वः

16. और वह घोड़ा! कितना उम्दा, कितना ईमानदार, कितना वफादार! अरब लोग अपने घोड़ों से कितना प्यार करते हैं! उस अरब की कहानी आपको मालूम है न? वह विपत्तिग्रस्त अरब एक सौदागर को घोड़ा बेचने के लिए तैयार हो जाता है, परंतु घोड़े की उन गंभीर और प्रेमपूर्ण आंखों पर उसकी निगाह पड़ती है' तो वह मोहरों की थैली फैंक देता है और कहता है कि "मेरी जान चली जाये, पर मैं घोड़ा नहीं बेचूंगा। मेरा जो होगा, सो होगा। खाना न मिलेगा, तो न सही। खुदा मेरी मदद करेगा।" पीठ थपथपाते ही वह कैसे प्रेम से फुरफुराता है! कैसा बढ़िया उसका आयाल! सचमुच घोड़े में अनमोल गुण हैं। उन साइकिल में क्या रखा है? घोड़े को खरहरा करो, वह तुम्हारे लिए जान दे देगा। तुम्हारा साथी होकर रहेगा। मेरा एक मित्र घोड़े पर बैठना सीख रहा था। घोड़ा उसे गिरा देता। वह मुझसे कहने लगा- "घोड़ा तो बैठने ही नहीं देता।" मैंने उससे कहा- "तुम सिर्फ घोड़े पर बैठने ही जाते हो या उसकी कुछ सेवा भी करते हो? सेवा करे दूसरा और पीठ पर सवारी करो तुम, ऐसा कैसे चलेगा? तुम स्वयं उसे दाना-पानी दो, खरहरा करो और तब सवारी करो।" वह मित्र यही करने लगा। कुछ दिनों बाद मुझसे आकर बोला- "अब घोड़ा गिराता नहीं।" घोड़ा तो परमेश्वर है। वह भक्तों को क्यों गिरायेगा? उसकी भक्ति देखकर घोड़ा झुक गया। घोड़ा जानना चाहता है कि यह भक्त है या कोई पराया आदमी? भगवान श्रीकृष्ण स्वयं खरहरा करते थे और अपने पीतांबर में दाना लाकर उसे खिलाते थे। टेकरी आयी, नाला आया, कीचड़ आया कि साइकिल रुकी, मगर घोड़ा कूदता-फांदता चला ही जाता है। यह सुंदर प्रेममय घोड़ा मानो परमेश्वर की ही मूर्ति है।

23 जून

साम्यसूत्र 53: प्राणिषु चित्रम्
वृत्ति 17: अक्रूरः कृतज्ञः सिंहः

17. और वह सिंह! बड़ौदा में मैं रहता था। सबेरे-सबेरे ही उसकी गर्जना की गंभीर ध्वनि कानों में पड़ती। उसकी आवाज इतनी गंभीर और उम्दा होती कि हृदय डोलने लगता। मंदिर के गर्भगृह में जैसी आवाज गूंजती है, वैसी ही उसके हृदय-गर्भ की वह गंभीर ध्वनि होती थी। और सिंह की वह धीरोदात्त, भव्य, सहृदय मुद्रा, उसकी वह शाही शान और शाही वैभव! वह भव्य सुंदर आयाल, मानो चंवर ही उस वनराज पर ढल रहे हों। बड़ौदा के एक बगीचे में यह सिंह था। वह आजाद नहीं था, पिंजड़े में चक्कर काटता था। उसकी आंखों में क्रूरता का नाम भी नहीं था। उसकी मुद्रा और दृष्टि में करुणा भरी थी। संसार की मानो उसे कोई चिंता ही नहीं थी। अपने ही ध्यान में वह मग्न दिखायी देता था। सचमुच ही ऐसा लगता था, मानो सिंह परमेश्वर की एक पावन विभूति है। बचपन में एण्ड्रोक्लीज और सिंह की कहानी पढ़ी थी। कितनी बढ़िया कहानी है वह। वह भूखा सिंह एण्ड्रोक्लीज के पहले के उपकार को स्मरण करके उसका मित्र बन जाता है और उसके पैर चाटने लगता है। यह क्या है? एण्ड्रोक्लीज ने सिंह में रहने वाले परमेश्वर का दर्शन कर लिया था। भगवान शंकर के पास सिंह सदैव रहता है। सिंह भगवान की दिव्य विभूति है।

24 जून

साम्यसूत्र 53: प्राणिषु चित्रम्
वृत्ति 18: व्याजिघ्रतीति व्याघ्रः

18. और बाघ की भी क्या कम मौज है? उसमें बड़ा ईश्वरीय तेज व्यक्त हुआ है। उससे मित्रता रखना असंभव नहीं। भगवान पाणिनि अरण्य में बैठे शिष्यों को पाठ पढ़ा रहे थे। इतने में बाघ आ गया। बालक घबराकर चिल्लाने लगे- **व्याघ्रः! व्याघ्रः!** पाणिनि ने कहा- "अच्छा, व्याघ्र का अर्थ क्या है? **व्याजिघ्रतीति व्याघ्रः**, अर्थात, जिसकी घ्राणेन्द्रिय तीव्र है, वह व्याघ्र है।" बालकों को भले ही उससे कुछ डर लगा हो, पर भगवान पाणिनि के लिए तो वह व्याघ्र एक निरुपद्रवी, आनंदमय शब्दमात्र हो गया था। बाघ को देखकर वे उस शब्द की व्युत्पत्ति बताने लगे। बाघ पाणिनि को खा गया, परंतु बाघ के खा जाने से क्या हुआ? पाणिनि के शरीर की गंध उसे मीठी लगी, उसने खा डाला। परंतु पाणिनी वहाँ से भागे नहीं, क्योंकि वे तो शब्दब्रह्म के उपासक थे। उनके लिए सब कुछ अद्वैतमय हो गया था। व्याघ्र में भी वे शब्दब्रह्म का अनुभव कर रहे थे। पाणिनी की इस महत्ता के कारण ही भाष्यों में जहां-जहाँ उनका नाम आता है, वहां-वहाँ 'भगवान पाणिनि' कहकर पूज्यभाव से उनका उल्लेख किया जाता है। पाणिनि का अत्यंत उपकार मानते हैं-

अज्ञानांधस्य लोकस्य ज्ञानांजनशलाकया।
चक्षुरुन्मीलितं येन तस्मै पाणिनये नमः॥

ऐसे भगवान पाणिनि व्याघ्र में परमात्मा का दर्शन कर रहे हैं। ज्ञानदेव ने कहा है-

घरा येवो पां स्वर्ग। कां वरिपडो व्याघ्र।
परी आत्मबुद्धीसि भंग। कदा नोहे॥

- 'भले ही घर में स्वर्ग उतर आये या व्याघ्र आकर चढ़ाई कर दे, फिर भी आत्मबुद्धि में कोई भंग न हो।' ऐसी महर्षि पाणिनि की स्थिति हो गयी थी। वे इस बात को समझ गये थे कि बाघ एक दैवी विभूति है।

25 जून

साम्यसूत्र 53: प्राणिषु चित्रम्
वृत्ति 19: सत्संनिधौ निर्वैरः सर्पः

19. वैसा ही वह सांप! सांप से लोग बहुत डरते हैं। परंतु सांप मानो कर्मठ शुद्धि-प्रिय ब्राह्मण ही है। कितना स्वच्छ! कितना सुंदर! जरा भी गंदगी उसे बर्दाश्त नहीं होती। गंदे ब्राह्मण कितने ही दिखायी देते हैं, परंतु गंदा सांप कभी किसी ने देखा है? वह मानो एकांतवासी ऋषि ही हो। निर्मल, सतेज, मनोहर हार जैसा वह सांप! उससे क्या डरना! हमारे पूर्वजों ने तो उसकी पूजा का विधान किया है। भले ही आप कहिए कि हिंदू-धर्म में न जाने कैसी-कैसी मूर्खताएं भरी पड़ी हैं; परंतु नाग-पूजा का विधान उसमें अवश्य है।

बचपन में मैं अपनी मां के लिए चंदन से नाग का चित्र बना दिया करता था। मैं मां से कहता- "बाजार में तो अच्छा चित्र मिलता है मां!" वह कहती- "वह रद्दी है, मुझे नहीं चाहिए। अपने बच्चों को बनाया चित्र ही अच्छा होता है।" फिर उस नागा की पूजा की जाती है। यह क्या पागलपन है? परंतु जरा विचार कीजिए। वह सर्प श्रावण मास में अतिथि बनकर हमारे घर आता है। बरसात हो जाने से उस बेचारे के सारे घर में पानी भर जाता है। तब वह क्या करेगा? दूर एकांत में रहने वाला वह ऋषि आपको व्यर्थ कष्ट न हो, इस विचार से किसी छप्पर के नीचे, कहीं लकड़ियों में पड़ा रहता है। वह कम-से-कम जगह घेरता है। परंतु हम डंडा लेकर दौड़ते हैं। संकटग्रस्त अतिथि यदि हमारे घर आ जाये, तो क्या उसे मारना उचित है? कहते हैं कि संत फ्रांसिस को जब जंगल में सांप दिखायी देता, तो वह उससे बड़े प्रेम-भाव से कहता- "आ, भाई आ।" सांप उसकी गोद में खेलते' उसके शरीर पर इधर-उधर चढ़ते। इसे झूठ मत समझिए। प्रेम में अवश्य ऐसी शक्ति रहती है।

सांप को विषैला कहा जाता है; परंतु मनुष्य क्या कम विषैला है? सांप तो कभी-कभी काटता है। जान-बूझकर नहीं काटता। सौ में नब्बे तो निर्विष ही होते हैं। आपकी खेती की वह रक्षा करता है। खेती का नाश करने वाले असंख्य कीड़ों और जंतुओं को खाकर रहता है। ऐसा यह उपकारी, शुद्ध, तेजस्वी, एकांत-प्रिय सर्प भगवान का रूप है। हमारे तमाम-देवताओं में कहीं न कहीं सांप जरूर आता है। गणेशजी की कमर में हमने सांप का कमर-पट्टा बांध दिया है। शंकर के गले में साँप लपेट दिये हैं और भगवान विष्णु को तो नागशय्या ही दे दी है। इसका मर्म, इसका माधुर्य जरा समझो। इन सबका भावार्थ यह है कि नाग रूप में यह ईश्वरीय मूर्ति ही व्यक्त हुई है। इस सर्पस्थ परमेश्वर का परिचय प्राप्त कर लो।

26 जून

साम्यसूत्र 53: प्राणिषु चित्रम्
वृत्ति 20: रामदूता वानराः

20. ऐसे कितने उदाहरण दूं? मैं तो केवल कल्पना दे रहा हूँ। रामायण का सारा सार इस प्रकार की रमणीय कल्पना में ही है। रामायण में पिता-पुत्रों का प्रेम, मां-बेटों का प्रेम, भाई-भाई का प्रेम, पति-पत्नी का प्रेम, सब कुछ है; परंतु मुझे रामायण इस कारण प्रिय नहीं है। मुझे वह इसलिए प्रिय है कि राम की मित्रता वानरों से हुई। आजकल कहते हैं कि वे वानर तो नाग-जाति के थे। इतिहासज्ञों का काम ही है, गड़े को उखाड़ना। उनके इस कार्य पर मैं आपत्ति नहीं उठाता, लेकिन राम ने यदि असली वानरों से मित्रता की हो, तो इसमें असंभव क्या है? राम का रामत्व, रमणीयत्व सचमुच इसी बात में है कि राम और वानर मित्र हो गये। ऐसा ही कृष्ण का और गायों का संबंध है। सारी कृष्ण पूजा का आधार यह कल्पना है। श्रीकृष्ण के किसी चित्र को लीजिए, तो आपको इर्द-गिर्द गायें खड़ी मिलेंगी। गोपाल कृष्ण! गोपाल कृष्ण! यदि कृष्ण से गायों को अलग कर दें, तो फिर कृष्ण में बाकी क्या रहा? राम से यदि वानर हटा दिये, तो फिर राम में भी क्या 'राम' रहेगा? राम ने वानरों में भी परमात्मा के दर्शन किये और उनके साथ प्रेम और घनिष्ठता संबंध स्थापित किया। यह है रामायण की कुंजी! इस कुंजी को आप छोड़ देंगे' तो रामायण की मधुरता खो देंगे। पिता-पुत्र, मां-बेटे का प्रेम तो और जगह भी मिल जोयगा, परंतु नर-वानर की अन्यत्र न दीखने वाली यह मधुर मैत्री केवल रामायण में ही मिलेगी। वानर में स्थित भगवान को रामायण ने आत्मसात किया। वानरों को देखकर ऋषियों को बड़ा कौतुक होता था। ठेठ रामटेक से लेकर कृष्णा-तट तक जमीन पर पैर न रखते हुए वे वानर एक पेड़ से दूसरे पेड़ पर कूदते-फांदते और क्रीड़ा करते घूमते थे। ऐसे उस सघन वन को और उसमें क्रीड़ा करने वाले वानरों को देखकर उन सहृदय ऋषियों के मन में कवित्व जाग उठता, कौतुक होता। ब्रह्म की आंखें कैसी होती हैं, यह बताते हुए उपनिषदों ने बंदरों की आंखों की उपमा दी है। बंदरों की आंखें बड़ी चंचल होती हैं। चारों ओर उनकी निगाह दौड़ती है। ब्रह्म की आंखें ऐसी ही होनी चाहिए। आंखें स्थिर रखने से ईश्वर का काम नहीं चलेगा। हम-आप ध्यानस्थ होकर बैठ सकते हैं, परंतु यदि ईश्वर ध्यानस्थ हो जाये, तो फिर संसार का क्या हाल होगा? अतः ऋषियों को बंदरों में सब की चिंता रखने वाले ब्रह्म की आंखें दिखायी देती हैं। वानरों में परमात्मा के दर्शन करना सीख लो।

27 जून

साम्यसूत्र 53: प्राणिषु चित्रम्
वृत्ति 21: षड्जं रौति मयूरः

21. और वह मोर! महाराष्ट्र में मोर बहुत नहीं है, परंतु गुजरात में उनकी विपुलता है। मैं गुजरात में था। रोज दस-बारह मील घूमने की मेरी आदत थी। घूमते हुए मुझे मोर दिखायी देते थे। जब आकाश में बादल छा रहे हों, मेघ बरसने की तैयारी हो, आकाश का रंग गहरा श्याम हो गया हो, तब मोर कूकता है। हृदय से खिंचकर निकलने वाली उसकी वह तीव्र पुकार एक बार सुनो, तो पता चले! हमारा सारा संगीत-शास्त्र मयूर की इस ध्वनि पर ही रचा गया है। मयूर की ध्वनि ही षड्जं रौति। यह पहला 'षड्ज' हमें मोर से मिला। फिर घटा-बढ़ाकर दूसरे स्वर हमने बिठाये। मेघ की ओर गड़ी हुई उसकी वह दृष्टि, उसकी वह गंभीर ध्वनि और मेघ की गड़गड़ गर्जना सुनते ही फैलने वाली उसकी वह पुच्छ की छतरी। अहा हा! उसकी उस छतरी के सौंदर्य के सामने मनुष्य की सारी शान चूर हो जाती है। राजा-महाराजा भी सजते हैं, परंतु मयूर-पुच्छ की छतरी के सामने वे क्या सजेंगे? कैसा वह भव्य दृश्य! वे हजारों आंखें, वे नाना रंग, अनंत छटाएं, वह अद्भुत सुंदर, मृदु, रमणीय रचना, वह बेल-बूटा! जरा देखिए तो उस छतरी को और उसमें परमात्मा भी देखिए! यह सारी सृष्टि इसी तरह सजी हुई है। सर्वत्र परमात्मा दर्शन देता हुआ खड़ा है, परंतु उसे न देखने वाले हम अभागे हैं। तुकाराम ने कहा- **देव आहे सुकाळ देशीं, अभाग्यासी दुर्भिक्ष-** 'प्रभु' सर्वत्र फला-फूला है; लेकिन अभागी को अकाल है।' संतों के लिए सर्वत्र समृद्धि है! परंतु हमारे लिए सर्वत्र अकाल है।

28 जून

साम्यसूत्र 53: प्राणिषु चित्रम्
वृत्ति 22: महिलानां कोकिलाव्रतम्

22. और मैं उस कोयल को कैसे भुलाऊं? किसे पुकारती है वह? गर्मियों में नदी-नाले सूख गये, परंतु वृक्षों में नव-पल्लव छिटक रहे हैं। वह यह तो नहीं पूछ रही है कि किसने उन्हें यह वैभव प्रदान किया, कहाँ है वह वैभवदाता? कैसी वह उत्कट मधुर कूक! हिंदू-धर्म में कोयल के व्रत का तो विधान ही है। स्त्रियां व्रत लेती हैं कि कोयल की आवाज सुने बिना वे भोजन नहीं करेंगी। कोयल के रूप में प्रकट परमात्मा का दर्शन करना सिखाने वाला यह व्रत है। वह कोयल कितनी सुंदर कूक लगाती है मानों उपनिषद ही गाती है। उसकी कुहू-कुहू तो कानों में पड़ती है? परंतु वह दिखायी नहीं देती। कवि वर्डस्वर्थ उसके पीछे पागल होकर जंगल-जंगल उसकी खोज में भटकता है। इंग्लैण्ड का महान कवि कोयल खोजता है? परंतु भारत में तो घरों की सामान्य स्त्रियां कोयल न दिखायी दे, तो खाना भी नहीं खातीं। इस कोकिलाव्रत की बदौलत भारतीय स्त्रियों ने महान कवि की पदवी प्राप्त कर ली है। जो कोयल परम आनंद की मधुर ध्वनि सुनाती है, उसके रूप में सुंदर परमात्मा ही प्रकट हुआ है।

29 जून

साम्यसूत्र 53: प्राणिषु चित्रम्
वृत्ति 23: गोस्वामि-पूजितः काकः

23. कोयल सुंदर, तो वह कौआ क्या असुंदर है, कौए का भी गौरव करो। मुझे तो वह बहुत प्रिय है। उसका व घना काला रंग, वह तीव्र आवाज! वह आवाज क्या बुरी है? नहीं, वह भी मीठी है। वह पंख फड़फड़ाता हुआ आता है, कैसा सुंदर लगता हैं छोटे बच्चों का चित्त खींच लेता है। नन्हा बच्चा बंद घर में नहीं खाता। बाहर आंगन में बैठकर उसे खिलाना पड़ता है और चिड़िया, कौए दिखाकर उसे कौर खिलाना पड़ता है। कौए के प्रति स्नेह रखने वाला वह बच्चा क्या पागल है? वह पागल नहीं, उसमें ज्ञान भरा हुआ है। कौए के रूप में व्यक्त परमेश्वर से वह बच्चा तुरंत एकरूप हो जाता है। माता चावल पर चाहे दही परोसे, दूध परोसे, या शक्कर परोसे, बच्चे को उसमें कोई आनंद नहीं। उसे आनंद है, कौए के पंख फड़फड़ाने में, उसके मुंह बिचकाने में। सृष्टि के प्रति छोटे बच्चों को इतना कौतूहल मालूम होता है, उसी पर तो सारी 'ईसप-नीति' रची गयी है। 'ईसप' को सर्वत्र ईश्वर दिखयी देता था। अपनी प्रिय पुस्तकों की सूची में मैं ईसप-नीति का नाम पहले रखूंगा, भूलूंगा नहीं। ईसप के राज्य में दो हाथों वाला' दो पावों वाला मनुष्य ही अकेला नहीं है।

रामायण भी इसी तत्त्व पर, इसी दृष्टि पर खड़ी की गयी है। तुलसीदास जी ने राम की बाललीला का वर्णन किया है। राम आंगन में खेल रहे हैं। एक कौआ पास आता है, राम उसे धीरे से पकड़ना चाहते हैं। कौआ पीछे फुदक जाता है। अंत में राम थक जाते है; परंतु उन्हें एक युक्ति सूझती है। मिठाई का एक टुकड़ा लेकर कौए के पास जाते हैं। राम टुकड़ा जरा आगे बढ़ाते हैं, कौआ कुछ नजदीक आता है। इस तरह के वर्णन में तुलसीदास जी ने कई चौपाइयां लिख डाली हैं; क्योंकि वह कौआ परमेश्वर है। राम की मूर्ति का अंश ही उस कौए में भी है। राम और कौए की वह पहचान मानो परमात्मा से परमात्मा की पहचान है।

30 जून

साम्यसूत्र 54: दुरात्मसु चिंत्यं तदेव
वृत्ति 24: स्तेनानां पतये नमो नमः

54. दुर्जन में भी परमेश्वर का दर्शन

सारांश यह कि इस प्रकार इस सारी सृष्टि में, विविध रूपों में- पवित्र नदियों के रूप में, विशाल पर्वतों के रूप में, गंभीर सागर के रूप में, वत्सल गोमाता के रूप में, उम्दा घोड़े के रूप में, सहृदय सिंह के रूप में, मधुर कोयल के रूप में, सुंदर मोर के रूप में, स्वच्छ और एकांतप्रिय सर्प के रूप में, पंख फड़फड़ाने वाले कौए के रूप में, छटपटाने वाली ज्वालाओं के रूप में, प्रशांत तारों के रूप में, सर्वत्र परमात्मा भरा हुआ है। आंखों को उसे देखने का अभ्यास कराना है। पहले मोटे और सरल अक्षर, फिर बारीक और संयुक्ताक्षर सीखने चाहिए। संयुक्ताक्षर नहीं सीख लेंगे, तब तक पढ़ने में प्रगति नहीं हो सकती। संयुक्ताक्षर कदम-कदम पर आयेंगे। दुर्जनों में स्थित परमात्मा को देखना भी सीखना चाहिए। राम समझ में आता है, परंतु रावण भी समझ में आना चाहिए। प्रह्लाद जंचता है, परंतु हिरण्यकशिपु भी जंचना चाहिए। वेद में कहा है- **नमो नमः स्तेनानां पतये नमो नमः। नमः पुंजिष्ठेभ्यो नमो निषादेभ्यः । ब्रह्म दाशा ब्रह्म दासा ब्रह्मैवेमे कितवाः।** – 'उन डाकुओं के सरदारों को नमस्कार! उन क्रूरों को, उन हिंसकों को नमस्कार! ये ठग, ये दुष्ट, ये चोर, सब ब्रह्म ही हैं। इन सबको नमस्कार!' इसका अर्थ क्या? इसका अर्थ यह कि सरल अक्षर तो सीख गये, अब कठिन अक्षरों को भी सीखो। कार्लाइल ने 'विभूति-पूजा' नामक एक पुस्तक लिखी है। उसने उसमें नेपोलियन को भी एक विभूति कहा है। यहाँ शुद्ध परमात्मा नहीं है, मिश्रण है; परंतु इस परमात्मा को भी चला लेना चाहिए। इसीलिए तुलसीदास जी ने रावण को राम का 'विरोधी भक्त' कहा है। हां, इस भक्त के रंग-ढंग कुछ भिन्न हैं। आग पर पांव पड़ने पर जलता है, सूज जाता है। परंतु सेक करने से सूजन उतर भी जाती है। तेज एक ही, पर आविर्भाव भिन्न-भिन्न हैं। राम और रावण में आविर्भाव भिन्न-भिन्न दिखायी दिया, तो भी वह है एक ही परमेश्सवर का। स्थूल और सूक्ष्म, सरल और मिश्र, सरल अक्षर और संयुक्ताक्षर सब सीखो और अंत में यह अनुभव करो कि परमेश्वार से ख़ाली एक भी स्थान नहीं है। अणु-रेणु में भी वही है। चींटी से लेकर ब्रह्मांड तक सर्वत्र परमात्मा ही व्याप्त है। सबकी एक सी चिंता करने वाला कृपालु, ज्ञान-मूर्ति, वत्सल, समर्थ, पावन, सुंदर परमात्मा चारों ओर सर्वत्र खड़ा है।

१ जुलाई

ग्यारहवां अध्याय: विश्वरूप-दर्शन

साम्यसूत्र 55: कृत्स्नं न कामयेत्
वृत्ति 1: किं नाम विश्वरूपम्?

55. विश्वरूप-दर्शन की अर्जुन की उत्कंठा

1. भाइयों पिछली बार हमने देखा कि इस विश्व की अनंत वस्तुओं में व्याप्त परमात्मा को हम कैसे पहचाने और हमारी आंखों को जो यह विराट प्रदर्शनी दिखायी देती है, उसे आत्मसात कैसे करें। पहले स्थूल फिर सूक्ष्म, पहले सरल फिर मिश्र, इस प्रकार सब चीजों में भगवान को देखें, उसका साक्षात्कार करें, अहर्निश अभ्यास करके सारे विश्व को आत्मरूप देखना सीखें- यह हमने, पिछले अध्याय में देखा।
अब, आज ग्यारहवां अध्याय देखना है। इस अध्याय में भगवान ने अपना प्रत्यक्ष रूप दिखाकर अर्जुन पर अपनी परम कृपा प्रकट की है। अर्जुन ने भगवान से कहा- "प्रभो, मैं आपका वह संपूर्ण रूप देखना चाहता हूं, जिसमें आपका सारा महान प्रभाव प्रकट हुआ हो, वह रूप मुझे आंखों से देखने को मिले।" अर्जुन की यह मांग विश्वरूप-दर्शन की थी।

1 जुलाई

साम्यसूत्र 55: कृत्स्नं न कामयेत्

वृत्ति 2: अनंतं ब्रह्मांडम्

2. हम 'विश्व' , 'जगत्' , इन शब्दों का प्रयोग करते हैं। यह 'जगत्' विश्व का एक छोटा-सा भाग है। इस छोटे-से टुकड़े का भी आकलन ठीक से हमें नहीं होता। सारे विश्व की दृष्टि से देखें, तो यह जगत् जो हमें इतना विशाल दिखायी देता है, अतिशय तुच्छ लगेगा। रात के समय आकाश की ओर जरा दृष्टि डालें तो अनंत गोले दिखायी देते हैं। आकाश के आंगन की वह रंगवल्ली, वे छोटे-छोटे सुंदर फूल, वे लुक-लुक करने वाली लाखों तारिकाएं इस सबका स्वरूप क्या आप जानते हैं? ये छोटी-छोटी सी तारिकाएं महान, प्रचंड हैं। उनके अंदर अनंत सूर्यों का समावेश हो जायेगा। वे रसमय, तेजोमय, ज्वलंत धातुओं के गोल पिंड हैं। ऐसे इन अनंत पिंडों का हिसाब कौन लगायेगा? न इनका अंत है, न पार। ख़ाली आंखों से ये हजारों दीखते हैं। दूरबीन से देखें, तो करोड़ों दिखायी देते हैं। उससे बड़ी दूरबीन हो , तो परार्धों दीखने लगेंगे और यह समझ में नहीं आयेगा कि आखिर इसका अंत कहाँ है, कैसा है? यह जो अनंत सृष्टि ऊपर-नीचे सब जगह फैली हुई है, उसका एक छोटा-सा टुकड़ा 'जगत्' कहलाता है। परंतु यह जगत् भी कितना विशालकाय दीख पड़ता है।

2 जुलाई

साम्यसूत्र 55: कृत्स्नं न कामयेत्
वृत्ति 3:. निरवधिः कालश्च

3. यह विशाल सृष्टि परमेश्वर के स्वरूप का एक पहलू है। अब उसका दूसरा पहलू लो। वह है काल। यदि हम पिछले काल पर दृष्टि दौड़ायें, तो इतिहास की मर्यादा में बहुत हुआ तो दस-बीस हजार साल तक पीछे जा सकेंगे। आगे का काल तो ध्यान में ही नहीं आता। इतिहास-काल दस-बीस हजार वर्षों का और स्वयं हमारा जीवन-काल तो मुश्किल से सौ साल का है! वास्तव में काल का विस्तार अनादि और अनंत है। कितना काल बीता है, इसका कोई हिसाब नहीं। आगे कितना काल है, इसकी कोई कल्पना नहीं होती। जैसे विश्व की तुलना में हमारा 'जगत्' सर्वथा तुच्छ है, वैसे ही इतिहास के ये दस-बीस हजार साल अनंत काल की तुलना में कुछ भी नहीं हैं। भूतकाल अनादि है और भविष्यकाल अनंत है। यह छोटा-सा वर्तमान काल सचमुच कहाँ है, वह बताने जाते हैं, तब तक वह भूतकाल में विलीन हो जाता है। ऐसा यह अत्यंत चपल वर्तमान काल मात्र हमारा है। मैं अभी बोल रहा हूं, परंतु मुंह से शब्द निकला कि वह भूतकाल में विलीन हुआ! ऐसी यह महान काल-नदी सतत बह रही है। न उसके उद्गम का पता है न अंत का। बीच का थोड़ा-सा प्रवाहमात्र हमें दिखायी देता है।

3 जुलाई

साम्यसूत्र 55: कृत्स्नं न कामयेत्
वृत्ति 4: सखैतत् द्रष्टुमिच्छति
वृत्ति 5: तस्मै दिव्यदृष्टिर् दत्ता

4. इस प्रकार एक और स्थल का प्रचंड विस्तार और दूसरी ओर काल का प्रचंड प्रवाह- इन दोनों दृष्टियों से सृष्टि की ओर देखेंगे, तो समझ में आयेगा कि कल्पना-शक्ति को चाहे जितना खींचने पर भी इसका कोई अंत नहीं लगने वाला। तीनों काल और तीनों स्थल में, भूत-भविष्य-वर्तमान में एवं ऊपर-नीचे, यहां-वहां, सब जगह व्याप्त विराट परमेश्वर, वह एक ही समय एकत्र दिखायी दे, परमेश्वर का इस रूप में दर्शन ही, ऐसी इच्छा अर्जुन के मन में उत्पन्न हुई है। इस इच्छा में से ग्यारहवां अध्याय निकला है।

5. अर्जुन भगवान को बहुत प्यारा था। कितना प्यारा था? इतना कि दसवें अध्याय में किन-किन स्वरूपों में मेरा चिंतन करो, यह बताते हुए भगवान कहते है- "पांडवों में जो अर्जुन है, उसके रूप में मेरा चिंतन करो।" श्रीकृष्ण कहते हैं- **पाण्डवानां धनंजयः।** इससे अधिक प्रेम का पागलपन, प्रेमोन्मत्तता कहाँ होगी? यह इस बात का उदाहरण है कि प्रेम कितना पागल हो सकता है। अर्जुन पर भगवान की अपार प्रीति थी। यह ग्यारहवां अध्याय उस प्रीति का प्रसाद रूप है। दिव्य रूप देखने की अर्जुन की इच्छा को भगवान उसे दिव्यदृष्टि देकर पूरा किया। अर्जुन को उन्होंने प्रेम का प्रसाद दिया।

4 जुलाई

साम्यसूत्र 56: अंशेऽपि समावेशात्
वृत्ति 6: बिंदु-सिंधु-न्यायेन

56. छोटी मूर्ति में भी पूर्ण दर्शन संभव
6. उस दिव्य रूप का सुंदर वर्णन, भव्य वर्णन, इस अध्याय में है। इतना सब होते हुए भी कहना चाहिए कि विश्वरूप के लिए मुझे कोई खास लोभ नहीं। मैं छोटे-से रूप पर ही संतुष्ट हूँ। जो छोटा-सा सुंदर मनोहर रूप मुझे दीखता है, उसकी माधुरी का अनुभव करना मैं सीख गया हूँ। परमेश्वर टुकड़ों में विभाजित नहीं है। मुझे ऐसा नहीं लगता कि परमेश्वर का जो रूप हम देख पाते हैं, वह उसका एक टुकड़ा है और शेष परमेश्वर बाहर बचा हुआ है। बल्कि मैं देखता हूँ कि जो परमेश्वर इस विराट विश्व में व्याप्त है, वही संपूर्ण रूप में जैसा-का-तैसा एक छोटी-सी मूर्ति में, मिट्टी के एक कण में भी व्याप्त है। उसमें कोई कमी नही। अमृत के सिंधु में जो मिठास है, वही एक बिंदु में भी होती है। मुझे लगता है, अमृत की जो एक छोटी-सी बूंद मुझे मिल गयी है, उसी की मिठास मैं चखूं।

अमृत का दृष्टांत मैंने जान-बूझकर लिया है। पानी या दूध का दृष्टांत नहीं लिया है। एक प्याले दूध में जो मिठास होगी, वही मिठास लोटे भर दूध में होगी, परंतु मिठास चाहे वही हो, पुष्टि उतनी ही नहीं है। एक बूंद दूध की अपेक्षा एक प्याले दूध में पुष्टि अधिक है। परंतु अमृत के उदाहरण में यह बात नहीं है। अमृत के समुद्र की मिठास तो अमृत के एक बूंद में है ही' उसके अलावा पुष्टि भी उतनी ही है। बूंद भर अमृत भी गले के नीचे उतर गया, तो उससे अमृतत्त्व ही मिलेगा।

उसी तरह जो दिव्यता, पवित्रता परमेश्वर के विराट स्वरूप में है, वही एक छोटी-सी मूर्ति में भी है। किसी ने मुट्ठी भर गेहूँ मुझे नमूने के तौर पर लाकर दिये, तब भी यदि मुझे गेहूँ की पहचान न हुई, तो फिर बोरी भर गेहूँ भी यदि मेरे सामने रख दिये जाये, तो वह कैसे होगी? ईश्वर का जो छोटा नमूना मेरी आंखों के सामने है, उससे यदि ईश्वर को मैंने नहीं पहचाना' तो फिर विराट परमेश्वर को देखकर भी मैं कैसे पहचानूंगा? छोटे-बड़े में क्या है? छोटे रूप को पहचान लिया

, तो बड़े की पहचान हो ही गयी। अतः मुझे यह आकांक्षा नहीं होती कि ईश्वर अपना बड़ा रूप मुझे दिखाये। अर्जुन की तरह विश्वरूप-दर्शन की मांग करने की योग्यता भी मुझमें नहीं है।

फिर जो कुछ मुझे दीखता है, वह विश्वरूप का कोई टुकड़ा है, ऐसी बात नहीं। किसी टूटी तस्वीर का कोई टुकड़ा ले आये, तो उससे सारे चित्र का खयाल हमें नहीं हो सकता। परंतु परमात्मा इस तरह टुकड़ों से बना हुआ नहीं है। परमात्मा न कटा हुआ है, न खंड-खंड किया हुआ है। एक छोटे-से स्वरूप में भी वह अनंत परमेश्वर सारा-का-सारा समाया हुआ है। छोटे-फोटो और बड़े फोटो में क्या अंतर है? जो बातें बड़े फोटो में होती हैं वही सब जैसी-की-तैसी छोटे फोटो में भी होती हैं। छोटा फोटो बड़े फोटो का टुकड़ा नहीं है। छोटे टाइप के अक्षर हों, तो भी वही अर्थ होगा और बड़े टाइप के अक्षर हो तो भी वही होगा। बड़े टाइप में बड़ा अर्थ और छोटे में छोटा अर्थ होता हो, सो बात नहीं। मूर्ति-पूजा का आधार यही विचार-पद्धति है।

5 जुलाई

साम्यसूत्र 56: अंशेऽपि समावेशात्
वृत्ति 7: मूर्तिपूजा-रहस्यम्

7. मूर्ति-पूजा पर अनेक लोगों ने हमला किया है। बाहर के और यहाँ के भी कई विचारकों ने मूर्ति-पूजा को दोष दिया है। किंतु मैं ज्यों-ज्यों विचार करता हूँ त्यों-त्यों मूर्ति-पूजा की दिव्यता मेरे सामने स्पष्ट होती जाती है। मूर्ति-पूजा का अर्थ क्या है? एक छोटी-सी चीज में सारे विश्व का अनुभव करने को सीखना मूर्ति-पूजा है। एक छोटे-से गांव में भी ब्रह्मांड देखने को सीखना क्या गलत है? यह कल्पना की बात नहीं, प्रत्यक्ष अनुभव की बात है। विराट स्वरूप में जो कुछ है, वही सब एक छोटी-सी मूर्ति में है, वही एक मृत-कण में है। उस मिट्टी के ढेले में आम, केले, गेहूं, सोना, तांबा, चांदी, सभी कुछ है। सारी सृष्टि उस कण के भीतर भरी है। जिस तरह किसी छोटी नाटक मंडली में वे ही पात्र बार-बार भिन्न-भिन्न रूप बनाकर रंगमंच पर आते हैं, उसी तरह परमेश्वर को समझो। जैसे कोई एक नाटककार खुद ही नाटक लिखता है और खुद ही नाटक में काम भी करता है, उसी तरह परमात्मा भी अनंत नाटक लिखता है और स्वयं अनंत पात्रों के रूप में सजकर रंगभूमि पर अभिनय करता है। इस अनंत नाटक का एक पात्र पहचान लेने पर सारे पात्र पहचान लिये, ऐसा हो जायेगा।

6 जुलाई

साम्यसूत्र 56: अंशेऽपि समावेशात्
वृत्ति 8: उपमारूपकादि-स्वारस्यम्

8. काव्य की उपमा, दृष्टांत आदि के लिए जो आधार है, वही मूर्ति-पूजा के लिए भी है। किसी गोल वस्तु को हम देखते हैं, तो हमें आनंद होता है; क्योंकि उसमें एक व्यवस्थितता होती है। व्यवस्थितता ईश्वर का स्वरूप है। ईश्वर की सृष्टि सर्वांग-सुंदर है। उसमें व्यवस्थितता है। वह गोल वस्तु यानि व्यवस्थित ईश्वर की मूर्ति। परंतु जंगल में उगा टेड़ा-तिरछा पेड़ भी ईश्वर की ही मूर्ति है। उसमें ईश्वर की स्वच्छंदता है। उस पेड को कोई बंधन नहीं है। ईश्वर को कौन बंधन में डाल सकता है? वह बंधनातीत परमेश्वर उस टेढ़े-मेढ़े पेड़ में है। कोई सीधा सरल खंभा देखते है, तो उसमें ईश्वर की समता दिखायी देती है। नक्काशीदार खंभा देखते हैं, तो आकाश में नक्षत्रों के बेल-बूटे काढ़ने वाला परमेश्वर उसमें दिखायी देता है। किसी कटे-छंटे व्यवस्थित बाग में ईश्वर का संयमी रूप दिखायी देता है, तो किसी विशाल वन में ईश्वर की भव्यता और स्वतंत्रता के दर्शन होते हैं। जंगल में भी आनंद मिलता है और व्यवस्थित बगीचे में भी। तो फिर क्या हम पागल हैं? नहीं, आनंद दोनों में ही होता है, क्योंकि ईश्वरीय गुण प्रत्येक में प्रकट हुआ है। गोल-चिकने शालग्राम की बटिया में जो ईश्वरी तेज है, वही नर्मदा के ऊबड़-खाबड़ पत्थर के गणपति में है। अतः मुझे वह विराट स्वरूप अलग से देखने को न मिला, तो चिंता नहीं।

7 जुलाई

साम्यसूत्र 56: अंशेऽपि समावेशात्

वृत्ति 9: उपमान-विस्तारः

9. परमेश्वर सर्वत्र भिन्न-भिन्न वस्तुओं में भिन्न-भिन्न गुणों के द्वारा प्रकट हुआ है, इसीलिए हमें आनंद होता है, और उस वस्तु के प्रति आत्मीयता प्रतीत होती है। जो आनंद होता है, वह अकारण नहीं। आनंद क्यों होता है? उससे हमारा कुछ-न-कुछ संबंध रहता है, इसी से आनंद होता है। बच्चे को देखते ही माँ को आनंद होता है; क्योंकि वह संबंध पहचानती है। इसी तरह प्रत्येक वस्तु से परमात्मा का नाता जोड़ो। मुझमें जो परमेश्वर है, वही उस वस्तु में है। इस प्रकार का संबंध बढ़ाना ही आनंद बढ़ाना है।

आनंद की और कोई उपपत्ति नहीं है। आप प्रेम का संबंध सब जगह जोड़ने लगिए, फिर देखिए, क्या चमत्कार होता है। फिर अनंत सृष्टि में व्याप्त परमात्मा अणु-रेणु में दिखायी देगा। एक बार यह दृष्टि आ जाये, तो फिर क्या चाहिए? परंतु इसके लिए इंद्रियों को आदत डालने की जरूरत है। हमारी भोग-वासना छूटकर जब हमें प्रेम की पवित्र दृष्टि प्राप्त होगी, तब फिर प्रत्येक-वस्तु में ईश्वर दिखायी देगा। उपनिषदों में आत्मा का रंग कैसा है, इसका बड़ा सुंदर वर्णन है। आत्मा का रंग कौन-सा बताया जाये? ऋषि प्रेमपूर्वक कहते हैं- यथा **अयं इंद्रगोपः।** यह जो लाल-लाल रेशम-सा मुलायम इंद्रगोप है, मृग का कीड़ा है - बीरबहूटी है, उसकी तरह आत्मा का रूप है। उस इंद्रगोप को देखते हैं, तो कितना आनदं होता है! यह आनंद क्यों होता है? मुझमें जो भाव है, वही उस इंद्रगोप में है। मुझसे उसका कोई संबंध न होता, तो आनंद होता? मेरे अंदर जो सुंदर आत्मा है, वही इंद्रगोप में भी है। इसीलिए उसकी उपमा दी। उपमा क्यों देते हैं? उससे आनंद क्यों होता है? हम उपमा इसलिए देते हैं कि उन दो वस्तुओं में साम्य होता है और इसी से आनंद होता है। यदि उपमेय और उपमान सर्वथा भिन्न हों, तो आनंद नहीं आयेगा। यदि कोई कहे कि 'नमक मिर्च की तरह', तो हम उसे पागल कहेंगे। पर यदि कोई यह कहे कि 'तारे फूलों की तरह हैं' , तो उनमें साम्य दिखायी देने से आनंद होगा। नमक मिर्च की तरह है, ऐसा करने से सादृश्य का अनुभव नहीं होता। परंतु किसी की दृष्टि यदि इतनी विशाल हो गयी हो, उसे ऐसा दर्शन हुआ हो कि जो परमात्मा नमक में है, वही मिर्च में है, वह 'नमक कैसा?' तो 'मिर्च की तरह है' इस कथन में भी आनंद अनुभव करेगा। सारांश यह है कि ईश्वरीय रूप प्रत्येक वस्तु में ओतप्रोत है। उसके लिए विराट दर्शन की आवश्यकता नहीं।

8 जुलाई

साम्यसूत्र 57: अनधिकृतत्वाच्च
वृत्ति 10: दिव्यदृष्टिरपि भीतः

57. विराट विश्वरूप पचेगा भी नहीं
10. अलावा वह विराट दर्शन मुझे सहन भी कैसे होगा? छोटे, सगुण सुंदर रूप के प्रति मुझे जो प्रेम मालूम होता है, जो अपनापन लगता है, जो मधुरता मालूम होती है, उसका अनुभव विश्वरूप देखने में कदाचित न हो। यही स्थिति अर्जुन की हो गयी। वह थर-थर कांपते हुए अंत में कहता है, "भगवान! अपना वही पहले वाला मनोहर रूप दिखाओ।" अर्जुन स्वानुभव से कहता है कि विराट स्वरूप देखने की इच्छा मत करो। यही अच्छा है कि ईश्वर जो तीनों कालों और तीनों स्थलों में व्याप्त है, वैसा ही रहे। वह सिमट कर यदि धधकता हुआ गोला बनकर मेरे सामने आ खड़ा हो, तो मेरी क्या दशा होगी! ये तारे कितने शांत दिखायी देते हैं! ऐसा प्रतीत होता है, मानो इतनी दूर से वे मुझसे बात कर रहे हों। परंतु दृष्टि को शांत करने वाली वही तारिका यदि निकट आ जाये तो? वह धधकती हुई आग ही है। मैं उसमें भस्म ही होकर रहूँगा। ईश्वर के ये अनंत ब्रह्मांड जहाँ हैं, वहाँ वैसे ही रहने दीजिए। उन सबको एक ही कमरे में इकट्ठा कर देने में क्या आनंद है? बंबई के उस कबूतरखाने में हजारों कबूतर रहते हैं, वहाँ क्या मुक्तता है? वह दृश्य बड़ा अटपटा मालूम होता है। यह सृष्टि ऊपर, नीचे, यहाँ तीनों स्थलों में विभाजित है। इसी में मजा है।

9 जुलाई

साम्यसूत्र 57: अनधिकृतत्वाच्च
वृत्ति 11: कालविस्मरणं तारकम्

11. जो बात स्थलात्मक सृष्टि को लागू है, वही कालात्मक सृष्टि पर भी लागू होती है। हमें भूतकाल की स्मृति नहीं रहती और भविष्य का ज्ञान नहीं होता, इसमें हमारा कल्याण ही है। कुरान शरीफ में पांच ऐसी वस्तुएं बतायी गयी हैं, जिनमें सिर्फ परमेश्वर की ही सत्ता है, मनुष्य प्राणी की सत्ता बिलकुल नहीं है। उनमें एक है- भविष्यकाल का ज्ञान। हम अंदाज जरूर लगाते हैं, परंतु अंदाज का अर्थ ज्ञान नहीं है। भविष्य का ज्ञान हमें नहीं होता, यह हमारे कल्याण की ही बात है। वैसे ही भूतकाल की स्मृति हमें नहीं रहती, यह भी सचमुच बड़ी अच्छी बात है। कोई दुर्जन यदि सज्जन बनकर भी मेरे सामने आये, तो भी उसके भूतकाल की स्मृति के कारण मेरे मन में उसके प्रति आदर नहीं होता। वह कितना ही कहे, उसके पिछले पापों को मैं सहसा भूल नहीं सकता। संसार उसके पापों को उसी अवस्था में भूल सकेगा, जबकि वह मनुष्य मरकर दूसरे रूप में हमारे सामने आयेगा।

पूर्व-स्मरण से विकार बढ़ते हैं। यदि पहले का यह सारा ज्ञान ही नष्ट हो जाये तो फिर सब समाप्त! पाप-पुण्य को भूल जाने की कोई युक्ति होनी चाहिए। वह युक्ति है मरण । जब हमें इसी जन्म की वेदनाएं असह्य लगती हैं तब फिर पिछले जन्मों के कूड़ा-करकट की खोज क्यों करें? अपने इसी जन्म के कमरे में क्या कम कूड़ा-करकट है? अपना बचपन भी हम बहुत कुछ भूल जाते हैं। यह भूलना अच्छा ही है। हिंदू-मुस्लिम ऐक्य के लिए भूतकाल का विस्मरण ही एकमात्र उपाय है। औरंगजेब ने जुल्म किया था, इसको कितने दिनों तक रटते रहोगे? गुजराती में रतन बाई का एक गरबा-गीत है। उसे हम बहुत बार यहाँ सनुते हैं। उसके अंत में कहा है- "संसार में सबकी कीर्ति ही शेष रहेगी। पाप को लोग भूल जायेंगे।" यह काल छननी कर रहा है। इतिहास में जितना अच्छा हो, उतना ले लेना चाहिए। पाप फेंक देना चाहिए। पाप फेंक देना चाहिए। मनुष्य यदि बुराई को छोड़कर सिर्फ अच्छाई को ही याद रखे, तो कैसी बहार हो! परंतु ऐसा नहीं होता। इसलिए विस्मृति की बड़ी आवश्यकता है। इसके लिए भगवान ने मृत्यु का निर्माण किया है।

10 जुलाई

साम्यसूत्र 57: अनधिकृतत्वाच्च
वृत्ति 12: सामीप्ये नाधिकारः

12. सारांश यह कि यह जगत् जैसा है, वैसा ही मंगल है। इस कालस्थलात्मक जगत् को एक जगह एकत्र करने की जरूरत नहीं है। अति परिचय में मजा नहीं है। कुछ चीजों से घनिष्ठता बढ़ानी होती है, तो कुछ चीजों से दूर रहना होता है। गुरु होगा, तो नम्रता पूर्वक दूर बैठेंगे। परंतु मां की गोद में जाकर बैठेंगे। जिस मूर्ति के साथ जैसा व्यवहार करने की जरूरत हो, वैसा ही करना चाहिए। फूल को हम निकट लें, परंतु आग से बचकर रहें। तारे दूर से ही सुंदर लगते हैं। यही हाल सृष्टि का है। अति दूरवाली वह सृष्टि अति निकट लाने से हमें अधिक आनंद होगा, सो बात नहीं। जो चीज जहाँ है, उसे वहीं रहने देने में मजा है। जो चीज दूर से रम्य मालूम होती है। वह निकट लाने से सुखदायी ही होगी, ऐसा नहीं कह सकते। उसे वहीं दूर रखकर ही उसका रस चखना चाहिए। ढीठ बनकर, बहुत घनिष्ठता बढ़ाकर, अति परिचय कर लेने में कुछ सार नहीं।

11 जुलाई

साम्यसूत्र 57: अनधिकृतत्वाच्च

वृत्ति 13: चरण-सेवा पर्याप्ता

13. सारांश यह कि तीनों काल हमारे सामने खड़े नहीं है, सो अच्छा ही है। तीनों कालों का ज्ञान होने से आनंद अथवा कल्याण होगा ही, ऐसा नहीं कह सकते। अर्जुन ने प्रेमवश हठ पकड़ लिया, प्रार्थना की , तो भगवान ने उसे स्वीकार कर लिया। उन्होंने उसे अपना वह विराट रूप दिखलाया; परंतु मुझे तो भगवान का छोटा-सा रूप ही पर्याप्त है। यह छोटा रूप परमेश्वर का टुकड़ा तो है नहीं और यदि टुकड़ा भी हो, तो उस अपार और विशाल मूर्ति का एक चरण या चरण की एक अंगुली ही मुझे दीख गयी, तो भी मैं कहूंगा- "धन्य है मेरा भाग्य!" अनुभव से मैंने यह सीखा है।
जमनालालजी ने जब वर्धा में लक्ष्मीनारायण मंदिर हरिजनों के लिए खोल दिया, तो उस समय मैं दर्शन के लिए गया था। पंद्रह-बीस मिनट तक उस रूप को देखता रहा। समाधि लगने जैसी स्थिति मेरी हो गयी। भगवान का वह मुख, वह छाती, वे हाथ देखते-देखते पांवों तक पहुँचा और अंत में चरणों पर जाकर दृष्टि स्थिर हो गयी। गोड तुझी चरण-सेवा- 'मधुर तेरी चरण सेवा '- यही भावना अंत में रह गयी।
यदि छोटे-से रूप में यह महान प्रभु न समाता हो, तो फिर उस महापुरुष के चरण ही दीख जाना पर्याप्त है। अर्जुन ने ईश्वर से प्रार्थना की, उसका अधिकार बड़ा था। उसकी कितनी घनिष्ठता, कितना प्रेम, कैसा सख्यभाव था! मेरी क्या पात्रता है? मुझे तो चरण ही बस हैं , मेरा अधिकार उतना ही है।

12 जुलाई

साम्यसूत्र 58: मत्कर्मादौ तात्पर्यम्
वृत्ति 14: विश्वगीतं गेयम्

58. सर्वार्थ-सार

14. उस परमेश्वर के दिव्य रूप का जो वर्णन है, उसमें बुद्धि चलाने की मेरी इच्छा नहीं। उसमें बुद्धि चलाना पाप है। विश्व-रूप वर्णन के उन पवित्र श्लोकों को हम पढ़ें और पवित्र बनें। बुद्धि चलाकर परमेश्वर के उस रूप के टुकड़े किये जायें, यह मुझे नहीं भाता। वह अघोर उपासना हो जायेगी। अघोरपंथी लोग श्मशान में जाकर मुर्दे चीरते हैं और तंत्रोपासना करते हैं। वैसी ही वह क्रिया हो जायेगी। परमेश्वर का वह दिव्य रूप- विश्वतश्चक्षुरुत विश्वतोमुखः विश्वतोबाहुरुत विश्वतस्पात्। ऐसा वह विशाल और अंतरूप ! उसके वर्णन के श्लोकों को गायें और गाकर अपना मन निष्पाप और पवित्र बनायें।

13 जुलाई

साम्यसूत्र 58: मत्कर्मादौ तात्पर्यम्
वृत्ति 15: सव्यसाचि-कार्यम्

15. परमेश्वर के इस सारे वर्णन में केवल एक ही जगह बुद्धि विचार करने लगती है। परमेश्वर अर्जुन से कहते हैं- "अर्जुन, ये सब-के-सब मरने वाले हैं, तू निमित्त मात्र हो जा। सब कुछ करने वाला तो मैं हूँ।" यही ध्वनि मन में गूंजती रहती है। जब यह विचार मन में आता है कि हमें ईश्वर के हाथों का एक हथियार बनना है, तो बुद्धि सोचने लगती है कि ईश्वर के हाथ का औजार बनें कैसे? कृष्ण के हाथ की मुरली कैसे बनूं? वे अपने होंठ से मुझे लगा लें और मुझसे मधुर स्वर निकालें , मुझे बजाने लगें यह कैसे होगा? मुरली बनना यानि पोला बनना! पर मुझमें तो विकार और वासनाएं ठसाठस भरी हुई हैं, ऐसी दशा से मधुर स्वर कैसे निकलेगा? मेरा स्वर तो दबा हुआ निकलता है। मैं घन वस्तु हूँ। मझमें अहंकार भरा हुआ है। मुझे निरहंकार होना चाहिए। जब मैं पूर्ण रूप से मुक्त, पोला हो जाऊंगा, तभी परमेश्वर मुझे बजायेगा; परंतु परमेश्वर के होंठों की मुरली बनना बड़े साहस का काम है। यदि उसके पैरों की जूतियां बनना चाहूं, तो भी आसान नहीं है। परमेश्वर की जूती ऐसी मुलायम होनी चाहिए कि परमेश्वर के पांव में जरा-सा भी घाव न लगे। परमेश्वर के चरण और कांटे-कंकड़ के बीच मुझे पड़ना है। मुझे अपने को कमाना होगा। अपनी खाल उतारकर उसे सतत कमाते रहना होगा, मुलायम बनाना होगा। अतः परमेश्वर के पांवों की जूती बनना भी सरल नहीं है। परमेश्वर के हाथ का औजार बनना हो, तो मुझे दस सेर वजन का लोहे का गोला नहीं बनना चाहिए। तपश्चर्या की सान पर अपने को चढ़ाकर तेज धार बनानी होगी। ईश्वर के हाथ में मेरी जीवन रूपी तलवार चमकनी चाहिए। यह ध्वनि मेरी बुद्धि में गूंजती रहती है। भगवान के हाथ का एक औजार बनना है- इसी विचार में निमग्न हो जाता हूँ।

14 जुलाई

साम्यसूत्र 58: मत्कर्मादौ तात्पर्यम्
वृत्ति 16: सर्वसारं सेव्यम्

16. अब यह कैसे किया जाये, इसकी विधि स्वयं भगवान ने अंतिम श्लोक में बता दी है। श्रीशंकराचार्य ने अपने भाष्य में इस श्लोक को 'सर्वार्थ-सार', सारी गीता का सार कहा है। वह कौन सा श्लोक है? वह है-

मत्कर्मकृन्मत्परमो मदभक्तः संगवर्जितः
निर्वैरः सर्वभूतेषु यः स मामेति पांडव॥

'हे पांडव, जो सब कर्म मुझे समर्पण करता है, मुझमें परायण रहता है, मेरा भक्त बनता है, आसक्ति का त्याग करता है और प्राणी मात्र में द्वेषरहित होकर रहता है, वह मुझे पाता है।' जिसका संसार में किसी से वैर नहीं, जो तटस्थ रहकर संसार की निरपेक्ष सेवा करता है, जो-जो करता है, सब मुझे अर्पित कर देता है, मेरी भक्ति से सराबोर है, क्षमावान, निःसंग, विरक्त, प्रेममय जो भक्त है, वह परमेश्वर के हाथ का हथियार बनता है, ऐसा यह सार है।

रविवार 1. 5. 1932

१५ जुलाई

बारहवां अध्याय: सगुण-निर्गुण-भक्ति

साम्यसूत्र 59: एकाग्रं च समग्रं च
वृत्ति 1: इदं तु धर्म्यामृतम्

59. अध्याय 6 से 11 एकाग्रता से समग्रता
1. गंगा का प्रवाह यों तो सभी जगह पावन और पवित्र है; परंतु हरिद्धार , काशी, प्रयाग जैसे स्थान अधिक पवित्र हैं। उन्होंने सारे संसार को पवित्र बना दिया है। भगवद्गीता का यही हाल है। भगवद्गीता आदि से अंत तक सभी जगह पवित्र है। परंतु बीच में कुछ अध्याय ऐसे हैं, जो तीर्थ-क्षेत्र बन गये हैं। आज जिस अध्याय के संबंध में हमें कहना है, वह बड़ा पावन तीर्थ बन गया है। स्वयं भगवान ही उसे 'अमृतधारा' कहते हैं- ये तु धर्म्यामृतमिदं यथोक्तं पर्युपासते। है तो यह छोटा-सा बीस श्लोकों का ही अध्याय, परंतु अमृत की धारा है। अमृत की तरह मधुर है, संजीवन-दायी है। इस अध्याय में भगवान ने श्रीमुख से भक्तिरस की महिमा का तत्त्व गाया है।

16 जुलाई

साम्यसूत्र 59: एकाग्रं च समग्रं च
वृत्ति 2: ध्यानादि-दर्शनान्तं विवृतम्

2. वास्तव में छठे अध्याय से भक्ति-तत्त्व प्रारंभ हो गया है। पांचवें अध्याय के अंत तक जीवन-शास्त्र का प्रतिपादन हुआ। स्वधर्माचरण रूप कर्म, उसके लिए सहायक मानसिक साधनारूप विकर्म, इन दोनों की साधना से संपूर्ण कर्मों को भस्म करने वाली अंतिम अकर्म की भूमिका, इतनी बातों का विचार पहले पांच अध्यायों तक हुआ। इतने में जीवनशास्त्र समाप्त हो गया। फिर छठे अध्याय से ग्यारहवें अध्याय के अंत तक एक तरह से भक्ति तत्त्व का ही विचार चला। एकाग्रता से आरंभ हुआ। छठे अध्याय में यह बताया गया है कि चित्त की एकाग्रता कैसे हो सकती है, उसके क्या-क्या साधन हैं और उसकी क्यों आवश्यकता है? ग्यारहवें अध्याय में समग्रता बतायी गयी है। अब देखना यह है कि एकाग्रता से लेकर समग्रता तक की लंबी मंजिल हमने कैसे तय की?

चित्त की एकाग्रता से शुरूआत हुई। एकाग्रता का होने पर किसी भी विषय का विचार मनुष्य कर सकता है। चित्त की एकाग्रता का उपयोग- मेरा प्रिय विषय लें तो गणित के अध्ययन में हो सकेगा। उससे अवश्य फल-लाभ होगा। परंतु यह चित्त की एकाग्रता सर्वोत्तम साध्य नहीं है। गणित के अध्ययन से एकाग्रता की पूरी परीक्षा नहीं होती। गणित में अथवा ऐसे ही किसी ज्ञान-प्रांत में चित्त की एकाग्रता से सफलता तो मिलेगी; परंतु यह सच्ची परीक्षा नहीं है। इसलिए सातवें अध्याय में यह बतलाया कि हमारी दृष्टि भगवान के चरणों की ओर होना चाहिए।

17 जुलाई

साम्यसूत्र 59: एकाग्रं च समग्रं च
वृत्ति 2: ध्यानादि-दर्शनान्तं विवृतम्

आठवें अध्याय में कहा गया कि भगवान के चरणों में एकाग्रता सतत बनी रहे। हमारी वाणी, कान, आंख सतत उसी में लगी रहें, इसलिए आमरण प्रयत्न करना चाहिए। हमारी सभी इंद्रियों को ऐसा अभ्यास हो जाना चाहिए।

पडिलें वळण इंद्रियां सकळां। भाव तो निराळां नाही दुजा- 'सब इंदियों को आदत पड़ गयी, अब दूसरी भावना नहीं रही।' ऐसा हो जाना चाहिए। सब इंद्रियों को भगवान की धुन लग जानी चाहिए। हमारे समीप चाहे कोई विलाप कर रहा हो या भजन गा रहा हो, कोई वासना का जाल बुन रहा हो या विरक्त सज्जनों का, संतों का समागम हो रहा हो, सूर्य हो या अंधकार हो, मरणकाल में परमेश्वर ही चित्त के सामने खड़ा रहेगा। इस तरह का अभ्यास जीवन भर सब इंद्रियों से कराना, यह सातत्य की शिक्षा आठवें अध्याय में दी गयी है। छठे अध्याय में एकाग्रता, सातवें में ईश्वराभिमुख एकाग्रता यानि 'प्रपत्ति ', आठवें में सातत्ययोग और नवें में समर्पणता सिखायी है। दसवें में क्रमिकता बतायी है। एक-एक कदम आगे चलकर ईश्वर का रूप कैसे हृदयंगम किया जाये, चींटी से लेकर ब्रह्मदेव तक में व्याप्त परमात्मा को धीरे-धीरे कैसे आत्मसात किया जाये, यह बताया गया। ग्यारहवें अध्याय में समग्रता बतायी गयी। विश्वरूप-दर्शन को ही मैं 'समग्रता-योग' कहता हूँ। विश्वरूप-दर्शन यानि यह अनुभव करना कि मामूली रज-कण में भी सारा विश्व समाया हुआ है। यही विराट दर्शन है। छठे अध्याय से लेकर ग्यारहवें तक भक्ति-रस की ऐसी यह भिन्न-भिन्न प्रकार से छानबीन की गयी है।

18 जुलाई

साम्यसूत्र 60: तुल्यं तु
वृत्ति 3: इदानीं कः प्रियतर इति पृच्छा 4: मातृ-हृदयं किं वदेत्?

60. सगुण उपासक और निर्गुण उपासकः मां के दो पुत्र

3. अब बारहवें अध्याय में भक्ति तत्त्व की समाप्ति करनी है। अर्जुन ने समाप्ति संबंधी प्रश्न पूछा। पांचवें अध्याय में जीवन-संबंधी पूरे शास्त्र का विचार समाप्त होते समय जैसा प्रश्न अर्जुन ने पूछा था, वैसा ही यहाँ भी पूछा है। अर्जुन पूछता है- "भगवन, कुछ लोग सगुण का भजन करते हैं, और कुछ निर्गुण की उपासना करते हैं। तो अब बताओ कि इन दोनों में कौन-सा भक्त आपको प्रिय है?"

4. भगवान इसका क्या उत्तर दें? किसी मां के दो बच्चे हों और उससे उनके बारे में प्रश्न किया जाये; वैसा ही यह है। दो में एक बच्चा छोटा हो, वह मां को बहुत प्यार करता हो, मां को देखते ही आनंदित होता हो और मां के जरा दूर जाते ही व्याकुल होता हो, वह मां से दूर जा ही नहीं सकता, उसे छोड़ नहीं सकता, उसका वियोग वह सहन नहीं कर सकता। मां न हो, तो उसे सारा संसार सूना ! ऐसा यह छोटा है। दूसरा बच्चा बड़ा है। वह भी है तो उसी तरह प्रेम-भाव से सराबोर, पर समझदार हो गया है। मां से दूर रह सकता है। साल-छह मास भी मां के दर्शन न हो, तो भी वह रह सकता है। वह मां की सेवा करने वाला है। सारा बोझ अपने सिर पर लेकर काम करता है। काम-काज में लग जाने से मां का विछोह सह सकता है। लोगों में उसकी प्रतिष्ठा है और चारों ओर उसका नाम सुनकर मां को बड़ा सुख मिलता है। ऐसा यह दूसरा बेटा है। ऐसे दो बेटों के बारे में मां से कहिए- "मां! इन दो बेटों में से एक ही बेटा आपको दिया जायेगा। आप जिसे चाहें पसंद करें!" तो वह क्या उत्तर देगी? किस बेटे को पसंद करेगी? क्या वह दोनों बेटों को तराजू में रखकर तौलने बैठेगी? माता की भूमिका पर ध्यान दीजिए। उसका स्वाभाविक उत्तर क्या होगा? वह निरुपाय होकर कहेगी- "यदि बिछोह ही होना है, तो बड़े बेटे का वियोग मैं सह लूंगी।" छोटे बेटे को उसने छाती से लगाया है। उसे वह अपने से दूर नहीं कर सकती। छोटे बेटे के विशेष आकर्षण को देखकर "बड़ा बेटा दूर जाये तो भी चलेगा" ऐसा कुछ तो भी जवाब वह देगी। परंतु उसे अधिक प्रिय कौन है, इस प्रश्न का यह उत्तर नहीं कहा जा सकता। कुछ-न-कुछ उत्तर देना है इसलिए दो-चार शब्द वह बोल देगी; परंतु उन शब्दों को तोड़-मरोड़ करके अर्थ निकालने लगेंगे, तो वह ठीक नहीं होगा।

19 जुलाई

साम्यसूत्र 60: तुल्यं तु
वृत्ति 5: तथैव स्थितिरभूत् भगवतः

5. इस प्रश्न का उत्तर देते हुए जैसे उस मां की विचित्र दशा होगी, ठीक वैसी ही स्थिति भगवान के मन की हो गयी है। अर्जुन कहता है- "भगवन, दो तरह के आपके भक्त हैं। एक आपके प्रति अत्यंत प्रेम रखता है, आपका सतत स्मरण करता है। उसकी आंखे आपकी प्यासी हैं, कान आपका गान सुनने को उत्सुक हैं, हाथ-पांव आपकी सेवा, पूजा के लिए उत्कंठित हैं। दूसरा है स्वावलंबी, इंद्रियों को सतत वश में रखने वाला, सर्वभूतहित में रत, रात-दिन समाज की निष्काम सेवा में ऐसा मग्न कि मानो उसे परमेश्वर का स्मरण ही न होता हो। यह है आपका अद्वैतमय दूसरा भक्त। अब मुझे यह बताइए कि इन दोनों में आपका प्रिय भक्त कौन-सा है?" अर्जुन का भगवान से यह प्रश्न है। अब जिस तरह उसे मां ने जवाब दिया, ठीक उसी तरह भगवान ने उत्तर दिया है- "वह सगुण भक्त मुझे प्रिय है। वह दूसरा भी मेरा ही है।" इस तरह भगवान असमंजस में पड़ गये हैं। कुछ-न-कुछ उत्तर देना था, इसलिए दे डाला।

20 जुलाई

साम्यसूत्र 60: तुल्यं तु
वृत्ति 6: योगि-संन्यासि-सदृशम्

6. और सचमुच बात भी ऐसी ही है। अक्षरशः दोनों भक्त एकरूप हैं। दोनों की योग्यता एक सी है। उनकी तुलना करना मर्यादा का अतिक्रमण करना है। पांचवें अध्याय में कर्म के विषय में जैसा प्रश्न अर्जुन ने पूछा था, वैसा ही यहाँ भक्ति के संबंध में पूछा है। पांचवें अध्याय में कर्म और विकर्म की सहायता से मनुष्य अकर्मदशा को प्राप्त होता है। वह अकर्मावस्था दो रूपों में प्रकट होती है। एक व्यक्ति रात-दिन कर्म करते हुए भी मानो लेशमात्र कर्म नहीं करता, और दूसरा चौबीस घंटों में एक भी कर्म न करते हुए मानो दुनिया भर के व्यवहार करता है। इन दोनों रूपों में अकर्म-दशा प्रकट होती है। अब इनकी तुलना कैसे की जाये? किसी वर्तुल की एक बाजू से दूसरी बाजू की तुलना कीजिए। एक ही वर्तुल की दो बाजू! उनकी तुलना कैसे करें? दोनों बाजू समान योग्यता रखती हैं, एकरूप हैं। अकर्म-भूमिका का विवेचन करते हुए भगवान ने एक को 'संन्यास ' और दूसरे को 'योग ' कहा है। शब्द भले ही दो हों, पर अर्थ एक ही है। संन्यास और योग दोनों मे निर्णय अंत में सरलता के आधार पर ही किया गया है।

21 जुलाई

साम्यसूत्र 60: तुल्यं तु
वृत्ति 7: सौलभ्येन समाधानम्

7. सगुण-निर्गुण का प्रश्न भी ऐसा ही है। एक सगुण भक्त इंद्रियों के द्वारा परमेश्वर की सेवा करता है। दूसरा निर्गुण भक्त मन से विश्वकल्याण की चिंता करता है। पहला बाह्य सेवा में मग्न दिखायी देता है। परंतु भीतर से उसका चिंतन सतत जारी है। दूसरा कुछ भी प्रत्यक्ष सेवा करता हुआ नहीं दिखायी देता, परंतु भीतर से उसकी महासेवा चल ही रही है। इस प्रकार के दो भक्तों में श्रेष्ठ कौन है? रात-दिन कर्म करके भी लेशमात्र कर्म न करने वाला वह सगुण भक्त है। तो दूसरा निर्गुण उपासक भीतर से सबके हित का चिंतन सबकी चिंता करता है। ये दोनों भक्त भीतर से एकरूप ही हैं। शायद बाहर से भिन्न दिखायी देते हों, परंतु दोनों हैं एक-से ही, दोनों भगवान के प्यारे हैं। फिर भी इनमें सगुण भक्ति अधिक सुलभ है। इस तरह भगवान ने जो उत्तर पांचवे अध्याय में दिया, वही यहाँ भी दिया है।

22 जुलाई

साम्यसूत्र 61: सगुणं साधकं देहभृतः
वृत्ति 8: मार्गः साधको बाधको दृष्टिसापेक्षः

61. सगुण सुलभ और सुरक्षित

8. सगुण भक्ति-योग में प्रत्यक्ष इंद्रियों से काम लिया जा सकता है। इंद्रियां साधन हैं, विघ्नरूप हैं, या दोनों हैं। वे मारक हैं या तारक- यह देखने वाले की दृष्टि पर अवलंबित है। मान लो कि किसी की मां मृत्यु शैय्या पर पड़ी हुई है और वह उससे मिलना चाहता है। दोनों के बीच पंद्रह मील का रास्ता है। उस पर मोटर नहीं जा सकती। टूटी-फूटी पगडंडी है। ऐसे समय यह रास्ता साधन है या विघ्न? कोई कहेगा- "कहां का यह मनहूस रास्ता बीच में आ गया, यह दूरी न होती तो मैं कब का मां से जाकर मिल लेता!" ऐसे व्यक्ति के लिए वह रास्ता शत्रु है। किसी तरह रास्ता काटते हुए वह जाता है। वह रास्ते को कोस रहा है। परंतु मां को देखने के लिए उसे हर हालत में जल्दी-जल्दी कदम उठाकर जाना जरूरी है। रास्ते को शत्रु समझकर वह वहीं नीचे बैठ जायेगा, तो दुश्मन जान पड़ने वाले उस रास्ते की विजय हो जोयगी। वह सरपट चलकर ही उस शत्रु को जीत सकता है। दूसरा व्यक्ति कहेगा- "यह जंगल है, फिर भी इसमें से होकर जाने का रास्ता तो बना हुआ है, यही गनीमत है। किसी तरह मां तक जा पहुँचूंगा। यह न होता, तो इस दुर्गम पहाड़ पर से कैसे आगे जा पाता?" यह कहकर वह उस पगडंडी को एक साधन समझता हुआ तेजी से आगे कदम बढ़ाता जाता है। रास्ते के प्रति उसके मन में स्नेह भाव होगा, उसे वह मित्र मानेगा। अब आप उस रास्ते को चाहे मित्र मानिए या शत्रु, अंतर बढ़ाने वाला कहिए या अंतर कम करने वाला, जल्दी-जल्दी कदम तो आपको उठाना ही होगा। रास्ता विघ्नरूप है या साधन रूप, यह तो मनुष्य के चित्त की भूमिका पर, उसकी दृष्टि पर अवलंबित है। यही बात इंद्रियों की है। वे विघ्न रूप हैं या साधन रूप हैं, यह आपकी अपनी दृष्टि पर निर्भर करता है।

23 जुलाई

साम्यसूत्र 61: सगुणं साधकं देहभृतः
वृत्ति 9: सगुणं सेवामयं सुलभम्

9. सगुण उपासक के लिए इंद्रियां साधन हैं। इंद्रियां मानो पुष्प हैं; उन्हें परमात्मा को अर्पित करना है। आंखों से हरि का रूप देखें, कानों से हरि-कथा सुनें, जीभ से हरि-नाम का उच्चारण करें, पांवों से तीर्थ यात्रा करें और हाथों से सेवा-कार्य करें- इस तरह समस्त इंद्रियों को वह परमेश्वर को अर्पण कर देता है। इंद्रियाँ भोग के लिए नहीं रह जातीं। पुष्प तो भगवान पर चढ़ाने के लिए होते हैं। फूलों की माला स्वयं अपने गले में डालने के लिए नहीं होती। इसी तरह इंद्रियों का उपयोग ईश्वर की सेवा के लिए करना है। यह हुई सगुणोपासक की दृष्टि; परंतु निर्गुणोपासक को इंद्रियां विघ्न रूप मालूम होती हैं। वह उन्हें संयम में रखता है, बंद करके रखता है। उनका आहार बंद कर देता है। उन पर पहरा बैठा देता है। सगुणोपासक को यह सब कुछ नहीं करना पड़ता। वह सब इंद्रियों को हरी चरणों में चढ़ा देता है। ये दोनों विधियां इंद्रिय-निग्रह की ही हैं- इंद्रियदमन के ही ये दोनों प्रकार हैं। आप किसी भी विधि को लेकर चलिए, परंतु इंद्रियों को अपने काबू में रखिए। ध्येय दोनों का एक ही है, इंद्रियों को विषयों में भटकने न देना। एक विधि सुलभ है, दूसरी कठिन है।

24 जुलाई

साम्यसूत्र 61: सगुणं साधकं देहभृतः
वृत्ति 10: निर्गुणं चिंतामयं कठिनम्

10. निगुर्ण उपासक सर्वभूतहित-रत होता है। यह कोई मामूली बात नहीं है। 'सारे विश्व का कल्याण करना' कहने में सरल है; पर करना बहुत कठिन है। जिसे समग्र विश्व के कल्याण की चिंता है, वह चिंतन के सिवा दूसरा कुछ नहीं कर सकेगा। इसीलिए निर्गुण-उपासना कठिन है। सगुण-उपासना अपनी-अपनी शक्ति के अनुसार अनेक प्रकार से की जा सकती है। जहाँ हमारा जन्म हुआ, उस छोटे से देहात की सेवा करना अथवा मां-बाप की सेवा करना सगुण-पूजा है। इसमें केवल इतना ही ध्यान रखना है कि हमारी यह सेवा जगत् के हित की विरोधी न हो। आपकी सेवा कितनी ही छोटी क्यों न हो, वह यदि दूसरों के हित में बाधा न डालती हो, तो अवश्य भक्ति की श्रेणी में पहुँच जायेगी, नहीं तो वह सेवा आसक्ति का रूप ग्रहण कर लेगी। मां-बाप हों, मित्र हों, दुःखी बंधु-बांधव हों, साधु-संत हों, उन्हें ही परमेश्वर समझकर सेवा करनी चाहिए। इस सबमें परमेश्वर की मूर्ति की कल्पना करके संतोष मानों। यह सगुण-पूजा सुलभ है; परंतु निर्गुण-पूजा कठिन है। यों दोनों का अर्थ एक ही है। सुलभता की दृष्टि से सगुण श्रेयस्कर है, बस!

25 जुलाई

साम्यसूत्र 61: सगुणं साधकं देहभृतः
वृत्ति 11: ज्ञानमक्षमं सूक्ष्म-शोधनाय

11. सुलभता के अलावा एक और भी मुद्दा है। निगुर्ण-उपासना में भय है। निर्गुण ज्ञानमय है। सगुण प्रेममय, भावनामय है। सगुण में आर्द्रता है। उसमें भक्त अधिक सुरक्षित है। निर्गुण में कुछ खतरा है। एक समय ऐसा था, जब ज्ञान पर मैं अधिक निर्भर था; परंतु अब मुझे ऐसा अनुभव हो गया है कि केवल ज्ञान से मेरा काम नहीं चलता। ज्ञान से मन का स्थूल मैल जलकर भस्म हो जाता है; परंतु सूक्ष्म मैल को मिटाने का सामर्थ्य उसमें नहीं है। स्वावलंबन, विचार, विवेक, अभ्यास, वैराग्य- इन सभी साधनों को लें तो भी इनके द्वारा मन के सूक्ष्म मैल नहीं मिट सकते। भक्ति रूपी पानी की सहायता के बिना ये मैल नहीं धुल सकते। भक्ति रूपी पानी में ही यह शक्ति है। इसे आप चाहें तो परावलंबन कह दीजिए। परंतु 'पर' का अर्थ 'दूसरा' न करके 'वह श्रेष्ठ परमात्मा' कीजिए और उसका अवलंबन- ऐसा अर्थ ग्रहण कीजिए। परमात्मा का आधार लिये बिना चित्त के मैल नष्ट नहीं होते।

26 जुलाई

साम्यसूत्र 61: सगुणं साधकं देहभृतः
वृत्ति 12: प्रायेण परोक्षं बौद्धिकं तत्

12. कोई यह कहेंगे कि "यहाँ 'ज्ञान' शब्द अर्थ संकुचित कर दिया है। यदि 'ज्ञान' से चित्त के मैल नहीं धुल सकते, तो ज्ञान का दर्जा हलका हो जाता है।" मैं इस आक्षेप को स्वीकार करता हूँ। परंतु मेरा कहना यह है कि शुद्ध ज्ञान इस मिट्टी के पुतले में रहते हुए होना कठिन है। इसमें रहते हुए जो ज्ञान होगा, वह कितना ही शुद्ध क्यों न हो, उसमें कुछ कमी रह ही जायेगी। इस देह में जो ज्ञान उत्पन्न होगा, उसकी शक्ति मर्यादित ही रहेगी। यदि शुद्ध ज्ञान का उदय हो जाये, तो उससे सारे मैल भस्म हो जायेंगे, इसमें मुझे तिल मात्र शंका नहीं है। चित्त सहित सारे मैलों को भस्म कर डालने का सामर्थ्य ज्ञान में है। परंतु इस विकारवान देह में ज्ञान का बल कम पड़ता है, इसलिए उसके द्वारा सूक्ष्म मैलों का मिटना संभव नहीं है। अतः भक्ति का आश्रय लिये बिना सूक्ष्म मैल मिटते नहीं। इसीलिए भक्ति में मनुष्य अधिक सुरक्षित है। यह 'अधिक' शब्द मेरी ओर से समझिए। सगुण भक्ति सुलभ है। इसमें परमेश्वरावलंबन है, निर्गुण में स्वावलंबन। इसमें 'स्व' का भी क्या अर्थ है? "अपने अंतःस्थ परमात्मा का आधार"- यही उस स्वावलंबन का अर्थ है। ऐसा कोई व्यक्ति नहीं मिल सकता, जो केवल बुद्धि के सहारे शुद्ध हो गया हो। स्वावलंबन से अर्थात अंतस्थ आत्मज्ञान से शुद्ध ज्ञान प्राप्त होगा। सारांश, निर्गुण भक्ति के स्वावलंबन में भी आत्मा का ही आधार है।

27 जुलाई

साम्यसूत्र 62: बाधकं तदप्यमर्यादम्
वृत्ति 13: सगुणमपि सदोषममर्यादं चेत्

62. निर्गुण के अभाव में सगुण भी सदोष

13. जैसे सगुण-उपासना के पक्ष में मैंने सुलभता और सुरक्षितता रूपी वजन डाल दिया, वैसे ही निर्गुण के पक्ष में भी डाल सकता हूँ। निर्गुण में एक मर्यादा रहती है। उदाहरणार्थ, हम भिन्न-भिन्न कामों के लिए, सेवा के लिए संस्था स्थापित करते हैं। संस्थाएं शुरू में व्यक्ति को लेकर बनती हैं। वह व्यक्ति मुख्य आधार रहता है। संस्था पहले व्यक्तिनिष्ठ रहती है। परंतु जैसे-जैसे उसका विकास होता जाये, वैसे-वैसे वह व्यक्तिनिष्ठ न रहकर तत्त्वनिष्ठ होती जानी चाहिए। यदि उसमें ऐसी तत्त्वनिष्ठा उत्पन्न न हुई, तो स्फूर्तिदाता का लोप होते ही संस्था में अंधेरा छा जाता है। मैं अपना प्रिय उदाहरण दूं। चरखे की माल टूटते ही सूत कातना तो दूर, कता हुआ सूत लपेटना भी संभव नहीं होता। व्यक्ति का आधार टूटते ही वैसी ही दशा उस संस्था की हो जाती है। फिर वह अनाथ हो जाती है पर यदि व्यक्ति-निष्ठा तत्त्व-निष्ठा पैदा हो जाये, तो फिर ऐसा नहीं होगा।

28 जुलाई

साम्यसूत्र 62: बाधकं तदप्यमर्यादम्
वृत्ति 14: तत्त्वनिष्ठया व्यक्ति निष्ठां सुरक्षिता

14. सगुण को निर्गुण की सहायता चाहिए। कभी तो व्यक्ति से, आकार से, निकलकर बाहर जाने का अभ्यास करना चाहिए। गंगा हिमालय से, शंकर के जटाजूट से निकली, परंतु वहीं थम नहीं गयी। जटाजूट छोड़कर वह हिमालय की गिरि-कंदराओं, घाटियों, जंगलों को पार करती हुई सपाट मैदान में कल-कल बहती हुई जब आयी, तभी वह विश्वजनों के काम आ सकी। इसी प्रकार व्यक्ति का आधार टूट जाने पर भी तत्त्व के मजबूत खंभों पर खड़ी रहने के लिए संस्था को तैयार रहना चाहिए। कमान बनाते हैं, तो पहले उसे आधार देते हैं, परंतु बाद में आधार निकाल लेना होता है। आधार के निकाल डालने पर जब मेहराब टिकी रहती है, तभी समझा जाता है कि वह आधार सही था। यह तो ठीक है कि पहले स्फूर्ति का प्रवाह सगुण से चला, परंतु अंत में उसकी परिपूर्णता तत्त्वनिष्ठा में, निर्गुण में होनी चाहिए। भक्ति के उदर से ज्ञान का जन्म होना चाहिए। भक्ति रूपी लता में ज्ञान के पुष्प खिलने चाहिए।

29 जुलाई

साम्यसूत्र 62: बाधकं तदप्यमर्यादम्
वृत्ति 15: एतदर्थं शरणत्रयी कल्पिता

15. बुद्धदेव के ध्यान में यह बात आ गयी थी। इसीलिए उन्होंने तीन प्रकार की निष्ठाएं बतायी हैं। पहले व्यक्तिनिष्ठा हो। उसमें से तत्त्वनिष्ठा। और यदि एकाएक तत्त्वनिष्ठा न हो, तो कम-से-कम संघ-निष्ठा उत्पन्न होनी चाहिए। एक व्यक्ति के प्रति जो आदर था, वह दस-पंद्रह के लिए होना चाहिए। संघ के प्रति यदि सामुदायिक प्रेम न होगा तो आपस में अनबन होगी, झगड़े होंगे। व्यक्ति-शरणता मिटकर संघ-शरणता उत्पन्न होनी चाहिए और फिर सिद्धांत-शरणता आनी चाहिए। इसीलिए बौद्ध-धर्म में तीन प्रकार की शरणागति बतायी गयी है- बुद्धं शरणं गच्छामि। संघं शरणं गच्छामि। धम्मं शरणं गच्छामि। पहले व्यक्ति के प्रति प्रीति हो, फिर संघ के प्रति; परंतु ये दोनों निष्ठाएं अस्थिर ही हैं। अंत में सिद्धांत-निष्ठा उत्पन्न होनी चाहिए, तभी संस्था लाभदायी हो सकेगी। स्फूर्ति का श्रोत यद्यपि सगुण में शुरू हुआ, तो भी वह निर्गण-सागर में जाकर मिलना चाहिए। निर्गुण के अभाव से सगुण सदोष हो जाता है। निर्गुण की मर्यादा सगुण को समतोल रखती है, इसके लिए सगुण, निर्गुण का आभारी है।

30 जुलाई

साम्यसूत्र 62: बाधकं तदप्यमर्यादम्
वृत्ति 16: अत्याचारः परिवर्जनीयः

16. हिंदू, ईसाई, इस्लाम आदि सभी धर्मों में किसी-न-किसी रूप में मूर्ति-पूजा प्रचलित है। भले ही वह नीचे दर्जे की मानी गयी हो, तो भी मान्य है और महान है। मूर्ति-पूजा जब तक निर्गुण की सीमा में रहती है, तभी तक वह निर्दोष रहती है। परंतु इस मर्यादा के छूटते ही सगुण सदोष हो जाता है। निर्गुण की मर्यादा के अभाव में सारे धर्मों के सगुण रूप अवनति को प्राप्त हो गये हैं। पहले यज्ञयाग में पशुहत्या होती थी। आज भी शक्ति-देवी को बलि चढ़ाते हैं। यदि मूर्ति-पूजा का अत्याचार हो गया। मर्यादा को छोड़कर मूर्ति-पूजा गलत दिशा में चली गयी। यदि निर्गुण-निष्ठा की मर्यादा रहती, तो फिर यह अंदेशा नहीं रहता।

31 जुलाई

साम्यसूत्र 63: बोध्यं रामानुजयोर्दृष्टांतेन
वृत्ति 17: अन्योन्यशोभा 18 :. लक्ष्मण-भरतयोः

63. दोनों परस्पर पूरक: राम-चरित्र के दृष्टांत
17. सगुण सुलभ और सुरक्षित है। परंतु सगुण को निर्गुण की आवश्यकता है। सगुण के विकास के लिए उसमें निर्गुणरूपी, तत्त्वनिष्ठारूपी बौर आना चाहिए। निर्गुण-सगुण परस्पर पूरक हैं, परस्पर विरुद्ध नहीं। सगुण से निर्गुण तक मंजिल तय करनी चाहिए और निर्गुण को भी चित्त के सूक्ष्म मैल धोने के लिए सगुण की आर्द्रता चाहिए। दोनों एक-दूसरे के कारण सुशोभित हैं।

18. यह दोनों प्रकार की भक्ति रामायण में बड़े उत्तम ढंग से दिखायी गयी है। अयोध्या कांड में भक्ति के दोनों प्रकार आये हैं। इन्हीं दो भक्तियों का विस्तार रामायण में है। भरत की भक्ति पहले प्रकार की है और लक्ष्मण की दूसरे प्रकार की। इनके उदाहरण से निर्गुण-भक्ति और सगुण-भक्ति का स्वरूप समझ में आ जायेगा।

1 अगस्त

साम्यसूत्र 63: बोध्यं रामानुजयोर्दृष्टांतेन
वृत्ति 19: सख्युः सखा लक्ष्मणः

19. राम जब वनवास के लिए निकले तो वे लक्ष्मण को अपने साथ ले जाने के लिए तैयार नहीं थे। राम को उन्हें साथ ले जाने की कोई जरूरत नहीं मालूम होती थी। उन्होंने लक्ष्मण से कहा- "लक्ष्मण, मैं वन में जा रहा हूँ। मुझे पिताजी की ऐसी ही आज्ञा है। तुम घर पर रहो। मेरे साथ चलकर दुःखी माता-पिता को और अधिक दुःखी न बनाओ। माता-पिता की और प्रजा की सेवा करो। तुम उनके पास रहोगे, तो मैं निश्चिंत रहूंगा। तुम मेरे प्रतिनिधि के तौर पर रहो। मैं वन में जा रहा हूँ। इसका अर्‌थ यह नहीं कि किसी संकट में पड़ रहा हूँ। बल्कि ऋषियों के आश्रम में जा रहा हूँ।" इस तरह राम लक्ष्मण को समझा रहे थे; परंतु लक्ष्मण ने राम की सारी बातें एक ही झटके में उड़ा दीं। एक घाव दो टुकड़े! तुलसीदास जी ने इसका बढ़िया चित्र खींचा है। लक्ष्मण कहते हैं- "आपने मुझे उत्कृष्ट निगम नीति बतायी है। वास्तव में मुझे इसका पालन भी करना चाहिए; परंतु यह राजनीति का बोझ मुझसे नहीं उठ सकेगा। आपके प्रतिनिधि होने की शक्ति मुझमें नहीं। मैं तो बालक हूँ।

दीन्हि मोहि सिख नीकि गोसाईं। लागि अगम अपनी कदराईं॥
नरबर धीर धरम-धुर-धारी। निगम-नीति कहुं ते अधिकारी॥
मैं सिसु प्रभु-सनेह-प्रतिपाला। मंदरु-मेरु कि लेहिं मराला॥

हंस क्या मेरु मंदर का भार उठा सकता है? भैया राम, मैं तो आज तक आपके प्रेम से पला-पुसा हूँ। आप यह राजनीति किसी दूसरे को सिखाइए। मैं तो एक बालक हूँ।" यह कहकर लक्ष्मण ने सारी बात खत्म कर डाली।

2 अगस्त

साम्यसूत्र 63: बोध्यं रामानुजयोर्दृष्टांतेन
वृत्ति 20: ध्वजायै दंडवत्

20. मछली जिस तरह पानी से जुदा नहीं रह सकती, वही हाल लक्ष्मण का था। राम से दूर रहने की शक्ति उसमें नहीं थी। उसके रोम-रोम में सहानुभूति भरी थी। राम सो जायें, तब भी स्वयं जागता रहे, उनकी सेवा करे। इसी में उसे आनंद मालूम होता था। हमारी आंख पर कोई कंकड़ मारे, तो जैसे हाथ फौरन उठकर आंख पर आ जाता है और कंकड़ की मार झेल लेता है, उसी तरह लक्ष्मण राम का हाथ बन गया था। राम पर यदि प्रहार हो, तो पहले लक्ष्मण उसे झेलता। तुलसीदास जी ने लक्ष्मण के लिए एक बढ़िया दृष्टांत दिया है। झंडा ऊंचा लहराता रहता है। मान-वंदना सब झंडे की ही करते हैं। उसके रंग, आकार आदि के गीत गाये जाते हैं। परंतु उस सीधे खड़े डंडे को कौन पूछता है? राम के यश की जो पताका फहर रही है, उसको डंडे की तरह आधार लक्ष्मण ही था। वह सीधा तना खड़ा रहा। झंडे का डंडा कभी झुक नहीं सकता, उसी तरह राम के यश को फहराने वाला लक्ष्मण रूपी डंडा कभी झुका नहीं। यश किसका? तो रामका! संसार को पताका दीखती है, डंडे की याद नहीं रहती। मंदिर का कलश दीखता है, नींव नहीं। राम का यश संसार में फैल रहा है, परंतु लक्ष्मण का कहीं पता नहीं। चौदह साल तक यह डंडा सीधा ही तना रहा, जरा भी नहीं झुका। खुद पीछे रहकर वह राम का यश फहराता रहा। राम बड़े-बड़े दुर्धर काम लक्ष्मण से करवाते। सीता को वन में छोड़ने का काम अंत में लक्ष्मण को ही सौंपा गया। बेचारा लक्ष्मण सीता को पहुँचा आया। लक्ष्मण कोई स्वतंत्र अस्तित्व ही नहीं रह गया था। वह राम की आंखें, राम के हाथ-पांव, राम का मन बन गया था। जिस तरह नदी समुद्र में मिल जाती है, उसी तरह लक्ष्मण की सेवा राम में मिल गयी थी। वह राम की छाया बन गया था। लक्ष्मण की यह भक्ति सगुण थी।

3 अगस्त

साम्यसूत्र 63: बोध्यं रामानुजयोर्दृष्टांतेन
वृत्ति 21: रामकार्यदर्शी भरतः

21. भरत निर्गुण भक्ति करने वाला था। उसका भी चित्र तुलसीदासजी ने सुंदर खींचा है। राम वन को गये, तब भरत अयोध्या में नहीं था। जब भरत आया, तब दशरथ मर चुके थे। गुरु वसिष्ठ उसे समझा रहे थे कि "तुम राज चलाओ।" भरत ने कहा- "मुझे राम से भेंट करनी चाहिए।" राम से मिलने के लिए वह भीतर से छटपटा रहा था; परंतु साथ ही राज्य का प्रबंध भी वह कर रहा था। उसकी भावना यह थी कि यह राज्य राम का है, इसका प्रबंध करना- यह राम का ही काम करने जैसा है। सारी संपत्ति उस मालिक की है, उसकी व्यवस्था करना उसे अपना कर्त्तव्य मालूम होता था। लक्ष्मण की तरह भरत मुक्त नहीं हो सकता था। यह भरत की भूमिका है। राम की भक्ति का अर्थ है, राम का काम करना, नहीं तो वह भक्ति किस काम की? राज-काज की सारी व्यवस्था करके भरत राम से भेंट करने वन में आया है। "भैया, यह आपका राज्य है। आप......" इतना ज्यों ही वह कहता है, त्यों ही राम उससे कहते हैं, "भरत, तुम्ही राज-काज चलाओ।" भरत संकोच में खड़ा रहता है। वह कहता है, "आपकी आज्ञा सिर-आंखों पर।" राम जो कहें, सो मंजूर। उसने अपना सब कुछ राम पर निछावर कर रखा था।

4 अगस्त

साम्यसूत्र 63: बोध्यं रामानुजयोर्दृष्टांतेन
वृत्ति 22: महातपस्वी

22. भरत गया और राज-काज चलाने लगा; परंतु देखो कैसा अजीब दृश्य है कि अयोध्या से दो मील की दूरी पर वह तपस्या करता रहा। तपस्वी रहकर उसने राज-काज चलाया। अंत में राम जब भरत से मिले, तब यह पहचानना मुश्किल हो गया कि वन में रहकर तप करने वाला असली तपस्वी कौन है? दोनों के एक से चेहरे, उसमें थोड़ा-सा फर्क, मुख मुद्रा पर वही तपस्या के चिह्न, दोनों को देखकर पहचाना नहीं जाता कि इनमें राम कौन और भरत कौन! इस तरह का चित्र यदि कोई निकाले, तो वह कितना पावन चित्र होगा! इस तरह भरत यद्यपि शरीर से राम से दूर था, तो भी मन से वह क्षण भर के लिए भी दूर नहीं था। एक ओर वह राजकाज चला रहा था, तो मन से वह राम के पास ही था। निर्गुण में सगुण भक्ति खचाखच भरी रहती है। अतः वहाँ वियोग की भाषा मुंह से निकले ही कैसे? इसलिए भरत को राम का वियोग नहीं लगता था। वह अपने प्रभु का कार्य कर रहा था।

5 अगस्त

साम्यसूत्र 63: बोध्यं रामानुजयोर्दृष्टांतेन
वृत्ति 23: पादुकाश्रयमपेक्षते

23. आजकल के युवक कहते हैं- "राम का नाम, राम की भक्ति, राम की उपासना- से सब बातें हमारी समझ में नहीं आतीं। हम तो भगवान का काम करेंगे।" भगवान का काम कैसे करना चाहिए, इसका नमूना भरत ने दिखला दिया है। भगवान का काम करके भरत ने वियोग को पचा डाला है। भगवान का काम करते हुए भगवान के वियोग का भान होने के लिए समय न रहना एक बात है और जिसका भगवान से कुछ लेना-देना नहीं, उसका बोलना दूसरी बात है। भगवान का कार्य करते हुए संयमपूर्ण जीवन व्यतीत करना बड़ी दुर्लभ वस्तु है। यद्यपि भरत की यह वृत्ति निर्गुण रूप से काम करने की थी, तो भी वहाँ सगुण का आधार टूट नहीं गया था। "प्रभो राम, आपकी आज्ञा मुझे शिरोधार्य है। आप जो कहेंगे उसमें मुझे संदेह नहीं होगा" - ऐसा कहकर भरत लौटने लगा तो भी उसने फिर पीछे मुड़कर राम की ओर देखा और कहा- "प्रभो, मन को समाधान नहीं होता, कुछ-न-कुछ भूला हुआ-सा लगता है।" राम ने तुरंत उसका भाव पहचान लिया और कहा- "ये पादुकाएं ले जाओ।" अंत में सगुण के प्रति आदर रहा ही। निर्गुण को सगुण ने अंत में आर्द्र कर ही दिया। लक्ष्मण को पादुकाएं लेकर समाधान न हुआ होता। उसकी दृष्टि से यह दूध की भूख छाछ से मिटाने जैसा होता। भरत की भूमिका इससे भिन्न थीं। वह बाहर से दूर रहकर कर्म कर रहा था, परंतु मन से राममय था। भरत यद्यपि अपने कर्त्तव्य का पालन करने में ही राम-भक्ति मानता था, तो भी उसे पादुकाओं की आवश्यकता महसूस हुई। उनके अभाव में वह राजकाज का भार नहीं उठा सकता था। उन पादुकाओं की आज्ञा शिरोधार्य करके वह अपना कर्त्तव्य कर रहा था। लक्ष्मण राम का भक्त था वैसा ही भरत भी था। दोनों की भूमिकाएं बाहर से भिन्न-भिन्न थीं। भरत यद्यपि कर्त्तव्यनिष्ठ था, तत्त्वनिष्ठ था, तो भी उसकी तत्त्वनिष्ठा को पादुका की आर्द्रता की जरूरत महसूस हुई।

6 अगस्त

साम्यसूत्र 64: कृष्णसखयोश्च
वृत्ति 24: भक्तिरनासक्तिरेकैव

64. दोनों परस्पर पूरक: कृष्ण-चरित्र के दृष्टांत
24. हरिभक्ति रूपी आर्द्रता अवश्य होनी चाहिए। इसलिए भगवान ने अर्जुन से बार-बार कहा है- मय्यासक्तमनाः पार्थ- "अर्जुन, मुझमें आसक्त रह, मुझमें भक्ति रख और फिर कर्म करता रह।" जिस भगवद्गीता को 'आसक्ति' शब्द न तो सूझता है, न रुचता है, जिसने बार-बार इस बात पर जोर दिया है कि अनासक्त रहकर कर्म करो, राग-द्वेष छोड़कर कर्म करो, निरपेक्ष कर्म करो, 'अनासक्ति ' , 'निःसंगता, जिसका ध्रुपद या पालुपद है, वही गीता कहती है- "अर्जुन मुझमें आसक्ति रख।" पर यहाँ याद रखना चाहिए कि भगवान में आसक्ति रखना बड़ी ऊंची बात है। वह किसी पार्थिव वस्तु के प्रति आसक्ति थोड़े ही है। सगुण और निर्गुण, दोनों में एक-दूसरे में गुंथे हुए हैं। सगुण निर्गुण का आधार सर्वथा तोड़ नहीं सकता और निर्गुण को सगुण के रस की जरूरत होती है। जो मनुष्य सदैव कर्त्तव्य-कर्म करता है, वह उस कर्म द्वारा पूजा ही कर रहा है, परंतु पूजा के साथ रस आर्द्रता चाहिए। मामनुस्मर युध्य च- मेरा स्मरण रखते हुए कर्म करो। कर्म स्वयं भी एक पूजा ही है, परंतु अंतर में भावना सजीव रहनी चाहिए। केवल फूल चढ़ा देना ही पूजा नहीं है। उसमें भावना आवश्यक है। फूल चढ़ाना पूजा का एक प्रकार है, सत्कर्मों द्वारा पूजा करना दूसरा प्रकार है, परंतु दोनों में भावना रूपी आर्द्रता आवश्यक है। फूल चढ़ा दिये, पर मन में भावना नहीं है, तो वे फूल मानो पत्थर पर ही चढ़े। अतः असली वस्तु भावना है। सगुण और निर्णुण, कर्म और प्रीति, ज्ञान और भक्ति ये सब चीजें एकरूप ही हैं। दोनों का अंतिम अनुभव एक ही है।

7 अगस्त

साम्यसूत्र 64: कृष्णसखयोश्च

वृत्ति 25: उद्धवार्जुनयोः 26: उद्धवो निर्गुणांतः

25. उद्धव और अर्जुन की मिसाल देखो। रामायण से मैं एकदम महाभारत में आ कूदा। इसका मुझे अधिकार भी है, क्योंकि राम और कृष्ण दोनों एकरूप ही हैं। जैसे भरत और लक्ष्मण, वैसे ही उद्धव और अर्जुन हैं। जहाँ कृष्ण, वहाँ उद्धव होंगे ही। उद्धव को कृष्ण का वियोग क्षण भर भी सहन नहीं होता था। वह सतत कृष्ण की सेवा में निमग्न रहता। कृष्ण के बिना सारा संसार उसे फीका मालूम होता। अर्जुन भी कृष्ण का सखा था, परंतु वह दूर, दिल्ली में रहता था। अर्जुन कृष्ण का काम करने वाला था; परंतु कृष्ण द्वारका में, तो अर्जुन हस्तिनापुर में! ऐसा दोनों का था।

26. जब भगवान कृष्ण को देह छोड़ने की आवश्यकता प्रतीत हुई, तो उन्होंने उद्धव से कहा- "ऊधो, अब मैं जा रहा हूँ।" उद्धव ने कहा- "मुझे क्या अपने साथ नहीं ले चलेंगे? चलो, हम दोनों साथ ही चलेंगे।" परंतु कृष्ण ने कहा- "यह मुझे पसंद नहीं। सूर्य अपना तेज अग्नि में रखकर जाता है, उसी तरह मैं अपनी ज्योति तुझमें छोड़ जाने वाला हूँ।" इस तरह भगवान ने अंतकालीन व्यवस्था की और उद्धव को ज्ञान देकर रवाना किया। फिर यात्रा में उद्धव को मैत्रेय ऋषि से मालूम हुआ कि भगवान निजधाम को चले गये। उसके मन पर उसका कुछ भी असर नहीं हुआ, मानो कुछ हुआ ही नहीं। **मरका गुरु, रडका चेला, दोहींचा बोध वायां गेला-** 'मरियल गुरु, रोवना चेला, दोनों का बोध व्यर्थ गया! ऐसा हाल उसका नहीं था। उसे लगा, मानो वियोग हुआ ही नहीं। उसके जीवन भर सगुण उपासना की थी। वह परमेश्वर के सान्निध्य में ही रहता था। पर अब उसे निर्गुण में ही आनंद आने लगा था। इस तरह उसे निगुर्ण की मंजिल तय करनी पड़ी। सगुण पहले, परंतु उसके बाद निर्गुण की सीढ़ी आनी ही चाहिए, नहीं तो परिपूर्णता नहीं होगी।

8 अगस्त

साम्यसूत्र 64: कृष्णसखयोश्च
वृत्ति 27: अर्जुनः सगुणांतः

27. इससे उलटा हाल हुआ अर्जुन का। श्रीकृष्ण ने उसे क्या करने के लिए कहा था? अपने बाद सब स्त्रियों की रक्षा का भार अर्जुन पर सौंपा था। अर्जुन दिल्ली से आया और द्वारका से श्रीकृष्ण के घर की स्त्रियों को लेकर चला। रास्ते में हिसार के पास पंजाब के चोरों ने उसे लूट लिया। जो अर्जुन उस समय एकमात्र नर, उत्कृष्ट वीर के नाम से प्रसिद्ध था; जो पराजय जानता ही नहीं था और इसलिए 'जय' नाम से प्रसिद्ध हो गया था, जिसने प्रत्यक्ष शंकर का सामना किया और उन्हें झुका दिया, वही अजमेर के पास भागते-भागते बचा। कृष्ण के चले जाने का उसके मन पर बड़ा असर हुआ। मानों उसका प्राण ही चला गया और केवल निस्त्राण और निष्प्राण शरीर ही बाकी रह गया। सारांश यह कि सतत कर्म करने वाले, कृष्ण से दूर रहने वाला निर्गुण उपासक अर्जुन को अंत में यह वियोग दुःसह और भारी हो गया। उसका निर्गुण अंत में मुखर हो उठा। उसका सारा कर्म ही मानो समाप्त हो गया। उसके निर्गुण को आखिर सगुण का अनुभव आया। सारांश, सगुण को निर्गुण में जाना पड़ता है और निर्गुण को सगुण में आना पड़ता है। इस तरह दोनों को एक-दूसरे से परिपूर्णता आती है।

9 अगस्त

साम्यसूत्र 65: आत्मप्रतीतेरभेदः
वृत्ति 28: स्वानुभवकथनम्

65. सगुण-निर्गुण की एकरूपता के विषय में स्वानुभव-कथन
28. इसलिए जब यह कहने की नौबत आती है कि सगुण-उपासक और निर्गुण उपासक में क्या भेद है, तो वाणी कुंठित हो जाती है। सगुण और निर्गुण अंत में एक हो जाते हैं। भक्ति का श्रोत यद्यपि पहले सगुण से फूटा हो, तो भी अंत में वह निर्गुण तक जा पहुँचता है। पुरानी बात है। मैं वायकम का सत्याग्रह देखने गया था। मलबार के किनारे शंकराचार्य का जन्मग्राम है, यह बात मुझे याद थी। जहाँ होकर मैं जा रहा था, वहीं कहीं पास में भगवान शंकराचार्य का 'कालड़ी' ग्राम होगा, ऐसा मुझे लगा और मैंने साथ के मलयाली सज्जन से पूछा। उसने कहा- 'यहाँ से दस-बारह मील पर ही वह गांव है। आप जाना चाहते हैं क्या?' मैंने इनकार कर दिया। मैं आया था सत्याग्रह देखने के लिए, अतः मुझे और कहीं जाना उचित नहीं जान पड़ा और उस समय उस गांव को देखने के लिए नहीं गया। मुझे आज भी लगता है कि वह मैंने ठीक ही किया। परंतु रात को जब मैं सोने लगा, तो वह कालड़ी गांव और शंकराचार्य की वह मूर्ति मेरी आंखों के सामने बार-बार आ खड़ी होती। मेरी नींद उड़ जाती। वह अनुभव मुझे आज भी ताजा लग रहा है। शंकराचार्य का वह ज्ञानप्रभाव, उनकी वह दिव्य अद्वैतनिष्ठा, सामने फैले हुए संसार को मिथ्या ठहराने वाला उनका अलौकिक और ज्वलंत वैराग्य, उनकी गंभीर भाषा और मुझ पर हुए उनके अनंत उपकार- इन सबकी रह-रहकर मुझे याद आने लगती। रात को सारे भाव जाग्रत होते। तब मुझे इस बात का अनुभव हुआ कि निर्गुण में सगुण कैसे भरा हुआ है। प्रत्यक्ष भेंट होने में भी उतना प्रेम नहीं होता। निर्गुण में भी सगुण का परमोत्कर्ष ठसाठस भरा हुआ है। मैं अक्सर किसी को कुशलपत्र वगैरह नहीं लिखता। पर किसी मित्र को पत्र न लिखने पर भी भीतर से उसका सतत स्मरण होता रहता है। पत्र न लिखते हुए भी मन में उसकी स्मृति भरी रहती है। निर्गुण में इस तरह सगुण गुप्त रहता है। सगुण और निर्गुण, दोनों एक रूप हैं। प्रत्यक्ष मूर्ति को लेकर पूजा करना, या प्रकट रूप से सेवा करना और भीतर से सतत संसार के कल्याण का चिंतन करते हुए बाहर से पूजा की क्रिया दिखायी न देना- इन दोनों का समान मूल्य और महत्त्व है।

10 अगस्त

साम्यसूत्र 66: अमृतं पर्युपास्यम्
वृत्ति 29: स्यात् शिलामयार्चनं निर्गुणम्
30: स्यात् शिलामयार्चनं सगुणम्

66. सगुण-निर्गुण केवल दृष्टिभेद, अतः भक्त लक्षण प्राप्त करें

29. अंत में मुझे यह कहना है कि सगुण क्या और निर्गुण क्या, इसका निश्चय करना भी आसान नहीं है। एक दृष्टि से जो सगुण है, वह दूसरी दृष्टि से निर्गुण सिद्ध हो सकता है। सगुण की सेवा एक पत्थर को लेकर की जाती है। उस पत्थर में भगवान की कल्पना कर लेते हैं। माता में और संतों में प्रत्यक्ष चैतन्य प्रकट हुआ है। उनमें ज्ञान, प्रेम, हार्दिकता प्रकट है। पर उन्हें परमात्मा मानकर पूजा नहीं करते। ये चैतन्यमय लोग सबको प्रत्यक्ष दिखायी देते हैं। अतः इनकी सेवा करनी चाहिए, उनमें सगुण परमात्मा के दर्शन करने चाहिए, परंतु ऐसा न करके लोग पत्थर में परमेश्वर देखते हैं। एक तरह से पत्थर में परमेश्वर को देखना निर्गुण की पराकाष्ठा है। सतं, मां-बाप, पड़ोसी- इनमें प्रेम, ज्ञान, उपकार-बुद्धि व्यक्त हुई है। उनमें ईश्वर मानना सरल है। परंतु पत्थर में ईश्वर मानना कठिन है। उस नर्मदा के पत्थर को हम गणपति मानते हैं। यह क्या निर्गुण पूजा नहीं है?

30. बल्कि इसके विपरीत ऐसा मालूम होता है कि यदि पत्थर में परमेश्वर की कल्पना न की जाये, तो फिर कहाँ की जाये? भगवान की मूर्ति होने की पात्रता तो उस पत्थर में ही है। वह निर्विकार है, शांत है। अंधकार हो, प्रकाश हो; गर्मी हो, सर्दी हो, वह पत्थर जैसा-का-तैसा ही रहता है। ऐसा यह निर्विकार पत्थर ही परमेश्वर का प्रतीक होने के योग्य है। मां-बाप, जनता, अड़ोसी-पड़ोसी, ये सब विकारों से भरे हैं, अर्थात इनमें कुछ-न-कुछ विकार मिल ही जाता है। अतएव पत्थर की पूजा करने की अपेक्षा उनकी सेवा करना एक दृष्टि से कठिन ही है।

11 अगस्त

साम्यसूत्र 66: अमृतं पर्युपास्यम्

वृत्ति 31: उभे परस्परपूरके 32: लक्षणान्यभ्यस्यनीयानि

31. सारांश यह कि सगुण-निर्गुण परस्पर पूरक हैं। सगुण सुलभ है, निर्गुण कठिन है, परंतु दूसरी तरह से सगुण भी कठिन है और निर्गुण भी सरल है। दोनों के द्वारा एक ही ध्येय की प्राप्ति होती है। पांचवें अध्याय में जैसा बताया है, चौबीसों घंटे कर्म करके भी लेशमात्र कर्म न करने वाला और चौबीसों घंटे कुछ भी कर्म न करके सब कर्म करने वाला, योगी और संन्यासी, दोनों एकरूप ही हैं, वैसे ही यहाँ भी सगुण कर्मदशा और निर्गुण संन्यास योग, दोनों एकरूप ही हैं। संन्यास श्रेष्ठ है या योग?- इसका उत्तर देने में भगवान को जैसी कठिनाई पड़ी, वैसी ही कठिनाई यहाँ भी आ पड़ी है। अंत में सुलभता-कठिनता के तारतम्य से उत्तर देना पड़ा है, अन्यथा योग और संन्यास, सगुण और निर्गुण, दोनों एकरूप ही हैं।
32. अंत में भगवान कहते हैं- 'अर्जुन, तुम चाहे सगुण रहो या निर्गुण; पर भक्त जरूर रहो, पत्थर मत रहो।' यह कहकर भगवान ने अंत में भक्त के लक्षण बताये हैं। अमृत मधुर होगा, परंतु उसकी माधुरी चखने का अवसर हमें नहीं मिला। किंतु ये लक्षण प्रत्यक्ष मधुर हैं। इसमें कल्पना की जरूरत नहीं है। इन लक्षणों का हम अनुभव लें। बारहवें अध्याय के ये भक्त-लक्षण स्थितप्रज्ञ के लक्षणों की तरह हमें नित्य सेवन करने चाहिए, मनन करने चाहिए और इन्हें थोड़ा-थोड़ा अपने जीवन में उतारकर पुष्टि प्राप्त कर लेनी चाहिए। इस तरह हमें अपना जीवन धीरे-धीरे परमेश्वर की ओर ले जाना चाहिए।

रविवार 8. 5. 1932

१२ अगस्त

तेरहवां अध्याय: आत्मानात्म-विवेक

साम्यसूत्र 67: शरीरात् प्रवृहेत्
वृत्ति 1: व्यासः समासो गीतायाम्

67. कर्मयोग के लिए उपकारक देहात्म-पृथक्करण

1. व्यासदेव ने अपने जीवन का सार भगवद्गीता में उड़ेल दिया है। उन्होंने विस्तारपूर्वक दूसरा भी बहुत कुछ लिखा है। महाभारत संहिता में ही लाख-सवा लाख श्लोक हैं। संस्कृत में 'व्यास ' शब्द का अर्थ ही 'विस्तार ' ऐसा हो गया है। परंतु भगवद्गीता में उनका झुकाव विस्तार करने की ओर नहीं है। भूमिति में जिस प्रकार युक्लिड ने सिद्धांत बता दिये हैं, तत्त्व दिखला दिये हैं, उसी प्रकार व्यासदेव ने जीवन के लिए उपयोगी तत्त्व गीता में लिख दिये हैं। भगवद्गीता में न तो विशेष चर्चा ही है, न विस्तार ही। इसका मुख्य कारण यह है कि जो बातें गीता में कही गयी हैं, उन्हें प्रत्येक मनुष्य अपने जीवन में परख सकता है, बल्कि वे इसीलिए कही गयी हैं कि लोग उन्हें परखें। जितनी बातें जीवन के लिए उपयोगी हैं, उतनी ही गीता में कही गयी हैं। उनके कहने का उद्देश्य भी इतना ही था, इसीलिए व्यासदेव ने थोड़े तत्त्व बताकर संतोष मान लिया है। उनकी इस संतोष-वृत्ति में सत्य तथा आत्मानुभव पर का उनका महान विश्वास हमें दिखायी देता है। जो बात सत्य है, उसके समर्थन के लिए विशेष युक्ति काम में लाने की जरूरत नहीं रहती।

13 अगस्त

साम्यसूत्र 67: शरीरात् प्रवृहेत्
वृत्ति 2: आचारशुद्धिर् विचारेण

2. हम जो गीता की बात कर रहे हैं, उसका मुख्य उद्देश्य यह है कि जीवन में जब-जब हमें किसी सहायता की आवश्यकता प्रतीत हो, तब-तब वह गीता से हमें मिलती रहे। और वह हमें सदैव मिलने जैसी भी है। गीता जीवनोपयोगी शास्त्र है और इसीलिए उसमें स्वधर्म पर इतना जोर दिया है। मनुष्य के जीवन की बड़ी नींव अगर कोई है, तो वह स्वधर्माचरण ही है। उसकी सारी इमारत इस स्वधर्माचरणरूपरी नींव पर खड़ी करनी है। यह पाया जितना मजबूत होगा, इमारत उतनी ही टिकाऊ होगी। इस स्वधर्माचरण को गीता 'कर्म ' कहती है। इस स्वधर्माचरणरूप कर्म के इर्द-गिर्द गीता में विविध बातें खड़ी कर दी गयी हैं। उसकी रक्षा के लिए अनेक विकर्म रचे गये हैं। स्वधर्माचरण को सजाने के लिए, उसे सुंदर बनाने के लिए, और सफल करने के लिए जिन-जिन आधारों की और सहायता की जरूरत है, वह सारी मदद इस स्वधर्माचरणरूप कर्म को देना जरूरी है। इसलिए अब तक ऐसी बहुतेरी चीजें हमने देखीं। उनमें बहुत-सी भक्ति के रूप में थीं। आज तेरहवें अध्याय में जो चीज हमें देखनी है, वह भी स्वधर्माचरण में बहुत उपयोगी है। उसका संबंध विचार-पक्ष से है।

14 अगस्त

साम्यसूत्र 67: शरीरात् प्रवृहेत्
वृत्ति 3: फलवासना प्रेरकशक्तिर् मन्यते

3. स्वधर्माचरण करने वाले को फलत्याग करना चाहिए, वह प्रधान बात गीता में सर्वत्र कही गयी है। कर्म तो करें, पर उसका फल छोड़ दें। पेड़ को पानी पिलायें, उसकी परवरिश करें; परंतु उसकी छाया की, फूल-फल की अपने लिए अपेक्षा न रखें। यह स्वधर्माचरण रूप कर्मयोग है। कर्मयोग का अर्थ केवल इतना ही नहीं कि कर्म करते रहो। कर्म तो इस सृष्टि में सर्वत्र हो ही रहा है। उसे बताने की जरूरत नहीं है; परंतु स्वधर्माचरण रूप कर्म- कोरा कर्म नहीं- भलीभाँति करके उसका फल छोड़ देना- यह बात कहने में, समझने में बड़ी सरल मालूम होती है, परंतु आचरण में कठिन है। किसी कार्य की प्रेरक शक्ति ही मूलतः फल-वासना मानी गयी है। फल-वासना को छोड़कर कर्म करना उलटा पंथ है। व्यवहार या संसार की रीति के विपरीत यह क्रिया है। जो व्यक्ति बहुत कर्म करता है, उसके जीवन में गीता का कर्मयोग है, ऐसा हम बहुत बार कहते हैं। बहुत कर्म करने वाले का जीवन कर्मयोगमय है, ऐसा हम कहते हैं; परंतु इस प्रयोग में भाषा-शैथिल्य है। गीता की व्याख्या के अनुसार वह कर्मयोग नहीं है। लाखों कर्म करने वालों में, केवल कर्म ही नहीं बल्कि स्वधर्माचरणरूप कर्म करने वाले लाखों लोगों में भी- गीता के कर्मयोग का आचरण करने वाला विरला ही मिलेगा। कर्मयोग को सूक्ष्म और सच्चे अर्थ में देखा जाये, तो ऐसा संपूर्ण कर्मयोगी शायद ही कहीं मिले। कर्म तो करें, परंतु उसके फल को छोड़ दें, यह बिलकुल असाधारण बात है। अब तक गीता में यही विश्लेषण, यही पृथक्करण किया गया है।

15 अगस्त

साम्यसूत्र 67: शरीरात् प्रवृहेत्
वृत्ति 4: तन्निरसनाय देहात्मपृथक्करणम्

4. उस विश्लेषण या पृथक्करण के लिए ही उपयोगी एक दूसरा पृथक्करण इस तेरहवें अध्याय में बताया गया है। 'कर्म करें और उसके फल की आसक्ति छोड़ दें'- इस पृथक्करण का सहायक दूसरा महान पृथक्करण है, 'देह और आत्मा' का। यही तेरहवें अध्याय में उपस्थित किया गया है। आंखों से हम जिस रूप को देखते हैं, उसे हम मूर्ति, आकार, देह कहते हैं। बाह्य मूर्ति का परिचय हमारी आंखों को हो जाये, तो भी वस्तु के अंतरंग में हमें प्रवेश करना पड़ता है। फल का ऊपरी कवच- छिलका निकालकर उसका भीतरी गूदा चखना पड़ता है। नारियल हो तब भी उसे फोड़कर भीतर क्या है, ये देखना पड़ता है। कटहल पर कांटे लगे रहते हैं, लेकिन भीतर बढ़िया और रसीला गूदा भरा रहता है। हम चाहे अपनी ओर देखें, चाहे दूसरों की ओर, यह भीतर और बाहर का पृथक्करण आवश्यक हो जाता है। तो अब छिलका अलग करने का अर्थ क्या? इसका अर्थ यह कि प्रत्येक वस्तु के भीतरी और बाहरी रूप का पृथक्करण किया जाये। बाह्य देह और भीतरी आत्मा, इस तरह प्रत्येक वस्तु का दुहरा रूप है। कर्म में भी यह बात है। बाहरी फल कर्म का शरीर है और कर्म की बदौलत जो चित्त-शुद्धि होती है, वह उस कर्म की आत्मा है। स्वधर्माचरण का बाहरी फलरूप शरीर छोड़कर भीतरी चित्तशुद्धि रूप सारभूत आत्मा को हम ग्रहण करें, हृदय में धारण कर लें। इस प्रकार देखने की आदत, देह को हटाकर प्रत्येक वस्तु का सार ग्रहण करने की सारग्राही दृष्टि, हमें प्राप्त कर लेनी चाहिए। आंखों को, मन को, विचार को, ऐसी शिक्षा, ऐसी आदत, ऐसा अभ्यास करा देना चाहिए। हर बात में देह को अलग करके आत्मा की पूजा करनी चाहिए। विचार के लिए यह पृथक्करण तेरहवें अध्याय में दिया गया है।

16 अगस्त

साम्यसूत्र 68: अन्यथा संस्कारासंभवः
वृत्ति 5: देहपूजा व्यर्था

68. सुधार का मूलाधार

5. सारग्राही दृष्टि रखने का विचार बहुत महत्त्वपूर्ण है। यदि बचपन से ही हम ऐसी आदत डाल लें, तो कितना अच्छा हो! यह विषय हजम कर लेने जैसा है। यह दृष्टि स्वीकार करने योग्य है। बहुतों को ऐसा लगता है कि अध्यात्म-विद्या का जीवन से कोई संबंध नहीं। कुछ लोगों का ऐसा भी मत है कि यदि ऐसा कोई संबंध भी हो, तो वह नहीं होना चाहिए। देह से आत्मा को अलग समझने की शिक्षा बचपन से ही देने की योजना की जा सके, तो बड़े आनंद की बात होगी। यह शिक्षा का विषय है। आजकल कुशिक्षा के फलस्वरूप बड़े बुरे संस्कार हो रहे हैं। 'मैं केवल देहरूप हूं'- इस कल्पना में से यह शिक्षा हमें बाहर लाती ही नहीं। सब देह के ही चोंचले चल रहे हैं। किंतु इसके बावजूद देह को जो स्वरूप प्राप्त होना चाहिए, या देना चाहिए, वह तो कहीं दिखायी ही नहीं देता। इस तरह इस देह की यह वृथा पूजा हो रही है। आत्मा के माधुर्य की ओर ध्यान ही नहीं है। वर्तमान शिक्षा-पद्धति से यह स्थिति बन गयी है। इस तरह देह की पूजा का अभ्यास दिन-रात कराया जाता है।

ठेठ बचपन से ही हमें इस देह-देवता की पूजा-अर्चा करना सिखाया जाता है। जरा कहीं पांव में ठोकर लग गयी, तो मिट्टी लगाने से काम चल जाता है। बच्चे का इतने भर से काम निपट जाता है या मिट्टी लगाने की भी उसे जरूरत महसूस नहीं होती। थोड़ी-बहुत चोट-खुरच लगी तो वह चिंता भी नहीं करेगा, परंतु उस बच्चे का जो संरक्षक है, पालक है, उसका इतने से नहीं चलता। वह बच्चे को पास बुलाकर कहेगा- "हाय राम, चोट लग गयी! कैसे लगी, कहाँ लगी? अरेरे, खून निकल आया है!" ऐसा कहकर, वह बच्चा न रोता हो तो उलटा उसे रुला देता है। न रोने वाले बच्चे को रुलाने की इस वृत्ति को क्या कहा जाये? कहते हैं- "कूदफांद मत करो, खेलने मत जाओ, देखो गिर पड़ोगे, चोट लग जायेगी", इस तरह देह पर ही ध्यान देने वाली एकांगी शिक्षा दी जाती है।

17 अगस्त

साम्यसूत्र 68: अन्यथा संस्कारासंभवः
वृत्ति 6: देहनिंदापि व्यरथैव

6. बच्चे की प्रशंसा भी करते हैं, तो देहपक्ष को लेकर और उसकी निंदा भी देहपक्ष को लेकर ही करते हैं। कहते हैं- "कैसा गंदा है रे" इससे बच्चे को कितनी चोट लगती है। कैसा मिथ्या आरोप है यह! गंदगी है, यह सही है। उसे साफ करना चाहिए, यह भी सही है। लेकिन इस गंदगी को सहज साफ न करके उस बच्चे पर इस तरह आघात किया जाता है। बच्चा उसे सहन नहीं कर पाता। वह बड़ा दुःखी हो जाता है। उसके अंतरंग में, उसकी आत्मा में स्वच्छता, निर्मलता भरी है, तो भी उस पर गंदे होने का यह कैसा व्यर्थ आरोप! वास्तव में वह लड़का गंदा नहीं है। जो अत्यंत सुंदर मधुर, पवित्र, प्रिय परमात्मा है, वही वह है। उसी का अंश उसमें विद्यमान है। परंतु उसे कहते हैं 'गंदा।' उस गंदगी से उसका क्या संबंध है; यह बात बच्चे की समझ में नहीं आती, इसलिए वह इस आघात को सहन नहीं कर पाता। उसके चित्त में क्षोभ होता है और क्षोभ उत्पन्न होने पर सुधार नहीं होता। अतः उसे अच्छी तरह समझाकर साफ-सुथरा रखना चाहिए।

18 अगस्त

साम्यसूत्र 68: अन्यथा संस्कारासंभवः
वृत्ति 7: आत्माधारं शिक्षणशास्त्रम्

7 इसके विपरीत कृति करके उस लड़के के मन पर हम यह अंकित करते हैं कि वह देह हैं शिक्षा-शास्त्र में इसे एक महत्त्वपूर्ण सिद्धांत मानना चाहिए। गुरु को यह भावना रखनी चाहिए कि मैं जिसे पढ़ा रहा हूं, वह सर्वांग सुंदर है। सवाल गलत होने पर मुंह पर थप्पड़ लगाते हैं। उस चांटे का और सवाल की गलती का क्या संबंध? स्कूल में देर से आया, तो लगाया चांटा। चांटे से उसके गाल पर रक्ताभिसरण तेज होने लगेगा, पर इससे क्या वह स्कूल में जल्दी आयेगा? खून की यह तेजी क्या यह बतला सकेगी कि इस समय कितने बजे हैं? बल्कि सच पूछिए कि इस तरह मार-पीट करके हम उस बच्चे की पशुवृत्ति ही बढ़ाते हैं। 'तुम यह देह ही हो'- यह भावना पक्की करते हैं। उसका जीवन डर की भावना पर खड़ा किया जाता है। यदि हमें सचमुच सुधार करना है, तो वह इस तरह जबरदस्ती करके देहासक्ति बढ़ाने से कभी नही हो सकता। जब मैं यह समझ लूंगा कि मैं देह से भिन्न हूं, तभी मेरा सुधार हो सकेगा।

19 अगस्त

साम्यसूत्र 68: अन्यथा संस्कारासंभवः
वृत्ति 8: 'अहं' सर्वथा निर्मलः

8. देह में अथवा मन में रहने वाले किसी दोष का ज्ञान होना बुरा नहीं। इससे उस दोष को दूर करने में सहायता मिलती है; परंतु हमें यह बात साफ तौर से मालूम रहनी चाहिए कि 'मैं देह नहीं हूँ।' 'मैं' जो हूं, सो इस देह से सर्वथा भिन्न, पृथक, अत्यंत सुंदर, उज्ज्वल, पवित्र, निर्दोष हूँ। अपने दोषों को दूर करने के लिए जो आत्म-परीक्षण करता है, वह भी तो अपने को देह से पृथक करके ही ऐसा करता है। अतः जब कोई उसे उसका दोष दिखाता है तो उसे गुस्सा नहीं आता; बल्कि इस शरीररूप, इस मनोरूपी यंत्र में क्या दोष है, इसका विचार करके वह अपना दोष दूर करता है। इसके विपरीत जो देह हो अपने से पृथक नहीं मानता, वह सुधार कर ही नहीं सकता। 'यह देह, यह पिंड, यह मिट्टी का पुतला, यही मैं'- ऐसा जो मानता है, वह अपना सुधार कैसे करेगा? सुधार तभी हो सकेगा, जब हम यह मानेंगे कि यह देह साधन रूप में मुझे मिली है। चरखे में यदि किसी ने कोई कमी या दोष दिखाया, तो क्या मुझे गुस्सा आता है? बल्कि कोई दोष होता है, तो मैं उसे दूर करता हूँ। ऐसी ही बात देह की है। जैसे खेती के औजार, वैसी ही यह देह है। देह भगवान के घर की खेती का एक औजार ही है। यह औजार यदि खराब हो जाये, तो उसे अवश्य सुधारना चाहिए। यह देह एक साधन के रूप में प्रस्तुत है। अतः देह से अपने को अलग रखकर दोषों से मुक्त होने का प्रयत्न हमें करना चाहिए। इस देहरूपी साधन से मैं पृथक हूं, मैं स्वामी हूं, मालिक हूं, इस देह से काम कराने वाला, इससे उत्कृष्ट सेवा लेने वाला मैं हूँ। बचपन से ही इस प्रकार देह से अलग होने की वृत्ति सिखानी चाहिए।

20 अगस्त

साम्यसूत्र 68: अन्यथा संस्कारासंभवः
वृत्ति 9: साक्षित्वेन संस्कारः संभवेत्

9. खेल से अलग रहने वाले तटस्थ लोग जैसे खेल के गुण-दोषों को अच्छी तरह देख सकते हैं, उसी तरह हम भी देह-मन-बुद्धि से अपने को अलग रखकर ही उनके गुण-दोष परख सकेंगे। कोई कहता है- 'इधर जरा मेरी स्मरण-शक्ति कम हो गयी है, इसका कोई उपाय बताइए न!' जब मनुष्य ऐसा कहता है तब वह उस स्मरण-शक्ति से भिन्न है, यह स्पष्ट हो जाता है। वह कहता है- 'मेरी स्मरण-शक्ति खराब हो गयी है।' इसका अर्थ यह हुआ कि उसका कोई साधन, कोई औजार बिगड़ गया है। किसी का लड़का खो जाता है, किसी की पुस्तक खो जाती है, पर कोई स्वयं खो गया है, ऐसा नहीं होता। अंत में मरते समय भी उसकी देह ही सब तरह नष्ट होती है, बेकार हो जाती है, पर वह स्वयं तो भीतर से ज्यों-का-त्यों रहता है। वह निर्दोष और निरोग रहता है। यह बात समझ लेने जैसी है और यदि समझ में आ जाये, तो इससे बहुतेरी झंझटों से छुटकारा मिल जायेगा।

21 अगस्त

साम्यसूत्र 69: क्लिष्ट-जीवितं च
वृत्ति 10: रक्ष्याणां भक्षणम्

69. देहासक्ति से जीवन अवरुद्ध
10. 'देह ही मैं हूं' , यह जो भावना सर्वत्र फैल रही है, इसके फलस्वरूप मनुष्य के बिना विचारे ही देह-पुष्टि के लिए नाना प्रकार के साधन निर्माण कर लिये हैं। उन्हें देखकर बड़ा भय मालूम होता है। मनुष्य को सदैव लगता रहता है कि यह देह पुरानी हो गयी, जीर्ण-शीर्ण हो गयी, तो भी येन-केन प्रकारेण इसे बनाये ही रखना चाहिए; परंतु आखिर इस देह को, इस छिलके को आप कब तक टिकाकर रख सकेंगे? मृत्यु तक ही न? जब मौत की घड़ी आ जाती है तो क्षण भर भी शरीर टिकाये नहीं रख सकते। मृत्यु के आगे सारा गर्व ठंडा पड़ जाता है। फिर भी तुच्छ देह के लिए मनुष्य नाना प्रकार के साधन जुटाता है। दिन-रात इस देह की चिंता करता है।
कहते हैं कि देह की रक्षा के लिए मांस खाने में कोई हर्ज नहीं है। मानो मनुष्य की देह बड़ी कीमती है! उसे बचाने के लिए मांस खाओ। तो पशु की देह क्या कीमत में कम है? और है, तो क्यों? मनुष्य-देह क्यों कीमती सिद्ध हुई? क्या कारण है? पशु चाहे जिसे खाते हैं, सिवा स्वार्थ के वे दूसरा कोई विचार ही नहीं करते! मनुष्य ऐसा नही करता, वह अपने आसपास की सृष्टि की रक्षा करता है। अतः मानव-देह का मोल है, इसलिए वह कीमती है। परंतु जिस कारण मनुष्य की देह कीमती साबित हुई, उसी को तुम मांस खाकर नष्ट कर देते हो! भले आदमी, तुम्हारा बड़प्पन तो इसी बात पर अवलंबित है न कि तुम संयम से रहते हो, सब जीवों की रक्षा के लिए उद्योग करते हो, सबकी सार-संभाल रखने की भावना तुममें है। पशु से भिन्न जो यह विशेषता तुममें है उसी से न मनुष्य श्रेष्ठ कहलाता है? इसी से मानव-देह 'दुर्लभ ' कही गयी है। परंतु जिस आधार पर मनुष्य बड़ा, श्रेष्ठ हुआ है, उसी को यदि वह उखाड़ने लगे, तो फिर उसके बड़प्पन की इमारत टिकेगी कैसे? साधारण पशु जो अन्य प्राणियों का मांस खाने की क्रिया करते हैं, वही क्रिया यदि मनुष्य निःसंकोच होकर करने लगे, तो फिर उसके बड़प्पन का आधार ही खींच लेने जैसा होगा। यह तो जिस डाल पर मैं बैठा हूं, उसी को काटने का प्रयत्न करने जैसा हुआ।

22 अगस्त

साम्यसूत्र 69: क्लिष्ट-जीवितं च
वृत्ति 11: भैषज्यातिरेकः

11. आजकल वैद्यक-शास्त्र नाना प्रकार के चमत्कार दिखा रहा है। पशु की देह पर शल्यक्रिया करके उसके शरीर में- उस जीवित पशु के शरीर में रोग-जंतु उत्पन्न करते हैं और देखते हैं कि उन रोगों का उस पर क्या असर होता है। सजीव पशु को इस तरह महान कष्ट देकर जो ज्ञान प्राप्त किया जाता है, उसका उपयोग इस क्षुद्र मानव-देह को बचाने के लिए किया जाता है! और यह सब चलता है 'भूत-दया' के नाम पर। पशु के शरीर में जंतु पैदा करके उसकी लस निकालकर मनुष्य शरीर में डालते हैं। नाना प्रकार के भीषण कृत्य हो रहे हैं। जिस देह के लिए हम यह सब करते हैं, वह तो कच्चे कांच की तरह है, जो पल भर में ही फूट सकता है। वह कब फूटेगा, इसका जरा भी भरोसा नहीं। यद्यपि मानव देह की रक्षा के लिए ये सारे उद्योग हो रहे हैं, फिर भी अंत में अनुभव क्या आता है? ज्यों-ज्यों इस नाजुक देह को संभालने का प्रयत्न किया जाता है, त्यों-त्यों इसका नाश हो रहा है। यह प्रतीति हमें हो रही है, फिर भी इस देह को मोटी-ताजी करने का प्रयत्न जारी ही है।

23 अगस्त

साम्यसूत्र 69: क्लिष्ट-जीवितं च
वृत्ति 12: पिंडपोषणवृत्तिः

12. हमारा ध्यान कभी इस बात की ओर नहीं जाता कि किस प्रकार का आहार करने से बुद्धि सात्त्विक होगी। मनुष्य देखता भी नहीं कि मन को अच्छा बनाने के लिए क्या करना चाहिए और किस वस्तु की सहायता लेनी चाहिए। वह तो इतना ही देखता है कि शरीर का वजन किस तरह बढ़ेगा। वह इसी की चिंता करता दीखता है कि जमीन पर की मिट्टी उठकर उसके शरीर पर कैसे चिपक जाये, मिट्टी के लोंदे उसके शरीर पर कैसे लद जायें! पर जैसे थोपा हुआ गोबर का कंडा सूखने पर नीचे गिर पड़ता है, उसी तरह शरीर पर चढ़ाया यह मिट्टी का लेप, यह चरबी, अंत में गल जाती है और शरीर फिर अपनी असली स्थिति में आ जाता है। आखिर इसका मतलब क्या कि हम शरीर पर इतनी मिट्टी चढ़ा लें, इतना वजन बढ़ा लें कि शरीर उसका बोझ ही न सह सके? शरीर को इतना थुलथुल बनाया ही क्यों जाये? यह शरीर हमारा एक साधन है, अतः इसे ठीक रखने के लिए जो कुछ आवश्यक है, वह सब हमें करना चाहिए। यंत्र से काम लेना चाहिए। लेकिन क्या कहीं यंत्र का भी अभिमान- 'यंत्राभिमान' भी होता है? फिर इस शरीररूपी यंत्र के संबंध में भी हम इसी तरह विचार क्यों न करें?

24 अगस्त

साम्यसूत्र 69: क्लिष्ट-जीवितं च
वृत्ति 13: कृत्रिम-वेषभूषा

13. सारांश, यह देह साध्य नहीं, साधन है। यदि हमारा यह भाव दृढ़ हो जाये, तो फिर शरीर का जो वृथा आडंबर रचा जाता है, वह न रहेगा। जीवन हमें निराले ही ढंग का दीखने लगेगा। फिर इस देह को सजाने में हमें गौरव का अनुभव नहीं होगा। वस्तुतः इस देह के लिए एक सादा कपड़ा काफी है। पर नहीं, हम चाहते हैं वह नरम हो, मुलायम हो, उसका बढ़िया रंग हो, सुंदर छपाई हो, अच्छे किनारे-बेल-बूटे हों, कलाबत्तू हो आदि। उसके लिए हम अनेक लोगों से तरह-तरह की मेहनत कराते हैं।'

यह सब क्यों? उस भगवान को क्या अक्ल नहीं थी? यदि इस देह के लिए सुंदर बेल-बूटों और नक्काशी की जरूरत होती, तो जैसे बाघ के शरीर पर उसने धारियां डाल दी हैं, वैसे क्या तुम्हारे हमारे शरीर पर नहीं डाल देता? उसके लिए क्या यह असंभव था? वह मोर की तरह सुंदर पिच्छ हमें भी लगा सकता था; परंतु ईश्वर ने मनुष्य को एक ही रंग दिया है। उसमें जरा-सा दाग पड़ जाता है, तो उसका सौंदर्य नष्ट हो जाता है। मनुष्य जैसा है वैसा ही सुंदर है।

परमेश्वर का यह उद्देश्य ही नहीं है कि मनुष्य देह को सजाया जाये। सृष्टि में क्या सामान्य सौंदर्य है? मनुष्य का काम इतना ही है कि वह अपनी आंखों से इसे निहारता रहे; परंतु वह रास्ता भूल गया है। कहते हैं कि जर्मनी ने हमारे रंग को मार दिया। अरे भाई, तुम्हारे मन का रंग तो पहले ही मर चुका, बाद में तुम्हें इस बनावटी रंग का शोक लगा! उसी के लिए तुम परावलंबी हो गये। व्यर्थ ही तुम इस शरीर-श्रृंगार के चक्कर में पड़ गये। मन को सजाना, बुद्धि का विकास करना, हृदय को सुंदर बनाना तो एक तरफ ही रह गया।

25 अगस्त

साम्यसूत्र 70: महावाक्यमनुचिंतयेत्
वृत्ति 14: तत्त्वमसि-सूत्रम

70. तत्त्वमसि

14. इसलिए भगवान ने इस तेरहवें अध्याय में जो विचार हमें दिया है, वह बड़ा कीमती है। 'तू देह नहीं, आत्मा है।' तत् त्वमसि- वह आत्मरूप तू है। यह बड़ा उच्च, पवित्र उद्गार है। पावन और उदात्त वचन है। संस्कृत-साहित्य में यह बड़ा ही महान विचार समाविष्ट किया गया है- "यह ऊपर का कवच, छिलका, तू नहीं है। वह असल अविनाशी फल तू है।" जिस क्षण मनुष्य के हृदय में यह विचार स्फुरित होगा कि 'सो तू है', 'यह देह मैं नहीं, वह परमात्मा मैं हूं'- यह भाव मन में जग जायेगा, उसी क्षण उसके मन में एक प्रकार का अननुभूत आनंद लहराने लगेगा। मेरे उस रूप को मिटाने का- नष्ट कर डालने का- सामर्थ्य संसार की किसी भी वस्तु में नहीं है, किसी भी व्यक्ति में नहीं है। यह सूक्ष्म विचार इस उद्गार में भरा हुआ है।

26 अगस्त

साम्यसूत्र 70: महावाक्यमनुचिंतयेत्
वृत्ति 15: तन्निदिध्यासेन देहस्वाम्यम्

15. इस देह से परे अविनाशी और निष्कलंक जो आत्मतत्त्व है, वही मैं हूँ। उस आत्मतत्त्व के लिए मुझे यह शरीर मिला हुआ है। जब-जब उस परमेश्वरीय तत्त्व के दूषित हो जाने की संभावना होगी, तब-तब मैं उसे बचाने के लिए इस देह को फेंक दूंगा। परमेश्वरीय तत्त्व को उज्ज्वल रखने के लिए यह देह होमने को मैं सदा तैयार रहूंगा। मैं जो इस देह पर सवार होकर आया हूं, सो क्या इसलिए कि अपनी दुर्दशा कराऊं? देह पर मेरी सत्ता चलनी चाहिए। मैं इस देह का उपयोग करूंगा और इसके द्वारा हित-मंगल की वृद्धि करूंगा। आनंदें भरीन तिन्ही लोक- 'त्रिलोक में आनंद भरूंगा।' इस देह को मैं महान तत्त्वों के लिए फेंक दूंगा और ईश्वर का जयजयकार करूंगा। रईस आदमी कपड़ा मैला होते ही उसे फेंक देता है और दूसरा पहन लेता है, वैसे ही मैं भी करूंगा। काम के लिए इस देह की जरूरत है। जिस समय यह देह काम के लायक नहीं रह जायेगी, उस समय इसे फेंक देने में मुझे कोई हर्ज नहीं।

27 अगस्त

साम्यसूत्र 70: महावाक्यमनुचिंतयेत्
वृत्ति 16: वस्त्रवत् धारयेत् जह्याच्च

16. सत्याग्रह के द्वारा हमें यही शिक्षा मिलती है। देह और आत्मा, ये अलग-अलग चीजें हैं। जिस दिन मनुष्य के यह ध्यान में आयेगा, जब वह इस मर्म को समझ जायेगा, उसी दिन उसकी सच्ची शिक्षा की, वास्तविक विकास की शुरूआत होगी। उसी समय हमें सत्याग्रह सधेगा। अतः प्रत्येक को यह भावना हृदय में अंकित कर लेनी चाहिए। देह तो निमित्तमात्र साधन है, परमेश्वर का दिया हुआ एक औजार है। जिस दिन उसका उपयोग समाप्त होगा, उसी दिन उसे फेंक देना है। सर्दी के गरम कपड़े हम गर्मियों में फेंक देते हैं, रात को ओढ़े हुए कंबल सुबह हटा देते हैं, सुबह के कपड़े दोपहर को निकाल देते हैं, उसी तरह इस देह को समझो। जब तक देह का उपयोग है, तब तक उसे रखेंगे। जिस दिन इसका उपयोग नहीं रहेगा, उसी दिन यह देहरूपी कपड़ा फेंक देंगे। आत्मा के विकास के लिए भगवान यह युक्ति हमें बता रहे हैं।

28 अगस्त

साम्यसूत्र 71: ततः शासनमुक्तिः

वृत्ति 17: 'अश्नामि' -राक्षसः 18: हुतात्म-परंपरा

71. जालिम की सत्ता समाप्त

17. जब तक हम यह नहीं समझ लेंगे कि देह से मैं अलग हूं, तब तक जालिम लोग, हम पर जरूर जुल्म ढाते रहेंगे, हमें बंदा, 'गुलाम' बनाते रहेंगे, हमें बेहाल कर डालेंगे। भय के कारण ही जुल्म शक्य होता है।

एक राक्षस ने एक आदमी को पकड़ रखा था। वह उससे बराबर काम लेता रहता था। जब कभी वह काम न करता, तो राक्षस कहता- 'खा जाऊंगा, तुझे चट् कर डालूंगा।' शुरू में तो वह मनुष्य डरता रहा, परंतु जब वह धमकी असह्य हो गयी, तो उसने कहा- ' ले खा डाल। खाना हो तो खा जा।' पर राक्षस उसे थोड़े ही खा जानेवाला था। उसे एक बंदा, गुलाम चाहिए था। खा जाने पर उसका काम कौन करता? वह तो सिर्फ उसे खा जाने की धमकी दिया करता था, परंतु ज्यों ही यह जवाब मिला 'ले, खा जा', त्यों ही उसका जुल्म बंद हो गया।

जालिम लोग यह जानते हैं कि ये लोग देह से चिपके रहने वाले हैं। इनकी देह को कष्ट पहुँचा कि ये गुलाम बने। परंतु जहाँ आपने देह की आसक्ति छोड़ दी तुरंत सम्राट बन जायेंगे। सारा सामर्थ्य आपके हाथ में आ जायेगा। फिर आप पर किसी का हुक्म नहीं चलेगा। जुल्म करने का आधार ही टूट जायेगा। उसकी बुनियाद ही इस भावना पर है कि 'देह मैं हूँ।' वे समझते हैं कि इनकी देह को सताया कि ये वश में आये। इसीलिए वे धमकी की भाषा बोलते हैं।

18. 'मैं देह हूं'- मेरा इस भावना के कारण ही दूसरों को मुझ पर जुल्म करने की सताने की इच्छा होती है। परंतु इंग्लैण्ड के शहीद क्रेन्मर ने क्या कहा था? "मुझे जलाते हो। अच्छा जला डालो। लो, पहले यह दाहिना हाथ जलाओ।" इसी तरह रिड्ले और लॅटिमर ने कहा था- "तुम जलाना चाहते हो? हमें कौन जला सकता है? हम तो धर्म की ऐसी ज्योति जला रहे हैं कि उसे कोई बुझा नहीं सकता। शरीररूपी इस मोमबत्ती को, इस चरबी को जलाकर सत तत्त्वों की ज्योति जलाये रखना तो हमारा काम ही है। देह मिट जायेगी, वह तो मिटने वाली ही है।"

29 अगस्त

साम्यसूत्र 71: ततः शासनमुक्तिः
वृत्ति 19: अजरामरः सुक्रातः

19. सुकरात को विष देकर मारने की सजा दी गयी। उसने कहा- "मैं अब बूढ़ा हो गया हूँ। चार दिन के बाद देह छूटने वाली ही थी। जो मरने वाला था, उसे मारकर, आप लोग कौन-सी बहादुरी कर रहे हैं? जरा सोचो तो कि यह शरीर एक दिन अवश्य मरने वाला है। जो मर्त्य है, उसे मारने में कौन सी बहादुरी है?"
जिस दिन सुकरात को विष दिया जाने वाला था, उससे पहली रात वह शिष्यों को आत्मा के अमरत्व की शिक्षा दे रहा था। शरीर में विष का प्रवेश होने पर उसे क्या-क्या वेदनाएं होंगी, इसका वर्णन वह मजे से कर रहा था। उसे उसकी रत्ती भर भी चिंता न थी। आत्मा की अमरता संबंधी यह चर्चा समाप्त होने पर उसके एक शिष्य ने पूछा- "मरने पर आपकी अंत्येष्टि कैसे की जाये?"
उसने जवाब दिया- "खूब, वे मारेंगे और तुम गाड़ोगे! तो क्या वे मारने वाले मेरे दुश्मन और तुम गाड़ने वाले मुझसे बड़ा प्रेम करने वाले हो? वे अक्लमंदी से मुझे मारेंगे और तुम समझदारी से मुझे गाड़ोगे? तुम कौन हो मुझे गाड़ने वाले? मैं तुम सबको गाड़कर शेष बचने वाला हूँ। किसमें गाड़ोगे मुझे? मिट्टी में या नास में? मुझे न कोई मार सकता है न कोई गाड़ ही सकता है। अब तक मैंने क्या समझाया तुम लोगों को? आत्मा अमर है, उसे कौन मार सकता है, कौन गाड़ सकता है?"
और सचमुच आज दो-ढाई हजार वर्षों से वह महान सुकरात सबको गाड़कर जिंदा है।

30 अगस्त

साम्यसूत्र 72: आत्मशक्तेर् भानात्
वृत्ति 20: किमाश्वस्तो निद्राति?

72. परमात्म-शक्ति पर विश्वास

20. सारांश, जब तक देह की आसक्ति, भय है, तब तक वास्तविक रक्षा नहीं हो सकती। तब तक सतत डर लगा रहेगा। यह डर बना रहेगा कि कहीं नींद में सांप आकर काट न खाये, चोर आकर घात न कर जाये। मनुष्य सिरहाने डंडा लेकर सोता है। 'क्यों?' तो कहता है- 'पास में रखना अच्छा है, कहीं चोर-वोर आ जाये तो? अरे भले आदमी! कहीं चोर वही डंडा उठाकर तुम्हारे सिर पर मार दे तो? चोर यदि डंडा लाना भूल गया हो, तो तुम उसके लिए पहले से ही तैयारी कर रखते हो। तुम किसके भरोसे सोते हो? उस समय तो तुम दुनिया के हाथ में रहते हो। तुम जागते होगे, तभी न बचाव करोगे? नींद में तुम्हारी रक्षा कौन करेगा?

31 अगस्त

साम्यसूत्र 72: आत्मशक्तेर् भानात्

वृत्ति 21: विश्वशक्तिमाश्वस्तः

21. मैं किसी-न-किसी शक्ति पर विश्वास करके सोता हूँ। जिस शक्ति पर भरोसा रखकर बाघ, गाय आदि जानवर सोते हैं, उसी के भरोसे मैं भी सोता हूँ। बाघ को भी तो नींद आती है। जो सारी दुनिया से वैर होने के कारण हर घड़ी पीछे देखता है, ऐसा सिंह भी सोता ही है। उस शक्ति पर यदि विश्वास न होता, तो कुछ बाघ सोते और कुछ जगकर पहरा देते- ऐसी व्यवस्था उन्हें करनी पड़ती। जिस शक्ति पर विश्वास रखकर क्रूर ऐसे भेड़िया, बाघ, सिंह आदि जीव भी सोते हैं, उसी विश्वव्यापक शक्ति की गोद में मैं भी सो रहा हूँ। मां की गोद में बच्चा निश्चिंत सोता है। वह मानो उस समय दुनिया का बादशाह होता है। हमें चाहिए कि आप और हम भी उसी विश्वंभर माता की गोद में इसी तरह प्रेम, विश्वास और ज्ञानपूर्वक सोने का अभ्यास करें। जिस शक्ति के आधार पर मेरा यह सारा जीवन चल रहा है। उसका मुझे अधिकाधिक परिचय कर लेना चाहिए। उस शक्ति की मुझे उत्तरोत्तर प्रतीति होनी चाहिए। इस शक्ति में मुझे जितना विश्वास पैदा होगा, उतना ही अधिक मेरा रक्षण हो सकेगा। जैसे-जैसे मुझे इस शक्ति का अनुभव होता जायेगा, वैसे-वैसे मेरा विकास होता जायेगा। इस तेरहवें अध्याय में इसका किंचित क्रम भी दिग्दर्शित किया गया है।

1 सितंबर

साम्यसूत्र 73: आविः संनिहिततरम्
वृत्ति 22: द्रष्टृ भूमिका प्रथमा
23: नैतिकी द्वितीया
24: नैतिक्यामनुमंता

73. परमात्म-शक्ति का उत्तरोत्तर अनुभव

22. जब तक देहस्थित आत्मा का विचार नहीं आता, तब तक मनुष्य साधारण क्रियाओं में ही तल्लीन रहता है। भूख लगी तो खा लिया, प्यास लगी तो पानी पी लिया, नींद आयी तो सो गये। इससे अधिक वह कुछ नहीं जानता। इन्हीं बातों के लिए वह लड़ेगा, इन्हीं की प्राप्ति का लोभ मन में रखेगा। इस तरह इन दैहिक क्रियाओं में ही वह मग्न रहता है। विकास का आरंभ तो इसके बाद होता है। इस समय तक आत्मा सिर्फ देखती रहती है। मां जिस तरह कुएं की ओर रेंगते जाने वाले बच्चे के पीछे सतत सतर्क खड़ी रहती है, उसी प्रकार आत्मा हम पर निगाह रखे खड़ी रहती है। शांति के साथ वह सब क्रियाओं को देखती है। इस स्थिति को 'उपद्रष्टा' - साक्षी रूप से सब देखने वाला कहा है।

23. इस अवस्था में आत्मा देखती है, परंतु अभी वह सम्मति नहीं देती। परंतु यह जीव, जो अब तक अपने को देहरूप समझकर सब क्रिया, सब व्यवहार, करता है, वह आगे चलकर जागता है। उसे भान होता है कि अरे, मैं पशु की तरह जीवन बिता रहा हूँ। जीव जब इस तरह विचार करने लगता है तब उसकी नैतिक भूमिका शुरू होती है। तब पग-पग पर वह उचित-अनुचित का विचार करता है। विवेक से काम लेने लगता है। उसकी विश्लेषण-बुद्धि जाग्रत होती है। स्वैर क्रियाएं रुकती हैं। स्वच्छंदता की जगह संयम आता है।

24. जब जीव इस नैतिक भूमिका में आता है, तब आत्मा केवल चुप बैठकर नहीं देखती, वह भीतर से अनुमोदन करती है। 'शाबाश' ऐसी धन्यता की आवाज अंदर से आती है। अब आत्मा केवल 'उपद्रष्टा' न रहकर 'अनुमंता' बन जाती है।

कोई भूखा अतिथि द्वार पर आ जाये, आप अपनी परोसी थाली उसे दे दें और फिर रात को अपनी इस सत्कृति का स्मरण हो, तो देखिए मन को कितना आनंद होता है! भीतर से आत्मा की हल्की-सी आवाज आती है, 'बहुत अच्छा किया' ! मां जब बच्चे की पीठ पर हाथ फिराकर कहती है- "अच्छा किया बेटा", तो उसे ऐसा लगता है, मानो दुनिया की सारी बख्शिश उसे मिल गयी। उसी तरह हृदयस्थ परमात्मा के 'शाबाश बेटा' , शब्द हमें प्रोत्साहन और प्रेरणा देते हैं, ऐसे समय जीव भोगमय जीवन छोड़कर नैतिक जीवन की भूमिका में आ खड़ा होता है।

2 सितंबर

साम्यसूत्र 73: आविः संनिहिततरम्
वृत्ति 25: श्रांता तृतीया

25. इसके बाद की भूमिका है - नैतिक जीवन में कर्तव्य करते हुए अपने मन के सभी मैलों को धोने का यत्न करना! परंतु जब मनुष्य ऐसा प्रयत्न करते-करते थकने लगता है, तब जीव ऐसी प्रार्थना करने लगता है- 'हे भगवन! मेरे प्रयत्नों की, मेरी शक्ति की पराकाष्ठा हो गयी। मुझे अधिक शक्ति दे, अधिक बल दे।' जब तक मनुष्य को यह अनुभव नहीं होता कि अपने सभी प्रयत्नों के बावजूद वह अकेला ही पर्याप्त नहीं है, तब तक प्रार्थना का मर्म उसकी समझ में नहीं आता। अपनी सारी शक्ति लगाने पर भी, जब वह पर्याप्त नहीं जान पड़ती, तब आर्तभाव से द्रौपदी की तरह परमात्मा को पुकारना चाहिए। परमेश्वर की कृपा और सहायता का श्रोत तो सतत बहता ही रहता है। जिस किसी को प्यास लग रही हो, वह अपना हक समझकर उसमें से पानी पी सकता है। जिसे कमी पड़ती हो, वह मांग ले। इस तरह का संबंध इस तीसरी भूमिका में आता है। परमात्मा और अधिक निकट आता है। अब वह केवल शाब्दिक शाबाशी न देते हुए सहायता करने के लिए दौड़ आता है।

3 सितंबर

साम्यसूत्र 73: आविः संनिहिततरम्
वृत्ति 26: श्रांतस्य सख्याय भर्ता

26. पहले परमेश्वर दूर खड़ा था। गुरु जिस तरह शिष्य से यह कहकर कि 'सवाल हल करो' दूर खड़ा रहता है, उसी तरह जब तक जीव भोगमय जीवन में लिप्त रहता है, तब तक परमात्मा दूर खड़ा रहता है। वह कहता है- 'ठीक है, मारने दो हाथ-पैर।' फिर जीव नैतिक भूमिका में आता है। तब परमात्मा केवल तटस्थ नहीं रहता। जीवन के हाथ से सत्कर्म हो रहा है, ऐसा देखते ही भगवान धीरे-से झांकता है और कहता है- 'शाबाश!' इस तरह सत्कर्म होते-होते जब चित्त के स्थूल मैल धुल जाते हैं, सूक्ष्म मैल का धुलने का समय आता है और जब उसके सारे प्रयत्न थकने लगते हैं, तब वह परमात्मा को पुकारता है और वह 'आया' कहकर दौड़ आता है। भक्त का उत्साह कम पड़ते ही वह वहाँ आ खड़ा होता है।
जगत् का सेवक सूर्यनारायण आपके द्वारा पर सदैव खड़ा ही है। बंद द्वार को तोड़कर सूर्य भीतर नहीं घुसेगा, क्योंकि वह सेवक है। वह स्वामी की मर्यादा का पालन करता है। वह दरवाजे को धक्का नहीं देता। भीतर मालिक सोया है, इसलिए सूर्यरूपी सेवक दरवाजे के बाहर खड़ा रहता है। जरा-सा दरवाजा खोलते ही वह सारा-का सारा प्रकाश लेकर भीतर घुस आता है और अंधेरा दूर कर देता है। परमात्मा भी ऐसा ही है। उससे मदद मांगी कि वह बांह फैलाकर आया ही। भीमा के किनारे (पंढरपुर में) कमर पर हाथ रखकर वह तैयार ही खड़ा है।

उभारूनि बाहे। विठो पालवीत आहे॥ (बांह उठाकर विठ्ठल बुला रहे हैं)। ऐसा वर्णन तुकाराम आदि ने किया है। नाक खुली रखी कि हवा भीतर घुसी। दरवाजा जरा-सा खोला कि प्रकाश भीतर आया। वायु और प्रकाश के दृष्टांत भी मुझे अधूरे मालूम होते हैं। उनकी अपेक्षा भी परमात्मा अधिक समीप, अधिक उत्सुक है। वह उपद्रष्टा, अनुमंता न रहकर 'भर्ता'- सब तरह सहायक- बनता है। मन की मलिनता मिटाने के लिए असहाय होकर जब हम पुकारते हैं- मारी नाड तमारे हाथे हरि संभाळजो रे; हम प्रार्थना करते हैं- तू ही एक मेरा मददगार है, तेरा आसरा मुझको दरकार है; तब फिर वह दयाधन कैसे दूर रहेगा? भक्त की सहायता करने वाला वह भगवान, अधूरे को पूरा करने वाला वह प्रभु, दौड़ पड़ता है। तब वह रैदास के चमड़े धोता है, सजन कसाई का मांस बेचता है, कबीर की चादर बुनता है और जनाबाई के साथ चक्की पीसता है।

4 सितंबर

साम्यसूत्र 73: आविः संनिहिततरम्
वृत्ति 27: भोक्तृ-भूमिका चतुर्थी

27. इसके बाद की सीढ़ी है- परमेश्वर के कृपा-प्रसाद से कर्म का जो फल मिले, उसे स्वयं न लेकर उसी को अर्पण कर देना। इस भूमिका में जीव परमेश्वर से कहता है- "तेरे ये फल तू ही ले।" नामदेव धरना देकर बैठ गया कि "प्रभु, तुझे दूध पीना ही पड़ेगा।" कितना मधुर प्रसंग है! वह सारा कर्मफलरूपी दूध नामदेव भगवान को अर्पण कर रहा है। इस तरह जीवन की सारी पूंजी, सारी कमाई जिस परमात्मा की कृपा से प्राप्त हुई, उसी को वह समर्पित करनी है। धर्मराज स्वर्ग में चरण रखने वाले ही थे कि उनके साथ के कुत्ते को आगे नहीं जाने दिया गया। तब उन्होंने अपने सारे जीवन का पुण्यफल - स्वर्गलाभ - एक क्षण में छोड़ दिया। इसी तरह भक्त भी सारा फल-लाभ तत्काल ईश्वरार्पण कर देता है। 'उपद्रष्टा' , 'अनुमंता' , 'भर्ता' - इन स्वरूपों में प्रतीत होने वाला परमात्मा अब 'भोक्ता' हो जाता है। अब जीव उस भूमिका में आ जाता है, जब परमात्मा ही इस शरीर में भोगों को भोगता है।

5 सितंबर

साम्यसूत्र 73: आविः संनिहिततरम्

वृत्ति 28: माहेश्वरी पंचमी

28. इसके बाद संकल्प करना भी छोड़ देना है। कर्म में तीन सीढ़ियां आती हैं। पहले हम संकल्प करते हैं, फिर कार्य करते हैं और बाद में फल आता है। कर्म के लिए प्रभु की सहायता लेकर जो फल मिला, वह भी उसी को अर्पण कर दिया। कर्म करने वाला परमेश्वर, फल चखने वाला भी परमेश्वर! अब उस कर्म का संकल्प करने वाला भी परमेश्वर ही हो जाने दो। इस प्रकार कर्म के आदि, मध्य और अंत में सर्वत्र प्रभु को ही रहने दो। ज्ञानदेव ने कहा है-

माळीये जेउतें नेलें। तेउतें निवांत चि गेलें।
तया पाणिया ऐसें केलें। होआवें गा।

-'माली जिधर ले जाये, उधर ही चुपचाप चले जाने वाले पानी की तरह बनो।' माली पानी को जिधर ले जाना चाहता है, उधर ही वह बिना चीं-चपड़ किये चला जाता है। माली की पसंद के फल-फूल के पौधों को पानी पोसता और बढ़ाता है। इसी तरह मेरे हाथों जो होना है, वह उसी को तय करने दो। अपने चित्त के सभी संकल्पों की जिम्मेदारी मुझे उसी पर सौंपने दो। यदि मैंने अपना सारा बोझ घोड़े पर डाल ही दिया है, तो बाकी बोझा मैं अपने सिर पर क्यों लादकर बैठूं? वह भी घोड़े की पीठ पर ही क्यों न लाद दूं? अपने सिर पर बोझ रखकर भी यदि मैं घोड़े पर बैठूंगा, तो भी बोझ घोड़े पर ही पड़ेगा, फिर सारा ही बोझ उसकी पीठ पर क्यों न लाद दूं? इस तरह जीवन की सभी हलचल, नाच-कूद, फूलना-फुलाना, सब कुछ कराने वाला अंत में परमात्मा ही हो जाता है। मेरे जीवन का वह 'महेश्वर' ही बन जाता है। इस तरह विकास होते-होते सारा जीवन ही परमेश्वरमय हो जाता है, केवल देह का पर्दा ही बाकी रहता है। वह हटते ही जीव और शिव, आत्मा और परमात्मा एक हो जाते हैं।

6 सितंबर

साम्यसूत्र 73: आविः संनिहिततरम्
वृत्ति 29: एवं परमात्मशक्तेराविष्कारः

29. इस प्रकार उपद्रष्टानुमंता च भर्ता भोक्ता महेश्वरः- इस स्वरूप में हमें परमात्मा का उत्तरोत्तर अधिकाधिक अनुभव करना है। प्रभु पहले केवल तटस्थ रहकर देखता है। फिर नैतिक जीवन का आरंभ होने पर हमारे हाथों से सत्कर्म होने लगते हैं, तब वह हमें 'शाबाशी' देता है। फिर चित्त के सूक्ष्म मैल धो डालने के लिए, अपने प्रयत्नों को अपर्याप्त देखकर भक्त जब पुकारता है, तो वह अनाथ-नाथ सहायता के लिए दौड़ पड़ता है। उसके बाद फल को भी भगवान को अर्पण करके उसे 'भोक्ता' बना देना और अंत में सभी संकल्प उसी को अर्पण करके सारा जीवन हरिमय बनाना है। यही मानव का अंतिम साध्य है। 'कर्मयोग' और 'भक्तियोग' रूपी दो पंखों से उड़ते हुए साधक को इस अंतिम मंजिल तक जा पहुँचना है।

7 सितंबर

साम्यसूत्र 74: विंशत्या

वृत्ति 30: खिस्तबलिदानमत्र मननीयम्

74. नम्रता, निर्दम्भता आदि मूलभूत ज्ञान-साधना

30. यह सब करने के लिए नैतिक साधना की मजबूत बुनियाद चाहिए। सत्य-असत्य का विवेक करके सत्य को ही सदा ग्रहण करना चाहिए। सार-असार का विचार करके सार ही लेना चाहिए। सीप को फेंककर मोती ग्रहण करना चाहिए। इस प्रकार जीवन का श्रीगणेश करना है। फिर आत्म-प्रयत्न और परमेश्वरीय कृपा के बल पर ऊपर चढ़ते जाना है। इस सारी साधना में यदि हम देह से आत्मा को अलग करने का अभ्यास डाल लें, तो हमें बड़ी मदद मिलगी। ऐसे समय मुझे ईसा का बलिदान याद आता है। उनके शरीर में कीलें ठोंक-ठोंककर, उनके प्राण ले रहे थे। कहते हैं, उस समय उनके मुंह से उद्गार निकले- 'भगवन, इतनी यातनाएं क्यों देते हैं?' किंतु फौरन भगवान ईसा ने अपने को संभाला और कहा- 'प्रभु, तेरी ही इच्छा पूर्ण हो। इन लोगों को क्षमा कर। ये नहीं जानते कि ये क्या कर रहे हैं।' ईसा के इस उदाहरण में बड़ा रहस्य भरा है। देह से आत्मा को कितना अलग करना चाहिए, इसका यह प्रतीक है। कहाँ तक मंजिल तय करनी है, कहाँ तक वह तय की जा सकती है, यह ईसा मसीह के जीवन से मालूम होता है, देह एक छिलके की तरह अलग हो रही है- यहाँ तक मंजिल आ पहुँची है। जब-जब आत्मा को देह से अलग करने का विचार मेरे मन में आता है, तब-तब ईसा मसीह का यह जीवन मेरी आंखों के सामने आ जाता है। देह से सर्वथा पृथक हो जाने का, उससे मानो संबंध टूट जाने का उदहारण ईसा मसीह का जीवन पेश करता है।

8 सितंबर

साम्यसूत्र 74: विंशत्या
वृत्ति 31: सद्गुण-संवर्धनमेव ज्ञानम्

31. देह और आत्मा का यह पृथक्करण तब तक शक्य नहीं है, जब तक सत्य-असत्य का विवेक न हो। यह विवेक, यह ज्ञान, हमारी रग-रग में व्याप्त हो जाना चाहिए। ज्ञान का अर्थ हम करते हैं 'जानना'। परंतु 'बुद्धि से जानना', यह ज्ञान नहीं है। मुंह में कौर डालना भोजन कर लेना नहीं है। मुंह में डाला हुआ चबाकर गले में जाना चाहिए और वहाँ से पेट में जाकर, पचकर उसका रस, रक्त सारे शरीर में पहुँचकर पुष्टि मिलनी चाहिए। ऐसा होगा तभी वह सच्चा भोजन होगा। उसी तरह कोरे बुद्धिगत ज्ञान से काम नहीं चल सकता। वह जानकारी, वह ज्ञान सारे जीवन में व्याप्त होना चाहिए, हृदय में संचरित होना चाहिए। हमारे हाथ, पांव, आंख आदि इंद्रियों के द्वारा वह ज्ञान प्रकट होना चाहिए। ऐसी स्थिति हो जानी चाहिए कि सारी ज्ञानेंद्रियां और कर्मेंद्रियां विचारपूर्वक ही सब कर्म कर रही है। इसलिए इस तेरहवें अध्याय में भगवान ने ज्ञान की बहुत बढ़िया व्याख्या की है। स्थितप्रज्ञ के लक्षण की तरह ही ज्ञान के लक्षण हैं- **अमानित्वमदंभित्वमहिंसा क्षांतिरार्जवम्।** ऐसे बीस गुण भगवान ने बताये हैं। वे केवल यह कहकर नहीं रुके कि इन गुणों को 'ज्ञान' कहते हैं, बल्कि यह भी स्पष्ट बताया कि इसके विपरीत जो कुछ है, वह अज्ञान है। ज्ञान की जो साधना बतायी, उसी का अर्थ है ज्ञान। सुकरात कहता है कि 'सद्गुण को ही मैं ज्ञान मानता हूँ।' साधना और साध्य, दोनों एक रूप ही हैं।

9 सितंबर

साम्यसूत्र 74: विंशत्या
वृत्ति 32: ज्ञानदेवेनाविष्कृतम्

32. गीता के इन बीस साधनों को ज्ञानदेव ने अठारह ही कर दिये हैं। उन्होंने इनका वर्णन बड़ी हार्दिकता से किया है। इन गुणों से संबंध रखने वाले केवल पांच ही श्लोक भगवद्गीता में हैं; परंतु ज्ञानदेव ने अपनी ज्ञानेश्वरी में इन पर सात सौ ओवियां (छंद) लिखी हैं। वे इस बात के लिए बड़े चिंतित थे कि समाज में सद्‌गुणों का विकास हो, सत्यस्वरूप परमेश्वर की महिमा फैले। इन गुणों का वर्णन करते हुए उन्होंने अपना सारा अनुभव उन ओवियों में उंड़ेल दिया है। मराठी भाषा-भाषियों पर उनका यह अनंत उपकार है। ज्ञानदेव के रोम-रोम में ये गुण व्याप्त थे। भैंसे की पीठ पर जो चाबुक लगाया गया, उसका निशान ज्ञानदेव की पीठ पर उभर आया। भूतमात्र के प्रति इतनी दयार्द्रता उनमें थी। ज्ञान देव के ऐसे करुणापूर्ण हृदय से 'ज्ञानेश्वरी' प्रकट हुई हैं। इन गुणों का उन्होंने विवेचन किया। उनका गुण-वर्णन हम पढ़ें, मनन करें और हृदय में भर लें। ज्ञानदेव की यह मधुर भाषा मैं चख सका इसके लिए मैं अपने को धन्य मानता हूँ। उनकी मधुर भाषा मेरे मुंह में आकर बैठ जाये, इसके लिए यदि मुझे फिर से जन्म लेना पड़े, तो मैं धन्यता का ही अनुभव करूंगा। अस्तु। सार यह कि उत्तरोत्तर अपना विकास करते हुए, आत्मा को देह से पृथक करते हुए सब लोग अपने जीवन को परमेश्वरमय बनाने का यत्न करें।

रविवार 15. 5. 1932

१० सितंबर

चौदहवां अध्याय: गुणोत्कर्ष और गुण-निस्तार

साम्यसूत्र 75: प्रकृतिः शोध्या
वृत्ति 1: श्रृंखला भेदनीया

75. प्रकृति का विश्लेषण

1.. भाइयो, आज का चौदहवां अध्याय एक अर्थ में पिछले अध्यायों का पूरक ही है। सच पूछो तो आत्मा को कुछ करने की आवश्यकता ही नहीं है। वह स्वयं पूर्ण है। हमारी आत्मा की गति स्वभावतः ही ऊर्ध्वगामी है; परंतु किसी वस्तु के साथ कोई भारी वजन बांध दिया जाता है, तब जैसे वह नीचे खिंचती चली जाती है, उसी तरह शरीर का यह बोझ आत्मा को नीचे खींच ले जाता है। पिछले अध्याय में हमने यह देखा कि किसी भी उपाय से यदि देह और आत्मा को हम पृथक कर सकें, तो हमारी प्रगति हो सकती है। यह बात भले ही कठिन हो, पर इसका फल महान है। आत्मा के पांव की यह देह रूपी बेड़ी यदि हम काट सकें, तो हमें भारी आनंद प्राप्त होगा। फिर मनुष्य देह के दुःख से दुःखी नहीं होगा। वह स्वतंत्र हो जायेगा। इस देह रूपी वस्तु को मनुष्य जीत ले, तो फिर संसार में कौन उस पर सत्ता चला सकता है? जो स्वयं पर राज्य करता है, वह विश्व का सम्राट हो जाता है। अतः आत्मा पर देह की जो सत्ता हो गयी है, उसे हटा दो। देह के ये जो सुख-दुःख है, सब विदेशी हैं। सब विजातीय हैं। आत्मा से उनका तिल मात्र भी संबंध नहीं है।

11 सितंबर

साम्यसूत्र 75: प्रकृतिः शोध्या
वृत्ति 2: विवेक वैराग्याभ्याम्

2. इस सब सुख-दुःखों को किस अंश तक देह से अलग किया जाये, इसकी कल्पना मैंने भगवान ईसा के उदाहरण द्वारा बतायी है। उन्होंने दिखा दिया कि देह टूट रही हो, फिर भी हम किस तरह शांत और आनंदमय रहें; परंतु इस तरह देह को आत्मा से अलग रखना जैसे एक ओर से विवेक का काम है, वैसे ही दूसरी ओर से वह निग्रह का भी काम है। **विवेकासहित वैराग्याचें बळ**, 'विवेक के साथ वैराग्य का बल' - ऐसा तुकाराम ने कहा है। विवेक और वैराग्य, दोनों बातों की जरूरत है। वैराग्य ही एक प्रकार से निग्रह, तितिक्षा है। इस चौदहवें अध्याय में निग्रह की दिशा दिखायी गयी है। नाव को खेने का काम डांड़ करते हैं, परंतु दिशा दिखाने का काम पतवार करती है। डांड़ और पतवार, दोनों चाहिए। उसी तरह देह के सुख-दुःख से आत्मा को अलग रखने के लिए विवेक और निग्रह, दोनों की आवश्यकता है।

12 सितंबर

साम्यसूत्र 75: प्रकृतिः शोध्या
वृत्ति 3: त्रिधातुका शोधनीया

3. वैद्य जिस तरह मनुष्य की प्रकृति देखकर दवा बताता है, उसी तरह भगवान ने चौदहवें अध्याय में संपूर्ण प्रकृति की परीक्षा करके, पृथक्करण करके, कौन-कौन सी बीमारियां हैं, यह बताया है। इसमें प्रकृति के ठीक-ठीक विभाग किये गये हैं। राजनीति-शास्त्र में विभाजन का एक बड़ा सूत्र है। जो शत्रु सामने है, उसके दल में यदि विभाजन किया जा सके, भेद डाला जा सके, तो वह शीघ्र पराजित किया जा सकता है। भगवान ने यहाँ ऐसा ही किया है।

मेरी, आपकी, सब जीवों की, सारे चराचर की जो प्रकृति है, उसमें तीन गुण हैं। जिस तरह आयुर्वेद में कफ, पित्त, वात है; उसी तरह यहाँ सत्त्व, रज, तम, ये तीन गुण प्रकृति में भरे हुए हैं। सब जगह इन्हीं तीन गुणों का मसाला भरा है। कहीं कम है, तो कहीं ज्यादा, इतना ही अंतर है। जब इन तीनों से आत्मा को अलग करेंगे, तभी देह से आत्मा को अलग किया जा सकेगा। देह से आत्मा को अलग करने का तरीका ही है, इन तीन गुणों की परीक्षा करके इन्हें जीत लेना। निग्रह के द्वारा एक-वस्तु को जीतकर अंत में मुख्य वस्तु तक जा पहुँचना है।

13 सितंबर

साम्यसूत्र 76: श्रम-संजात-वारिणा
वृत्ति 4: शरीरस्थो महारिपुः

76. तमोगुण और उसका उपाय शरीर-श्रम

4. पहले हम तमोगुण को लें। वर्तमान समाज-स्थिति में हमें तमोगुण के बहुत ही भयानक परिणाम दिखायी देते हैं। इसका मुख्य परिणाम है, आलस्य। इसी में से फिर नींद और प्रमाद का जन्म होता है। इन तीन बातों को जीत लिया, तो फिर तमोगुण को जीत लिया ही समझो। इनमें आलस्य तो बड़ा ही भयंकर है। अच्छे-से-अच्छे आदमी भी आलस्य के कारण बिगड़ जाते हैं। समाज की सारी सुख-शांति को मिटा डालने वाला यह रिपु है। यह छोटे से लेकर बड़े तक, सबको बिगाड़ देता है। इस शत्रु ने सबको घेर रखा है। यह हम पर हावी होने के लिए घात लगाकर बैठा ही रहता है। जरा-सा मौका मिला कि भीतर घुसा। दो कौर ज्यादा खा लिये कि इसने लेटने को विवश किया। जहाँ ज्यादा लेटे कि आंखों से आलस्य टपका। जब तक इस आलस्य को न पछाड़ा, तब तक सब व्यर्थ है। परंतु हम तो आलस्य के लिए उत्सुक रहते हैं। इच्छा रहती है कि एक बार दिन-रात मेहनत करके रुपया इकट्ठा कर लें, फिर सारी जिंदगी चैन से कटे। बहुत रुपये कमाने का अर्थ है, आगे के लिए आलस्य की तैयारी कर रखना। हम लोग आमतौर पर मानते हैं कि बुढ़ापे में आराम मिलना ही चाहिए; परंतु यह धारणा गलत है। यदि हम जीवन में ठीक तरह से रहें, तो बुढ़ापे में भी काम करते रहेंगे। बल्कि अधिक अनुभवी हो जाने से बुढ़ापे में ज्यादा उपयोगी साबित होंगे। लेकिन उसी समय, कहते हैं कि आराम करेंगे।

14 सितंबर

साम्यसूत्र 76: श्रम-संजात-वारिणा
वृत्ति 5: पादं प्रविष्टः कलिः

5. ऐसी सावधानी रखनी चाहिए कि जिससे आलस्य को जरा-सा भी मौका न मिले। नल राजा इतना महान! परंतु पांव धोते हुए जरा-सा हिस्सा सूखा रह गया, तो कहते हैं कि उसी में से कलि भीतर पैठ गया! नल राजा था तो अत्यंत शुद्ध, सब तरह से स्वच्छ, परंतु जरा-सा शरीर सूखा रह गया, इतना आलस्य रह गया, तो फौरन 'कलि' भीतर घुस गया। हमारा तो सारा-का-सारा शरीर खुला पड़ा है। कहीं से भी आलस्य हमारे अंदर घुस सकता है। शरीर अलसाया कि मन-बुद्धि भी अलसाने लगती है। आज के समाज की रचना इस आलस्य पर ही खड़ी है। इससे अनंत दुःख उत्पन्न हो गये हैं। यदि हम इस आलस्य को निकाल सकें तो सब न सही पर बहुत-से दुःखों को तो अवश्य ही हम दूर कर सकेंगे।

15 सितंबर

साम्यसूत्र 76: श्रम-संजात-वारिणा

वृत्ति 6: समाजश् छिन्नभिन्नः

6. आजकल चारों ओर समाज-सुधार की चर्चा चलती है। साधारण आदमी को भी कम-से-कम इतना सुख मिलना चाहिए और इसके लिए अमुक तरह की समाज-रचना होनी चाहिए, आदि चर्चा चलती है। एक ओर अतिशय सुख है, तो दूसरी ओर अतिशय दुःख। एक ओर संपत्ति का ढेर, तो दूसरी ओर दरिद्रता की गहरी खाई। यह सामाजिक विषमता कैसे दूर हो? सभी आवश्यक सुख सहज रूप से प्राप्त करने का एक ही उपाय है और वह है आलस्य छोड़कर सब श्रम करने को तैयार हों। मुख्य दुःख हमारे आलस्य के ही कारण है। यदि सब लोग शारीरिक श्रम का निश्चय कर लें, तो बहुत-से दुःख दूर हो जायेंगे।

परंतु आज समाज में हमें क्या दीखता है? एक ओर जंग चढ़कर निरुपयोगी बने हुए लोग हैं। श्रीमानों की इंद्रियां जंग खा रही हैं। उनके शरीर का उपयोग ही नहीं किया जा रहा। दूसरी ओर इतना काम करना पड़ रहा है कि सारा शरीर घिस-घिसकर गल गया है। सारे समाज में शारीरिक श्रम से बचने की प्रवृत्ति है। जो मर-पचकर काम करते हैं, वे खुशी-खुशी ऐसा नहीं करते। छुटकारा नहीं है, इसलिए करते हैं। पढ़े-लिखे समझदार लोग श्रम से बचने के लिए तरह-तरह के बहाने बनाते हैं। कोई कहते हैं- 'व्यर्थ क्यों शारीरिक श्रम में समय गंवायें?, परंतु कोई ऐसा नही कहता- 'यह नींद क्यों लें?, 'भोजन में समय क्यों नष्ट करें?', भूख लगती है, तो खाते हैं। नींद आती है, तो सो जाते हैं। परंतु जब शारीरिक श्रम का प्रश्न आता है, तभी हम कहते हैं- 'व्यर्थ क्यों अपना समय नष्ट करें? हम क्यों यह काम करें, क्यों हम अपने शरीर को इतने कष्ट में डालें? हम मानसिक श्रम तो कर ही लेते हैं!' भले आदमी! यदि मानसिक काम करते हैं, तो फिर खाना भी मानसिक खा लीजिए और नींद भी मानसिक ले लीजिए! मनोमय नींद और मनोमय भोजन करने की योजना बना लीजिए न!

16 सितंबर

साम्यसूत्र 76: श्रम-संजात-वारिणा
वृत्ति 7: रुंडमुंड-वर्गभेदेन

7. इस तरह समाज में दो तरह के लोग हैं। एक तो वे, जो दिन-रात पिसते-मरते हैं और दूसरे वे, जो हाथ तक नहीं हिलाते। मेरे एक मित्र ने एक दिन कहा- 'कुछ रुंड हैं, तो कुछ मुंड।', एक ओर धड़ है, दूसरी ओर सिर। धड़ सिर्फ खपता है, सिर सिर्फ विचार करता है। इस तरह समाज में ये राहु-केतु, रुंड और मुंड, ऐसे दो प्रकार हो गये हैं। परंतु यदि सचमुच ही ये रुंड-मुंड होते, तो अच्छा होता। तब अंध-पंगु-न्याय से ही कोई व्यवस्था हो सकती थी। अंधे को लंगड़ा रास्ता दिखाता, लंगड़े को अंधा कंधे पर बैठाता। परंतु यहाँ केवल रुंड के अथवा केवल मुंड के अलग-अलग गुट नहीं हैं। प्रत्येक में रुंड और मुंड दोनों हैं। ये जुड़े रुंड-मुंड सब जगह हैं। तब क्या करें? उपाय यही है कि प्रत्येक व्यक्ति आलस्य छोड़ दे।

17 सितंबर

साम्यसूत्र 76: श्रम-संजात-वारिणा
वृत्ति 8: श्रमनिष्ठा रामबाणः

8. आलस्य छोड़ने के लिए शारीरिक श्रम करना चाहिए। आलस्य को जीतने का यही एक उपाय है। यदि शरीर से काम न लिया गया, तो इसकी सजा भी प्रकृति की ओर से मिले बिना नहीं रहेगी। बीमारियों के या किसी और कष्ट के रूप में वह सजा भोगनी ही पड़ेगी। जबकि हमें शरीर मिला है, तो श्रम करना ही होगा। शरीर-श्रम में जो समय लगता है, वह व्यर्थ नहीं जाता। इसका पुरस्कार अवश्य मिलता है। उत्तम आरोग्य प्राप्त होता है। बुद्धि सतेज, तीव्र और शुद्ध होती है। कई विचारकों के विचारों में भी उनके पेट-दर्द और सिर-दर्द का प्रतिबिंब प्रकट होता है। विचारशील लोग यदि धूप में, खुली हवा में, सृष्टि के सान्निध्य में श्रम करेंगे, तो उनके विचार भी तेजस्वी बनेंगे। शारीरिक रोग का जैसे मन पर असर होता है, वैसे ही शारीरिक आरोग्य भी होता है, यह अनुभव सिद्ध है। बाद में क्षय रोग होने पर कहीं पहाड़ पर शुद्ध हवा में जाने या सूर्य-किरणों का प्रयोग करने के पहले ही यदि बाहर कुदाली लेकर खोदने, बाग में पेड़ों को पानी देने और लकड़ी चीरने का काम करें, तो क्या बुरा है?

18 सितंबर

साम्यसूत्र 77: यन्ति प्रमादमतंद्राः
वृत्ति 9: गाढनिद्रा सुदुर्लभा

77. तमोगुण का एक और उपाय

9. पहली बात है आलस्य जीतना; दूसरी बात है नींद जीतना। नींद वस्तुतः पवित्र वस्तु है। सेवा करके थके हुए साधु-संतों की नींद एक योग ही है। इस प्रकार की शांत गहरी नींद परम भाग्यवानों को ही मिलती है। नींद गहरी, गाढ़ी होनी चाहिए। नींद का महत्त्व लंबाई-चौड़ाई पर नहीं है। बिछौना कितना लंबा था और उस पर मनुष्य कितनी देर पड़ा रहा, इस बात पर नींद अवलंबित नहीं है। कुआं जितना गहरा होगा, उतना ही उसका पानी अधिक साफ और मीठा होगा। उसी तरह नींद चाहे थोड़ी हो, पर यदि गहरी हो, तो उससे बड़ा काम बनता है। मन लगा कर किया आधा घंटे का अध्ययन, चंचलता से किये गये तीन घंटे के अध्ययन से ज्यादा फलदायी होता है। यही बात नींद की है। लंबी नींद अंत में हितकर ही होती है, ऐसा नहीं कह सकते। बीमार चौबीसों घंटे बिस्तर पर पड़ा रहता है। बिस्तर की और उसकी लगातार भेंट है; लेकिन नींद से भेंट ही नहीं। सच्ची नींद वह, जो गहरी और निःस्वप्न हो। मरने पर यम-यातना जो कुछ होती हो सो हो, परंतु जिसे नींद अच्छी नहीं आती, दुःस्वप्न आते रहते हैं, उसकी यातना का हाल मत पूछिए। वेद में ऋषि त्रस्त होकर कहते हैं- 'परा दुःस्वप्न्यं सुव।' 'ऐसी दुष्ट नींद मुझे नहीं चाहिए, नहीं चाहिए। नींद आराम के लिए होती है, परंतु यदि उसमें भी तरह-तरह के स्वप्न और विचार पिंड न छोड़ते हों, तो आराम कहां?

19 सितंबर

साम्यसूत्र 77: यन्ति प्रमादमतंद्राः
वृत्ति 10: चक्री न सुखं शेते

10. तो, गहरी और गाढ़ी नींद आये कैसे? जो उपाय आलस्य के लिए बताया है, वही नींद के लिए भी है। शरीर से सतत काम लेते रहना चाहिए। फिर बिछौने पर जाते ही मनुष्य मुर्दे की तरह पड़ेगा। नींद एक छोटी-सी मृत्यु ही है। ऐसी सुंदर मृत्यु आने के लिए दिन में पूर्व तैयारी अच्छी होनी चाहिए। शरीर थककर चूर हो जाना चाहिए। अंग्रेज कवि शेक्सपियर ने कहा है- 'राजा के सिर पर तो मुकुट है, परंतु सिर में चिंता है! राजा को नींद नहीं आती। उसका एक कारण यह है कि वह शारीरिक श्रम नहीं करता। जागने के समय जो सोता है, वह सोने के समय जागता रहेगा। दिन में बुद्धि और शरीर का उपयोग न करना, नींद नहीं तो क्या है? फिर नींद के समय बुद्धि विचार करती फिरती है और शरीर भी वास्तविक निद्रा-सुख नहीं पाता। तब देर तक सोते पड़े रहते हैं। जिस जीवन में परम पुरुषार्थ साधना है, उसे यदि नींद ने खा डाला, तो पुरुषार्थ कब किया जायेगा? आधा जीवन यदि नींद में ही चला गया, तो फिर क्या प्राप्त कर सकेंगे?

20 सितंबर

साम्यसूत्र 77: यन्ति प्रमादमतंद्राः
वृत्ति 11: विस्मृतिर् व्याधिः

11. जब बहुत-सा समय नींद में ही चला जाता है, तो फिर तमोगुण का तीसरा दोष- 'प्रमाद' सहज ही होने लगता है। निद्रालु मनुष्य का चित्त दक्ष और सावधान नहीं रह सकता। उससे अनवधान उत्पन्न होता है। अधिक नींद से फिर आलस्य बढ़ता है और आलस्य से विस्मृति। विस्मृति परमार्थ के लिए नाशक हो जाती है। व्यवहार में भी विस्मृति से हानि होती है; परंतु हमारे समाज में तो विस्मृति एक स्वाभाविक बात बन बैठी है। विस्मृति कोई बड़ा दोष है, ऐसा किसी को लगता ही नहीं। किसी से मिलने का समय निश्चित करते हैं, परंतु समय पर जाते नहीं। पूछने पर कहते हैं- 'अरे भाई, मैं तो भूल ही गया।' कहने वाले को भी कोई बड़ी भूल हो गयी है, ऐसा नहीं लगता और सुनने वाला भी संतुष्ट हो जाता है। विस्मरण का कोई इलाज ही नहीं है, ऐसा लोगों का ख्याल बना हुआ-सा दीखता हैं परंतु यह गफलत परमार्थ में भी हानिकर है और सांसारिक जीवन में भी। वास्तव में विस्मरण एक बड़ा रोग है। उससे बुद्धि में घुन लग जाती है। जीवन खोखला हो जाता है।

21 सितंबर

साम्यसूत्र 77: यन्ति प्रमादमतंद्राः
वृत्ति 12: प्रमादो मृत्युः

12. मन का आलस्य विस्मरण का कारण है। मन यदि जागृत रहे, तो वह भूलेगा नहीं। लेटे रहने वाले मन को विस्मरण रूपी बीमारी हुए बिना नहीं रहती। इसीलिए भगवान बुद्ध कहते हैं- '**पमादो मच्चुनो पदम्**'- 'प्रमाद, विस्मरण, मृत्यु ही है।' इस प्रमाद पर विजय पाने के लिए आलस्य और निद्रा को जीतिए। शरीर-श्रम कीजिए और सतत सावधान रहिए। जो-जो काम करेंगे, विचारपूर्वक करिए, यों ही बिना विचारे कोई काम नहीं होना चाहिए, कृति के पहले विचार, बाद में भी विचार। आगे-पीछे सर्वत्र विचार रूपी परमेश्वर खड़ा रहना चाहिए। जब ऐसी आदत डाल लेंगे तो फिर अनवधानरूपी रोग दूर हो जायेगा। सारे समय को ठीक तौर से बांधे रखिए। एक-एक क्षण का हिसाब रखिए, तो फिर आलस्य को घुसने की जगह नहीं रहेगी। इस रीति से सारे तमोगुण को जीतने का प्रयत्न करना चाहिए।

22 सितंबर

साम्यसूत्र 78: वेगस्य शमनं स्वधर्मेण
वृत्ति 13: तमःप्रतीपं रजः

78. रजोगुण और उसका उपाय स्वधर्म-मर्यादा
13. इसके उपरांत रजोगुण से मोर्चा लेना है। रजोगुण भी एक भयानक शत्रु है। तमोगुण का ही दूसरा पहलू है, बल्कि यही कहना चाहिए कि दोनों पर्यायवाची शब्द हैं। जब शरीर बहुत सो चुकता है, तो वह हलचल करने लगता है और जब शरीर बहुत दौड़-धूप कर चुकता है, तब बिस्तर पर पड़ना चाहता है। तमोगुण से रजोगुण और रजोगुण से तमोगुण पैदा होता है। जहाँ एक है, वहाँ दूसरा आया ही समझिए, जिस तरह रोटी आग और गरम राख के बीच फंस जाती है, उसी तरह मनुष्य के आगे-पीछे ये रजोगुण-तमोगुण लगे ही रहते हैं। रजोगुण कहता है- 'इधर आ, तुझे तमोगुण की तरफ उड़ाऊं।' तमोगुण कहता है- 'मेरी तरफ आ, तुझे रजोगुण की ओर फेंकता हूँ।' इस प्रकार ये रजोगुण और तमोगुण परस्पर सहायक होकर मनुष्य का नाश कर डालते हैं। फुटबॉल का जन्म जैसे ठोकरें खाने के लिए है, वैसे ही मनुष्य का जीवन रजोगुण और तमोगुण की ठोकरें खाने में ही बीतता है।

23 सितंबर

साम्यसूत्र 78: वेगस्य शमनं स्वधर्मेण
वृत्ति 14: रजोलक्षणं वेगः

14. रजोगुण का प्रधान लक्षण है- नाना प्रकार के काम करने की लालसा, प्रचंड कर्म करने की अपार आसक्ति। रजोगुण के द्वारा अपरंपार कर्म-संग चिपकता है। लोभात्मक कर्मासक्ति उत्पन्न होती है। फिर वासना-विकारों का वेग काबू में नहीं रह पाता। इधर का पहाड़ उठाकर उधर का गड्ढा भर डालने की इच्छा होती है। समुद्र में मिट्टी डालकर उसे पाटने और उधर सहारा के रेगिसतान में पानी भरकर समुद्र बनाने की प्रेरणा होती है। इधर स्वेज नहर खोदूं, उधर पनामा नहर बनाऊं, ऐसी उधेड़-बुन शुरू होती है। जोड़-तोड़ के सिवा चैन नहीं पड़ता। छोटा बच्चा जैसे कपडों की धज्जी को लेकर उसे फाड़ता है, फिर कुछ बनाता है, ऐसी ही यह क्रिया है। इसमें वह मिलाओ, उसमें यह मिलाओ; उसे डुबाओ, इसे उड़ाओ, ऐसे ये अनंत खेल रजोगुण के होते हैं। पक्षी आकाश में उड़ता है, हम भी आकाश में क्यों न उड़ें? मछली पानी में रहती है, हम भी पनडुब्बी बनाकर जल में क्यों न रहें? इस तरह, नर-देह में आकर पक्षियों और मछलियों की बराबरी करने में उसे कृतार्थता मालूम होती है।

परकाया-प्रवेश की तथा दूसरी देहों के आश्चर्यों का अनुभव करने की हवस उसे नर-देह में सूझती है। कोई कहता है- 'चलो, मंगल की सैर कर आयें और वहाँ की आबादी देख आयें' चित्त सतत भ्रमण करता रहता है, मानो अनेक वासनाओं का भूत ही हमारे शरीर में बैठ गया है। जो जहाँ है, वह वहाँ देखा ही नहीं जाता। उथल-पुथल होनी चाहिए। उसे लगता है- मैं इतना बड़ा मनुष्य, मेरे जीवित रहते यह सृष्टि जैसी-की-तैसी कैसे रहे? किसी पहलवान के शरीर में मस्ती चढ़ती है। उसे उतारने के लिए वह कभी दीवार से टक्कर लेता है, तो कभी पेड़ को धक्का मारता है। रजोगुण की ऐसी ही ऊर्मियां होती हैं। इनके प्रभाव में आकर मनुष्य धरती को गहरा खोदता है; उसके पेट में से कुछ पत्थर निकालता है और उन्हें वह हीरा, माणिक, जवाहर नाम देता है। इसी तरह उमंग के वशीभूत होकर वह समुद्र में गोता लगाता है और उसकी तली का कूड़ा-करकट ऊपर लाकर उसे 'मोती' नाम देता है। मोती में छेद नहीं होता, फिर उसमें छेद करता है। अब ये मोती पहने कहां? तो सुनार से नाक-कान छिदवाता है। मनुष्य यह सब उखाड़-पछाड़ क्यों करता है? यह सारा रजोगुण प्रभाव है।

24 सितंबर

साम्यसूत्र 78: वेगस्य शमनं स्वधर्मेण
वृत्ति 15: सततं भ्रामयति

15. रजोगुण का दूसरा परिणाम यह होता है कि मनुष्य में स्थिरता नहीं रहती। रजोगुण तत्काल फल चाहता है। अतः जरा-सी विघ्नबाधा आते ही वह अंगीकृत मार्ग छोड़ देता है। रजोगुणी मनुष्य सतत इसे ले, उसे छोड़, ऐसे करता रहता है। उसका चुनाव रोज बदलता रहता है। इसका परिणाम यही होता है कि अंत में पल्ले कुछ भी नहीं पड़ता। **राजसं चलमध्रुवम्**- रजोगुण की सारी कृति चंचल और अनिश्चित रहती है। छोटे बच्चे गेहूँ बोते हैं और तुरंत खोदकर देखते हैं। वैसा ही हाल रजोगुणी मनुष्य का होता है। झटपट सबकुछ उसके पल्ले पड़ना चाहिए। वह अधीर हो उठता है। संयम खो देता है। एक जगह पांव जमाना वह जानता ही नहीं। यहाँ जरा-सा काम किया, वहाँ कुछ प्रसिद्धि हुई कि चला दूसरी जगह। आज मद्रास में मानपत्र, कल कलकत्ते में और परसों बंबई-नागपुर में! सभी म्युनिसिपैलिटियों से मानपत्र पाने की उसे लालसा रहती है। सन्मान यह एक ही चीज उसे दीखती है। एक जगह जमकर काम करने की उसे आदत ही नहीं होती। इससे रजोगुणी मनुष्य की स्थिति बड़ी भयानक होती है।

25 सितंबर

साम्यसूत्र 78: वेगस्य शमनं स्वधर्मेण
वृत्ति 16: रजोमारणं स्वधर्मेण

16 रजोगुण के प्रभाव से मनुष्य विविध धंधों, कार्यों में टांग अड़ाता रहता है। उसे स्वधर्म नहीं रहता। वास्तविक स्वधर्माचरण का अर्थ है, अन्य बहुतेरे कार्यों का त्याग। गीता का कर्मयोग रजोगुण का रामबाण उपाय है। रजोगुण में सब कुछ चंचल है। पर्वत के शिखर पर से गिरने वाला पानी यदि विविध दिशाओं में बहने लगे, तो फिर वह कहीं का नहीं रहता। सारा-का-सारा बिखरकर बेकार हो जाता है। परंतु वही यदि एक दिशा में बहेगा, तो आगे चलकर उसकी एक नदी बन जायेगी। उसमें से शक्ति उत्पन्न होगी। देश को उससे लाभ पहुँचेगा। इसी तरह मनुष्य यदि अपनी शक्ति विविध उद्योगों में न लगाकर उसे एकत्र करके एक ही कार्य में सुव्यवस्थित रूप से लगाये, तो उसके हाथ से कुछ कार्य हो सकेगा। इसलिए स्वधर्म का महत्त्व है।

स्वधर्म का सतत चिंतन करके उसी में सारी शक्ति लगानी चाहिए। दूसरी बात की ओर ध्यान ही न जाने पाये। यही स्वधर्म की कसौटी है। कर्मयोग यानि कोई बड़ा प्रचंड कर्म नहीं। केवल बहुत कर्म करना भी कर्मयोग नहीं है। गीता का कर्मयोग कुछ और ही चीज है। उसकी विशेषता है कि फल की ओर ध्यान न देते हुए केवल स्वभाव-प्राप्त अपरिहार्य स्वधर्म का पालन करना और उसके द्वारा चित्त-शुद्धि करते रहना। यों तो सृष्टि में सतत कर्म-कलाप होता ही रहता है। कर्मयोग का अर्थ है, विशिष्ट मनोवृत्ति से समस्त कर्म करना। हम देखते ही हैं कि अनाज बोने से कितना फल मिलता है और यों ही उसे फेंक देने से कितना नुकसान होता है। गीता जिस कर्म का उपदेश देती है, वह बुआई की तरह है। ऐसे स्वधर्म रूप कर्तव्य में असीम शक्ति रहती है। वहाँ सभी परिश्रम अधूरे पड़ते हैं। अतः उसमें भारी दौड़-धूप के लिए कोई अवसर ही नहीं रहता।

26 सितंबर

साम्यसूत्र 79: स्वाभाविकत्वात्
वृत्ति 17: स्वधर्मः स्वभावनियतः

79. स्वधर्म का निश्चय कैसे करें?
17. 'यह स्वधर्म निश्चित कैसे किया जाये?'- ऐसा कोई प्रश्न करे, तो उसका उत्तर है- 'वह स्वाभाविक होता है।' स्वधर्म सहज होता है। उसे खोजने की कल्पना ही विचित्र मालूम होती है। मनुष्य के जन्म के साथ ही उसका स्वधर्म भी जनमा है। बच्चे के लिए जैसे उसकी मां खोजनी नहीं पड़ती, वैसे ही स्वधर्म भी किसी को खोजना नहीं पड़ता। वह तो पहले से ही प्राप्त है। हमारे जन्म के पहले भी दुनिया थी, हमारे बाद भी वह रहेगी। हमारे पीछे भी एक बड़ा प्रवाह था और आगे भी वह है ही- ऐसे प्रवाह में हमारा जन्म हुआ है। जिन मां-बाप के यहाँ मैंने जन्म लिया है, उनकी सेवा; जिन पास-पड़ोसियों के बीच जनमा हूं, उनकी सेवा- ये कर्म मुझे निसर्गतः ही मिले हैं। फिर मेरी वृत्तियां तो मेरे नित्य अनुभव की ही हैं न? मुझे भूख लगती है, प्यास लगती है; अतः भूखे को भोजन देना, प्यासे को पानी पिलाना, यह धर्म मुझे सहज ही प्राप्त हो गया। इस प्रकार यह सेवा रूप, भूतदया रूप स्वधर्म हमें खोजना नहीं पड़ता। जहाँ कहीं स्वधर्म की खोज हो रही हो, वहाँ निश्चित समझ लेना चाहिए कि कुछ-न-कुछ परधर्म अथवा अधर्म हो रहा है।
सेवक को सेवा खोजने कहीं जाना नहीं पड़ता। वह खुद होकर उसके पास आ जाती है। परंतु एक बात ध्यान में रखनी चाहिए कि जो अनायास प्राप्त हो, वह सदा धर्म्य ही होता है, ऐसी बात नहीं हैं। कोई किसान रात को मुझसे कहे- 'चलो, वह बाड़ चार-पांच हाथ आगे हटा दें। मेरा खेत बढ़ जायेगा। अभी कोई है नहीं, बिना शोरगुल के सब काम हो जायेगा!' यद्यपि यह काम मुझे अपना पड़ोसी बता रहा है और यह सहज प्राप्त-सा भी दीखता है, तो भी असत्य होने के कारण वह मेरा कर्तव्य नहीं ठहरता।

27 सितंबर

साम्यसूत्र 79: स्वाभाविकत्वात्   वृत्ति 18: जन्म-जातः

18. चातुर्वर्ण्य-व्यवस्था जो मुझे अच्छी लगती है, उसका कारण यही है कि उसमें स्वाभाविकता और धर्म दोनों हैं। इस स्वधर्म को टालने से काम नहीं चल सकता। जो मां-बाप मुझे प्राप्त हुए हैं, वे ही मेरे मां-बाप रहेंगे। यदि मै कहूँ कि वे मुझे पसंद नहीं हैं, तो कैसे काम चलेगा? माता-पिता का व्यवसाय स्वभावतः ही लड़के को विरासत में मिलता है। जो व्यवसाय वंश-परंपरा से चला आया है वह यदि नीति-विरुद्ध न हो तो उसी को करना, उसी उद्योग को आगे चलाना, चातुर्वर्ण्य की एक बड़ी विशेषता है। यह वर्ण-व्यवस्था आज अस्त-व्यस्त हो गयी है। उसका पालन आज बहुत कठिन हो गया है, परंतु यदि वह फिर से सुव्यवस्थित स्थापित की जा सके, तो बहुत अच्छा होगा।

आज शुरू के पच्चीस-तीस साल तो नये धंधे सीखने में ही चले जाते हैं। काम सीख लेने पर फिर मनुष्य अपने लिए सेवा-क्षेत्र, कार्य-क्षेत्र खोजता है। इस तरह शुरू के पच्चीस साल तो वह सीखता ही रहता है। इस शिक्षा का उसके जीवन से कोई संबंध नहीं रहता। कहते हैं, वह भावी जीवन की तैयारी कर रहा है। शिक्षा प्राप्त करते समय मानो वह जीता ही न हो! कहते हैं, पहले सब सीखना और बाद में जीना। मानो जीना और सीखना, ये दोनों चीजें अलग-अलग कर दी गयी हों। जिसका जीने के साथ संबंध नहीं, उसे मरना ही तो कहेंगे। हिंदुस्तान की औसत उम्र तेईस साल है और पच्चीस साल तक तो वह तैयारी ही करता रहता है। इस तरह नया काम-धंधा सीखने में ही दिन चले जाते हैं, फिर कहीं काम-धंधा शुरू होता है। इससे उमंग और महत्त्व के वर्ष व्यर्थ चले जाते हैं। जो उत्साह, जो उमंग जनसेवा में खर्च करके जीवन सार्थक किया जा सकता है, वह यों ही व्यर्थ चला जाता है। जीवन कोई खेल नहीं है। पर दुःख की बात है कि जीवन का पहला अमूल्य अंश तो जीवन का काम-धंधा खोजने में ही चला जाता है। हिंदू-धर्म ने इसीलिए वर्णधर्म की युक्ति निकाली है।

28 सितंबर

साम्यसूत्र 79: स्वाभाविकत्वात्
वृत्ति 19: प्रवाह-प्राप्तः

19. चातुर्वर्ण्य-व्यवस्था को एक ओर रख दें, तो भी सभी राष्ट्रों में सर्वत्र जहाँ यह व्यवस्था नहीं है वहाँ भी, स्वधर्म सबको प्राप्त ही है। हम सब एक प्रवाह में किसी एक परिस्थिति को साथ लेकर जनमे हैं, इसीलिए स्वधर्माचरणरूपी कर्तव्य स्वतः ही हमें प्राप्त रहता है। अतः जो दूरवर्ती कर्तव्य हैं- जिन्हें वास्तव में कर्तव्य कहना ठीक नहीं वे कितने ही अच्छे दिखायी देने पर भी ग्रहण नहीं करने चाहिए। बहुत बार दूर के ढोल सुहावने लगते हैं। मनुष्य दूर की बातों पर लट्टू हो जाता है। मनुष्य जहाँ खड़ा है, वहाँ भी गहरा कुहरा फैला रहता है, परंतु पास का घना कुहरा उसे नहीं दीखता। वह दूर अंगुली बताकर कहता है- 'वहाँ घना कुहरा फैला है।' उधर का मनुष्य इसकी ओर अंगुली बताकर कहता है- 'उधर कुहरा घना है।' कुहरा सब जगह है, परंतु पास का दिखायी नहीं देता। मनुष्य को दूर का आकर्षण रहता है। निकट का कोने में पड़ा रहता है और दूर का स्वप्न में दीखता है। परंतु यह मोह है। इसे छोड़ना ही चाहिए। प्राप्त स्वधर्म यदि साधारण हो, घटिया हो, नीरस लगता हो, तो भी जो मुझे प्राप्त है, वही अच्छा है। वही मेरे लिए सुंदर है। जो मनुष्य समुद्र में डूब रहा हो, उसे कोई टेढ़ा-मेढ़ा और भद्दा सा लकड़ी का टुकड़ा मिले, पॉलिश किया हुआ चिकना और सुंदर न मिले, तो भी वही तारने वाला है। बढ़ई के कारखाने में बहुत-से बढ़िया चिकने और बेल-बूटेदार टुकड़े पड़े होंगे, परंतु वे तो कारखाने में और यह यहाँ समुद्र में डूब रहा है! अतएव वह बेढंगा लकड़ी का टुकड़ा ही उसका तारक है, उसी को उसे पकड़ लेना चाहिए। इसी तरह जो सेवा मुझे प्राप्त हुई है, गौण मालूम होने पर भी वही मेरे काम की है। उसी में मग्न हो जाना मुझे शोभा देता है। उसी में मेरा उद्धार है। यदि मैं दूसरी सेवा खोजने के चक्कर में पड़ूंगा, तो पहली सेवा भी जायेगी और दूसरी भी। इससे मनुष्य सेवा-वृत्ति से दूर भटक जाता है। अतः स्वधर्मरूप कर्तव्य में ही मग्न रहना चाहिए।

29 सितंबर

साम्यसूत्र 79: स्वाभाविकत्वात्
वृत्ति 20: चांचल्य-मोचनः

20. जब हम स्वधर्म में मग्न रहने लगते हैं, तो रजोगुण फीका पड़ जाता है, क्योंकि तब चित्त एकाग्र होता है और वह स्वधर्म छोड़कर कहीं जाता ही नहीं। इससे चंचल रजोगुण का सारा जोर ही ढीला पड़ जाता है। नदी जब शांत और गहरी होती है, तो कितना ही पानी उसमें बढ़ जाये, तो भी वह उसे अपने पेट में समा लेती है। इसी तरह स्वधर्मरूपी नदी मनुष्य का सारा बल, सारा वेग, सारी शक्ति अपने भीतर समा ले सकती है। स्वधर्म में जितनी शक्ति लगाओगे, उतनी कम ही है। स्वधर्म में आप शक्ति-सर्वस्व लगा दोगे, तो फिर रजोगुण की दौड़-धूपवाली वृत्ति समाप्त हो जायेगी। मानो चंचलता का डंक ही कुचल दिया। यह रीति है रजोगुण को जीतने की।

30 सितंबर

साम्यसूत्र 80: सत्त्वस्य सत्वेन वृत्ति 21: सत्त्वं जयेत् सावधानः

80. सत्त्वगुण और उसका उपाय

21. अब रहा सत्त्वगुण। इससे बहुत संभलकर बरतना चाहिए। इससे आत्मा को अलग कैसे करें? बड़े सूक्ष्म विचार की यह बात है। सत्त्वगुण को पूर्णतः निर्मूल नहीं करना है। रज-तम का तो पूर्ण उच्छेद ही करना पड़ता है। परंतु सत्त्व गुण की भूमिका कुछ अलग है। जब बहुत भीड़ इकट्ठी हो गयी हो और उसे तितर-बितर करना हो, तो सिपाहियों को हुक्म दिया जाता है कि कमर के ऊपर नहीं, पांव की तरफ गोलियां चलाओ। इससे मनुष्य मरता नहीं, घायल हो जाता है। इसी तरह सत्त्वगुण को घायल कर देना है, मार नहीं डालना है। रजोगुण और तमोगुण के चले जाने पर शुद्ध सत्त्वगुण रह जाता है। जब तक हमारा शरीर कायम है, तब तक हमें किसी-न-किसी भूमिका में रहना ही पड़ेगा। तो फिर रज-तम के चले जाने पर जो सत्त्वगुण रहेगा, उससे अलग रहने का अर्थ क्या है?

सत्त्वगुण का अभिमान हो जाता है। वह अभिमान आत्मा को अपने शुद्ध स्वरूप से नीचे खींच लाता है। लालटेन का प्रकाश स्वच्छ रूप में बाहर फैलाना हो तो उसके अंदर की सारी कालिख पोंछ देनी पड़ती है। यदि कांच पर धूल जम गयी हो, तो वह भी धो डालनी पड़ती है। इसी तरह आत्मा की प्रभा के आसपास जो तमोगुणरूपी कालिख जमा रहती है, उसे अच्छी तरह दूर करना चाहिए। उसके बाद रजोगुणरूपी धूल को भी साफ कर देना है। इस तरह जब तमोगुण धो डाला, रजोगुण को साफ कर डाला तो अब सत्त्वगुण रूपी कांच बाकी रह गया। इस सत्त्वगुण को भी दूर करने का अर्थ क्या यह है कि हम कांच को भी फोड़ डालें? नहीं! यदि कांच ही फोड़ डालेंगे तो फिर प्रकाश का कार्य नहीं होगा। ज्योति का प्रकाश फैलाने के लिए कांच तो चाहिए ही। अतः इस शुद्ध चमकदार कांच को फोड़े तो नहीं, परंतु एक ऐसा छोटा-सा कागज का टुकड़ा उसके सामने जरूर लगा दें, जिससे आंखें चकाचौंध न हो जायें। सिर्फ आंखों को चकाचौंध न होने देने की जरूरत है। सत्त्वगुण पर विजय पाने का अर्थ यह है कि उसके प्रति हमारा अभिमान, हमारी आसक्ति हट जाये। सत्त्वगुण से काम तो लेना है, परंतु सावधानी से और युक्ति से। सत्त्वगुण को निरहंकारी बना देना चाहिए।

1 अक्टूबर

साम्यसूत्र 80: सत्त्वस्य सत्वेन
वृत्ति 22: सातत्येन

22. इस सत्त्वगुण के अहंकार को जीता कैसे जाये? इसका एक उपाय है- सत्त्वगुण को हम अपने अंदर स्थिर कर लें। सातत्य से उसका अभिमान चला जाता है। सत्त्वगुण युक्त कर्मों को ही हम सतत करते रहें। उसे अपना स्वभाव ही बना लें। सत्त्वगुण हमारे यहाँ घड़ी भर के लिए आया हुआ मेहमान ही न रहे, बल्कि वह घर का आदमी बन जाये। जो क्रिया कभी-कभी हमसे होती है, उसका हमें अभिमान होता है। हम रोज सोते हैं, परंतु उसको दूसरों से कहते नहीं फिरते। लेकिन किसी बीमार को पंद्रह दिन नींद न आयी हो और फिर जरा-सी नींद आ जाये, तो वह सबसे कहता है- 'कल तो भाई थोड़ी नींद आयी।' उसे वह बात महत्त्वपूर्ण मालूम होती है। इससे भी अच्छा उदाहरण हम श्वासोच्छवास की क्रिया का ले सकते हैं। सांस हम चौबीसों घंटे लेते हैं, परन्तु हर किसी से उसका जिक्र नहीं करते। कोई यह डींग नहीं मारता कि 'मैं एक सांस लेने वाला महान प्राणी हूँ।' हरिद्वार से गंगा में फेंका तिनका यदि बहता-बहता डेढ़ हजार मील दूर कलकत्ता में पहुँच जाये, तो क्या वह उस पर गर्व करेगा? वह तो धारा के साथ सहज रूप से बहता चला आया। परंतु यदि कोई बाढ़ की उलटी धारा में दस-बीस हाथ तैर गया, तो वह कितनी शेखी बघारेगा! सारांश यह कि जो बात स्वाभाविक होती है, उसका हमें अहंकार नहीं होता।

2 अक्टूबर

साम्यसूत्र 80: सत्त्वस्य सत्वेन
वृत्ति 23: निरहंकारेण

23. कोई एकाध अच्छा काम हमारे हाथ से हो जाता है, तो हमें उसका अभिमान मालूम होता है। क्यों? इसलिए कि वह बात सहज रूप से नहीं हुई। मुन्ना के हाथ से कोई काम अच्छा हो जाये, तो मां उसकी पीठ पर हाथ फेरती है। वरना यों तो मां की छड़ी से ही हमेशा उसकी पीठ की भेंट होती है। रात के घने अंधकार में एकाध जुगनू हो, तो फिर देखिए उसकी ऐंठ! वह एकबारगी अपनी सारी चमक नहीं दिखाता। बीच में लुक-लुक करता है, फिर रुकता है, फिर लुक-लुक करता है। वह प्रकाश की आंखमिचौनी खेलता है। परंतु उसका प्रकाश यदि सतत रहने लगे, तो फिर उसकी ऐंठ नहीं रहेगी। सातत्य के कारण विशेषता मालूम नहीं होती। इस तरह सत्त्वगुण यदि हमारी क्रियाओं में सतत प्रकट होने लगे, तो फिर वह हमारा स्वभाव हो जायेगा। सिंह को अपने शौर्य का अभिमान नहीं रहता, उसे उसका भान भी नहीं रहता। इसी तरह अपनी सात्त्विक वृत्ति को इतनी सहज हो जाने दो कि हम सात्त्विक हैं, इसकी स्मृति भी हमें न होने पाये। प्रकाश देना सूर्य की नैसर्गिक क्रिया है। उसका सूर्य को कोई अभिमान नहीं रहता। उसके लिए यदि कोई सूर्य को मानपत्र देने जाये, तो वह कहेगा- 'इसमें मैंने विशेष क्या किया? मैं प्रकाश देता हूं, तो अधिक क्या करता हूं? प्रकाश देना ही मेरा जीवन है। प्रकाश न दूं, तो मैं मर जाऊंगा। मैं दूसरी कोई चीज जानता ही नहीं। ऐसी ही स्थिति सात्त्विक मनुष्य की हो जानी चाहिए। सत्त्वगुण का ऐसा स्वभाव ही बन जाये, तो हमें उसका अभिमान नहीं होगा। सत्त्वगुण को निस्तेज करने की, उसे जीतने की यह एक युक्ति हुई।

3 अक्टूबर

साम्यसूत्र 80: सत्त्वस्य सत्वेन
वृत्ति 24: कारुण्यासक्ति-वर्जनेन

24. दूसरी युक्ति है, सत्त्वगुण की आसक्ति भी छोड़ देना। अहंकार और आसक्ति , ये दो भिन्न-भिन्न वस्तुएं हैं। यह भेद जरा सूक्ष्म है। दृष्टांत से जल्दी समझ में आ जायेगा। सत्त्वगुण का अहंकार चला जाने पर भी आसक्ति रह जाती है। श्वासोच्छ्वास का ही उदाहरण लें। सांस लेने का अभिमान तो नहीं होता, परंतु उसमें बड़ी आसक्ति रहती है। यदि कहो कि पांच मिनट तक सांस रोके रहो, तो नहीं बनता। नाक को श्वासोच्छ्वास का अभिमान भले ही न हो, परंतु वह हवा बराबर लेती रहती है। सुकरात की एक मजेदार कहानी है। उसकी नाक थी फूली हुई। अतः लोग उसे देखकर हंसा करते। परंतु हंसोड़ सुकरात कहता- 'मेरी ही नाक सुंदर हैं। जिस नाक के नासापुट बड़े हों, वह भरपूर हवा ले सकती है और इसलिए वही सबसे सुंदर है।' तात्पर्य यह कि नाक को श्वासोच्छ्वास का अभिमान तो नहीं पर आसक्ति है। सत्त्वगुण के प्रति भी इसी तरह आसक्ति हो जाती है। जैसे भूतदया। यह गुण अत्यंत उपयोगी है, परंतु उसकी भी आसक्ति से दूर रह सकें, ऐसा सधना चाहिए। भूतदया आवश्यक है, परंतु उसकी आसक्ति नही होनी चाहिए।

संत लोग इस सत्त्वगुण की ही बदौलत दूसरों के मार्गदर्शक बनते हैं। उनकी देह भूतदया के कारण सार्वजनिक हो जाती है। मक्खियां जिस प्रकार गुड़ की भेली को ढांक लेती हैं, उसी प्रकार सारी दुनिया संतों पर अपने प्रेम की चादर ओढ़ाती है। संतों के अंदर प्रेम का इतना प्रकर्ष हो जाता है कि सारा विश्व उनसे प्रेम करने लगता है। संत अपनी देह की आसक्ति छोड़ देते हैं, अतः सारे संसार की आसक्ति उन पर हो जाती है। सारी दुनिया उन के शरीर की चिन्ता करने लगती है। परन्तु यह आसक्ति भी संतों को दूर करनी चाहिए। यह जो संसार का प्रेम है, यह महान फल है, उससे भी आत्मा को पृथक करना चाहिए। मैं कोई विशेष हूं- ऐसा कभी नहीं लगना चाहिए। इस तरह सत्त्वगुण को शरीर में हजम कर डालना चाहिए।

4 अक्टूबर

साम्यसूत्र 80: सत्त्वस्य सत्वेन

वृत्ति 25: कीर्ति-परिहारेण 26: अंतिमफलत्यागेन

25. पहले अहंकार को जीतो, फिर आसक्ति को। सातत्य से अहंकार जीत सकते हैं। फलासक्ति को छोड़कर सत्त्वगुण से प्राप्त फल को भी ईश्वरार्पण करके आसक्ति को जीतें। जीवन में सत्त्वगुण स्थिर हो जाता है, तब कभी सिद्धि के रूप में तो कभी कीर्ति के रूप में फल सामने आ खड़ा होता है। परंतु उस फल को भी तुच्छ मानिए। आम का पेड़ अपना एक भी फल खुद नहीं खाता। वह फल कितना ही बढ़िया हो, कितना ही मीठा हो, कितना ही रसीला हो, पर खाने की अपेक्षा, न खाना ही उसे मधुरतर लगता है। उपभोग की अपेक्षा त्याग अधिक मधुर है।

26. धर्मराज ने जीवन के सारे पुण्य सारस्वरूप स्वर्ग-सुखरूपी फल को भी अंत में ठुकरा दिया। जीवन के सारे त्यागों पर उन्होंने कलश चढ़ा दिया। उन मधुर फलों को चखने का उन्हें अधिकार था। परंतु यदि वे उन्हें चख लेते तो सब स्वाहा हो जाता। क्षीणे पुण्ये मर्त्यलोकं विशन्ति- यह चक्र फिर उनके पीछे लग जाता। धर्मराज का कितना महान यह त्याग! वह सदैव मेरी आंखों के सामने खड़ा रहता है। इस तरह सत्त्वगुण के सतत आचरण द्वारा उसके अहंकार को जीत लेना चाहिए। तटस्थ रहकर सब फल ईश्वर को सौंपकर उसकी आसक्ति से छूट जाना चाहिए। तब कह सकते हैं कि सत्त्वगुण पर विजय प्राप्त हो गयी।

5 अक्टूबर

साम्यसूत्र 81: भक्त्यैव तु निस्तारः
वृत्ति 27: अखंड-जागरस् तारणः

81. अंतिम बात: आत्मज्ञान और भक्ति का आश्रय

27. अब अंतिम बात! भले ही आप सत्त्वगुणी हो जाइए। अहंकार को जीत लीजिए, फलासक्ति भी छोड़ दीजिए; फिर भी जब तक यह शरीर चिपका है, तब तक बीच-बीच में रज-तम के हमले होते ही रहेंगे। थोड़ी देर के लिए हमें ऐसा लगा भी कि हमने इन गुणों को जीत लिया, तो भी वे फिर-फिर जोर मारेंगे। अतः सतत जागृत रहना चाहिए। समुद्र का पानी वेग से भीतर घुसकर जिस तरह खाड़ियां बना लेता है, उसी तरह रज-तम के जोरदार प्रवाह हमारी मनोभूमि में प्रविष्ट होकर खाड़ियां बना लेते हैं। अतः जरा भी छिद्र न रहने दीजिए। पक्का इंतजाम और पहरा रखिए। चाहे कितनी ही सावधानी, दक्षता रखिए, जब तक आत्मज्ञान नहीं हुआ है, आत्मदर्शन नहीं हो पाया है, तब तक खतरा ही समझिए। अतः जैसे भी हो, आत्मज्ञान प्राप्त कर लीजिए।

6 अक्टूबर

साम्यसूत्र 81: भक्त्यैव तु निस्तारः
वृत्ति 28: हरिकृपा च

28. आत्मज्ञान कोरी जागृति की कसरत से नहीं होगा। तो फिर कैसे होगा? क्या अभ्यास से? नहीं, उसका एक ही उपाय है। वह है- 'सच्चे हृदय से प्रेमपूर्वक भगवान की भक्ति करना।' आप रज और तम गुणों को जीतेंगे, सतत्त्वगुण को स्थिर करके उसकी फलासक्ति भी जीत लेंगे, परन्तु इतने से भी काम नहीं चलेगा। जब तक आत्मज्ञान नहीं हुआ है, तब तक काम चलने वाला नहीं। अतः अंत में भगवत्कृपा चाहिए ही। सच्ची हार्दिक भक्ति के द्वारा उसकी कृपा का पात्र बनना चाहिए। इसके सिवा मुझे दूसरा उपाय नहीं दिखायी देता। इस अध्याय के अंत में अर्जुन ने यही प्रश्न पूछा है और भगवान ने उत्तर दिया है- "अत्यंत एकाग्र मन से निष्काम भाव से मेरी भक्ति करो, मेरी सेवा करो। जो इस प्रकार मेरी सेवा करता है, माया के उस पार जा सकता है, नहीं तो इस गहन माया को तरा नहीं जा सकता।" यह भक्ति का सरल उपाय है। यह एक ही मार्ग है।

रविवार 22.5. 1932

७ अक्टूबर

पंद्रहवां अध्याय: पूर्णयोग: सर्वत्र पुरुषोत्तम-दर्शन

साम्यसूत्र 82: पुरुषकारात् भक्तिरभिन्ना
वृत्ति 1: पूर्णयोगः

82. प्रयत्न-मार्ग से भक्ति भिन्न नहीं
1. आज एक अर्थ में हम गीता के छोर पर आ पहुँचे हैं। पंद्रहवें अध्याय में सब विचारों की परिपूर्णता हो गयी है। सोलहवां और सत्रहवां अध्याय परिशिष्ट रूप है, अठारहवां उपसंहार है। यही कारण है कि भगवान ने इस अध्याय के अंत में 'शास्त्र' संज्ञा दी है। **इति गुह्यतमं शास्त्रमिदमुक्तं मयाऽनघ-** ऐसा अंत में भगवान ने कहा है। यह इसलिए नहीं कि यह अंतिम अध्याय है, बल्कि इसलिए कि अब तक जीवन के जो शास्त्र, जो सिद्धांत बताये, उनकी परिपूर्णता इस अध्याय में की गयी है। इस अध्याय में परमार्थ पूरा हो गया। वेदों का संपूर्ण सार इसमें आ गया। परमार्थ की चेतना मनुष्य में उत्पन्न कर देना ही वेदों का कार्य हैं वह इस अध्याय में किया गया है, अतः इसे वेद का सार यह गौरवपूर्ण पदवी मिली है।

तेरहवें अध्याय में हमने देह से आत्मा को अलग करने की आवश्यकता देखी। चौदहवें में तत्संबंधी प्रयत्नवाद की थोड़ी छानबीन की। रजोगुण और तमोगुण का निग्रहपूर्वक त्याग करें, सत्त्वगुण का विकास करके उसकी आसक्ति को जीत लें, उसके फल का त्याग करें- इस तरह यह प्रयत्न करना है। अंत में कहा गया कि इन प्रयत्नों के सोलहों आने सफल होने के लिए आत्मज्ञान की आवश्यता है और बिना भक्ति के आत्मज्ञान संभव नहीं।

8 अक्टूबर

साम्यसूत्र 82: पुरुषकारात् भक्तिरभिन्ना
वृत्ति 2: वृक्षरूपकम्

2. परन्तु भक्ति-मार्ग प्रयत्न-मार्ग से भिन्न नहीं है। यह सूचित करने के लिए इस पंद्रहवें अध्याय के आरंभ में ही संसार को एक महान वृक्ष की उपमा दी गयी है। इस वृक्ष में त्रिगुणों से पोषित प्रचंड शाखाएं फूटी हैं। आरंभ में ही यह कह दिया है कि अनासक्ति और वैराग्यरूपी शस्त्रों से इस वृक्ष को काटना चाहिए। स्पष्ट है कि पिछले अध्याय में जो साधनमार्ग बताया गया है, वही फिर यहाँ आरंभ में दुहराया गया है। रज-तम को मिटाना और सत्त्वगुण की पुष्टि द्वारा अपना विकास कर लेना है। एक विनाशक है, दूसरा विधायक। दोनों को मिलाकर मार्ग एक ही होता है। घास-फूस काटना और बीज बोना दोनों एक ही क्रिया के दो अंग हैं। वैसी ही यह बात है।

9 अक्टूबर

साम्यसूत्र 82: पुरुषकारात् भक्तिरभिन्ना
वृत्ति 3: त्रैगुण्य-रामायणम्

3. रामायण में रावण, कुंभकर्ण और विभीषण, ये तीन भाई हैं। कुंभकर्ण तमोगुण है, रावण रजोगुण है, विभीषण सत्त्वगुण है। हमारे शरीर में इन तीनों की 'रामायण' रची जा रही है। इस रामायण में रावण और कुंभकर्ण का तो नाश ही विहित है। रहा केवल विभीषण-तत्त्व। यदि वह हरिचरण-शरण हो जाये, तो उन्नति का साधक और पोषक हो सकेगा। इसलिए वह अपनाने जैसा है। हमने चौदहवें अध्याय में इस चीज को समझ लिया है। इस पंद्रहवें अध्याय के आरंभ में फिर वह बात आयी है। सत्त्व-रज-तम से भरे संसार को असंगरूपी शस्त्र से छेद डालो। रज-तम का निरोध करो। सत्त्वगुण का विकास करके पवित्र बनो और उसकी आसक्ति को जीतकर अलिप्त रहो। कमल का यह आदर्श भगवद्गीता प्रस्तुत कर रही है।

10 अक्टूबर

साम्यसूत्र 82: पुरुषकारात् भक्तिरभिन्ना
वृत्ति 4: निस्त्रैगुण्ये कमलवत् 5: यत्नवीरं कामयन्ते वेदाः

4. भारतीय संस्कृति में जीवन की आदर्श वस्तुओं को, उत्तमोत्तम वस्तुओं को कमल की उपमा दी गयी है। कमल भारतीय संस्कृति का प्रतीक है। उत्तमोत्तम विचार प्रकट करने का चिह्न कमल है। कमल स्वच्छ और पवित्र होकर भी अलिप्त रहता है। पवित्रता और अलिप्तता, ऐसी दुहरी शक्ति कमल में है। भगवान के भिन्न-भिन्न अवयवों को कमल की उपमा देते हैं। नेत्र-कमल, पद-कमल, कर-कमल, मुख-कमल, नाभि-कमल, हृदय कमल, शिर-कमल आदि उपमाओं के द्वारा यह भाव हमारे मन में बैठा दिया है कि सर्वत्र सौंदर्य और पावित्र्य के साथ ही अलिप्तता है।
5. पिछले अध्याय में बतायी साधन को पूर्णता पर पहुँचाने के लिए यह अध्याय है। प्रयत्न में आत्म-ज्ञान और भक्ति मिल जाये, तो फिर पूर्णता आ जायेगी। भक्ति भी प्रयत्न-मार्ग का ही एक भाग है। आत्म-ज्ञान और भक्ति उसी साधन के अंग हैं। वेद में ऋषि कहते हैं-

यो जागार तं ऋचः कामयन्ते, यो जागार तमु सामानि यन्ति।

'जो जागृत रहता है, उससे वेद प्रेम करते है, उससे भेंट करने के लिए वे आते हैं।' अर्थात् जो जागृत है, उसके पास वेदनारायण आते हैं। उसके पास ज्ञान आता है, भक्ति आती है। प्रयत्न-मार्ग से ज्ञान और भक्ति पृथक नहीं हैं। इस अध्याय में यही दिखाना है कि ये दोनों तत्त्व प्रयत्न में ही मधुरता लाने वाले हैं। अतः एकाग्रचित्त से भक्ति-ज्ञान का यह स्वरूप श्रवण कीजिए।

11 अक्टूबर

साम्यसूत्र 83: तया स सुकरः
वृत्ति 6: ज्ञानकर्मप्रेम्णस् त्रिपदी

83. भक्ति से प्रयत्न सुकर होता है
मैं जीवन के टुकड़े नहीं कर सकता। कर्म, ज्ञान और भक्ति को मैं पृथक-पृथक नहीं कर सकता, न ये पृथक हैं ही। उदाहरण के लिए इस जेल के रसोई के काम को ही देखिए। पांच-सात सौ मनुष्यों की रसोई बनाने का काम अपने में से कुछ लोग करते हैं। यदि इनमें कोई ऐसा मनुष्य हो, जो रसोई बनाने का ठीक-ठीक ज्ञान न रखता हो, तो वह रसोई बिगाड़ देगा। रोटियां कच्ची रह जायेंगी या जल जायेंगी। परंतु यहा हम यह मानकर चलें कि रसोई बनाने का उत्तम ज्ञान है; फिर भी यदि उस व्यक्ति के हृदय में उस कर्म के प्रति प्रेम न हो, भक्ति का भाव न हो, 'ये रोटियां मेरे भाइयों को अर्थात नारायण को ही खानी है, इन्हें अच्छी तरह बेलना और सेंकना चाहिए, यह प्रभु की सेवा है' - ऐसा भाव उसके हृदय में न हो, तो पूर्वोक्त ज्ञान रहने पर भी वह इस काम के लिए उपयुक्त सिद्ध नहीं होगा।
इस रसोई-काम के लिए जैसे ज्ञान आवश्यक है, वैसे ही प्रेम भी चाहिए। भक्ति तत्त्व का रस हृदय में न हो, तो रसोई स्वादिष्ट नहीं बन सकती। इसलिए तो बिना मां के यह काम नहीं होता। मां के सिवा कौन इस काम को इतनी आस्था से, प्रेम-भाव से करेगा? फिर इसके लिए तपस्या भी चाहिए। ताप सहन किये बिना, कष्ट उठाये बिना यह काम कैसे होगा? तीनों चीजों की जरूरत है। जीवन के सारे कर्म इन तीन गुणों पर खड़े हैं। तिपाई का यदि एक पांव भी टूट जाये, तो वह खड़ी नही रह सकती। तीनों पांव चाहिए। उसके नाम में ही उसका रूप निहित है। यही हाल जीवन का है। ज्ञान, भक्ति और कर्म अर्थात श्रम-सातत्य, ये जीवन के तीन पांव है। इन तीन खंभों पर जीवनरूपी 'द्वारका' खड़ी करनी है। ये तीन पांव मिलाकर एक ही वस्तु बनती है। उस पर तिपाई का दृष्टांत अक्षरशः लागू होता है। तर्क के द्वारा भले ही आप भक्ति, ज्ञान और कर्म को पृथक मानिए, परंतु प्रत्यक्ष रूप से इन्हें पृथक नहीं किया जा सकता। तीनों मिलकर एक ही विशाल वस्तु बनती है।

7 अक्टूबर

साम्यसूत्र 83: तया स सुकरः

वृत्ति 7: प्रेम्णा तपः शीतलम्

7. ऐसा होने पर भी यह बात नहीं कि भक्ति में विशेष गुण न हो। किसी भी कर्म में जब भक्ति-तत्त्व मिलेगा, तभी वह सुलभ लगेगा। 'सुलभ' लगने का अर्थ यह नहीं कि कष्ट होंगे ही नहीं। उसका अर्थ यही है कि वे कष्ट 'कष्ट' नहीं मालूम होंगे, उलटे आनंद रूप मालूम होंगे। शूल फूल जैसे प्रतीत होंगे। भक्ति-मार्ग सरल है, इसका तात्पर्य भी क्या है? यही कि भक्ति-भाव के कारण कर्म का बोझ नहीं मालूम होता। कर्म की कठिनता चली जाती है। कितना ही कर्म करो, वह न किये-सा मालूम होता है।

भगवान ईसा मसीह एक जगह कहते हैं- 'यदि तू उपवास करता है, तो चेहरे पर उपवास के चिह्न नहीं दीखने चाहिए; बल्कि गालों पर सुगंधित उबटन लगे हों, ऐसा चेहरा प्रफुल्लित और आनंदित दीखना चाहिए। उपवास से कष्ट हो रहा है, ऐसा नहीं दीखना चाहिए।' सारांश यह कि वृत्ति इतनी भक्तिमय हो कि कष्ट भूल जायें। हम कहते हैं न कि 'फलां बहादुर देश भक्त हंसते-हंसते फांसी पर चढ़ गया।' सुधन्वा तेल की कढ़ाई में हंस रहा था। मुंह से कृष्ण, विष्णु, हरि, गोविंद की ध्वनि निकल रही थी। इसका अर्थ यही कि अपार कष्ट आ पड़ने पर भी भक्ति के प्रभाव से वे कुछ भी नहीं मालूम हुए। पानी पर पड़ी हुई नाव को धकेलना कठिन नहीं है; परंतु यदि उसी को धरती पर से, चट्टानों पर से खींचकर ले जाना हो, तो कितनी मेहनत पड़ेगी! नाव के नीचे यदि पानी होगा, तो हम सहज ही तर जायेंगे। इसी तरह हमारी जीवन-नौका के नीचे यदि भक्ति रूपी पानी होगा, तो वह आनंद से खेयी जा सकेगी। परंतु यदि जीवन शुष्क होगा, रास्ते में रेत पड़ी होगी, कंकड़, पत्थर होंगे, खाई-खड्डे होंगे, तो इस नौका को खींचकर ले जाना बड़ा कठिन काम हो जायेगा। भक्ति-तत्त्व हमारी जीवन-नौका को पानी की तरह सुलभता प्राप्त करा देता है।

भक्ति-मार्ग से साधना में सुलभता आ जाती है, परंतु आत्मज्ञान के बिना सदा के लिए त्रिगुणों के उस पार जाने की आशा नहीं। तो फिर आत्म-ज्ञान के लिए साधन क्या? यही कि सत्त्व-सातत्य से सत्त्वगुण को

आत्मसात करके भक्ति के द्वारा उसका अहंकार और उसके फल की आसक्ति जीतने का प्रयत्न करना। इस साधना के द्वारा सतत, अखंड प्रयत्न करते हुए एक दिन आत्मदर्शन हो जायेगा। तब तक हमारे प्रयत्न का अंत नहीं आ सकता। यह परम पुरुषार्थ की बात है। आत्मदर्शन कोई हंसी-खेल नहीं है। रास्ता चलते यों ही आत्मदर्शन हो जायेगा, ऐसा नहीं है। उसके लिए सतत प्रयत्न की धारा बहानी होगी।

परमार्थ-मार्ग में शर्त ही यह है कि 'मैं निराशा को एक क्षण भी जगह न दूं। क्षण भर भी मैं निराश होकर न बैठूं। इसके सिवा परमार्थ का दूसरा साधन नहीं है। कभी-कभी साधक थक जाता है और कहने लगता है- तुम कारन तप संयम किरिया, कहो कहाँ लौ कीजै? 'भगवन, मैं तुम्हारे लिए कहाँ तक तप करता रहूं?' परंतु यह कहना गौण है। तप और संयम का हम इतना अभ्यास कर ले कि वे हमारा स्वभाव ही बन जायें। 'कहां तक साधना करते रहें?'- यह भाषा भक्तिमार्ग में शोभा नहीं देती। भक्ति कभी भी अधीर भाव, निराशा भाव पैदा नहीं होने देती। जी ऊबने जैसी कोई बात उसमें नहीं होनी चाहिए। भक्ति में उत्तरोत्तर उल्लास और उत्साह मालूम होता रहे, इसके लिए बहुत सुंदर विचार इस अध्याय में बताया गया है।

13 अक्टूबर

साम्यसूत्र 84: त्रैतं सेवार्थम्

वृत्ति 8: सेव्य-सेवक-साधन-त्रिपुटी

84. सेवा की त्रिपुटि: सेव्य, सेवक, सेवा-साधन

8. इस विश्व में हमें अनंत वस्तुए दिखायी देती हैं। इनके तीन भाग करें। जब कोई भक्त सुबह उठता है, तो तीन ही चीजें उसकी आंखों के सामने आती हैं। पहले उसका ध्यान भगवान की तरफ जाता है। तब वह उनकी पूजा की तैयारी करता है। मैं सेवक भक्त, वह सेव्य भगवान स्वामी- ये दो चीजें उसके पास सदैव तैयार रहती हैं। अब रही बाकी सृष्टि, सो वह है उसकी पूजा का साधन। यह सारी सृष्टि फूल, गंध, धूप-दीप हैं। तीन ही चीजें हैं- सेवक भक्त, सेव्य परमात्मा और सेवा-साधन के रूप में यह सृष्टि। यही शिक्षा इस अध्याय में दी गयी है। परंतु जो सेवक किसी एक मूर्ति की पूजा करता है, उसे सृष्टि के सब पदार्थ पूजा के साधन नहीं मालूम होते। वह बगीचे से चार फूल तोड़कर लाता है, कहीं से अगरबत्ती ले आता है, कुछ नैवेद्य चढ़ाता हैं वह चुनकर-छांटकर ही चीजें लेना चाहता है; परंतु पंद्रहवें अध्याय में जो विशाल सीख दी गयी है, उसमें यह चुनाव करने की जरूरत नहीं है। जो कुछ भी तपस्या के साधन हैं, कर्म के साधन हैं, वे सब परमेश्वर की सेवा के साधन हैं। उनमें से कुछ को हम फूल कहेंगे, कुछ को गंध और कुछ को नैवेद्य। इस तरह जितने भी कर्म हैं उन सबको पूजा-द्रव्य बना देना है। ऐसी यह दृष्टि है। बस संसार में सिर्फ ये तीन ही चीजें हैं। गीता जिस वैराग्यमय साधन मार्ग को हमारे मन पर अंकित करना चाहती है, उसी को वह भक्तिमय स्वरूप दे रही है। उसमें से कर्मत्व हटा रही है और उसमें सुलभता ला रही है।

14 अक्टूबर

साम्यसूत्र 84: त्रैतं सेवार्थम्
वृत्ति 9: सेव्य-सेवकौ सनातनौ
10: साधनरूपा सृष्टिर् नित्यनूतनी

9. आश्रम में जब किसी को बहुत ज्यादा काम करना पड़ता है; तब उसके मन में यह विचार ही कभी नहीं आता- 'मैं ही क्यों ज्यादा काम करूं?' इस बात में बड़ा सार है। पूजा करने वाले को यदि दो की जगह चार घंटे पूजा करने को मिले, तो क्या वह उकताकर ऐसा कहेगा- 'अरे राम, आज तो चार घंटा पूजा करनी पड़ी।' बल्कि उससे उसे अधिक ही आनंद मालूम होगा। आश्रम में ऐसा अनुभव होता है। यही अनुभव हमें सारे जीवन में सर्वत्र आना चाहिए। जीवन सेवा-परायण हो जाना चाहिए। वह सेव्य पुरुषोत्तम, उसकी सेवा के लिए सदैव तत्पर मैं अक्षर पुरुष हूँ। 'अक्षर पुरुष' का अर्थ है, कभी भी न थकनेवाला, सृष्टि के आरंभ से ही सेवा करने वाला, सनातन सेवक। जैसे हनुमान राम के सामने सदैव हाथ जोड़कर खड़े ही हैं। उन्हें आलस्य मालूम नहीं। हनुमान की तरह ही चिरंजीव यह सेवक खड़ा है।

ऐसे आजन्म सेवक का ही नाम 'अक्षर-पुरुष' है। 'परमात्मा' यह संस्था जीवित है और मैं उसका 'सेवक' भी सदैव कायम हूँ। प्रभु कायम है, तौ मैं भी कायम हूँ। देखें, वह सेवा लेते हुए थकता है या मैं सेवा करते हुए? यदि उसने दस अवतार लिये हैं, तो मेरे भी दस अवतार हुए हैं। वह राम हुआ तो मैं हनुमान, वह कृष्ण हुआ तो मै उद्धव। जितने उसके अवतार, उतने मेरे भी लगने दो ऐसी मीठी होड़! परमेश्वर की इस तरह युग-युग सेवा करने वाला, कभी नाश न पानेवाला यह जीव अक्षर-पुरुष है। वह पुरुषोत्तम स्वामी और मैं उसका बंदा सेवक। यह भावना सतत हृदय में रखनी चाहिए। और यह प्रतिक्षण बदलनेवाली, अनंत रूपों से सजने वाली सृष्टि, इसे पूजा साधन, सेवा का साधन बनाना है। प्रत्येक क्रिया मानो पुरुषोत्तम की पूजा ही है।

10. सेव्य परमात्मा पुरुषोत्तम, सेवक जीव अक्षर-पुरुष। परंतु यह साधन रूप सृष्टि क्षर है। इसके 'क्षर' होने में बड़ा अर्थ है। सृष्टि का यह दूषण नहीं, भूषण हैं इससे सृष्टि में नित्य-नवीनता है। कल के फूल आज का काम नहीं दे सकते। वे निर्माल्य हो गये। सृष्टि नाशवान है, यह बड़े भाग्य की बात है। यह सेवा का वैभव है। रोज नवीन फूल सेवा के लिए तैयार मिलते हैं। उसी तरह मैं शरीर भी नया-नया धारण करके परमेश्वर की सेवा करूंगा। अपने साधनों को मैं नित्य नवीन रूप दूंगा और उन्हीं से उसकी पूजा करूंगा। इस नश्वरता के कारण यह सौंदर्य है।

15 अक्टूबर

साम्यसूत्र 84: त्रैतं सेवार्थम्
वृत्ति 11: चंद्रकला सुमनमाला

11. चंद्र की कला जो आज है, वह कल नहीं। चंद्र का नित्य निराला लावण्य है। दूज के उस वर्धमान चंद्र को देखकर कितना आनंद होता है। शंकर के ललाट पर उस द्वितीया के चंद्र की शोभा प्रकट है। अष्टमी के चंद्रमा का सौंदर्य कुछ और ही होता है। उस दिन आकाश में गिने-चुने मोती ही दिखायी देते हैं। पूर्णिमा को चंद्रमा के तेज से तारे नहीं दीखते। पूर्णिमा को परमेश्वर का मुखचंद्र दीखता है। अमावास्या का आनंद तो बड़ा गंभीर होता है। उस रात्रि में कितनी निःस्तब्ध शांति छायी रहती है! चंद्रमा के सर्वग्रासी प्रकाश के हट जाने से छोटे-बड़े अगणित तारे पूरी आजादी से खुलकर जगमगाते रहते हैं। अमावास्या की रात में स्वतंत्रता पूर्ण रूप से विलास करती है। अपने तेज की शान दिखाने वाला चंद्रमा आज वहाँ नहीं है। अपने प्रकाश-दाता सूर्य से वह आज एकरूप हो गया है। वह परमेश्वर में मिल गया। उस दिन मानो वह दिखाता है कि जीव खुद आत्मार्पण करके किस तरह संसार को जरा भी दुःख न पहुँचाये। चंद्र का स्वरूप क्षर है, परिवर्तनशील है; परंतु वह भिन्न-भिन्न रूपों में आनंद देता है।

16 अक्टूबर

साम्यसूत्र 84: त्रैतं सेवार्थम्

वृत्ति 12: नवनव-प्रसवा

12. सृष्टि की जो नश्वरता है, वही उसकी अमरता है। सृष्टि का रूप छल-छल बह रहा है।यह रूप-गंगा यदि बहती न रहे, तो उसका एक डबरा बन जायेगा। नदी का पानी अखंड रूप से बहता रहता है। वह सतत बदलता रहता है। एक बूंद गयी, दूसरी आयी। वह पानी जीवित रहता है। वस्तु में जो आनंद मालूम होता है, वह उसकी नवीनता के कारण। ग्रीष्म ऋतु में परमात्मा को और तरह के फूल चढ़ाये जाते हैं। वर्षा ऋतु में हरी-हरी दूब चढ़ायी जाती है। शरद ऋतु में सुरम्य कमल के पुष्प चढ़ाते हैं। तत्तत् ऋतुकालोद्भव फल-पुष्पों से भगवान की पूजा की जाती है। इसी से वह पूजा ताजी और नित्य नूतन प्रतीत होती है। उससे जी नहीं ऊबता। छोटे बच्चे को जब ‘क’ लिखकर कहते हैं कि ‘उस पर हाथ फेरो, इसे मोटा बनाओ ’ तो यह क्रिया उसे उबा देने वाली मालूम होती है। वह समझ नहीं पाता कि इसे मोटा क्यों बनाया जाता है। वह पेंसिल आड़ी करके उसे जल्दी मोटा बना देता है। परंतु आगे चलकर वह नये-नये अक्षरों को, उनके समुदाय को देखता है। तरह-तरह की पुस्तकें पढ़ने लगता है। साहित्य की नानाविध सुमन - मालाओं का अनुभव लेता है, तब उसे अपार आनंद मालूम होता है। यही बात सेवा के क्षेत्र की है। साधनों की नित्य, नवीनता से सेवा की उमंग बढ़ती है। सेवा वृत्ति का विकास होता है।

सृष्टि की यह नश्वरता नित्य नये पुष्प खिला रही है। गांव के निकट श्मशान है, इसी से गांव रमणीय मालूम होता है। पुराने लोग जा रहे हैं, नये बालक जन्म ले रहे हैं। सृष्टि नित्य नवीन बढ़ रही है। बाहर का यह श्मशान यदि मिटा दोगे, तो वह घर में आकर बैठ जायेगा। तुम ऊब उठोगे उन्हीं-उन्हीं व्यक्तियों को रोज-रोज देखकर। गर्मियों में गर्मी पड़ती है, पृथ्वी तपती है, परंतु इस से घबराओं नहीं। यह रूप बदल जायेगा। वर्षा का सुख लेने के लिए यह तपन आवश्यक है। यदि जमीन खूब तपी न होगी, तो पानी बरसते ही कीचड़ हो जायेगी। फिर तृणधान्य उसमें नहीं मिल पायेंगे।

मैं एक बार गर्मियों में घूम रहा था। सिर तप रहा था। बड़ा आनंद आ रहा था। एक मित्र ने मुझसे कहा- ‘सिर तप जायेगा, तो तकलीफ होगी।’ मैंने कहा- ‘नीचे जमीन भी तो तप रही है। इस मिट्टी के पुतले

को जरा तपने दो।' सिर तपा हुआ हो, उस पर पानी की धार पड़ने लगे, तो कितना आनंद होता है! परंतु जो गर्मियों में तपता नहीं, वह पानी बरसने पर भी अपनी पुस्तक में सिर घुसाकर बैठा रहेगा। अपने कमरे में, उस क़ब्र में ही घुसा रहेगा। बाहर के इस विशाल अभिषेक पात्र के नीचे खड़ा रहकर आनंद से नाचेगा नहीं; परंतु हमारे वे महर्षि मनु, बड़े रसिक और सृष्टि-प्रेमी थे। वे स्मृति में लिखते हैं- 'जब पानी बरसने लगे, तो छुट्टी कर दो।' जब वर्षा हो रही हो, तो क्या आश्रम मैं बैठे पाठ घोखते रहें? वर्षा में तो नाचना-गाना चाहिए। सृष्टि से एकरूप होना चाहिए। वर्षा में पृथ्वी और आकाश एक-दूसरे से मिलते हैं। यह भव्य दृश्य कितना आनंददायी होता है। यह सृष्टि स्वयं हमें शिक्षा दे रही है।

सारांश, सृष्टि की क्षरता, नश्वरता का अर्थ है, साधनों की नवीनता। इस तरह यह नव-नव-प्रसवा साधनदात्री सृष्टि, कमर कसकर सेवा के लिए खड़ा सनातन सेवक और वह सेव्य परमात्मा। अब चलने दो खेल।वह परमपुरुष पुरुषोत्तम नये-नये विविध सेवा-साधन देकर मुझसे प्रेममूलक सेवा ले रहा है। नाना प्रकार के साधन देकर वह मुझे खिला रहा है। मुझसे तरह-तरह के प्रयोग करा रहा है। यदि हमारे जीवन में ऐसी दृष्टि आ जाये तो कितना आनंद मिलेगा!

17 अक्टूबर

साम्यसूत्र 85: सैव भक्तिरनहंकृता चेत्
वृत्ति 13: दैनंदिनी सेवा

85. अहं-शून्य सेवा का ही अर्थ भक्ति

13. गीता चाहती है कि हमारी प्रत्येक कृति भक्तिमय हो। हम जो घड़ी, आध-घड़ी ईश्वर की पूजा करते हैं, सो तो ठीक ही है। सुबह-शाम जब सुंदर सूर्य-प्रभा अपना रंग छिटकाती है, तब चित्त को स्थिर करके घंटा, आध-घंटा संसार को भूल जाना और अनंत का चिंतन करना उत्तम विचार है। इस सदाचार को कभी नहीं छोड़ना चाहिए। परंतु गीता को इतने से संतोष नहीं है। सुबह से शाम तक होने वाली तमाम क्रियाएं भगवान की पूजा के लिए होनी चाहिए। नहाते, खाते, सफाई करते उसका स्मरण रहना चाहिए। झाड़ते समय यह भावना होनी चाहिए कि मैं अपने प्रभु, अपने जीवन-देव का आंगन साफ कर रहा हूँ। हमारे समस्त कर्म इस तरह पूजा-कर्म हो जाने चाहिए। यदि यह दृष्टि आ जाये, तो फिर देखिएगा, आपके व्यवहार में कितना अंतर पड़ जाता है! हम कितनी सावधानी से पूजा के लिए फूल चुनते हैं, उन्हें जतन से डलिया में संभालकर रखते हैं। वे दब न जायें, कुचल न जायें, कुम्हला न जायें इसका कितना ध्यान रखते हैं। कहीं मलिन न हो जायें, इस ख्याल से उन्हें नाक के पास भी नहीं ले जाते। यह दृष्टि, यही भावना हमारे जीवन के प्रतिदिन के कर्मों में आ जानी चाहिए। अपने इस गांव में मेरे पड़ोसी के रूप में मेरा नारायण, मेरा प्रभु ही तो निवास करता है। इस गांव को मैं साफ-सुथरा, निर्मल रखूंगा। गीता हमें यह दृष्टि देना चाहती है। हमारे सभी कर्म प्रभु-पूजा ही हो जायें, इस बात का गीता को बड़ा शौक है। गीता जैसे ग्रंथराज को घड़ी आध-घड़ी पूजा से समाधान नहीं। सारा जीवन हरिमय होना चाहिए, यह गीता की उत्कट इच्छा है।

18 अक्टूबर

साम्यसूत्र 85: सैव भक्तिरनहंकृता चेत्
वृत्ति 14: निरहंकृता भक्तिरूपा

14. गीता पुरुषोत्तम-योग बताकर कर्ममय जीवन को पूर्णता पर पहुँचाती है। वह सेव्य पुरुषोत्तम, मैं उसका सेवक और सेवा के साधन रूप यह सारी सृष्टि यदि इस बात का दर्शन हमें एक बार हो जाये, तो फिर और क्या चाहिए? तुकाराम कह रहे हैं- **झालिया दर्शन करीन मी सेवा। आणीक कांहीं देवा नलग दुजे** - दर्शन हो जाने पर तेरी सेवा करूंगा। मुझे और कुछ नहीं चाहिए प्रभो! फिर तो अखंड सेवा ही होती रहेगी। तब 'मै' जैसा कुछ रहेगा ही नहीं मै-मेरापन सब मिट जायेगा। जो होगा सब परमात्मा के लिए! पर-हितार्थ जीने के सिवा दूसरा विषय ही नहीं रहेगा। गीता बार-बार यही कर रही है कि मैं अपने में से 'मैं' को निकालकर हरिपरायण जीवन बनाऊं, भक्तिमय जीवन रचूं। सेव्य परमात्मा, मैं सेवक और साधनरूप यह सृष्टि! परिग्रह का नाम ही कहाँ रहा? जीवन में अब किसी बात की चिंता ही नहीं रही।

19 अक्टूबर

साम्यसूत्र 86: ज्ञानं समरसम्
वृत्ति 15: जीवनं ज्ञानेन संस्कार्यम्

86. ज्ञान-लक्षण: मैं पुरुष, वह पुरुष, यह भी पुरुष
15. अब तक हमने देखा कि किस तरह कर्म में भक्ति का मिश्रण करना चाहिए; परंतु उमसें ज्ञान भी चाहिए, अन्यथा गीता को संतोष नहीं होगा। परंतु इसका अर्थ यह नही कि ये तीनों चीजें भिन्न-भिन्न हैं। केवल बोलने के लिए हम भिन्न-भिन्न भाषा बोलते हैं। कर्म का अर्थ ही है भक्ति। भक्ति कोई अलग से लाकर कर्म में मिलानी नहीं पड़ती। यही बात ज्ञान की है। यह ज्ञान मिलेगा कैसे? गीता कहती है सर्वत्र पुरुष दर्शन से तुम सेवा करने वाले सनातन सेवक, यौम सेवा-पुरुष ; वह पुरुषोत्तम सेव्य पुरुष और नानारूपधारिणी, नानासाधनदायिनी, प्रवाहमयी यह सृष्टि भी पुरुष ही!

20 अक्टूबर

साम्यसूत्र 86: ज्ञानं समरसम्
वृत्ति 16: उपकरण-पूजा

16. ऐसी दृष्टि रखने का अर्थ क्या? सर्वत्र त्रुटिरहित निर्मल सेवाभाव रखना! तुम्हारे पैर की चप्पल चर्र-चूं बोल रही है, जरा उसे तेल दे दो। उसमें भी परमात्मा का ही अंश है, अतः उसे संभालकर रखो। यह सेवा का साधन चरखा, इसमें भी तेल डालो। देखो, यह आवाज दे रहा है, 'नेति-नेति' - 'सूत नहीं कातूंगा' - कहता है। यह चरखा, यह सेवा साधन भी पुरुष ही है। इसकी माल, इसका यह जनेऊ भली-भाँति रखो। सारी सृष्टि को चैतन्यमय मानो। इसे जड़ मत समझो। ऊँ कार का सुंदर गान करने वाला यह चरखा क्या जड़ है? यह तो परमात्मा की मूर्ति ही है। भाद्रपद की अमावस्या को हम अहंकार छोड़कर बैल[1] की पूजा करते हैं। बड़ी भारी बात है यह। रोज अपने मन में इस उत्सव का ध्यान रख करके, बैलों को अच्छी हालत में रखकर उनसे उचित काम लेना चाहिए। उत्सव के दिन की भक्ति उसी दिन समाप्त नहीं होनी चाहिए। बैल भी परमात्मा की मूर्ति है। वह हल, खेती के सब औजार अच्छी हालत में रखो। सेवा के सभी साधन पवित्र होते हैं कितनी विशाल है दृष्टि! पूजा करने का अर्थ यह नहीं कि गुलाल, गंधाक्षत और फूल चढायें। बरतनों को कांच की तरफ साफ सुथरा रखना, बरतनों की पूजा है। दीपक को स्वच्छ करना दीपक-पूजा है। हंसिये को तेज करके घास काटने के लिए तैयार रखना उसकी पूजा है। दरवाजे का कब्जा जंग खाये, तो उसे तेल लगाकर संतुष्ट कर देना उसकी पूजा है। जीवन में सर्वत्र इस दृष्टि से काम लेना चाहिए। सेवाद्रव्य उत्कृष्ट और निर्मल रखना चाहिए।

सारांश यह कि मैं अक्षर पुरुष, वह पुरुषोत्तम और साधनरूप यह सृष्टि, सब पुरुष ही, परमात्मा ही। सर्वत्र एक ही चैतन्य रम रहा है। जब यह दृष्टि आ गयी, तो समझ लो कि हमारे कर्म में ज्ञान भी आ गया।

21 अक्टूबर

साम्यसूत्र 86: ज्ञानं समरसम्
वृत्ति 17: जीव-शिव-सृष्टैरैक्यम् 18: देवालय-दृष्टांतः

17. पहले कर्म में भक्ति का पुट दिया, अब ज्ञान का भी योग कर दिया, तो जीवन का एक दिव्य रसायन बन गया। गीता ने हमें अंत में अद्वैतमय सेवा के रास्ते पर ला पहुँचाया। इस सारी सृष्टि में तीन पुरुष विद्यमान है। एक ही पुरुषोत्तम ने ये तीन रूप धारण किये हैं। तीनों को मिलाकर वास्तव में एक ही पुरुष है। केवल अद्वैत है। यहाँ गीता के हमें सबसे ऊंचे शिखर पर लाकर छोड़ दिया है। कर्म, भक्ति, ज्ञान, सब एकरूप हो गये। जीव, शिव, सृष्टि, सब एकरूप हो गये। कर्म, भक्ति और ज्ञान में कोई विरोध नहीं रह गया।

18. ज्ञानदेव ने 'अमृतानुभव' में महाराष्ट्र का प्रिय दृष्टांत दिया है-
देव देऊळ परिवारू। कीजे कोरूनि डोंगरू।
तैसा भक्तीचा वेव्हारू। कां न होआवा॥
-'पर्वत कुरेद कर देव, मंदिर आदि परिवार बनाया; भक्ति का भी ऐसा व्यवहार क्यों न हो?' एक ही पत्थर को कुरेदकर उसी का मंदिर, उस मंदिर में पत्थर की गढ़ी हुई भगवान की मूर्ति और उसके सामने पत्थर ही भक्त, उसके पास पत्थर के ही बनाये हुए फूल, ये सब जैसे एक ही पत्थर की चट्टान खोद-काटकर बनाते हैं- एक ही अखंड पत्थर अनेक रूपों में सजा हुआ है, वैसा ही भक्ति के व्यवहार में भी क्यों न होना चाहिए? स्वामी-सेवक-संबंध रहकर भी एकता क्यों नहीं हो सकती? यह बाह्य सृष्टि, यह पूजा-द्रव्य पृथक होते हुए भी आत्मरूप क्यों न बन जायें? तीनों पुरुष एक ही तो हैं' ज्ञान, कर्म भक्ति, इन तीनों को मिलाकर एक विशाल जीवन-प्रवाह बना दिया जाये, ऐसा यह परिपूर्ण पुरुषोत्तम-योग है। स्वामी, सेवक और सेवा-द्रव्य सब एकरूप ही हैं, अब भक्ति-प्रेम का खेल खेलना है।

22 अक्टूबर

साम्यसूत्र 86: ज्ञानं समरसम्
वृत्ति 19: खंडशर्करासेवनवत्

19. ऐसा यह पुरुषोत्तम-योग जिसके हृदय में अंकित हो जाये, वही सच्ची भक्ति करता है। **स सर्वविद् भजति मां सर्वभावेन भारत।**- ऐसा पुरुष ज्ञानी होकर भी संपूर्ण भक्त रहता है। जिसमें ज्ञान है, उसमें प्रेम तो है ही। परमेश्वर का ज्ञान और परमेश्वर का प्रेम ये दो अलग चीजें नहीं हैं। 'करेला कडुआ है' - ऐसा ज्ञान हो, तो उसके प्रति प्रेम नही उत्पन्न होता। एकाध अपवाद हो सकता है; पर जहाँ कडुएपन का अनुभव हुआ कि जी ऊबा। पर मिश्री का ज्ञान होते ही प्रेम बहने लगता है। तुरंत ही प्रेम का श्रोत उमड़ पड़ता है। परमेश्वर के विषय में ज्ञान होना और प्रेम उत्पन्न होना, दोनों बातें एक ही हैं। परमेश्वर के रूप में माधुर्य की उपमा क्या रद्दी शक्कर से ही जाये? उस मधुर परमेश्वर का ज्ञान होते ही उसी क्षण प्रेम-भाव भी पैदा हो जायेगा। यही मानिए कि ज्ञान होना और प्रेम होना, ये दोनों मानो भिन्न क्रियाएं ही नहीं हैं। अद्वैत में भक्ति को स्थान है या नहीं, इस बहस में कुछ नहीं रखा। ज्ञानदेव कहते हैं-

हे चि भक्ति हें चि ज्ञान। एक विठ्ठल चि जाण॥

– 'एक विठ्ठल को ही जान। वही भक्ति है, वही ज्ञान है।' भक्ति और ज्ञान एक ही वस्तु के दो नाम है।

23 अक्टूबर

साम्यसूत्र 86: ज्ञानं समरसम्
वृत्ति 20: समरसं रमणीयम्

20. जीवन में परम भक्ति का संचार हो जाने पर जो कर्म होता है, वह भक्ति और ज्ञान से अलग नहीं रहता। कर्म, भक्ति और ज्ञान मिलाकर एक ही रमणीय रूप बन जाता है। इस रमणीय रूप में से अद्‍भुत प्रेममय और ज्ञानमय सेवा सहज ही उत्पन्न होती है। मां पर मेरा प्रेम है, किंतु यह प्रेम कर्म के द्वारा प्रकट होना चाहिए। प्रेम सदैव मरता-खपता रहता है। सेवारूप में व्यक्त होता रहता है। प्रेम का बाह्यरूप है सेवा। प्रेम अनंत सेवा-कर्मो से सजकर नाचता है। प्रेम हो तो ज्ञान भी वहाँ आ जाता है। जिसकी सेवा मुझे करनी है, उसे कौन-सी सेवा प्रिय होगी, इसका ज्ञान मुझे होना चाहिए, नहीं तो वह सेवा कु-सेवा होगी। सेव्य वस्तु का ज्ञान प्रेम को होना चाहिए। प्रेम का प्रभाव कार्य द्वारा फैलाने के लिए ज्ञान की आवश्यकता है, परंतु मूल में प्रेम होना चाहिए। वह न हो, तो ज्ञान निरुपयोगी हो जाता है। प्रेम के द्वारा होने वाला कर्म मामूली कर्म से भिन्न होता है। खेत से थके-मांद आये लड़के पर मां प्रेम की दृष्टि डालती है और कहती है- 'बेटा, थक गये हो!' परंतु छोटे कर्म में, देखिए तो कितना सामर्थ्य है। अपने जीवन के समस्त कर्म में ज्ञान और भक्ति को ओतप्रोत कीजिए। यही 'पुरुषोत्तम योग' कहलाता है।

24 अक्टूबर

साम्यसूत्र 87: अत्र वेदार्थः परिसमाप्तः
वृत्ति 21: वेदः सृष्टौ प्रकाशते 22: श्रमिकस्य कराग्रे च

87. सर्व वेद-सार मेरे ही हाथों में
21. यह सब वेदों का सार है। वेद अनंत हैं, परंतु उन अनंत वेदों का सार-संक्षेप यह पुरुषोत्तम-योग है। वेद हैं कहां? वेदों की बात विचित्र है। वेदों का सार है कहां? अध्याय के प्रारंभ में ही कहा है- छंदांसि यस्य पर्णानि- 'पत्ते हैं जिसके वेद।' भाई, वेद तो इस वृक्ष के एक-एक पत्ते में भरे हुए हैं। वेद उन संहिताओं में, आपके ग्रंथों और पोथियों में छिपे हुए नहीं हैं। वे विश्व में सर्वत्र फैले हैं। वह अंग्रेज कवि शेक्सपियर कहता है- 'बहते हुए झरनों में सदग्रंथ मिलते हैं, पत्थरों-चट्टानों से प्रवचन सुनायी पड़ते हैं।' सारांश यह कि वेद न संस्कृत में हैं, न संहिताओं में, वे सृष्टि में हैं। सेवा करो तो दिखायी देंगे।

22. प्रभाते करदर्शनम्- सुबह उठते ही अपनी हथेली देखनी चाहिए। सारे वेद हाथ में हैं। वह वेद कहता है, 'सेवा करो।' कल हाथ ने काम किया था या नहीं, आज करने को तैयार है या नहीं, उसमें काम से घट्टे पड़े हैं या नहीं, यह देखिए। सेवा करके जब हाथ घिस जाता है, तो फिर ब्रह्म लिखित प्रकट होता है, यह अर्थ है **'प्रभाते करदर्शनम्'** का।

25 अक्टूबर

साम्यसूत्र 87: अत्र वेदार्थः परिसमाप्तः

वृत्ति 23: अहमेव वेद-फलितम् 24: वेदविदव्यंगः

23. पूछते हैं, वेद कहाँ है? भाई, तुम्हारे पास ही तो हैं। हमें-तुम्हें तो जन्मतः ही वे प्राप्त हैं। मैं खुद ही जीता-जागता वेद हूँ। अब तक की सारी परंपरा मुझमें आत्मसात् हुई है। मैं उस परंपरा का फल हूँ। उस वेद बीज का जो फल है, वही तो मैं हूँ। अपने फल में मैंने अनंत वेदों का बीच संचित कर रखा है। मेरे उदर में वेद पांच-पचास गुना बड़े हो गये।

24. सारांश, वेदों का सार हमारे हाथों में है। सेवा, प्रेम और ज्ञान की नींव पर हमें जीवन गढ़ना होगा। इसी का अर्थ है, वेद हाथों में हैं। मैं जो अर्थ करूंगा, वही वेद होगा, वेद कहीं बाहर नहीं हैं। सेवामूर्ति संत कहते हैं- **वेदाचा तो अर्थ आम्हांसी च ठावा**- 'वेदों का जो अर्थ है, वह एक हम ही जानते हैं।' भगवान कह रहे हैं - 'सारे वेद मुझे ही जानते हैं। मैं ही बस वेदों का सत्त्वांश, सार पुरुषोत्तम हूँ। 'यह जो वेदों का सार पुरुषोत्तम-योग है, उसे यदि हम अपने जीवन में आत्मसात् कर सकें, तो कितना आनंद होगा? ऐसा पुरुष फिर जो कुछ करता है, उसमें से वेद ही प्रकट होते हैं, ऐसा गीता सुझाती है। इस अध्याय में सारी गीता का सार आ गया है। गीता की शिक्षा इसमें पूर्णरूप से प्रकट हुई है। उसे अपने जीवन में उतारने का हमें रात-दिन प्रयत्न करना चाहिए। और क्या?

रविवार 29. 5. 1932

२६ अक्टूबर

सोलहवां अध्यायः परिशिष्ट-1
दैवी और आसुरी वृत्तियों का झगड़ा

साम्यसूत्र 88: एषा दिवो दुहिता
वृत्ति 1: पुरुषोत्तम योगोऽन्तिमः

88. पुरुषोत्तम-योग की पूर्व-प्रभाः दैवी संपत्ति

1. गीता के पहले पांच अध्यायों में हमने देखा कि जीवन की कुल योजना क्या है, और हम अपना जन्म सफल कैसे कर सकते हैं। उसके बाद छठे अध्याय से ग्यारहवें अध्याय तक हमने भक्ति का भिन्न-भिन्न प्रकार से विचार किया। ग्यारहवें अध्याय में भक्ति का दर्शन हुआ। बाहरवें में सगुण और निर्गुण भक्ति की तुलना करके भक्त के महान लक्षण देखे। बारहवें अध्याय के अंत तक कर्म और भक्ति, इन दोनों तथ्यों की छानबीन हुई। ज्ञान का तीसरा विभाग रह गया था, उसे हमने तेरहवें, चौदहवें और पंद्रहवें अध्यायों में देख लिया- आत्मा को देह से अलग करना और उसके लिए तीनों गुणों को जीतकर अंत में सर्वत्र प्रभु को देखना। पंद्रहवें अध्याय में जीवन का संपूर्ण शास्त्र देख लिया। पुरुषोत्तम-योग में जीवन की पूर्णता होती है। उसके बाद फिर कुछ बाकी नहीं रहता।

27 अक्टूबर

साम्यसूत्र 88: एषा दिवो दुहिता
वृत्ति 2: पंचवादातीतो निर्विवादः

2. कर्म, ज्ञान और भक्ति की पृथक्ता मुझे सहन नहीं होती। कुछ साधकों की ऐसी निष्ठा होती है कि उन्हें केवल कर्म ही सूझता है। कोई भक्ति के स्वतंत्र मार्ग की कल्पना करते हैं और उसी पर सारा जोर देते हैं। कुछ लोगों को झुकाव ज्ञान की ओर होता है। जीवन का अर्थ केवल कर्म, केवल भक्ति, केवल ज्ञान- ऐसा केवल-वाद मुझे मंजूर नहीं। इसके विपरीत कर्म भक्ति, कुछ ज्ञान और कुछ कर्म, इस तरह का उपयोगिता-वाद भी मुझे नहीं जंचता।

पहले कर्म, फिर भक्ति, फिर ज्ञान, इस तरह से क्रम-वाद को भी मैं नहीं स्वीकारता। तीनों वस्तुओं का समन्वय किया जाये, यह सामंजस्य-वाद भी मुझे पंसद नहीं है। मुझे तो यह अनुभव करने की इच्छा होती है कि जो कर्म है वही भक्ति है, वही ज्ञान है। बर्फी के एक टुकड़े की मिठास, उसका आकार और उसका वजन अलग-अलग नहीं है। जिस क्षण हम बर्फी का टुकड़ा मुँह में डालते हैं, उसी क्षण उसका आकार भी हम खा लेते है और उसका वजन भी पचा लेते हैं, और उसकी मिठास भी चख लेते हैं। तीनों बातें मिली-जुली हैं। बर्फी के प्रत्येक कण में आकार, वजन और मधुरता है। यह नहीं कि उसके एक टुकड़े में केवल आकार है, दूसरे में कोरी मिठास है और तीसरे में सिर्फ वजन ही है।

उसी तरह जीवन की प्रत्येक क्रिया में परमार्थ भरा रहना चाहिए- प्रत्येक कृत्य सेवामय, प्रेममय और ज्ञानमय होना चाहिए। जीवन के अंग-प्रत्यंग में कर्म, भक्ति और ज्ञान भरा रहना चाहिए, इसे 'पुरुषोत्तम-योग' कहते है। सारे जीवन को केवल परमार्थमय ही बना डालना- यह बात बोलने में तो बड़ी आसान है। परंतु इस कथन में जो भाव है, उसका यदि विचार करने लगें, तो केवल निर्मल सेवा करने के लिए अंतःकरण में शुद्ध ज्ञान-भक्ति की हार्दिकता गृहीत समझकर चलना होगा। इसलिए कर्म, भक्ति और ज्ञान अक्षरक्षः एकरूप हैं, इस परम दशा को 'पुरुषोत्तम-योग' कहते हैं। यहाँ जीवन की अंतिम सीमा आ गयी।

28 अक्टूबर

साम्यसूत्र 88: एषा दिवो दुहिता
वृत्ति 3: पूर्व-प्रभा दैवी संपत्

3. अब, आज हम देखें कि इस सोलहवें अध्याय में क्या कहा गया है? जिस प्रकार सूर्योदय होने के पहले उसकी प्रभा फैलने लगती है, उसी प्रकार जीवन में कर्म, भक्ति और ज्ञान से पूर्ण पुरुषोत्तम-योग के उदय होने के पहले सद्‌गुणों की प्रभा बाहर प्रकट होने लगती है। परिपूर्ण जीवन की इस आगामी प्रभा का वर्णन इस सोलहवें अध्याय में किया गया है। किस अंधकार से झगड़कर यह प्रभा प्रकट होती है, उसका भी वर्णन इसमें किया गया है।

किसी वस्तु को मानने के लिए हम कोई प्रत्यक्ष प्रमाण देखना चाहते हैं। सेवा, भक्ति और ज्ञान हमारे जीवन में आ गये हैं, यह कैसे समझा जाये। खेत पर हम मेहनत करते हैं, तो उसके फलस्वरूप अनाज की फसल हम तौल-नापकर घर ले आते हैं। इसी तरह हम जो साधना करते है, उससे हमें क्या-क्या अनुभव हुए, कितनी सद्‌वृत्तियां गहरी पैठीं, कितने सद्‌गुण हममें आये, जीवन सचमुच सेवामय कितना हुआ- इसकी जांच करने की ओर यह अध्याय संकेत करता है।

जीवन की कला कितनी ऊंची चढ़ी, इसे नापने के लिए यह अध्याय है। जीवन की इस वर्धमान कला को गीता 'दैवी संपत्ति' का नाम देती है। इसके विरुद्ध जो वृत्तियां हैं, उन्हें 'आसुरी' कहा है। सोलहवें अध्याय में दैवी और आसुरी संपत्तियों का संघर्ष बताया गया है।

29 अक्टूबर

साम्यसूत्र 89: सदसती पस्पृधाते

वृत्ति 4: अंतः संग्रामो मूलम् 5: बहिर् दृश्यते प्रतिबिंबम्

89. अहिंसा की और हिंसा की सेना

4. जिस तरह पहले अध्याय में एक ओर कौरव-सेना और दूसरी ओर पांडव-सेना आमने-सामने खड़ी है, उसी तरह यहाँ **सद्‌गुणरूपी दैवी-सेना** और **दुर्गुणरूपी आसुरी-सेना** एक-दूसरे के सामने खड़ी की है। बहुत प्राचीनकाल से मानवीय मन में सदसत्-प्रवृत्तियों का जो झगड़ा चलता है, उसका रूपकात्मक वर्णन करने की परिपाटी पड़ गयी है। वेद मे इंद्र और वृत्र, पुराणों में देव और दानव, वैसे ही राम और रावण, पारसियों के धर्मग्रंथों में अहुरमज्द और अहरिमान, ईसाई मजहब में प्रभु और शैतान, इस्लाम मे अल्लाह और इब्लीस- इस तरह के झगड़े सभी धर्मों में आते हैं। काव्य में स्थूल और मोटे विषयों का वर्णन सूक्ष्म वस्तुओं के रूपकों के द्वारा किया जाता है, तो धर्मग्रन्थों में सूक्ष्म मनोभावों का वर्णन उन्हें ठोस स्थूल रूप देकर किया जाता है। काव्य में स्थूल का सूक्ष्म द्वारा वर्णन किया जाता है, तो यहाँ सूक्ष्म का स्थूल के द्वारा। इससे यह नहीं सुझाना है कि गीता के आरंभ में युद्ध का जो वर्णन है वह केवल काल्पनिक है। हो सकता है कि वह ऐतिहासिक घटना हो, परंतु कवि यहाँ उसका उपयोग अपने इष्ट हेतु को सिद्ध करने के लिए कर रहा है। कर्त्तव्य के विषय में जब मन में मोह पैदा हो जाता है, तब मनुष्य को क्या करना चाहिए, यह बात युद्ध के रूपक के द्वारा समझायी गयी है। इस सोलहवें अध्याय में भलाई और बुराई का झगड़ा बताया गया है। गीता में युद्ध का रूपक भी दिया गया है।

5. कुरुक्षेत्र बाहर भी है और हमारे भीतर भी। बारीकी से देखा जाये, तो झगड़ा हमारे मन में होता है, वही हमें बाहरी जगत में मूर्तिमान दिखायी देता है। बाहर जो शत्रु खड़ा है, वह मेरे ही मन का विकार साकार होकर खड़ा है। दर्पण में जिस प्रकार मेरा ही बुरा-भला प्रतिबिंब मुझे दीखता है, उसी तरह मेरे मन के बुरे-भले विचार मुझे बाहर शत्रु-मित्र के रूप में दिखायी देते हैं। जैसे हम जागृति की ही बातें स्वप्न में देखते हैं, वैसे ही जो हमारे मन में है, वही हम बाहर देखते हैं। भीतर के और बाहर के युद्ध में कोई अंतर नहीं है। सच पूछिए, तो असली युद्ध भीतर ही है।

30 अक्टूबर

साम्यसूत्र 89: सदसती पस्पृधाते
वृत्ति 6: अभयादि-नम्रतांता दैवी

89. अहिंसा की और हिंसा की सेना

6. हमारे अंतःकरण में एक और सद्गुण, तो दूसरी ओर दुर्गुण खड़े हैं। उन्होंने अपनी व्यवस्थित व्यूह-रचना कर रखी है। सेना में जिस प्रकार सेनापति आवश्यक है, उसी प्रकार यहाँ भी सद्गुणों ने एक सेनापति बना रखा है। उसका नाम है- 'अभय' । इस अध्याय में 'अभय' को पहला स्थान दिया गया है। यह कोई आकस्मिक बात नहीं है। जान-बूझकर ही इस 'अभय' शब्द को पहला स्थान दिया होगा। बिना अभय के कोई भी गुण पनप नहीं सकता। सच्चाई के बिना सद्गुण का कोई मूल्य नहीं है, किंतु सच्चाई के लिए निर्भयता आवश्यक है। भयभीत वातावरण में सद्गुण फैल नहीं सकते, बल्कि भयभीत वातावरण में सद्गुण भी दुगुर्ण बन जायेंगे, सत्य प्रवृत्तियां भी कमज़ोर पड़ जायेंगी। निर्भयत्व सब सद्गुणों का नायक है; परंतु सेना को आगा और पीछा, दोनों संभालना पड़ता है। सीधा हमला तो सामने से होता है, परंतु पीछे से चुपचाप चोर-हमला भी हो सकता है। सद्गुणों के सामने 'अभय' खम ठोंककर खड़ा है, तो पीछे से 'नम्रता' रक्षा कर रही है। इस तरह बड़ी सुंदर रचना की गयी है। यहाँ कुल छब्बीस गुण बताये गये हैं। इनमें से पच्चीस गुण प्राप्त हो जायें और यदि कहीं उसका अहंकार हो जाये, तो पीछे से एकाएक चोर-हमले से सारी कमाई खो जाने का भय है। इसीलिए पीछे 'नम्रता' नामक सद्गुण रखा गया है। यदि नम्रता न हो, तो यह 'जय' कब 'पराजय' में परिणत हो जायेगी, इसका पता भी नहीं चलेगा।

इस तरह सामने 'निर्भयता' और पीछे 'नम्रता' को रखकर सब सद्गुणों का विकास किया जा सकेगा। इन दो महान गुणों के बीच जो चौबीस गुण रखे गये हैं, वे सब अधिकतर अहिंसा के पर्यायवाची हैं, ऐसा कहा जा सकता है। भूतदया, मार्दव, क्षमा, शांति, अक्रोध, अहिंसा, अद्रोह- ये सब अहिंसा के ही दूसरे नाम हैं। अहिंसा और सत्य, इन दो गुणों में इन सब सद्गुणों का समावेश हो जाता है।

30 अक्टूबर

साम्यसूत्र 89: सदसती पस्पृधाते
वृत्ति 6: अभयादि-नम्रतांता दैवी

सब सद्‌गुणों का यदि संक्षेप किया जाये, तो अंत में अहिंसा और सत्य, ये ही दो बाकी रह जायेंगे। शेष सब सद्‌गुण इनके उदर में समा जायेंगे, परंतु निर्भयता और नम्रता की बात अलग है। निर्भयता से प्रगति की जा सकती है और नम्रता से बचाव होता है। सत्य और अहिंसा इन दो गुणों की पूंजी लेकर निर्भयतापूर्वक आगे बढ़ना चाहिए।
जीवन विशाल है। उसमें अनिरुद्ध संचार करते चले जाना चाहिए। पांव गलत न पड़ जाये, इसके लिए सदा नम्र रहें, फिर कोई खतरा नहीं रह जाता। तब निर्भयतापूर्वक सत्य-अहिंसा के प्रयोग सर्वत्र करते हुए आगे बढ़ सकते हैं। तात्पर्य यह कि सत्य और अहिंसा का विकास निर्भयता और नम्रता के द्वारा होता है।

31 अक्टूबर

साम्यसूत्र 89: सदसती पस्पृधाते
वृत्ति 7: दंभाद्यज्ञानांताऽऽसुरी

7. एक ओर जहाँ सद्‌गुणों की फौज खड़ी है, वहाँ दूसरी ओर दुर्गुणों की भी फौज तैयार है। दंभ, अज्ञान आदि दुर्गुणों के संबंध में अधिक कहने की आवश्यकता नहीं है। इनसे हमारा नित्य का परिचय है। दंभ तो जैसे हम आदी हो गये हैं, सारा जीवन ही मानो दंभ पर खड़ा किया गया है।

अज्ञान के बारे में क्या कहा जाये! वह तो एक ऐसा मनोहर कारण बन गया है, जिसे हम पग-पग पर आगे कर देते हैं। मानो अज्ञान कोई बड़ा गुनाह ही न हो। परंतु भगवान कहते हैं- 'अज्ञान पाप है।' सुकरात ने इससे उलटा कहा था। अपने मुकदमे के दौरान उसने कहा- 'जिसको तुम पाप समझते हो, वह अज्ञान है और अज्ञान क्षम्य है। अज्ञान के बिना पाप हो ही कैसे सकता है और अज्ञान को तुम दंड कैसे दोगे?'

परंतु भगवान कहते हैं- 'अज्ञान भी पाप ही है।' 'कानून का अज्ञान' यह कोई बचाव की दलील नहीं हो सकती, ऐसा कानून में कहा है। ईश्वरीय कानून का अज्ञान भी बहुत बड़ा अपराध है। भगवान के और सुकरात के कथन का भावार्थ एक ही है। अपने अज्ञान की ओर किस दृष्टि से देखना चाहिए, यह भगवान बताते है, तो दूसरे के पाप की ओर किस दृष्टि से देखना चाहिए, यह सुकरात बताता है। दूसरे के पापों को क्षमा करना चाहिए, परंतु अपने अज्ञान को क्षमा करना पाप है। अपना अज्ञान थोड़ा-सा भी शेष नहीं रहने देना चाहिए।

1 नवंबर

साम्यसूत्र 90: चतुष्पर्वाण्युत्तरोत्तरम्
वृत्ति 8: अहिंसाविकासपर्वाणि

90. अहिंसा के विकास की चार मंज़िलें

8. इस तरह एक ओर दैवी संपत्ति और दूसरी ओर आसुरी संपत्ति- ऐसी दो सेनाएं खड़ी हैं। इनमें से आसुरी संपत्ति को छोड़ना है और दैवी संपत्ति को पकड़ना है। सत्य, अहिंसा आदि दैवी गुणों का विकास अनादि काल से होता आया है। बीच में जो काल गया, उसमें भी बहुत-कुछ विकास हुआ है। तो भी अभी विकास के लिए बहुत गुंजाइश है। विकास की मर्यादा समाप्त हो गयी हो, सो बात नहीं। जब तक हमें सामाजिक शरीर प्राप्त है, तब तक विकास के लिए हमें अनंत अवकाश है। वैयक्तिक विकास हो जाये फिर भी सामाजिक, राष्ट्रीय, जागतिक विकास शेष रहता ही है। व्यक्ति को अपने विकास की खाद देकर फिर समाज, राष्ट्र के लाखों व्यक्तियों के विकास की शुरूआत करनी होती है। मानव द्वारा अहिंसा का विकास अनादिकाल से हो रहा है, तो भी आज वह विकास-क्रिया जारी ही है।

2 नवंबर

साम्यसूत्र 90: चतुष्पर्वाण्युत्तरोत्तरम्
वृत्ति 9: परशुरामस्य प्रथमम्

9. अहिंसा का विकास किस तरह होता आया है, यह देखने लायक है। उससे यह समझ में आ जायेगा कि पारमार्थिक जीवन का विकास उत्तरोत्तर किस तरह हो रहा है और उसे अभी कितना अवसर है। पहले अहिंसक मानव यह विचार करने लगा कि हिंसक लोगों के हमले से कैसे बचाव किया जाये? शुरू में समाज की रक्षा के लिए क्षत्रिय-वर्ग बनाया गया; परंतु वही आगे चलकर समाज-भक्षण करने लगा। तब अहिंसक ब्राह्मण यह विचार करने लगे कि इन उन्मत्त क्षत्रियों से समाज का बचाव कैसे किया जाये?

परशुराम ने स्वयं अहिंसक होकर भी हिंसा का अवलंबन किया है। वे क्षत्रियों का विनाश करने लगे। क्षत्रिय हिंसा छोड़ दें, इसलिए वे स्वयं हिंसक बने। यह अहिंसा का ही प्रयोग था, परंतु सफल नहीं हुआ। उन्होंने इक्कीस बार क्षत्रियों का संहार किया, फिर भी क्षत्रिय बचे ही रहे, क्योंकि यह प्रयोग मूल में ही गलत था। जिन क्षत्रियों को नष्ट करने वे चले थे, उनमें एक और क्षत्रिय की वृद्धि उन्होंने की; तो फिर वह क्षत्रिय-वर्ग नष्ट कैसे होता? वे स्वयं ही हिंसक क्षत्रिय बन गये। वह बीज तो कायम ही रहा। बीज को कायम रखकर पेड़ों को काटने वाले को वे पेड़ पुनः- पुनः पैदा हुए ही दीखेंगे।

परशुराम थे भले आदमी, परंतु उनका प्रयोग बड़ा विचित्र हुआ। स्वयं क्षत्रिय बनकर वे पृथ्वी को निःक्षत्रिय बनाना चाहते थे। वस्तुतः उन्हें अपने से ही प्रयोग शुरू करना चाहिए था। उन्हें चाहिए था कि पहले वे अपना ही सिर उड़ा देते। परशुराम के प्रयोग का आधार ही गलत था। हिंसामय होकर हिंसा दूर करना संभव नहीं। इससे उल्टे हिंसकों की संख्या ही बढ़ती है। परंतु उस सयम यह बात ध्यान में नहीं आयी। उस समय के भले-भले आदमियों ने, परम अहिंसामय व्यक्तियों ने, जैसा उन्हें सूझा, प्रयोग किया। परशुराम के प्रयोग का आधार ही गलत था। हिंसामय होकर हिंसा दूर करना संभव नहीं। इससे उल्टे हिंसकों की संख्या ही बढ़ती है। परंतु उस सयम यह बात ध्यान में नहीं आयी। उस समय के भले-भले आदमियों ने, परम अहिंसामय व्यक्तियों ने, जैसा उन्हें सूझा, प्रयोग किया। परशुराम उस काल के महान अहिंसावादी थे। हिंसा के उद्देश्य से उन्होंने हिंसा नहीं की। अहिंसा की स्थापना के लिए उन्होंने हिंसा की।

3 नवंबर

साम्यसूत्र 90: चतुष्पर्वाण्युत्तरोत्तरम्
वृत्ति 10: विश्ववामित्रादीनां द्वितीयम्

10. वह प्रयोग असफल हो गया। बाद में राम का युग आया। उस समय फिर ब्राह्मणों ने विचार शुरू किया। उन्होंने हिंसा छोड़ दी थी और यह निश्चय किया था कि हम स्वंय हिंसा करेंगे ही नहीं। तब राक्षसों के आक्रमणों से बचाव कैसे हो? उन्होंने सोचा कि ये क्षत्रिय तो हिंसा करने वाले हैं ही, इन्हीं राक्षसों का संहार करा डालना चाहिए। कांटे से कांटा निकाल डालना चाहिए। हम स्वतः दूर रहें। अतः विश्वामित्र ने यज्ञ-रक्षणार्थ राम-लक्ष्मण को ले जाकर उनके द्वारा राक्षसों का संहार करवाया।

आज हम ऐसा सोचते हैं कि 'जो अहिंसा स्व-संरक्षित नहीं है, जिसके पांव नहीं है, ऐसी लंगड़ी-लूली अहिंसा खड़ी कैसे रहेगी?' परंतु वसिष्ठ, विश्वामित्र जैसों को क्षत्रियों के बल पर अपनी रक्षा करा लेने में कोई दोष या त्रुटि नहीं मालूम हुई। परंतु यदि राम के जैसा क्षत्रिय न मिला होता तो? विश्वामित्र कहते हैं- 'मैं भले ही मर जाऊं, पर हिंसा नहीं करूंगा।' क्योंकि हिंसक बनकर हिंसा दूर करने का प्रयोग हो चुका था। अब इतना तो निश्चय हो ही चुका था कि स्वयं अहिंसा नहीं छोड़ेंगे- यदि कोई क्षत्रिय नहीं मिला, तो अहिंसक व्यक्ति मर जाना पसंद करेंगे- यह भूमिका अब तैयार हो चुकी थी।

अरण्यकांड में एक प्रसंग है। राम पूछते हैं- 'ये ढेर किस चीज के हैं?' ऋषि कहते हैं- 'ये ब्राह्मणों की हड्डियों के ढेर हैं। अहिंसक ब्राह्मणों ने आक्रमणकारी हिंसक राक्षसों का प्रतिकार नहीं किया। वे मर मिटे। उन्हीं की हड्डियों के ये ढेर हैं।' इस अहिंसा में ब्राह्मणों का त्याग तो था; परंतु साथ ही दूसरों से अपने सरंक्षण की अपेक्षा भी वे रखते थे। ऐसी कमज़ोरी से अहिंसा पूर्णता को नहीं पहुँच सकती थी।

4 नवंबर

साम्यसूत्र 90: चतुष्पर्वाण्युत्तरोत्तरम्
वृत्ति 11: महतां सतां तृतीयम्

11. संतो ने आगे चलकर तीसरा प्रयोग किया। उन्होंने निश्चय किया- 'हम अपने बचाव के लिए दूसरों की सहायता कदापि नहीं लेंगे। हमारी अहिंसा ही हमारा बचाव करेगी। ऐसा बचाव ही सच्चा बचाव होगा।' संतो का यह प्रयोग व्यक्तिनिष्ठ था। इस व्यक्तिगत प्रयोग को उन्होंने पूर्णता तक पहुँचा दिया, परंतु रहा यह व्यक्तिगत ही। समाज पर यदि हिंसक लोगों के हमले होते और समाज संतों से आकर पूछता कि 'अब क्या करें?' तो शायद संत उसका निश्चित उत्तर न दे पाते। व्यक्तिगत जीवन में परिपूर्ण अहिंसा का पालन करने वाले वे संत समाज से यही कहते- 'भाई, हम निर्बल हैं।' संतों की यह कमी बताना मेरा बाल-साहस होगा, परंतु उनके कंधे पर बैठकर मुझे जो दीखता है, वही मैं बता रहा हूँ। वे मुझे इसके लिए क्षमा करें और वे कर भी देंगे क्योंकि उनकी क्षमा महान है। अहिंसा के साधनों से सामूहिक प्रयोग करने की उन्हें प्रेरणा नहीं हुई, ऐसा तो नहीं कह सकते; लेकिन उस समय की परिस्थिति उन्हें शायद अनुकूल न लगी हो। उन्होंने अपने लिए अलग-अलग प्रयोग किये; परंतु ऐसे पृथक्-पृथक् किये हुए प्रयोगों से ही शास्त्र की रचना होती है। सम्मिलित अनुभवों से शास्त्र बनता है।

5 नवंबर

साम्यसूत्र 90: चतुष्पर्वाण्युत्तरोत्तरम्
वृत्ति 12: अस्माकं चतुर्थम्

12. संतों के प्रयोग के बाद आज हम चौथा प्रयोग कर रहे हैं। वह है- सारा समाज मिलकर अहिंसात्मक साधनों से हिंसा का प्रतिकार करे। इस तरह चार प्रयोग अब तक हुए हैं। प्रत्येक प्रयोग में अपूर्णता थी और है। विकास-क्रम में यह बात अपरिहार्य ही है। परंतु यह तो कहना ही होगा कि उस-उस काल के लिए वे-वे प्रयोग पूर्ण ही थे और दस हजार साल के बाद आज के इस हमारे अहिंसक युद्ध में भी बहुत-कुछ हिंसा का अंश दिखायी देगा।

शुद्ध अहिंसा के और प्रयोग होते ही रहेंगे। ज्ञान कर्म और भक्ति का ही नहीं, सभी सद्‌गुणों का विकास हो रहा है। पूर्ण वस्तु एक ही है। वह है परमात्मा। भगवद्गीता का पुरुषोत्तम योग पूर्ण है, परंतु व्यक्ति और समुदाय के जीवन में अभी उनका पूर्ण विकास होना बाकी है। वचनों का भी विकास होता है। ऋषि मंत्रों के द्रष्टा समझे जाते थे, कर्ता नहीं, क्योंकि उन्हें मंत्रों का जो अर्थ दीखा, वही उसका अर्थ हो, सो बात नहीं। उन्हें उनका एक दर्शन हुआ। उसके बाद हमें उसका और विकसित अर्थ दीख सकता है। उनसे यदि हमें कुछ अधिक दीख जाता है, तो यह हमारी विशेषता नहीं है, क्योंकि उन्हीं के आधार पर हम आगे बढ़ते हैं।

मैं यहाँ अहिंसा के ही विकास की जो बात कर रहा हूं, वह इसलिए कि यदि हम सब सद्‌गुणों का साधारण रूप से सार निकालें, तो वह अहिंसा ही निकलेगा, और दूसरे, हम आज अहिंसात्मक युद्ध में पड़े हुए भी हैं। इस तरह हमने देखा कि इस तत्त्व का विकास कैसे हो रहा है।

6 नवंबर

साम्यसूत्र 91: अपूर्वं मानवस्य
वृत्ति 13: पश्वादीनामभयदानम्

91. अहिंसा का एक महान प्रयोग: मांसाहार-परित्याग

13. अंत तक हमने अहिंसा का एक यह पहलू देखा कि यदि हिंसकों के हमले हों, तो अहिंसक अपना बचाव कैसे करें। मनुष्यों के पारस्परिक झगड़ों में अहिंसा का विकास किस तरह हो रहा है यह हमने देखा। किंतु झगड़ा तो मनुष्य और पशुओं में भी हो रहा है। मनुष्य अभी तक अपने आपस के झगड़े मिटा नही पाया। पशु को पेट में ठूंसकर वह जी रहा है। उसे अपने झगड़े अभी तक मिटाने नहीं आते और अपने से हीन दुर्बल पशुओं, जीवों को खाये बिना वह जी नहीं सकता। हजारों वर्ष जीकर भी किस तरह जीयें, इसका विचार अभी तक मनुष्य ने नहीं किया। मनुष्य को मनुष्य की तरह जीना आता नहीं, परंतु अब बात का भी विकास हो रहा है। आदिमानव शायद कंद-मूल फलाहारी ही होगा। लेकिन बाद में दुर्मतिवश बहुत-सा मानव-समाज मांसाहारी बना। जो उत्तम और बुद्धिमान व्यक्ति थे, उन्हें यह नहीं जंचा। उन्होंने यह प्रतिबंध लगाया कि यदि मांस ही खाना हो, तो यज्ञ में बलि दिये पशुओं का ही मांस खाना चाहिए। इसमें हेतु यह था कि हिंसा रुके। बहुतों ने तो पूर्ण रूप से मांस छोड़ दिया, परंतु जो पूर्णतः मांस नहीं छोड़ सकते थे, उन्हें यह अनुमति दी गयी कि वे उसे यज्ञ में परमेश्वर को अर्पण कर, कुछ तपस्या करें, तब खायें, उस समय यह माना गया था कि 'यज्ञ में ही मांस खा सकते हैं' - ऐसा प्रतिबंध लगा देने से हिंसा रुक जायेगी, परंतु बाद में यज्ञ का सामान्य-क्रम बन गया। ऐसा होने लगा कि जो चाहता, यज्ञ करता और मांस खाता। तब भगवान बुद्ध आगे आये। उन्होंने कहा- 'तुम्हें मांस खाना हो तो खाओ, परंतु भगवान का नाम लेकर तो मत खाओ।' इन दोनों वचनों का हेतु एक ही था- हिंसा पर अंकुश रहे, गाड़ी किसी-न-किसी तरह संयम के मार्ग पर आये। यज्ञ-याग करो या न करो- दोनों से हमने मांसाशन का त्याग ही सीखा। इस तरह हम धीरे-धीरे मांस-भक्षण छोड़ते गये।

7 नवंबर

साम्यसूत्र 91: अपूर्वं मानवस्य
वृत्ति 14: भारतीयप्रयोगविशेषः

14. संसार के इतिहास में अकेले भारतवर्ष में ही यह महान प्रयोग हुआ। करोड़ों लोगों ने मांस खाना छोड़ दिया। आज हम मांस नहीं खाते, इसमें हमारा कोई बड़प्पन नहीं है। पूर्वजों की पुण्याई से हम इसके आदी हो गये हैं। परंतु पहले के ऋषि मांस खाते थे, ऐसा यदि हम पढ़ें या सुनें, तो हमें आश्चर्य मालूम होता है। 'क्या बकते हो? ऋषि मांस खाते थे? कभी नहीं।' परंतु मांसाशन करते हुए उन्होंने संयम करके उसका त्याग किया, इसका श्रेय उन्हें है। उन कष्टों का अनुभव आज हमें नहीं होता। उनकी पुण्याई मुफ्त में हमें मिल गयी है।

पहले वे मांसाशन करते थे और आज हम नहीं करते, इसका अर्थ यह नहीं कि हम आज उनसे बड़े हो गये हैं। उनके अनुभव का लाभ हमें अनायास ही मिल गया है। हमें उनके इस अनुभव का विकास करना चाहिए। हमें दूध बिलकुल ही छोड़ देने का प्रयोग करना चाहिए। मनुष्य अन्य जीवों का दूध पीये, यह बात भी तो हीनता की है। दस हजार वर्ष बाद लोग हमारे विषय में कहेंगे- 'क्या, हमारे पूर्वजों को दूध न पीने का व्रत लेना पड़ा था? राम-राम, वे दूध कैसे पीते होंगे, इतने कैसे वे जंगली थे।' सारांश यह कि हमें निडर होकर, नम्रतापूर्वक अपने प्रयोग करते हुए निरंतर आगे बढ़ते जाना चाहिए। सत्य का क्षितिज विशाल करते जाना चाहिए। विकास के लिए अभी पर्याप्त अवकाश है। किसी भी गुण का पूर्ण विकास नहीं हुआ है।

8 नवंबर

साम्यसूत्र 92: स्वाम्यादि परिहरेत्
वृत्ति 15: त्रिविध-महत्त्वाकांक्षा 16: संस्कृतिर् धार्मिकी मे

92. आसुरी संपत्ति की तिहरी महत्त्वाकांक्षा: सत्ता, संस्कृति और संपत्ति

15. हमें दैवी संपत्ति का विकास करना है और आसुरी संपत्ति से दूर रहना है। आसुरी संपत्ति का वर्णन भगवान ने इसीलिए किया है कि उससे दूर रह सकें। इसमें कुल तीन बातें मुख्य हैं। असुरों के चरित्र का सार 'सत्ता, संस्कृति और संपत्ति' में है। वे कहते हैं- एक हमारी ही संस्कृति उत्कृष्ट है। और उनकी महत्त्वाकांक्षा होती है कि वही सारे संसार पर लादी जाये। आपकी ही संस्कृति क्यों लादी जाये? तो कहते हैं- 'वही सबसे अच्छी है।' 'अच्छी क्यों है?' क्योंकि वह 'हमारी' है। चाहे आसुरी व्यक्ति हो, चाहे ऐसे व्यक्तियों से बने साम्राज्य हों, वे इन तीन चीजों का आग्रह रखते हैं।

16. ब्राह्मण भी तो ऐसा ही समझते हैं कि हमारी संस्कृति सर्वश्रेष्ठ है। सारा ज्ञान हमारे वेदों में भरा हुआ है। वैदिक संस्कृति की विजय सारे संसार में होनी चाहिए। **अग्रत चतुरो वेदान् पृष्ठतः सशरं धनुः**- इस तरह सज्ज होकर सारी पृथ्वी पर अपनी संस्कृति का झंडा फहराओ। परंतु पीछे पर जहाँ 'सशरं धनुः' होगा वहाँ आगे वाले बेचारे वेदों की समाप्ति ही समझिए। मुसलमान भी तो ऐसा ही समझते हैं कि कुरानशरीफ में जितना कुछ लिखा है, वही सच है। ईसाई भी ऐसा ही मानते हैं। अन्य धर्म का मनुष्य कितना ही उच्च कोटि का क्यों न हो, उसका यदि ईसामसीह पर विश्वास नहीं होगा तो उसे स्वर्ग मिलने वाला नहीं। भगवान के घर को उन्होंने केवल एक ही दरवाजा रखा है वह है इसा मसीह वाला। लोग तो अपने घरों में अनेक दरवाजे और खिड़कियां लगाते हैं, परंतु बेचारे भगवान के घर को केवल एक ही दरवाजा रखते हैं।

9 नवंबर

साम्यसूत्र 92: स्वाम्यादि परिहरेत्

वृत्ति 17: संस्कृतिर् वांशिकी मे

17. **आढयोऽभिजनवानस्मि कोऽन्योऽस्ति सद्दशो मया**- मैं ही कुलीन हूं, मैं ही श्रीमंत हूं, मेरे जोड़ का दूसरा कौन है? सब यही मानते हैं। मैं कौन? भारद्वाज-कुल का। मेरी यह परंपरा अबाधित रूप से चल रही है। यही हाल पश्चिमी लोगों का है। कहते हैं, हमारी नसों में नार्मन सरदारों का रक्त बहता है। हमारे यहाँ गुरु-परंपरा है न? मूल आदिगुरु है शंकर। फिर ब्रह्मदेव या और कोई, फिर नारद, व्यास, फिर कोई और ऋषि, फिर बीच में दस-पांच नाम और आते हैं, बाद में अपने गुरु का नाम और फिर मैं- ऐसी परंपरा बतायी जाती है। इस वंशावलि से यह सिद्ध किया जाता है कि हम श्रेष्ठ, हमारी संस्कृति श्रेष्ठ। भाई, यदि आपकी संस्कृति सचमुच ही श्रेष्ठ है, तो उसे अपने आचरण में दीखने दो न! अपने जीवन में उसकी प्रभा फैलने दो न! परंतु ऐसा नहीं होता। जो संस्कृति स्वयं हमारे जीवन में नहीं है, हमारे घर में नहीं है, उसे संसारभर में फैलाने की आकांक्षा रखना- इस विचार-पद्धति को 'आसुरी' कहते हैं।

10 नवंबर

साम्यसूत्र 92: स्वाम्यादि परिहरेत्
वृत्ति 18. धनं मे 19: प्रभुत्वं मे

18. फिर जैसे मेरी संस्कृति सुंदर है, वैसा ही यह विचार है कि संसार की सारी संपत्ति रखने के योग्य भी मैं ही हूँ। संसार की सारी संपत्ति मुझे चाहिए और मैं उसे प्राप्त करूंगा ही। वह संपत्ति किसलिए प्राप्त करनी है? तो, सबमें समान रूप से बांटने के लिए! इसके लिए मैं स्वतः अपने को धन-संपत्ति में गाड़ लेता हूँ। अकबर ने यही तो कहा था- 'ये राजपूत अभी मेरे साम्राज्य में क्यों नहीं दाखिल होते? एक साम्राज्य बनेगा, तो शांति स्थापित होगी।' वह प्रामाणिक रूप से ऐसा मानता था। वर्तमान असुरों की भी ऐसी धारणा है कि सारी संपत्ति बटोरना है। क्यों? उसे फिर सबमें बांटने के लिए।

19. उसके लिए मुझे सत्ता चाहिए। सारी सत्ता एक हाथ में केंद्रीभूत होनी चाहिए। सारी दुनिया मेरे तंत्र में आ जानीं चाहिए। स्व-तंत्र- मेरे तंत्र के अनुसार चलनी चाहिए। जो मेरे अधीन होगा, जो मेरे तंत्र के अनुसार चलेगा, वही स्वतंत्र। इस तरह संस्कृति, सत्ता और संपत्ति- इन तीन मुख्य बातों पर आसुरी संपत्ति में जोर दिया जाता है।

11 नवंबर

साम्यसूत्र 92: स्वाम्यादि परिहरेत्

वृत्ति 20. 'मे' -मुक्तं भावि-युगम्

20. एक समय ऐसा था, जब समाज में ब्राह्मणों का प्रामुख्य था। शास्त्र वे लिखते, कानून वे बनाते, राजा उनके समक्ष नतमस्तक होते। वह युग बदला। क्षत्रियों का युग आया। घोड़े छोड़े जाने लगे, दिग्विजय किये जाने लगे। वह क्षत्रिय-संस्कृति भी आयी और चली गयी। ब्राह्मण कहता- 'मैं विद्या देने वाला, दूसरे लेनेवाले, मेरे सिवा गुरु कौन?' ब्राह्मणों को अपनी संस्कृति का अभिमान था। क्षत्रियों का जोर सत्ता पर था- 'आज इसे मारा, कल उसे मारूँगा।' इस बात पर उनका सारा जोर रहता था। फिर वैश्यों का युग आया। 'पीठ पर मारो, पर पेट पर मत मारो!' इसमें वैश्यों का सारा तत्त्वज्ञान है। पेट की सारी अक्ल! 'यह धन मेरा है और वह भी मेरा हो जायेगा' - यही जप और यही संकल्प! अंग्रेज हमें कहते हैं न- 'स्वराज्य चाहिए तो ले लो, परंतु हमारा तैयार माल बेचने की सुविधा, सहूलियतें हमें दे दो, फिर अपनी संस्कृति का खूब अध्ययन करते रहो। लंगोटी लगाओ और अपनी संस्कृति को लिये बैठे रहो। आजकल जो युद्ध होते हैं, वे व्यापार के लिए होते हैं। यह युग भी जायेगा, जाने का आरंभ भी हो गया है। इस तरह ये सब आसुरी संपत्ति के प्रकार हैं।

12 नवंबर

साम्यसूत्र 93: शास्त्रीय-संयमेन
वृत्ति 21: विस्तीर्णो नरकपंथाः 22: वंशवृद्धि-चिंतां कुरु
93. काम-क्रोध-लोभ-मुक्ति का शास्त्रीय संयम-मार्ग

21. हम आसुरी संपत्ति को दूर हटाते रहें। संक्षेप में कहें, तो आसुरी संपत्ति का अर्थ है- 'काम, क्रोध, लोभ।' ये ही तीनों सारे संसार को नचा रहे हैं। अब इस नृत्य को समाप्त करो। हमें यह छोड़ देना ही चाहिए। क्रोध और लोभ काम से पैदा होते हैं। काम के अनुकूल परिस्थिति उत्पन्न होने से लोभ पैदा होता है और प्रतिकूलता आने से क्रोध। गीता में पद-पद पर यह कहा है कि इन तीनों से बचते रहो। सोलहवें अध्याय के अंत में यही कहा है। काम, क्रोध और लोभ, ये ही नरक के तीन बड़े द्वार हैं। इनमें बहुत बड़ा आवागमन होता है। अनेक लोग आते-जाते हैं। नरक का रास्ता खूब चौडा है। उसमें मोटरें चलती हैं। बहुतेरे साथी भी रास्ते में मिल जाते हैं; परंतु सत्य की राह संकरी है।
22. तो अब इन काम, क्रोध, लोभसे बचें कैसे? संयम-मार्ग का अंगीकार करके। शास्त्रीय संयम का पल्ला पकड़ लेना चाहिए। संतों का अनुभव ही शास्त्र है। प्रयोग द्वारा जो अनुभव संतों को हुए उन्हीं से शास्त्र बनता है। इस संयम-सिद्धांत का हाथ पकड़ों। व्यर्थ की शंका-कुंशका मत रखो। कृपा करके ऐसा तर्क, ऐसी शंका मत लाइए कि यदि काम-क्रोध उठ गये, तो फिर संसार का क्या हाल होगा? वह तो चलना ही चाहिए। क्या थोड़े-से भी काम-क्रोध नहीं रहने चाहिए? भाइयो, काम-क्रोध पहले से ही भरपूर हैं। आपको जितने चाहिए, उससे भी कहीं अधिक है। फिर क्यों व्यर्थ में बुद्धि-भेद पैदा करते हैं? काम, क्रोध लोभ आपकी इच्छा से रत्तीभर अधिक ही हैं। यह चिंता न करें कि काम मर जायेगा, तो संतति कैसे पैदा होगी? आप चाहे कितनी ही संतति पैदा करें, एक दिन ऐसा आनेवाला है, जब पृथ्वी पर से मनुष्य का नाम सर्वथा मिट जायेगा। ऐसा वैज्ञानिकों का कहना है। पृथ्वी धीरे-धीरे ठंडी होती जा रही है। एक समय पृथ्वी अत्यंत उष्ण थी। तब उस पर जीवधारी नहीं रहते थे। जीव पैदा ही नहीं हुआ था। एक समय ऐसा आयेगा कि पृथ्वी अत्यंत ठंडी हो जोयगी और सारी जीवसृष्टि का लय हो जोयगा। इस बात में लाखों वर्ष लग जायेंगे। आप कितनी ही संतान-वृद्धि क्यों न करें, अंत में प्रलय निश्चित है। परमेश्वर जो अवतार लेता है, सो धर्म-संरक्षण के लिए, संख्या-संरक्षण के लिए नहीं। जब तक एक भी धर्मपरायण मनुष्य है, एक भी पापभीरू और सत्यनिष्ठ मनुष्य है, तब तक कोई चिंता नहीं। उसकी ओर ईश्वर की दृष्टि बनी रहेगी। जिनका धर्म मर चुका है, ऐसे हजारों लोगों का जीवित रहना, न रहना बराबर है।

13 नवंबर

साम्यसूत्र 93: शास्त्रीय-संयमेन

वृत्ति 23: संयम-चिंतां कुरु वृत्ति 24: तीरानंदो भव

23. इन सब बातों पर ध्यान रखकर सृष्टि में ढंग से रहिए, संयम से चलिए। मनमानी न कीजिए। 'लोक-संग्रह' का अर्थ यह नहीं कि लोग जैसा कहें, वैसा किया जाये। मनुष्यों का संघ बढ़ाते जाना? संपत्ति का ढेर इकट्ठा करते जाना- इसे सुधार नहीं कहते। विकास संख्या पर अवलंबित नहीं है। समाज यदि बेशुमार बढ़ने लगेगा, तो लोग एक-दूसरे का खून करने लग जायेंगे। पहले पशु-पक्षियों को खाकर मनुष्य मत्त बनेगा; फिर अपने बाल-बच्चों को खाने लगेगा। काम-क्रोध में सार है, यह बात यदि मान लें, तो फिर अंत में मनुष्य मनुष्य को फाड़ खायेगा, इसमें अणुमात्र संदेह नहीं है। लोक-संग्रह का अर्थ है, सुंदर और विशुद्ध नीतिमार्ग लोगों को दिखाना। काम-क्रोध से मुक्त हो जाने के कारण यदि पृथ्वी से मनुष्य का लोप हो जायेगा, तो वह मंगल पर उत्पन्न हो जायेगा। आप चिंता न करें। अव्यक्त परमात्मा सब जगह व्याप्त है। वह हमारी चिंता कर लेगा। अतः पहले हम मुक्त हो लें। आगे बहुत दूर देखने की जरूरत नहीं है। सारी सृष्टि और मानव जाति की चिंता मत करो। तुम अपनी नैतिक शक्ति बढ़ाओ। काम-क्रोध को पल्ला झाड़कर फेंक दो। **आपुला तू गळा घेई उगवूनि-** पहले अपना गला तो छुड़ा लो! तुम्हारी गर्दन जो फंसी है, पहले उसे बचाओं। इतना कर लो, तो भी काफी है।

24. संसार-समुद्र से दूर किनारे खड़े रहकर समुद्र की मौज देखने में आनंद है। जो समुद्र में डूब रहा है, जिसमी आंख-नाक में पानी भर रहा है, उसे समुद्र का क्या आनंद है? संत समुद्र-तट पर खड़े रहकर आनंद लूटते हैं। संसार से अलिप्त रहने की इस संत-वृत्ति का जीवन में संचार हुए बिना आनंद नहीं। अतः कमल-पत्र की तरह अलिप्त रहो। बुद्ध ने कहा है- 'संत ऊँचें पर्वत के शिखर पर खड़े रहकर नीचे संसार की ओर देखते हैं, तब उन्हें संसार क्षुद्र मालूम होता है।' आप भी ऊपर चढ़कर देखिए, तो फिर यह विशाल विस्तार क्षुद्र दिखायी देगा। फिर संसार में मन ही नहीं लगेगा। सारांश, भगवान ने इस अध्याय में आग्रहपूर्वक कहा है कि आसुरी संपत्ति को हटाकर दैवी संपत्ति प्राप्त करो। आइए, हम ऐसा ही यत्न करें ।

रविवार 5. 6. 1932.

१४ नवंबर

सत्रहवां अध्याय: परिशिष्ट - २

साधक का कार्यक्रम

साम्यसूत्र 94: संयतेन स्वैरम्

वृत्ति 1: कार्यक्रमयोगः वृत्ति 2: तेनैव निश्चिंतता

94. सुव्यवस्थित व्यवहार से वृत्ति मुक्त रहती है

1. प्यारे भाइयों, हम धीरे-धीरे अंत तक पहुँचते आ रहे हैं। पंद्रहवें अध्याय में हमने जीवन के संपूर्ण शास्त्र का अवलोकन किया। सोलहवें अध्याय में एक परिशिष्ट देखा। मनुष्य के मन में और उसके मन के प्रतिबिंब स्वरूप समाज में दो वृत्तियों, दो संस्कृतियों अथवा दो संपत्तियों का झगड़ा चल रहा है। इनमें से हमें दैवी संपत्ति का विकास करना चाहिए, यह शिक्षा सोलहवें अध्याय के परिशिष्ट से मिली है। आज सत्रहवें अध्याय में हमें दूसरा परिशिष्ट देखना है। एक दृष्टि से कह सकते हैं कि इसमें कार्यक्रम-योग कहा गया है। गीता इस अध्याय में रोज के कार्यक्रम की सूचना दे रही है। आज के अध्याय में हमें नित्य क्रिया पर विचार करना है।

2. अगर हम चाहते हैं कि हमारी वृत्ति मुक्त और प्रसन्न रहे, तो हमें अपने व्यवहार का एक क्रम बांध लेना चाहिए। हमारा नित्य का कायक्रम किसी-न-किसी निश्चित आधार पर चलना चाहिए। मन तभी मुक्त रह सकता है, जबकि हमारा जीवन उस मर्यादा में और एक निश्चित नियमित रीति से चलता रहे। नदी स्वच्छंदता से बहती है, परंतु उसका प्रवाह बंधा हुआ है। यदि वह बद्ध न हो, तो उसकी मुक्तता व्यर्थ चली जायेगी। ज्ञानी पुरुष का उदाहरण अपनी आंखों के सामने लाओ। सूर्य ज्ञानी पुरुषों का आचार्य है। भगवान ने पहले-पहल कर्मयोग सूर्य को सिखाया, फिर सूर्य से मनु को, अर्थात विचार करने वाले मनुष्य को, वह प्राप्त हुआ। सूर्य स्वतंत्र और मुक्त है। वह नियमित है- इसी में उसकी स्वतंत्रता का सार है। यह हमारे अनुभव की बात है कि हमें एक निश्चित रास्ते से घूमने जाने की आदत है, तो रास्ते की ओर ध्यान न देते हुए भी मन से विचार करते हुए हम घूम सकते हैं। यदि घूमने के लिए हम रोज नये-नये रास्ते निकालते रहेंगे, तो सारा ध्यान उन रास्तों में लगाना पड़ेगा। फिर मन को मुक्तता नहीं मिल सकती। सारांश यह कि हमें अपना व्यवहार इसीलिए बांध लेना चाहिए कि जीवन एक बोझ सा नहीं, बल्कि आनंदमय प्रतीत हो।

15 नवंबर

साम्यसूत्र 94: संयतेन स्वैरम्
वृत्ति 3: संस्थात्रयाधारितं जन्म

3. इसलिए भगवान इस अध्याय में कार्यक्रम बता रहे हैं। हम तीन संस्थाएं साथ लेकर ही जन्म लेते हैं। मनुष्य इन तीनों संस्थाओं का कार्य भली-भाँति चलाकर अपना संसार सुखमय बना सके; इसीलिए गीता यह कार्यक्रम बताती है। वे तीन संस्थाएं कौन-सी हैं? पहली संस्था है- हमारे आसपास लिपटा हुआ यह शरीर। दूसरी संस्था है- हमारे आसपास फैला हुआ यह विशाल ब्रह्मांड- यह अपार सृष्टि, जिसके हम एक अंश हैं। जिसमें हमारा जन्म हुआ वह समाज, हमारे जन्म की प्रतीक्षा करने वाले वे माता-पिता, भाई-बहन, अड़ोसी-पड़ोसी यह हुई तीसरी संस्था।
हम रोज इन तीन संस्थाओं का उपयोग करते हैं- इन्हें छिजाते हैं। गीता चाहती है कि हमारे द्वारा इन संस्थाओं में जो छीजन आती है, उसकी पूर्ति के लिए हम सतत प्रयत्न करें और अपना जीवन सफल बनायें। इन संस्थाओं के प्रति हमारा यह जन्मजात कर्तव्य हमें निरहंकार भावना से करना चाहिए।
इन कर्तव्यों को पूरा तो करना है, परंतु उसकी पूर्ति की योजना क्या हो? यज्ञ, दान और तप- इन तीनों के योग से ही वह योजना बनती है। यद्यपि इन शब्दों से हम परिचित हैं, तो भी इनका अर्थ हम अच्छी तरह नहीं समझते। अगर हम इनका अर्थ समझ ले और इन्हें अपने जीवन में समाविष्ट करें, तो ये तीनों संस्थाएं सफल हो जायेंगी तथा हमारा जीवन भी मुक्त और प्रसन्न रहेगा।

16 नवंबर

साम्यसूत्र 95: तदर्थं त्रिविधिः

वृत्ति 4: क्षतिपूरणो यज्ञः

95. उसके लिए त्रिविध क्रियायोग

4. इस अर्थ को समझने के लिए पहले हम यह देखें कि 'यज्ञ' का अर्थ क्या है। सृष्टि-संस्था से हम प्रतिदिन काम लेते हैं। सौ आदमी यदि एक जगह रहते है, तो दूसरे दिन वहाँ की सारी सृष्टि दूषित हुई दिखायी देती है। वहाँ की हवा हम दूषित कर देते हैं, जगह गंदी कर देते हैं। अन्न खाते हैं और सृष्टि को भी छिजाते हैं। सृष्टि-संस्था की इस छीजन की हमें पूर्ति करनी चाहिए। इसीलिए यज्ञ-संस्था का निर्माण हुआ है।

यज्ञ का उद्देश्य क्या है? सृष्टि की जो हानि हुई, उसे पूरा करना। आज हजारों वर्षों से हम जमीन जोतते आ रहे हैं, उससे जमीन का कस कम होता जा रहा है। यज्ञ कहता है- 'पृथ्वी को उसका कस वापस लौटाओ, जमीन में हल चलाओ, उसमें सूर्य की रोशनी पैठने दो। उसमें खाद डालो।' छीजन की पूर्ति करना, यह है यज्ञ का एक हेतु। दूसरा हेतु है, उपयोग में लायी हुई वस्तुओं का शुद्धीकरण। हम कुएं का उपयोग करते हैं, जिससे आसपास गंदगी हो जाती है, पानी इकट्ठा हो जाता है। कुएं के पास की यह सृष्टि जो खराब हो गयी है, उसे शुद्ध करना चाहिए। वहाँ का गंदा पानी निकाल डालना चाहिए। कीचड़ दूर कर देना चाहिए। क्षति-पूर्ति करने और सफाई करने के साथ ही वहाँ कुछ प्रत्यक्ष निर्माण-कार्य भी करना चाहिए- यह तीसरी बात भी यज्ञ के अंतर्गत है।

हमने कपड़ा पहना, तो हमें चाहिए कि रोज सूत कातकर फिर नव-निर्माण करें। कपास पैदा करना, अनाज उत्पन्न कराना, सूत कातना, यह भी यज्ञ-क्रिया ही है। यज्ञ में जो कुछ निर्माण करना है, वह स्वार्थ के लिए नहीं, बल्कि हमने जो क्षति की है, उसे पूरा करने की कर्तव्य-भावना से वह होना चाहिए। यह परोपकार नहीं है। हम तो पहले से ही कर्जदार हैं। जन्मतः ही अपने सिर पर ऋण लेकर हम आते हैं। इस ऋण को चुकाने के लिए हमें जो कुछ निर्माण करना है, वह यज्ञ अर्थात सेवा है, परोपकार नहीं। उस सेवा से हमें अपना ऋण चुकाना है। हम पद-पद पर सृष्टि का उपयोग करते हैं। अतः उस हानि की पूर्ति करने के लिए, उसकी शुद्धि करने के लिए और नवीन वस्तु उत्पन्न करने के लिए हमें यज्ञ करना होता है।

17 नवंबर

साम्यसूत्र 95: तदर्थं त्रिविधिः

वृत्ति 5: ऋणमोचनं दानम् वृत्ति 6: दोषशोधनं तपः

5. दूसरी संस्था है, हमारा मनुष्य-समाज। मां-बाप, गुरु, मित्र ये सब हमारे लिए मेहनत करते हैं। समाज का यह ऋण चुकाने के लिए दान की व्यवस्था की गयी है। दान का अर्थ है, समाज का ऋण चुकाने के लिए किया गया प्रयोग। दान का अर्थ परोपकार नहीं। समाज से मैंने अपार सेवा ली है। जब मैं इस संसार में आया, तो दुर्बल और असहाय था। इस समाज ने मुझे छोटे से बड़ा किया है। इसलिए मुझे समाज की सेवा करनी चाहिए।

'परोपकार' कहते हैं, दूसरे से कुछ न लेकर की हुई सेवा को। परंतु यहाँ तो समाज से पहले ही भरपूर ले चुके हैं। समाज के इस ऋण से मुक्त होने के लिए जो सेवा की जाये, वही दान है। मनुष्य-समाज को आगे बढ़ने में सहायता करना दान है। सृष्टि की हानि पूरी करने के लिए जो श्रम किया जाता है, वह यज्ञ है, और समाज का ऋण चुकाने के लिए तन, मन, धन तथा अन्या साधनों से जो सहायता की जाती है, वह दान है।

वृत्ति 6: दोषशोधनं तपः

6. इसके अलावा एक तीसरी संस्था और है। वह है शरीर। शरीर भी प्रतिदिन छीजता जाता है। हम अपने मन, बुद्धि, इंदिय, सबसे काम लेते हैं, इनको छिजाते हैं। इस शरीर रूपी संस्था में जो विकार, जो दोष उत्पन्न होते हैं, उनकी शुद्धि के लिए 'तप' बताया गया है।

18 नवंबर

साम्यसूत्र 95: तदर्थं त्रिविधिः
वृत्ति 7: एतैः संस्थात्रये साम्यं स्थापयेत्

7. इस प्रकार सृष्टि, समाज और शरीर- इन तीनों संस्थाओं का कार्य जिससे अच्छी प्रकार चल सके, उसी प्रकार व्यवहार करना हमारा कर्तव्य है। हम अनेक योग्य-अयोग्य संस्थाएं निर्माण करते हैं, परंतु ये तीन संस्थाएं हमारी बनायी हुई नहीं हैं। ये तो स्वभावतः ही हमें मिल गयी हैं। ये संस्थाएं कृत्रिम नहीं हैं। अतः इन तीन संस्थओं की हानि यज्ञ, दान और तप- इन साधनों से पूरी करना हमारा स्वभाव-प्राप्त धर्म है। अगर हम इस तरह से चलें, तो जो कुछ शक्ति हमारे अंदर है, वह सारी इसमें लग जायेगी। अन्य बातों के लिए और शक्ति शेष ही नही बचेगी।

इन तीनों संस्थाओं- सृष्टि, समाज और शरीर- को सुंदर रखने के लिए हमें अपनी सारी शक्ति खर्च करनी पड़ेगी। यदि कबीर की तरह हम भी कह सकें कि 'हे प्रभो, ज्यों की त्यों धरि दीन्हीं चदरिया- तूने मुझे जैसी चादर दी थी, उसे वैसी-की-वैसी छोड़कर जा रहा हूं, तू इसे अच्छी तरह जांच ले ' तो वह कितनी बड़ी सफलता है। परंतु ऐसी सफलता प्राप्त करने के लिए यज्ञ, दान और तप का त्रिविध कार्यक्रम व्यवहार में लाना चाहिए।

यज्ञ, दान और तप में हमने भेद माना है, परंतु सच पूछा जाये तो इनमें भेद नहीं है, क्योंकि सृष्टि, समाज और शरीर- ये बिलकुल भिन्न-भिन्न संस्थाएं हैं ही नहीं। यह समाज सृष्टि से बाहर नहीं है, न यह शरीर ही सृष्टि के बाहर है। इन तीनों को मिलाकर एक ही भव्य सृष्टि-संस्था बनती है। इसीलिए हमें जो उत्पादक श्रम करना है, जो दान देना है, जो तप करना है, उन सबको व्यापक अर्थ में 'यज्ञ' ही कह सकते हैं। गीता ने चौथे अध्याय में 'द्रव्य-यज्ञ ' , 'तपो-यज्ञ' आदि यज्ञ बताये हैं। गीता ने यज्ञ का अर्थ विशाल बना दिया है।

इन तीनों संस्थाओं के लिए हम जो-जो सेवा-कार्य करेंगे, वे यज्ञरूप ही होंगे। आवश्यकता है उस सेवा को निरपेक्ष रखने की। उससे फल की अपेक्षा तो की ही नहीं जा सकती, क्योंकि फल तो हम पहले ही ले चुके हैं। ऋण तो पहले ही सिर पर चला आ रहा है। जो लिया है, उसे वापस करना है। यज्ञ से सृष्टि-संस्था में साम्यावस्था प्राप्त होती है। दान से समाज में साम्यावस्था आती है और तप से शरीर में साम्यावस्था रहती है। इस तरह तीनों ही संस्थाओं में साम्यावस्था रखने का कार्यक्रम है। इससे शुद्धि होगी और दूषित भाव नष्ट हो जायेगा।

19 नवंबर

साम्यसूत्र 95: तदर्थं त्रिविधिः
वृत्ति 8: आहारसेवनं तदर्थीयम् 9: मूलभूता श्रद्धा

8. यह जो सेवा करनी है, उसके लिए कुछ 'भोग' भी ग्रहण करना पड़ेगा। भोग भी यज्ञ का ही एक अंग है। इस भोग को गीता 'आहार ' कहती है। इस शरीर रूपी यंत्र को अन्न रूपी कोयला देने की जरूरत है। यद्यपि यह आहार स्वयं यज्ञ नहीं है, तथापि यज्ञ सिद्ध करने का एक अंग अवश्य है। इसलिए हम कहा करते हैं- **उदरभरण नोहे जाणिजे यज्ञकर्म** - 'यह उदर-भरण नहीं, इसे यज्ञ-कर्म जानो।'
बगीचे से फूल लाकर देवता के सिर पर चढ़ाना, यह पूजा है, परंतु फूल उत्पन्न करने के लिए बगीचे में जो मेहनत की जाती है, वह भी पूजा ही है। यज्ञ पूरा करने के लिए जो-जो क्रिया की जाती है, वह एक प्रकार की पूजा ही है। शरीर तभी हमारे काम में आ सकेगा, जब हम उसे आहार देंगे। यज्ञ-साधन रूप कर्म भी 'यज्ञ' ही है। गीता इन कर्मों को 'तदर्थीय-कर्म' - 'यज्ञार्थ-कर्म' - कहती है। सेवार्थ शरीर सतत खड़ा रहे इसलिए इस शरीर को जो आहुति दूंगा, वह यज्ञ रूप है। सेवा के लिए किया गया आहार पवित्र है।

9. इन सब बातों के मूल में फिर श्रद्धा चाहिए। सारी सेवा को ईश्वरार्पण करने का भाव मन में होना चाहिए। यह बड़े महत्त्व की बात है। ईश्वरार्पण बुद्धि के बिना सेवामयता नहीं आ सकती। ईश्वरार्पणता इस प्रधान वस्तु को भुला देने से काम नहीं चलेगा।

20 नवंबर

साम्यसूत्र 96: सात्त्विकं संपादयेत्

वृत्ति 10: सात्त्विकमेव समर्पणीयम् 11: सेवा-साधना-सामरस्यम्

96. साधना का सात्त्विकीकरण

10. परंतु हम अपनी सब क्रियाएं ईश्वर को कब अर्पण कर सकेंगे? तभी, जबकि वे सात्त्विक होंगी। जब हमारे सब कर्म सात्त्विक होंगे, तभी हम उन्हें ईश्वरार्पण कर सकेंगे। यज्ञ, दान और तप, सब सात्त्विक होने चाहिए। क्रियाओं को सात्त्विक कैसे बनाना, इसका तत्त्व हमने चौदहवें अध्याय में देख लिया है। इस अध्याय में गीता उस तत्त्व का विनियोग बता रही है।

11. सात्त्विकता की यह योजना करने में गीता उद्देश्य दुहरा है कि बाहर से यज्ञ, दान और तपरूप जो मेरी 'विश्व-सेवा' चल रही है, उसी को भीतर से 'आध्यात्मिक साधना' का नाम दिया जा सके। सृष्टि की सेवा और साधना के भिन्न-भिन्न कार्यक्रम नहीं होने चाहिए। सेवा और साधना, ये दो भिन्न बातें हैं ही नहीं। दोनों के लिए एक ही प्रयत्न, एक ही कर्म! इस प्रकार जो कर्म किया जाये, उसे भी अंत में ईश्वरार्पण करना है। सेवा + साधना + ईश्वरार्पणता- यह योग एक ही क्रिया से सिद्ध होना चाहिए।

21 नवंबर

साम्यसूत्र 96: सात्त्विकं संपादयेत्
वृत्ति 12: कामनामुक्तं साफल्ययुक्तं च

12. यज्ञ को सात्त्विक बनाने के लिए दो बातों की आवश्यकता है- निष्फलता का अभाव और सकामता का अभाव। ये दो बातें यज्ञ में होनी चाहिए। यज्ञ में यदि सकामता होगी, तो वह राजस यज्ञ हो जायेगा और यदि निष्फलता होगी, तो वह तामस यज्ञ हो जायेगा। सूत कातना यज्ञ है, परंतु यदि सूत कातते हुए हमने उसमें अपनी आत्मा नहीं उड़ेली, और हमें चित्त की एकाग्रता नहीं सधी, तो वह सूत्र – यज्ञ जड़ हो जायेगा। बाहर से हाथ काम कर रहे हैं, उस समय अंदर से मन का मेल नहीं है, तो वह सारी क्रिया विधिहीन हो जायेगी।

विधिहीन कर्म जड़ हो जाते हैं। विधिहीन क्रिया में तमोगुण आ जाता है। उस क्रिया से उत्कृष्ट वस्तु का निर्माण नहीं हो सकता। उसमें से फल की निष्पत्ति नहीं होगी। यज्ञ में सकामता न हो, तो भी उससे उत्कृष्ट फल मिलना चाहिए। कर्म में यदि मन न हो, आत्मा न हो, तो वह कर्म बोझ सा हो जायेगा। फिर उसमें उत्कृष्ट फल कहां? यदि बाहर का काम बिगड़ा, तो यह निश्चित समझो कि अंदर मन का योग नहीं था। अतः कर्म में अपनी आत्मा उड़ेलो। आंतरिक सहयोग रखो। सृष्टि संस्था का ऋण चुकाने के लिए हमें उत्कृष्ट फलोत्पत्ति करनी चाहिए। कर्मों में फलहीनता न आने पाये, इसीलिए आंतरिक मेल की विधियुक्तता आवश्यक है।

22 नवंबर

साम्यसूत्र 96: सात्त्विकं संपादयेत्
वृत्ति 13: सौंदर्यम् प्रतिबिंबम्

13. इस प्रकार जब हमारे अंदर निष्कामता आ जायेगी और विधिपूर्वक सफल कर्म होगा, तभी हमारी चित्त-शुद्धि होने लगेगी। चित्त-शुद्धि की कसौटी क्या है? बाहरी काम की जांच करके देखो। यदि वह निर्मल और सुंदर न हो, तो चित्त को भी मलिन समझ लेने में कोई बाधा नहीं। भला, कर्म में सुंदरता कब आती है? शुद्ध चित्त से परिश्रम के साथ किये हुए कर्म पर ईश्वर अपनी पसंदगी की, अपनी प्रसन्नता की मुहर लगा देता है। जब प्रसन्न परमेश्वर कर्म की पीठ पर प्रेम का हाथ फिराता है, तो वहाँ सौंदर्य उत्पन्न हो जाता है। सौंदर्य का अर्थ है, पवित्र श्रम को मिला हुआ परमेश्वरीय प्रसाद।

शिल्पकार जब मूर्ति बनाते समय तन्मय हो जाता है, तो उसे ऐसा अनुभव होने लगता है कि यह सुंदर मूर्ति मेरे हाथों से नहीं बनी। मूर्ति का आकार गढ़ते-गढ़ते अंतिम क्षण में न जाने कहाँ से उसमें अपने-आप सौंदर्य आ टपकता है। क्या चित्त-शुद्धि के बिना यह ईश्वरीय कला प्रकट हो सकती है? मूर्ति में जो कुछ स्वारस्य, माधुर्य है, वह यही कि अपने अंतःकरण का सारा सौंदर्य उसमें उंड़ेल दिया जाता है। मूर्ति यानि हमारे चित्त की प्रतिमा! हमारे समस्त कर्म यानि हमारे मन की मूर्तियां ही हैं। अगर मन सुंदर है, तो वह कर्ममय मूर्ति भी सुंदर होगी। बाहर के कर्मों की शुद्धि मन की शुद्धि से और मन की शुद्धि बाहर के कर्मों से जांच लेनी चाहिए।

23 नवंबर

साम्यसूत्र 96: सात्त्विकं संपादयेत्
वृत्ति 14: मंत्रेण पुष्टिः

14. एक बात और। वह यह कि इन सब कर्मों में मंत्र भी चाहिए। मंत्रहीन कर्म व्यर्थ है। सूत कातते समय यह मंत्र अपने हृदय में रखो कि मैं इस सूत से गरीब जनता के साथ जोड़ा जा रहा हूँ। यदि यह मंत्र हृदय में न हो और घंटों क्रिया करें, तो भी वह सब व्यर्थ जायेगी। उस क्रिया से चित्त शुद्ध नहीं होगा। कपास की पूनी में से अव्यक्त परमात्मा सूत्ररूप में प्रकट हो रहा है- ऐसा मंत्र अपनी क्रिया में डालकर फिर उस क्रिया की ओर देखो। वह क्रिया अत्यंत सात्त्विक और सुंदर बन जायेगी। वह क्रिया पूजा बन जायेगी, यज्ञरूप हो जायेगी। उस छोटे-से धागे द्वारा हम समाज के साथ, जनता के साथ, जगदीश्वर के साथ बंध जायेंगे। बाल कृष्ण के छोटे-से मुंह में यशोदा मां को सारा विश्व दिखलायी दिया। उस मंत्रमय सूत्र के धागों में तुम्हें विशाल विश्व दिखायी देने लगेगा।

24 नवंबर

साम्यसूत्र 97: आहारशुद्धौ

वृत्ति 15: मिताहारस्य महत्त्वम् 16: निरामिषं पूर्वज-पुण्यम्

97. आहार-शुद्धि

15. ऐसी सेवा के लिए आहार-शुद्धि आवश्यक है। जैसा आहार, वैसा ही मन! आहार परिमित होना चाहिए। आहार कौन-सा हो, इसकी अपेक्षा यह बात अधिक महत्त्व की है कि वह कितना हो। ऐसा नहीं कि आहार का चुनाव महत्त्व की बात नहीं, परंतु हम जो आहार लेते हैं, वह उचित मात्रा में है या नहीं, यह उससे भी अधिक महत्त्व की बात है।

16. हम जो कुछ खाते हैं, उसका परिणाम अवश्य होगा। हम खाते क्यों हैं? इसीलिए कि उत्तम सेवा हो। **आहार भी यज्ञांग** ही है। सेवा रूपी यज्ञ को फलदायी बनाने के लिए आहार चाहिए। इस भावना से आहार की ओर देखो। आहार शुद्ध और स्वच्छ होना चाहिए। व्यक्ति अपने जीवन में कितनी आहार-शुद्धि कर सकता है, इसकी कोई मर्यादा नहीं। हमारे समाज ने आहार-शुद्धि के लिए पर्याप्त तपस्या की है। आहार-शुद्धि के लिए भारत में विशाल प्रयत्न, प्रयोग हुए हैं। उन प्रयोगों में हजारों वर्ष बीते। उनमें कितनी तपस्या लगी, यह कहा नहीं जा सकता।

इस भूमंडल पर भारत ही एक ऐसा देश है, जहाँ कितनी ही पूरी-की-पूरी जातियां मांसाशन-मुक्त हैं। जो जातियां मांसाहारी हैं, उनके भी भोजन में मांस नित्य और मुख्य पदार्थ नहीं है और जो मांस खाते हैं, वे भी उसमें कुछ हीनता अनुभव करते हैं। मन से तो वे भी मांस का त्याग कर चुके हैं। मांसाहार की प्रवृत्ति को रोकने के लिए यज्ञ प्रचलित हुआ और उसी के लिए वह बंद भी हुआ। श्रीकृष्ण ने भगवान ने तो यज्ञ की व्याख्या ही बदल दी। श्रीकृष्ण ने दूध की महिमा बढ़ायी। श्रीकृष्ण ने आसाधारण बातें कुछ कम नहीं की हैं, परंतु भारत की जनता किस कृष्ण के पीछे पागल हुई थी? भारतीय जनता को तो 'गोपालकृष्ण' 'गोपालकृष्ण' यही नाम प्रिय है। वह कृष्ण, जिसके पास गायें बैठी हुई हैं, जिसके अधरों पर मुरली धरी है, ऐसा गायों की सेवा करने वाला, गोपालकृष्ण ही आबाल-वृद्धों का परिचित है। गो-रक्षण का बड़ा उपयोग मांसाहार बंद करने में हुआ। गाय के दूध की महिमा बढ़ी और मांसाहार कम हुआ।

25 नवंबर

साम्यसूत्र 97: आहारशुद्धौ
वृत्ति 17: मत्स्याशनत्यागः प्रयोगविषयः

17. फिर भी संपूर्ण आहार-शुद्धि हो गयी हो, सो बात नहीं। हमें अब उसे आगे बढ़ाना है। बंगाली लोग मछली खाते हैं, यह देखकर कितने ही लोगों को आश्चर्य होता है। किंतु इसके लिए उन्हें दोष देना ठीक नही होंगा। बंगाल में सिर्फ चावल होता है। उससे शरीर को पूरा पोषण नहीं मिल सकता। इसके लिए प्रयोग करने पड़ेंगे। फिर लोगों में इस बात का विचार शुरू होगा कि मछली न खाकर कौन-सी वनस्पति खायें, जिसमें मछली के बराबर ही पुष्टि मिल जाये। इसके लिए असाधारण त्यागी पुरुष पैदा होंगे और फिर ऐसे प्रयोग होंगे। ऐसे व्यक्ति ही समाज को आगे ले जाते हैं। सूर्य जलता रहता है। तब जाकर कहीं जीवित रहने योग्य 98° उष्णता हमारे शरीर में रहती है। जब समाज में वैराग्य के प्रज्वलित सूर्य उत्पन्न होते हैं और जब वे बड़ी श्रद्धापूर्वक परिस्थितियों के बंधन तोड़कर बिना पंखों के अपने ध्येयाकाश में उड़ने लगते हैं, तब कहीं संसारोपयोगी अल्प-स्वल्प वैराग्य का हममें संचार होता है। मांसाहार बंद करने के लिए ऋषियों को कितनी तपस्या करनी पड़ी होगी, कितने प्राण अर्पण करने पड़े होंगे, इस बात का विचार ऐसे समय मेरे मन में आता है।

26 नवंबर

साम्यसूत्र 97: आहारशुद्धौ
वृत्ति 18: पूर्वज-पुण्यं न हापयेत्

97. आहार-शुद्धि
18. सारांश यह कि आज हमारी सामुदायिक आहार-शुद्धि इतनी हुई है। अनंत त्याग करके हमारे पूर्वजों ने जो कमाई की है, उसे गंवाओं मत! भारतीय संस्कृति की इस विशेषता को डुबाओ मत! हमें जैसे-तैसे जीवित नहीं रहना है। जिसे किसी-न-किसी तरह जीवित रहना है, उसका काम बड़ा सरल है। पशु भी किसी-न-किसी तरह जी ही लेते हैं। तब क्या, जैसे पशु, वैसे ही हम? पशु में और हममें अंतर है। उस अंतर को बढ़ाना ही संस्कृति-वर्धन कहा जाता है। हमारे राष्ट्र ने मांसाहार-त्याग का बहुत बड़ा प्रयोग किया। उसे और आगे ले जाओ। कम-से-कम जिस मंजिल तक हम पहुँच चुके हैं, उससे पीछे तो मत हटो!
यह सूचना देने का कारण यह है कि आजकल कितने ही लोगों को मांसाहार की इष्टता प्रतीत होने लगी है। आज पूर्वी और पश्चिमी संस्कृतियों का एक-दूसरे पर प्रभाव पड़ रहा है। मेरा विश्वास है कि अंत में इसका परिणाम अच्छा ही होगा। पाश्चात्य संस्कृति के कारण हमारी जड़ श्रद्धा हिलती जा रही है। यदि अंध-श्रद्धा डिग गयी, तो कुछ हानि नहीं। जो अच्छा होगा, वह टिकेगा और बुरा जलकर राख हो जायेगा। लेकिन अंध-श्रद्धा जाने पर उसके स्थान पर अंध-अश्रद्धा नहीं उत्पन्न होनी चाहिए। ऐसा नहीं कि केवल श्रद्धा ही अंधी होती हो। केवल श्रद्धा ही 'अंध' विशेषण का ठेका नहीं लिया है। अश्रद्धा भी अंधी हो सकती है।

साम्यसूत्र 97: आहारशुद्धौ
वृत्ति 18: पूर्वज-पुण्यं न हापयेत्

मांसाहार के बारे में आज फिर से विचार शुरू हो गया है। जो हो, कोई नवीन विचार सामने आता है, तो मुझ बड़ा आनंद होता है। लगता है कि लोग जग रहे हैं और धक्के दे रहे हैं। जागृति के लक्षण देखकर मुझे अच्छा लगता है। लेकिन यदि जगकर आखें मलते हुए वैसे ही चल पडेंगे, तो गिर पड़ने की आशंका रहेगी। अतः जब तक पूरे-पूरे न जग जायें, अच्छी तरह आंख खोलकर देखने न लगें, तब तक हाथ-पैर को मर्यादा में ही रखना अच्छा है।

विचार खूब कीजिए, आड़ा-तिरछा, उलटा-सीधा, चारों ओर से खूब सोचिए। धर्म पर विचार की कैंची चलाइए। इस विचार रूपी कैंची से जो धर्म कट जाये, समझो कि वह तीन कौड़ी का ही था। इस तरह जो टुकड़े कट-छट जायें, उन्हें जाने दो। तुम्हारी कैंची से जो न कटे, बल्कि उससे उलटे तुम्हारी कैंची ही टूट जाये, वही धर्म सच्चा है। धर्म को विचारों से डर नहीं। अतः विचार तो करो, परंतु काम एकदम मत कर डालो। अधजगे रहकर यदि कुछ काम करोगे, तो गिरोगे। विचार जोरों से चले, फिर भी कुछ देर आचार को संभाले रखो। अपनी कृति पर संयम रखो। अपनी पहले की पुण्याई मत गंवा बैठो।

27 नवंबर

साम्यसूत्र 98: सर्वेषामविरोधेन
वृत्ति 19: अविरोधि-जीवनयोजना

98. अविरोधी जीवन की गीता की योजना

19. आहार-शुद्धि से चित्त-शुद्धि रहेगी। शरीर को भी बल मिलेगा। समाज-सेवा अच्छी तरह हो सकेगी। चित्त में संतोष रहेगा और समाज में भी संतोष फैलेगा। जिस समाज में यज्ञ, दान, तप ये क्रियाएं विधि और मंत्र सहित होती रहती हैं, उसमें विरोध दिखायी नहीं देगा। दो दर्पण यदि एक-दूसरे के आमने-सामने रखे हों, तो जैसे इसमें का उसमें और उसमें का इसमें दीखेगा, उसी तरह व्यक्ति और समाज में बिंब-प्रतिबिंब-न्यास से परस्पर संतोष प्रकट होगा जो मेरा संतोष है, वही समाज का है और जो समाज का है, वही मेरा। इन दोनों संतोषों की हम जांच कर सकते हैं और देखेंगे कि दोनों एकरूप हैं। सर्वत्र अद्वैत का अनुभव होगा। द्वैत और द्रोह अस्त हो जायेंगे। ऐसी सुव्यवस्था जिस योजना के द्वारा हो सकती है, उसी का प्रतिपादन गीता कर रही है। अगर अपना दैनिक कार्यक्रम हम गीता की योजना के अनुसार बनायें, तो कितना अच्छा हो!

28 नवंबर

साम्यसूत्र 98: सर्वेषामविरोधेन
वृत्ति 20: द्वौ चैतन्यवादौ

20. परंतु आज व्यक्ति और समाज के जीवन में विरोध उत्पन्न हो गया है। यह विरोध कैसे दूर हो सकता है, यही चर्चा सब ओर चल रही है। व्यक्ति और समाज की मर्यादा क्या है? व्यक्ति गौण है या समाज? इनमें श्रेष्ठ कौन है? व्यक्तिवार-समर्थक कुछ लोग समाज को जड़ समझते हैं। सेनापति के सामने कोई सिपाही आता है, तो सेनापति उससे बोलते समय सौम्य भाषा का उपयोग करता है। उसे 'आप' भी कहेगा, परंतु सेना को तो वह चाहे जिस तरह हुक्म देगा। मानो सैन्य अचेतन हो, लकड़ी का एक लट्ठ ही उसे इधर-से-उधर हिलायेगा और उधर-से-इधर। व्यक्ति चैतन्यमय है और समाज जड़, ऐसा अनुभव यहाँ भी हो रहा है। देखो, मेरे सामने दो सौ, तीन सौ आदमी हैं, परंतु उन्हें रुचे या न रुचे मै तो बोलता ही जा रहा हूँ। मुझे जो विचार सूझता है, वही कहता हूँ। मानो आप जड़ ही हैं। परंतु मेरे सामने कोई व्यक्ति आयेगा, तो मुझे उसकी बात सुननी पड़ेगी और उसे विचारपूर्वक उत्तर देना पड़ेगा, परंतु यहाँ तो मैंने आपको घंटे-घंटे भर यों ही बैठा रखा है।

'समाज जड़ है और व्यक्ति चैतन्य' - ऐसा कहकर व्यक्ति-चैतन्यवाद का कोई प्रतिपादन करते हैं तो कोई समुदाय को महत्त्व देते हैं। मेरे बाल झड़ गये, हाथ टूट गया, आंखें चली गयीं और दांत गिर गये। इतना ही नहीं, एक फेफड़ा भी बेकार हो गया, परंतु मैं फिर भी जीवित रहता हूं, क्योंकि पृथक रूप में एक-एक अवयव जड़ है। किसी एक अवयव के नाश से सर्वनाश नहीं होता। सामुदायिक शरीर चलता ही रहता है। इस प्रकार ये दो परस्पर विरोधी विचारधाराएं हैं। आप जिस दृष्टि से देखेंगे, वैसा ही अनुमान निकालेंगे। जिस रंग का चश्मा उसी रंग की सृष्टि!

29 नवंबर

साम्यसूत्र 98: सर्वेषामविरोधेन

वृत्ति 21: विरोधः काल्पनिकः

21. कोई व्यक्ति को महत्त्व देता है, तो कोई समाज को। इसका कारण यह है कि समाज में जीवन-कलह की कल्पना फैल गयी है। परंतु क्या जीवन कलह के लिए है? इससे तो फिर हम मर क्यों नहीं जाते? कलह तो मरने के लिए है। तभी तो हम स्वार्थ और परमार्थ में भेद डालते हैं। जिसने पहले-पहल यह कल्पना की कि स्वार्थ और परमार्थ में अंतर है, उसकी बलिहारी है! जो वस्तु वास्तव में है ही नहीं, उसके अस्तित्व का आभास देने की शक्ति जिसकी बुद्धि में थी, उसकी तारीफ करने को जी चाहता है। जो भेद नहीं है, वह उसने खड़ा किया और उसे जनता को सिखाया, इस बात का आश्चर्य होता है। चीन की दीवार के जैसा ही यह प्रकार है। यह मानना वैसा ही है, जैसा कि क्षितिज की मर्यादा बांधना और फिर यह मानना कि उसके पार कुछ नहीं है। इन सबका कारण है, आज यज्ञमय जीवन का अभाव! इसी से व्यक्ति और समाज में भेद उत्पन्न हो गया है।

परंतु व्यक्ति और समाज में वास्तविक भेद नहीं किया जा सकता। किसी कमरे के दो भाग करने के लिए अगर कोई पर्दा लगाया जाये और पर्दा हवा से उड़कर आगे-पीछे होने लगे, तो कभी यह भाग बड़ा मालूम होता है और कभी वह। हवा की लहर पर उस कमरे के भाग अवलंबित रहते हैं। वे स्थायी, पक्के नहीं हैं। गीता इन झगड़ों से परे है। ये झगड़े काल्पनिक हैं। गीता तो कहती है कि अंतःशुद्धि की मर्यादा रखो। फिर व्यक्ति और समाज के हितों में कोई विरोध उत्पन्न नहीं होगा। एक-दूसरे के हित में कोई बाधा नहीं होगी। इस बाधा को, इस विरोध को दूर करना ही गीता की विशेषता है। गीता के इस नियम का पालन करने वाला यदि एक भी व्यक्ति मिल जाये, तो अकेले उसी से सारा राष्ट्र सम्पन्न हो जायेगा। राष्ट्र का अर्थ है- राष्ट्र के व्यक्ति। जिस राष्ट्र में ऐसे ज्ञान और आचार संपन्न व्यक्ति नहीं हैं, उसे राष्ट्र कैसे मानेंगे?

भारत क्या है? भारत यानि रवींद्रनाथ, भारत यानि गांधी या इसी तरह के पांच-दस नाम। बाहर का संसार भारत की कल्पना इन्हीं पांच-दस व्यक्तियों पर से करता है। प्राचीन काल के दो-चार, मध्यकाल के चार-पांच और आज के आठ-दस व्यक्ति ले लीजिए और उनमें

३० नवंबर

हिमालय, गंगा आदि को मिला दीजिए। बस, हो गया भारत। यही है भारत की व्याख्या। बाकी सब है इस व्याख्या का भाष्य। भाष्य यानि सूत्रों का विस्तार। दूध का दही और दही का छाछ-मक्खन! झगड़ा दूध-दही, छाछ-मक्खन का नहीं है। दूध का कस देखने के लिए उसमें मक्खन कितना है, यह देखा जाता है। इसी प्रकार समाज का कस उसके व्यक्तियों पर से निकाला जाता है। व्यक्ति और समाज में कोई विरोध नहीं है। विरोध हो भी कैसे सकता है? व्यक्ति-व्यक्ति में भी विरोध नहीं होना चाहिए। यदि एक व्यक्ति से दूसरा व्यक्ति अधिक संपन्न हो जाये, तो इससे बिगड़ेगा क्या? हां, कोई भी विपन्न अवस्था में न हो और संपत्ति वालों की संपत्ति समाज के काम आती रहे, तो बस। मेरी दाहिनी जेब में पैसे हैं तो क्या, बांयी जेब में पैसे हैं तो क्या, दोनों जेबें आखिर मेरी ही हैं! कोई व्यक्ति संपन्न होता है, तो उससे मैं संपन्न होता हूं, राष्ट्र संपन्न होता है। ऐसी युक्ति साधी जा सकती है।

परंतु हम भेद खड़े करते हैं। धड़ और सिर अलग-अलग हो जायेंगे, तो दोनों मर जायेंगे। अतः व्यक्ति और समाज में भेद मत करो। गीता सिखाती है कि एक ही क्रिया स्वार्थ और परमार्थ को किस प्रकार अविरोधी बना देती है। मेरे इस कमरे की हवा में और बाहर की अनंत हवा में कोई विरोध नहीं है। यदि मैं इनमें विरोध की कल्पना करके कमरा बंद कर लूंगा, तो दम घुटकर मर जाऊंगा अविरोध की कल्पना करके मुझे कमरा खोलने दो, तो वह अनंत हवा भीतर आ जायेगी। जिस क्षण मैं अपनी जमीन और अपना घर का टुकड़ा से अलग करता हूं, उसी क्षण मैं अनंत संपत्ति से वंचित हो जाता हूँ। मेरा वह छोटा-सा घर जलता है, गिरता है, तो मैं ऐसा समझकर कि मेरा सर्वस्व चला गया, रोने-पीटने लग जाता हूँ। परंतु ऐसा क्यों करना चाहिए? क्यों रोना-पीटना चाहिए? पहले तो संकुचित कल्पना करें और फिर रोयें! ये पांच सौ रूपये मेरे हैं, ऐसा कहा कि सृष्टि की अपार संपत्ति से मैं दूर हुआ। ये दो भाई मेरे हैं, ऐसा समझा कि संसार के असंख्य भाई मुझसे दूर हो गये- इसका हमें ध्यान नहीं रहता। मनुष्य अपने को कितना संकुचित बना लेता है! वास्तव में तो मनुष्य का स्वार्थ ही परार्थ होना चाहिए। गीता ऐसा ही सरल-सुंदर मार्ग दिखा रही है, जिससे व्यक्ति और समाज में उत्तम सहयोग हो।

1 दिसंबर

साम्यसूत्र 98: सर्वेषामविरोधेन
वृत्ति 22: देहांगवदद्वैतम्

22. जीभ और पेट में क्या विरोध है? पेट को जितना अन्न चाहिए, उतना ही जीभ को देना चाहिए। पेट ने 'बस' कहा कि जीभ को देना बंद कर देना चाहिए। पेट एक संस्था है, तो जीभ दूसरी संस्था। मैं इन संस्थाओं का सम्राट हूँ। इन सब संस्थाओं में अद्वैत ही है। कहाँ से ले आये यह अभागा विरोध? जिस प्रकार एक ही देह की इन संस्थाओं में वास्तविक विरोध नहीं है, बल्कि सहयोग है, उसी प्रकार समाज में भी है। समाज में इस सहयोग को बढ़ाने के लिए ही गीता चित्त शुद्धिपूर्वक यज्ञ-दान-तप की क्रिया का विधान बताती है। ऐसे कर्मों से व्यक्ति और समाज, दोनों का कल्याण होगा। जिसका जीवन यज्ञमय है, वह सबका हो जाता है। प्रत्येक पुत्र को ऐसा मालूम होता है कि मां का प्रेम मुझ पर है। उसी प्रकार यह व्यक्ति सबको अपना मालूम होता है। सारी दुनिया को वह प्रिय और अपना लगता है। सभी को ऐसा मालूम होता है कि वह हमारा प्राण है, मित्र है, सखा है। **ऐसा पुरुष तो पहावा। जनांस वाटे हा असावा॥** 'ऐसे पुरुष का दर्शन करें, लोग उसे अनन्य रूप से चाहते हैं'- ऐसा समर्थ रामदास ने कहा है। ऐसा जीवन बनाने की युक्ति गीता ने बतायी है।

2 दिसंबर

साम्यसूत्र 99: नाम्ना साद्गुण्यम्
वृत्ति 23: नामामृतं सेवनीयम् 24: गुण-भाव्यानि नामानि

99. समर्पण का मंत्र

23. गीता यह भी कहती है कि जीवन को यज्ञमय बनाकर फिर उस सबको ईश्वरार्पण कर देना चाहिए। जीवन के सेवामय हो जाने पर फिर और ईश्वरार्पणता किसलिए? हम यह सरलता से कह तो देते हैं कि सारा जीवन सेवामय कर दिया जाये, परंतु ऐसा करना बहुत कठिन है। अनेक जन्मों के प्रयत्न के बाद वह थोड़ा-बहुत सध सकता है। अलावा, भले ही सारे कर्म सेवामय अक्षरशः सेवामय हो जाये, तो भी उससे ऐसा नहीं कह सकते कि वे पूजामय हो ही गये। इसलिए, 'ॐ तत्सत्' इस मंत्र के साथ सारे कर्म ईश्वरार्पण करने चाहिए। केवल परार्थ संभव ही नहीं है। ऐसा कोई काम नहीं हो सकता, जिसमें मेरा लेशमात्र भी स्वार्थ न हो। इसलिए प्रतिदिन अधिक निष्काम और अधिक निःस्वार्थ सेवा हाथों से हो, ऐसी इच्छा रखनी चाहिए। यदि यह चाहते हों कि सेवा उत्तरोत्तर अधिक शुद्ध हो, तो सारी क्रियाएं ईश्वरार्पण करो। ज्ञानदेव ने कहा है-

नामामृत गोडी वैष्णवां लाधली। योगियां साधली जीवनकळा॥

'वैष्णवों को नामामृत का माधुर्य मिला है। योगियों को जीवन-कला सधी है।'

नामामृत की मधुरता और जीवन-कला अलग-अलग नहीं है। नाम का आंतरिक घोष और बाह्य जीवन-कला, दोनों का मेल है। योगी और वैष्णव एक ही हैं। परमेश्वर को क्रिया अर्पण कर देने पर स्वार्थ, परार्थ और परमार्थ, सब एकरूप हो जाते हैं। पहले तो जो 'तुम' और "मैं" अलग-अलग हैं, उन्हें एक करना चाहिए। तुम और मैं मिलकर हम हो गए। अब 'हम' और 'वह' को एक कर डालना है। पहले मुझे इस सृष्टि से मेल साधना है और फिर परमात्मा से। ॐ तत्सत् मंत्र में यह भाव सूचित किया जाता है।

24. परमात्मा के अनंत नाम हैं। व्यास जी ने तो उन नामों का 'विष्णुसहस्रनाम' बना दिया है। जो-जो नाम हम कल्पित कर लें, वे सब उसके हैं। जो नाम हमारे मन में स्फुरित हो, उसी अर्थ में उसे हम सृष्टि में देखें और तदनुरूप अपना जीवन बनायें। परमेश्वर का जो नाम मन को भाये, उसी को हम सृष्टि में देखें और उसी के अनुसार हम बनें, इसको मैं 'त्रिपदा गायत्री' कहता हूँ। उदाहरण के लिए ईश्वर का 'दयामय' नाम ले लीजिए। ऐसा मानकर चलें कि वह 'रहीम' है। अब उसी दया-सागर परमेश्वर को इस सृष्टि में आंखें खोलकर देखें। भगवान ने प्रत्येक बच्चे को उसकी सेवा के लिए माता दी है, जीने के लिए हवा दी है। इस तरह उस दयामय प्रभु की सृष्टि में जो दया की योजना है, उसे देखें और अपना जीवन भी दयामय बनायें। भगवद्गीता के काल में भगवान को जो नाम प्रसिद्ध था, वही भगवद्गीता ने सुझाया है। वह है ऊँ तत्सत्।

3 दिसंबर

साम्यसूत्र 99: नाम्ना साद्‌गुण्यम्

वृत्ति 25: ऊँ तत्सदित्यस्य विवरणम् वृत्ति 26: ब्रह्मार्पणमस्तु

25. ऊँ ' का अर्थ है 'हां' । परमात्मा है, इस बीसवीं शताब्दी में भी परमात्मा है स एव अद्य स उ श्वः। वही आज है, वही कल था और वही कल होगा। वह कायम है। सृष्टि कायम है और कमर कसकर मैं भी साधना करने के लिए तैयार हूँ। मैं साधक हूं, वह भगवान है और यह सृष्टि पूजा-द्रव्य, पूजा-साधन है। जब ऐसी भावना से मेरा हृदय भर जायेगा, तभी कहा जा सकेगा कि 'ऊँ' मेरे गले उतरा। वह है, मैं हूँ और मेरी साधना भी है- ऐसा यह ऊँ कार-भाव मन में पैठ जाना चाहिए और साधना में प्रकट होना चाहिए। सूर्य को जब कभी देखिए, वह किरणों सहित है। वह किरणों को दूर रखकर कभी रह ही नहीं सकता। वह किरणों को भूलता नहीं। इसी प्रकार कोई भी किसी भी समय क्यों ने देखे, साधना हमारे पास दिखायी देनी चाहिए। जब ऐसा हो जायेगा, तभी यह कहा जा सकेगा कि 'ऊँ' को हमने पचा लिया।

इसके बाद है 'सत्' परमेश्वर सत् है अर्थात् शुभ है, मंगल है। इस भावना से अभिभूत होकर भगवान के मांगल्य का सृष्टि में अनुभव करो। देखो, वह पानी की सतह! पानी में से एक घड़ा भर लो। उससे जो गड्ढा पड़ेगा, वह क्षण भर में ही भर जायेगा। यह कितना मांगल्य है? यह कितनी प्रीति है? **नदी वेगेन शुद्धयति।**- सृष्टिरूपी नदी वेग से शुद्ध हो रही है। सारी सृष्टि शुभ और मंगल है। अपने कर्म को भी ऐसा ही होने दो। परमेश्वर के इस 'सत्' नाम को आत्मसात् करने के लिए सारी क्रियाएं निर्मल और भक्तिमय होनी चाहिए। सोमरस जिस तरह पवित्रकों में से छाना जाता था, उसी तरह अपने कर्मों और साधनों को नित्य परीक्षण करके निर्दोष बनाना चाहिए।

अब रहा 'तत्' का अर्थ है 'वह' - कुछ तो भी भिन्न, इस सृष्टि से अलिप्त। परमात्मा इस सृष्टि से भिन्न है अर्थात अलिप्त है। सूर्योदय होते ही कमल खिलने लगते हैं, पक्षी उड़ने लगते हैं और अंधकार नष्ट हो जाता है। परंतु 'सूर्य' तो दूर ही रहता है। इन सब परिणामों से वह बिल्कुल अलग-सा रहता है। हम अपने कर्मों में अनासक्ति रखें, अलिप्तता लायें, तब माना जायेगा कि हमारे जीवन में 'तत्' नाम प्रविष्ट हुआ।

26. इस प्रकार गीता ने यह ऊँ तत्सत् वैदिक नाम लेकर अपनी सब क्रियाओं को ईश्वरार्पण करना सिखाया है। पीछे नौवें अध्याय में सब कर्मों को ईश्वरार्पण करने का विचार आया है। यत्करोषि यदश्नासि इस श्लोक में यही कहा गया है। इसी बात का इस सत्रहवें अध्याय में विवरण किया गया है। परमेश्वर को अर्पण करने की क्रिया सात्त्विक होनी चाहिए। तभी वह पमेश्वरार्पण की जा सकेगी- यह बात यहाँ विशेष रूप में बतायी गयी है।

4 दिसंबर

साम्यसूत्र 100: तद्धि पापापहारि
वृत्ति 27: पापापहारि हरिनाम 28: सदसतोः समानाधिकारः

100. पापापहारि हरिनाम

27. यह सब ठीक है, परंतु यहाँ एक प्रश्न उठता है कि यह ऊँ तत्सत् नाम पवित्र पुरुष को ही पच सकता है, तब पापी पुरुष क्या करे? पापियों के मुंह में भी सुशोभित होने योग्य कोई नाम है या नहीं? 'ऊँ तत्सत्' नाम में वह भी शक्ति है। ईश्वर के किसी भी नाम में असत्य से सत्य की ओर ले जाने की शक्ति रहती है। वह पाप से निष्पापता की ओर ले जा सकता है। जीवन की धीरे-धीरे शुद्धि करनी चाहिए। परमात्मा अवश्य सहायता करेगा। तुम्हारी दुर्बलता की घड़ी में हाथ पकड़ेगा।

28. यदि कोई मुझसे कहे कि 'एक ओर पुण्यमय किंतु अहंकारी जीवन और दूसरी ओर पापमय, किंतु नम्र जीवन- इनमें से किसी एक को पसंद करो।' तो यदि मैं मुंह से न भी बोल सकूं, फिर भी अंतःकरण से कहूंगा कि, 'जिस पाप से मुझे परमेश्वर का स्मरण रहता है, वही मुझे मिलने दो!' मेरा मन यही कहेगा कि अगर पुण्यमय जीवन से परमात्मा की विस्मृति हो जाती है, तो जिस पापमय जीवन से उसकी याद आती है, उसी को ले। इसका अर्थ यह नहीं कि मैं पापमय जीवन का समर्थन कर रहा हूँ। परंतु पाप उतना पाप नहीं है, जितना कि पुण्य का अहंकार पाप है। **बहु भितों जाण पणा। आड न यो नारायणा**- बहुत डरता हूँ सुजानपन को, नारायण के आड़े न आ जाये!- ऐसा तुकाराम ने कहा है। वह बड़प्पन नहीं चाहिए। उसकी अपेक्षा तो पापी, दुःखी होना ही अच्छा है। **जाणतें लेंकरूं। माता लागे दूर धरूं**- 'सयाने बच्चे को मां भी दूर रखती है।' परंतु अबोध बालक को मां अपनी गोद में उठा लेगी। मैं स्वावलंबी पुण्यवान नहीं होना चाहता। परमेश्वरावलंबी पापी होना ही मुझे प्रिय है। परमात्मा की पवित्रता मेरे पाप को समाकर भी बचने जैसी है। हम पाप को टालने का प्रयत्न करें। यदि वे नहीं टल पाये, तो हृदय रोने लगेगा। मन छटपटाने लगेगा। तब ईश्वर की याद आयेगी। वह तो खड़ा-खड़ा तमाशा देख रहा है। पुकार करो 'मैं पापी हूँ इसलिए तेरे द्वार आया हूँ।' पुण्यवान को ईश्वर-स्मरण का अधिकार है, क्योंकि वह पुण्यवान है। पापी को ईश्वर-स्मरण का अधिकार है, क्योंकि वह पापी है।

५ दिसंबर

अठारहवां अध्याय: उपसंहार

फलत्याग की पूर्णता-ईश्वर-प्रसाद

साम्यसूत्र 101: अथातस्त्यागमीमांसा
वृत्ति 1: अंतिमं प्रवचनम् वृत्ति 2: अर्जुनस्यांतिमः प्रश्नः
101. अर्जुन का अंतिम प्रश्न

1. मेरे भाइयो, आज ईश्वर की कृपा से हम अठारहवें अध्याय तक आ पहुँचे हैं। प्रतिक्षण बदलने वाले इस विश्व में किसी भी संकल्प को पूर्णता तक ले जाना परमेश्वर की इच्छा पर निर्भर है। इसमें भी जेल में तो कदम-कदम पर अनिश्चितता का अनुभव आता है। यहाँ कोई काम शुरू करने पर फिर यहीं उसके पूरा हो जाने की अपेक्षा रखना कठिन है। आरंभ करते समय ऐसी अपेक्षा नहीं थी कि हमारी यह गीता यहाँ पूरी हो सकेगी। लेकिन ईश्वर-इच्छा से हम समाप्ति तक आ पहुँचे हैं।

2. चौदहवें अध्याय में जीवन के अथवा कर्म के सात्त्विक, राजस और तामस, ये तीन भेद किये गये। इन तीनों में से राजस और तामस का त्याग करके सात्त्विक को ग्रहण करना है, यह भी हमने देखा। उसके बाद सत्रहवें अध्याय में यही बात दूसरे ढंग से कही गयी है। यज्ञ, दान और तप या एक ही शब्द में कहें, तो 'यज्ञ' ही जीवन का सार है। सत्रहवें अध्याय में हमने ऐसी ध्वनि सुनी कि यज्ञोपयोगी जो आहारादि कर्म हैं, उन्हें सात्त्विक और यज्ञरूप बनाकर ही ग्रहण करें। केवल उन्हीं कर्मों को अंगीकार करें, जो यज्ञ रूप और सात्त्विक हैं, शेष कर्मों का त्याग ही उचित है। हमने यह भी देखा है कि 'ॐ तत्सत्' मंत्र को क्यों स्मरण रखना चाहिए 'ॐ' का अर्थ है सातत्य। 'तत्' का अर्थ अलिप्तता और 'सत्' का अर्थ है सात्त्विकता। हमारी साधना में सातत्य, अलिप्तता और सात्त्विकता होनी चाहिए। तभी वह परमेश्वर

6 दिसंबर

साम्यसूत्र 102: निकषः सार्वभौमः वृत्ति 3: फलत्यागो निकषः

102. फल-त्याग सार्वभौम कसौटी

3. उत्तर में भगवान ने एक बात स्पष्ट कह दी है कि फल-त्याग की कसौटी सार्वभौम वस्तु है। फल-त्याग का तत्त्व सर्वत्र लागू किया जा सकता है। सब कर्मों के फलों का त्याग तथा राजस और तामस कर्मों का त्याग, इन दोनों में विरोध नहीं है। कुछ कर्मों का स्वरूप ही ऐसा होता है कि फल-त्याग की युक्ति का उपयोग करें, तो वे कर्म स्वतः ही गिर पड़ते हैं। फल-त्यागपूर्वक कर्म करने का तो यही अर्थ होता है कि कुछ कर्म छोड़ने ही चाहिए। फल-त्यागपूर्वक कर्म करने में कुछ कर्मों के प्रत्यक्ष त्याग का समावेश हो ही जाता है।

....

(पृष्ठ 362 के बाद)

को अर्पण की जा सकेगी। इन सब बातों से ध्यान में आता है कि कुछ कर्म तो हमें करने हैं और कुछ का त्याग करना है।

गीता की सारी शिक्षा पर हम दृष्टि डालें, तो स्थान-स्थान पर यही बोध मिलता है कि कर्म का त्याग मत करो। गीता कर्म-फल के त्याग की बात कहती है। गीता में सर्वत्र यही शिक्षा दी गयी है कि कर्म तो सतत करो, परंतु फलका त्याग करते रहो; लेकिन यह एक पहलू हुआ। दूसरा पहलू यह मालूम पड़ता है कि कुछ कर्म किये जायें और कुछ का त्याग किया जाये। अतः अंततः अठारहवें अध्याय में आरंभ में अर्जुन ने प्रश्न किया- 'एक पक्ष तो यह कि कोई भी कर्म फल-त्यागपूर्वक करो और दूसरा यह कि कुछ कर्म तो अवश्यमेव त्याज्य हैं और कुछ करने योग्य हैं, इन दोनों में मेल कैसे बिठाया जाये?' जीवन की दिशा स्पष्ट जानने के लिए यह प्रश्न है। फल-त्याग का मर्म समझने के लिए यह प्रश्न है। जिसे शास्त्र 'संन्यास' कहता है, उसमें कर्म स्वरूपतः छोड़ना होता है। अर्थात कर्म के स्वरूप का त्याग करना होता है। फलत्याग में कर्म का फलतः त्याग करना होता है। अब प्रश्न यह कि क्या गीता के फलत्याग को प्रत्यक्ष कर्म-त्याग की आवश्यकता है? क्या फल-त्याग की कसौटी में संन्यास का कोई उपयोग है? संन्यास की मर्यादा कहाँ तक है? संन्यास और फल-त्याग, इन दोनों की मर्यादा कहाँ तक और कितनी है? अर्जुन का यही प्रश्न है।

7 दिसंबर

साम्यसूत्र 102: निकषः सार्वभौमः

वृत्ति 4: काम्य-निषिद्धानि वर्जनीयानि

4. इस पर जरा गहराई से विचार करें। जो कर्म काम्य हैं, जिनके मूल में कामना है, उन्हें फल-त्यागपूर्वक करो-ऐसा कहते ही वे ढह जाते हैं। फल-त्याग के सामने काम्य और निषिद्ध कर्म खड़े ही नही रह सकते। फल-त्यागपूर्वक कर्म करना कोई केवल कृत्रिम, तांत्रिक और यांत्रिक क्रिया तो है नहीं। इस कसौटी के द्वारा यह अपने-आप मालूम हो जाता है कि कौन-से कर्म किये जायें और कौन-से नहीं। कुछ लोग कहते हैं कि 'गीता केवल यही बताती है कि फल-त्यागपूर्वक कर्म करो, पर यह नहीं बताती कि कौन से कर्म करो।' ऐसा भास तो होता है, परंतु वस्तुतः ऐसा है ही नहीं, क्योंकि 'फल-त्यागपूर्वक कर्म करो।' इतना कहने से ही पता चल जाता है कि कौन-से कर्म करें और कौन-से नहीं। हिंसात्मक कर्म, असत्यमय कर्म, चौर्य कर्म फल-त्यागपूर्वक किये ही नहीं जा सकते ।

सूर्य की प्रभा फैलते ही चीजें उजली दिखायी देने लगती हैं, पर अंधेरा भी क्या उजला दिखादी देता है। हमें सब कर्म फल-त्याग की कसौटी पर कस लेने चाहिए। पहले यह देख लेना चाहिए कि जो कर्म मैं करना चाहता हूं, वह अनासक्तिपूर्वक फल की लेशमात्र भी अपेक्षा न रखते हुए करना संभव है क्या? फल-त्याग ही कर्म करने की कसौटी है। इस कसौटी के अनुसार काम्य कर्म अपने-आप ही त्याज्य सिद्ध होते हैं। उनका तो त्याग ही उचित है। अब बचे शुद्ध सात्त्विक कर्म। वे अनाक्तिपूर्वक अहंकार छोड़कर करने चाहिए। काम्य कर्मों का त्याग भी तो एक कर्म ही हुआ। फल- त्याग की कैंची पर पर भी चलाओं। काम्य कर्मों का त्याग भी सहज रूप से होना चाहिए। इस प्रकार तीन बातें हमने देखीं। पहली तो यह कि जो कर्म हमें करने हैं, वे फल-त्यागपूर्वक करने चाहिए। दूसरी यह कि राजस और तामस कर्म, निषिद्ध और काम्य कर्म, फल-त्याग की कसौटी पर कसते ही अपने-आप गिर जाते हैं। तीसरी यह कि इस तरह जो त्याग होगा, उस पर भी फल-त्याग की कैंची चलाओ। मैंने इतना त्याग किया, ऐसा अहंकार नहीं होने देना चाहिए।

8 दिसंबर

साम्यसूत्र 102: निकषः सार्वभौमः
वृत्ति 5: कर्ममात्रं सदोषम्

5. राजस और तामस कर्म त्याज्य क्यों है? इसलिए कि वे शुद्ध नहीं है। शुद्ध न होने से उन कर्मों का कर्ता के चित्त पर संस्कार पड़ता है, परंतु अधिक विचार करने पर पता चलता है कि सात्त्विक कर्म भी सदोष होते हैं। जितने भी कर्म है, उन सबमें कुछ-न-कुछ दोष है ही। खेती का स्वधर्म ही लो। यह एक शुद्ध सात्त्विक क्रिया है, लेकिन इस यज्ञमय स्वधर्म रूप खेती में भी हिंसा तो होती ही है। हल जोतने आदि में कितने ही जीव-जंतु मरते हैं। कुँए के पास कीचड़न होने देने के लिए पत्थर बिठाते समय कितने ही जीव मरते हैं। सबेरे दरवाजा खोलते ही सूर्य का प्रकाश घर में प्रवेश करता है, उससे असंख्य जंतु नष्ट हो जाते हैं। जिसे 'शुद्धीकरण' कहते हैं, वह भी मारण-क्रिया ही हो जाती है। सारांश, जब सात्त्विक स्वधर्म रूप कर्म भी सदोष हो जाता है, तब क्या करें?

9 दिसंबर

साम्यसूत्र 102: निकषः सार्वभौमः
वृत्ति 6: कर्मसंकोचो निरर्थकः

6. मैं पहले ही कह चुका हूँ कि सब गुणों का विकास होना तो अभी बाकी है। हमें ज्ञान, भक्ति, सेवा, अहिंसा- इनके बिंदुमात्र का ही अभी अनुभव हुआ है। सारा-का-सारा अनुभव हो चुका है ऐसी बात नहीं है। संसार अनुभव लेकर आगे बढ़ता जाता है। मध्ययुग में एक ऐसी कल्पना चली कि खेती में हिंसा होती है, इसलिए अहिंसक व्यक्ति खेती न करे। वह व्यापार करे। अन्न उपजाना पाप है, पर कहते थे कि अन्न बेचना पाप नहीं। लेकिन इस तरह क्रिया को टालने से हित नहीं हो सकता। यदि मनुष्य इस तरह कर्म-संकोच करता चला जाये, तो अंत में आत्मनाश ही होगा। मनुष्य कर्म से छूटने का ज्यों-ज्यों विचार करेगा, त्यों-त्यों कर्म का अधिक विस्तार होता जायेगा। आपके इस धान्य के व्यापार के लिए क्या किसी को खेती नहीं करनी पड़ेगी? तब क्या उस खेती से होने वाली हिंसा के आप हिस्सेदार नहीं होंगे? अगर कपास उपजाना पाप है, तो उस उपजी हुई कपास को बेचना भी पाप है। कपास पैदा करने में दोष है, इसलिए उस कर्म को ही छोड़ देना बुद्धि-दोष होगा। अब कर्मों का बहिष्कार करना- यही कर्म नहीं, वह कर्म नहीं, कुछ मत करो, इस प्रकार देखने वाली दृष्टि में, कहना होगा कि सच्चा दयाभाव शेष नहीं रहा, बल्कि वह मर गया। पत्ते नोचने से पेड़ नहीं मरता, वह तो उल्टा पल्लवित होता है। क्रिया का संकोच करने में आत्म-संकोच ही है।

10 दिसंबर

साम्यसूत्र 103: क्रियोपरमे वीर्यवत्तरम्
वृत्ति 7: सेंद्राय तक्षकायेति न कुर्यात्

103 क्रिया से छूटने की सच्ची रीति

7. अब यह प्रश्न होता है कि यदि सब क्रियाओं मे दोष हैं, तो फिर सब क्रियाओं को छोड़ ही क्यों न दें? इसका उत्तर पहले एक बार दिया जा चुका है। सब कर्मों का त्याग करने की कल्पना बड़ी सुंदर है। यह विचार मोहक है। पर यह असंख्य कर्म आखिर छोड़े कैसे? राजस और तामस कर्मों को छोड़ने की जो रीति है, क्या वही सात्त्विक कर्मों के लिए उपयुक्त होगी? जो दोषमय सात्त्विक कर्म हैं, उन्हें कैसे टालें? मजा तो यह है कि इंद्राय तक्षकाय स्वाहा- की तरह जब मनुष्य संसार में करने लगता है तब अमर होने के कारण इंद्र तो मरता ही नहीं, बल्कि तक्षक भी न मरते हुए उल्टा मजबूत हो बैठता है। सात्त्विक कर्मों में पुण्य है और थोड़ा दोष है। परंतु थोड़ा दोष होने के कारण यदि उस दोष के साथ पुण्य की भी आहुति देना चाहोगे, तो मजबूत होने के कारण पुण्य-क्रिया तो नष्ट ही होगी, उल्टे दोष-क्रिया अवश्य ही बढ़ती चली जायेगी। ऐसे मिश्रित, विवेकहीन त्याग से पुण्यरूप इंद्र तो मरता ही नहीं, पर मर सकने वाला दोष रूप तक्षक भी नहीं मरता। इसलिए उसके त्याग की रीति कौन-सी? बिल्ली हिंसा करती है, इसलिए उसका त्याग करेंगे, तो चूहे हिंसा करने लगेंगे। सांप हिंसा करते हैं, इसलिए अगर उन्हें दूर किया, तो सैकड़ों जंतु खेती नष्ट कर डालेंगे। खेती का अनाज नष्ट होने से हजारों मनुष्य मर जायेंगे। इसलिए त्याग विवेकयुक्त होना चाहिए।

11 दिसंबर

साम्यसूत्र 103: क्रियोपरमे वीर्यवत्तरम्
वृत्ति 8: गोरक्ष-दृष्टांतेन बोद्धव्यम्

8. गोरखनाथ से मच्छींद्रनाथ ने कहा- 'इस लड़के को धो लाओ!' गोरखनाथ ने लड़के के पैर पकड उसे शिला पर अच्छी तरह पछाड़ा और बाड़ पर सुखाने डाल दिया। मच्छींद्रनाथ ने पूछा- 'लड़के को धो लाये,' गोरखनाथ ने उत्तर दिया- 'हां, उसे धो-धोकर सुखाने डाल दिया है!' लड़के को क्या इस तरह धोया जाता है? कपड़े और मनुष्य धोने का ढंग एक-सा नहीं है। इन दोनों ढंगों में बड़ा अंतर है। इसी तरह राजस-तामस कर्मों के त्याग तथा सात्त्विक कर्म के त्याग में बड़ा अंतर है। सात्त्विक कर्म छोड़ने की रीति दूसरी है।

विवेकहीन होकर कर्म करने से तो कुछ उलट-पुलट ही हो जायेगा। तुकाराम ने कहाः **त्यागें भोग माइया येतील अंतरा। मग मी दातारा काय करूं-** 'त्याग से जो भीतर भोग उगे, तब हे दाता! मैं क्या करूं?' छोटा त्याग करने जाते हैं, तो बड़ा भोग आकर छाती पर बैठ जाता है। इसलिए वह अल्प-सा त्याग भी मिथ्या हो जाता है। छोटे से त्यागी की पूर्ति के लिए बड़े-बड़े इंद्रभवन खड़े करते हैं। इससे तो वह झोंपड़ी ही अच्छी थी। वही पर्याप्त थी। लंगोटी लगाकर आस-पास वैभव इकट्ठा करने से तो कुरता और बंडी ही अच्छी। इसीलिए भगवान ने सात्त्विक कर्मों के त्याग की पद्धति ही अलग बतायी है। वे सभी सात्त्विक कर्म तो करने हैं, लेकिन उनके फलों को तोड़ फेंकना है। कुछ कर्म तो समूल त्याज्य हैं और कुछ के सिर्फ फल ही छोड़ने होते हैं। शरीर पर कोई ऐसा-वैसा दाग पड़ जाये, तो उसको धोकर मिटाया जा सकता है, पर चमड़ी का रंग ही काला है, तो उस पर पुताई करने से क्या लाभ? यह काला रंग ज्यों-का-त्यों रहने दो। उसकी तरफ देखते ही क्यों को? उसे अमंगल मत कहो।

12 दिसंबर

साम्यसूत्र 103: क्रियोपरमे वीर्यवत्तरम्
वृत्ति 9: देहदहनाय प्रवृत्तो मूर्खः

9. एक आदमी था। उसे अपना घर अमंगल प्रतीत होने लगा। तो वह किसी गांव में चला गया। वहाँ उसे गंदगी दिखायी दी, तो जंगल में चला गया। जंगल में एक आम के पेड़ के नीचे बैठा ही था कि एक पक्षी ने उसके सिर पर बीट कर दी। 'यह जंगल भी अमंगल है' - ऐसा कहकर वह नदी में जा खड़ा हुआ। नदी में उसने देखा कि बड़ी मछलियां छोटी मछलियों को खा रही हैं, तब तो उसे बड़ी घिन लगी। 'अरे, यह तो सारी सृष्टि ही अमंगल है। यहाँ मरे बिना छुटकारा नहीं' , ऐसा सोचकर वह पानी से बाहर आया और आग जलायी। उधर से एक सज्जन आये और बोले- 'भाई, यह मरने की तैयारी क्यों?' 'यह संसार अमंगल, है, इसलिए!'- वह बोला। उस सज्जन ने उत्तर दिया- 'तेरा यह गंदा शरीर, यह चरबी यहाँ जलने लगेगी, तो यहाँ कितनी बदबू फैलेगी। हम यहाँ पास ही रहते हैं। तब हम कहाँ जायेंगे? एक बाल के जलने से ही कितनी दुर्गंध आती है! फिर तेरी तो सारी चरबी जलेगी! कितनी दुर्गंध फैलेगी, इसका भी तो कुछ विचार कर।' वह आदमी परेशान होकर बोला- 'इस दुनिया में न जीने की सुविधा है और न मरने की ही, तो अब करूं क्या?'

13 दिसंबर

साम्यसूत्र 103: क्रियोपरमे वीर्यवत्तरम्
वृत्ति 10: अमंगलमिति न वक्तव्यम्

10. तात्पर्य यह कि 'अमंगल-अमंगल' - ऐसा कहकर सबका बहिष्कार करेंगे, तो काम नहीं चलेगा। यदि तुम छोटे कर्मों से बचना चाहोगे, तो दूसरे बड़े कर्म सिर पर सवार हो जायेंगे। कर्म स्वरूपतः, बाहर से छोड़ने पर नहीं छूटते हैं। जो कर्म सहज रूप से प्रवाह-प्राप्त हैं, उनका विरोध करने में अगर कोई अपनी शक्ति खर्च करेगा, प्रवाह के विरुद्ध जाना चाहेगा, तो अंत में वह थककर प्रवाह के साथ बह जायेगा। प्रहवाहानुकूल क्रिया के द्वारा ही उसे अपने तरने का उपाय सोचना चाहिए। इससे मन पर का लेप कम होगा और चित्त शुद्ध होता जायेगा। फिर धीरे-धीरे क्रिया अपने-आप झड़ती जायेगी। कर्म-त्याग न होते हुए भी क्रियाएं लुप्त हो जायेंगी। कर्म छूटेगा ही नहीं। क्रिया लुप्त हो जायेगी।

14 दिसंबर

साम्यसूत्र 103: क्रियोपरमे वीर्यवत्तरम्
वृत्ति 11: क्रियाकर्मणोर् भेदः

11. कर्म और क्रिया दोनों में अंतर है। मान लें कि कहीं पर खूब हो-हल्ला मचा हुआ है और उसे बंद करना है। एक सिपाही स्वयं जोर से चिल्लाकर कहता है- 'शोर बंद करो।' वहाँ का शोर बंद करने के लिए उसे जोर से चिल्लाने की तीव्र क्रिया करनी पड़ी। दूसरा कोई आकर चुपचाप खड़ा रहेगा और केवल अपनी अंगुली उठाकर इशारा करेगा। इतने से ही लोग शांत हो जायेंगे। तीसरे व्यक्ति के केवल वहाँ उपस्थित होने मात्र से ही शांति छा जायेगी। एक को तीव्र क्रिया करनी पड़ी। दूसरे की क्रिया कुछ सौम्य थी और तीसरे की सूक्ष्म। क्रिया उत्तरोत्तर कम होती गयी, किंतु लोगों को शांत करने का काम समान रूप से हुआ। जैसे-जैसे चित्त-शुद्धि होती जायेगी, वैसे-वैसे क्रिया की तीव्रता में कमी होगी। तीव्र से सौम्य, सौम्य से सूक्ष्म और सूक्ष्म से शून्य होती जायेगी। कर्म भिन्न है और क्रिया भिन्न। कर्ता को जो अत्यंत इष्ट हो, वह कर्म-यही कर्म की व्याख्या। कर्म की प्रथमा और द्वितीया विभक्ति होती है, तो क्रिया के लिए स्वतंत्र क्रियापद लगाना पड़ता है।

कर्म और क्रियाओं में जो अंतर है, उसे समझ लीजिए। क्रोध आने पर कोई बहुत बोलकर और कोई बिलकुल ही न बोलकर अपना क्रोध प्रकट करता है। ज्ञानी पुरुष लेशमात्र भी क्रिया नहीं करता, किंतु कर्म अनंत करता है। उसका अस्तित्वमात्र ही अपार लोक-संग्रह कर सकता है। ज्ञानी पुरुष की तो केवल उपस्थिति ही पर्याप्त है। उसके हाथ-पैर आदि अवयव कुछ कार्य न करते हों, तो भी वह काम करता है। क्रिया सूक्ष्म होती जाती है और कर्म उलटे बढ़ते जाते हैं। विचार की यह धारा और आगे ले जायें एवं चित्त परिपूर्ण शुद्ध हो जाये, तो अंत में क्रिया शून्य रूप होकर कर्म अनंत होते रहेंगे, ऐसा कह सकते हैं। पहले तीव्र, फिर तीव्र से सौम्य, सौम्य से सूक्ष्म और सूक्ष्म से शून्य इस तरह अपने-आप क्रियाशून्यत्व प्राप्त हो जायेगा। परंतु तब अनंत कर्म स्वतः होते रहेंगे।

15 दिसंबर

साम्यसूत्र 103: क्रियोपरमे वीर्यवत्तरम्
वृत्ति 12: दांभिक-पोपवत् साधकस्य

12. बाह्यरूपेण कर्म हटाने से वे दूर नहीं होंगे। निष्कामतापूर्वक कर्म करते हुए धीरे-धीरे उसका अनुभव होगा। कवि ब्राऊनिंग ने 'ढोंगी पोप' शीर्षक से एक कविता लिखी है। एक आदमी ने पोप से कहा- 'तुम अपने को इतना सजाते क्यों हो? ये चोगे किसलिए? ये ऊपरी ढोंग क्यों? यह गंभीर मुद्रा किसलिए?' उसने उत्तर दिया- ' मैं यह सब क्यों करता हूं, सो सुनो। संभव है, यह नाटक, यह नकल करते-करते किसी दिन अनजाने में ही मुझमें श्रद्धा का संचार हो जाये।' इसलिए निष्काम क्रिया करते रहना चाहिए। धीरे-धीरे निष्क्रियत्व भी प्राप्त हो जायेगा।

16 दिसंबर

साम्यसूत्र 104: अनेन स्वधर्मो विवृतः
वृत्ति 13: ओघप्राप्तं सदोषमपि न त्यजेत्

104. साधक के लिए स्वधर्म का खुलासा
13. सारांश यह कि तामस और राजस कर्म तो बिलकुल छोड़ देने चाहिए और सात्त्विक कर्म करने चाहिए। इसके साथ ही यह विवेक रखना चाहिए कि जो सात्त्विक कर्म सहज और स्वाभाविक रूप से सामने आ जायें, वे सदोष होते हुए भी त्याज्य नहीं हैं। दोष होता है तो होने दो। उस दोष से पीछा छुड़ाना चाहोगे, तो दूसरे असंख्य दोष पल्ले आ पड़ेंगे। अपनी नकटी नाक जैसी है, वैसी ही रहने दो। उसे काटकर सुंदर बनाने की कोशिश करोगे, तो वह और भी भयानक तथा भद्दी दीखेगी। वह जैसी है, वैसी ही अच्छी है। सात्त्विक कर्म सदोष होने पर भी स्वाभाविक रूप से प्राप्त होने के कारण नहीं छोड़ने चाहिए। उन्हें करना है, लेकिन उनका फल छोड़ना है।

17 दिसंबर

साम्यसूत्र 104: अनेन स्वधर्मों विवृतः
वृत्ति 14: अप्राप्तं गुणवदपि न ग्राह्यम्

14. और एक बात कहनी है। जो कर्म सहज प्रवाह से प्राप्त न हुए हों, उनके बारे में तुम्हें कितना ही लगता हो कि वे अच्छी तरह किये जा सकते हैं, तो भी उन्हें मत करो। उतने ही कर्म करो, जितने सहज रूप से प्राप्त हों। उखाड़-पछाड़ और दौड़-धूप करके दूसरे नये कर्मों का भार मत उठा लो। जिन कर्मों को खास तौर पर जोड़-तोड़ करके ही करना पड़ता हो, वे कितने ही अच्छे क्यों न हों, उनसे दूर रहो। उनका मोह मत करो। जो कर्म सहज प्राप्त हैं, उन्हीं के बारे में फल-त्याग संभव है। यदि मनुष्य इस लोभ से कि यह कर्म भी अच्छा है और वह कर्म भी अच्छा है, चारों ओर दौड़ने लगे, तो फिर कैसा फल-त्याग? उससे तो जीवन सारा बरबाद हो जायेगा। फल की आशा से ही वह इन परधर्म रूपी कर्मों को करना चाहेगा और फल भी हाथ से खो बैठेगा। जीवन में कहीं भी स्थिरता प्राप्त नहीं होगी। चित्त पर उस कर्म की आसक्ति चिपक जायेगी। अगर सात्त्विक कर्मों का भी लोभ होने लगे, तो वह लोभ भी दूर करना चाहिए। उन नाना प्रकार के सात्त्विक कर्मों को यदि करना चाहोगे, तो उसमें भी राजसता और तामसता आ जायेगी। इसलिए तुम वही करो, जो तुम्हारा सात्त्विक, प्रवाह प्राप्त स्वधर्म है।

18 दिसंबर

साम्यसूत्र 104: अनेन स्वधर्मो विवृतः
वृत्ति 15: प्रतिव्यक्ति भिन्नं स्वत्वम्

15. स्वधर्म में स्वदेशी धर्म, स्वजातीय धर्म और स्वकालीन धर्म का समावेश होता है। इन तीनों के योग से स्वधर्म बनता है। मेरी वृत्ति के अनुकूल और अनुरूप क्या है और कौन-सा कर्तव्य मुझे प्राप्त हुआ है, यह सब स्वधर्म निश्चित करते समय देखना ही होता है, तुममें 'तुमपन' जैसी कोई चीज है और इसलिए तुम 'तुम' हो। प्रत्येक व्यक्ति में उसकी अपनी कुछ विशेषता होती है। बकरी का विकास बकरी बने रहने में ही है। बकरी रहकर ही उसे अपना विकास कर लेना चाहिए। बकरी अगर गाय बनना चाहे, तो वह उसके लिए संभव नहीं। वह स्वयं प्राप्त बकरीपन का त्याग नहीं कर सकती। इसके लिए उसे शरीर छोड़ना पड़ेगा। नया धर्म और नया जन्म ग्रहण करना होगा, परंतु इस जन्म में तो उसके लिए बकरीपन ही पवित्र है। बैल और मेंढक की कहानी है न? मेंढकी के बढ़ने की एक सीमा है। वह बैल जितनी होने का प्रयत्न करेगी, तो मर जायेगी। दूसरे के रूप की नकल करना ठीक नहीं होता। इसलिए पर धर्म को 'भयावह' कहा गया है।

19 दिसंबर

साम्यसूत्र 104: अनेन स्वधर्मो विवृतः
वृत्ति 16: स्वधर्मः स्थिरः परिवर्तनीयश्च

16. फिर स्वधर्म के भी दो भाग हैं। एक बदलने वाला भाग, दूसरा न बदलने वाला। मैं आज जो हूं, वह कल नहीं और कल जो हूँ वह परसों नहीं। मैं निरंतर बदल रहा हूँ। बचपन का स्वधर्म होता है, केवल संवर्धन। यौवन में मुझमें भरपूर-कर्म शक्ति रहेगी, तो उसके द्वारा मैं समाज की सेवा करूंगा। प्रौढ़ावस्था में मेरे ज्ञान का लाभ दूसरों को मिलेगा। इस तरह कुछ स्वधर्म तो बदलता रहने वाला है और कुछ न बदलने वाला। इन्हीं को यदि पुराने शास्त्रीय नामों से पुकारना है, तो हम कहेंगे- 'मनुष्य को वर्ण-धर्म है और आश्रम-धर्म है।' वर्ण-धर्म बदलता नहीं, आश्रम-धर्म बदलता रहता है।
आश्रम-धर्म बदलता है- इसका अर्थ यह है कि ब्रह्मचारी-पद सार्थक करके मैं गृहस्थाश्रम में प्रवेश करता हूँ। गृहस्थाश्रम से वानप्रस्थाश्रम में और वानप्रस्थाश्रम से संन्यास में जाता हूँ। इस तरह आश्रम-धर्म बदलता रहता है तब भी, वर्ण-धर्म बदला नहीं जा सकता। अपनी नैसर्गिक मर्यादा मैं छोड़ नहीं सकता। ऐसा प्रयत्न ही मिथ्या है। तुममें जो 'तुमपन' है, उसे तुम छोड़ नहीं सकते। इसी कल्पना पर वर्ण-धर्म की योजना की गयी है। वर्ण-धर्म की कल्पना बड़ी मधुर है। वर्ण-धर्म बिलकुल अटल है क्या? जैसे बकरी का बकरीपन, गाय का गायपन है, वैसे ही क्या ब्राह्मण का ब्राह्मणत्व, क्षत्रिय का क्षत्रियत्व है? मैं मानता हूँ कि वर्ण-धर्म इतना पक्का नहीं है। लेकिन हमें इसका मर्म समझ लेना चाहिए। 'वर्ण-धर्म' का उपयोग जब सामाजिक व्यवस्था की एक युक्ति के रूप में किया जाता है, तब उसमें अपवाद अवश्य होगा। ऐसा अपवाद मानना ही पड़ता है। गीता ने भी इस अपवाद को माना है। सारांश, इन दोनों प्रकारों के धर्मों को पहचानकर अवांतर धर्म कितना ही सुंदर और मोहक प्रतीत हो, तो भी उसे टालना चाहिए।

20 दिसंबर

साम्यसूत्र 105: अष्टकं भावयेत्
वृत्ति 17: त्यागाष्टकम्

105. फलत्याग का कुल मिलाकर फलितार्थ
17. फल-त्याग की कल्पना का जो विकास हम करते आये हैं, उससे निम्नलिखित अर्थ निकला-

1. राजस और तामस कर्मों का संपूर्ण त्याग।
2. उस त्याग का भी फल-त्याग। उसका भी अहंकार न हो।
3. सात्त्विक कर्मों का स्वरूपतः त्याग न कते हुए केवल फल-त्याग।
4. सात्त्विक कर्म, जो फल-त्यागपूर्वक करने होते हैं, वे सदोष हों तो भी करना।
5. सतत फल-त्यागपूर्वक उन सात्त्विक कर्मों को करते रहने से चितत शुद्ध होता जायेगा और तीव्र से सौम्य, सौम्य से सूक्ष्म और सूक्ष्म से शून्य इस तरह क्रियामात्र झड़ जायेगी।
6. क्रिया लुप्त हो जायेगी, लेकिन कर्म- लोकसंग्रह रूपी कर्म- होते ही रहेंगे।
7. सात्त्विक कर्म भी, जो स्वाभाविक रूप से प्राप्त हों, वे ही करें। जो सहज प्राप्त न हों, वे कितने ही अच्छे लगें, तो भी उन्हें दूर ही रखें। उनका मोह न करें।
8. सहजप्राप्त स्वधर्म भी फिर दो प्रकार का होता है- बदलने वाला और न बदलने वाला। वर्ण-धर्म नहीं बदलता, पर आश्रम-धर्म बदलता रहता है। बदलने वाला स्वधर्म बदलते रहना चाहिए। उससे प्रकृति विशुद्ध रहेगी।

21 दिसंबर

साम्यसूत्र 105: अष्टकं भावयेत्
वृत्ति 18: प्रकृतिः प्रवाहिनी

18. प्रकृति बहती रहनी चाहिए। निर्झर बहता नहीं रहेगा, तो उससे दुर्गंध आने लगेगी। यही हाल आश्रम-धर्म का है। मनुष्य पहले कुटुंब को स्वीकार करता है। अपने विकास के लिए वह स्वयं को कुटुंब के बंधनों में बांध लेता है। यहाँ वह तरह-तरह के अनुभव प्राप्त करता है; परन्तु कुटुंबी बनकर वह सदा के लिए उसी में जकड़ जायेगा तो विनाश होगा। कुटुंब में रहना जो पहले धर्म रूप था, वही अधर्म रूप हो जायेगा; क्योंकि अब वह धर्म बंधनकारी हो गया। बदलने वाले धर्म को आसक्ति के कारण न छोड़ें तो भयानक स्थिति उत्पन्न होगी। अच्छी चीज की भी आसक्ति नहीं होनी चाहिए। आसक्ति से घोर अनर्थ होता है। क्षय के कीटाणु यदि भूल से भी फेफड़ों में चले जाते हैं, सारा जीवन भीतर से खा डालते हैं। उसी तरह आसक्ति के कीटाणु भी असावधानी से सात्त्विक कर्म में घुस जायेंगे, तो स्वधर्म सड़ने लगेगा। उस सात्त्विक स्व-धर्म में भी राजस और तामस की दुर्गंध आने लगेगी। अतः कुटुंब रूपी यह बदलने वाला स्व-धर्म यथा समय छूट जाना चाहिए। यह बात राष्ट्र धर्म के लिए भी है। राष्ट्र-धर्म में भी अगर आसक्ति आ जाये और केवल अपने ही राष्ट्र के हित का विचार हम करने लगें, तो ऐसी राष्ट्र-भक्ति भी बड़ी भयंकर वस्तु होगी। इससे आत्म-विकास रुक जायेगा। चित्त में आसिक्त घर कर लेगी और अद्यःपात होगा।

22 दिसंबर

साम्यसूत्र 106: काष्ठैव निष्ठा
वृत्ति 19: फलत्यागश्चिंतामणिः 20: मोक्षस्य नाकांक्षा

106. साधना की पराकाष्ठा ही सिद्धि
19. सारांश, यदि जीवन का फलित प्राप्त करना हो, तो फल त्याग रूपी चिंतामणि को अपनाओ। वह आपका पथ-प्रदर्शन करेगा। फल-त्याग का यह तत्त्व अपनी मर्यादा भी बताता है। यह दीपक पास होने पर अपने-आप यह पता चल जायेगा कि कौन-सा काम करें, कौन-सा न करें, और कौन-सा कब बदले।

20. परंतु अब एक दूसरा ही विषय विचार के लिए लेंगे। संपूर्ण क्रिया का लोप हो जाने की जो अंतिम स्थिति है, उस पर साधक को ध्यान रखना चाहिए या नहीं? साधक को क्या ज्ञानी पुरुष की उस स्थिति पर दृष्टि रखनी चाहिए, जिसमें क्रिया न करते हुए भी असंख्य कर्म होते रहेंगे ? नहीं, यहाँ भी फल-त्याग की ही कसौटी का उपयोग करना चाहिए। हमारे जीवन का स्वरूप इतना सुंदर है कि हमें जो चाहिए, उस पर निगाह न रखने पर भी वह हमें मिल जायेगा। जीवन का सबसे बड़ा फल मोक्ष है। उस मोक्ष, उस अकर्मावस्था का भी हमें लोभ न रहे। वह स्थिति तो अपने-आप अनजाने प्राप्त हो जायेगी। संन्यास कोई ऐसी वस्तु तो है नहीं कि दो बजकर पांच मिनट पर अचानक आ मिलेगी। संन्यास यांत्रिक वस्तु नहीं है। उसका तेरे जीवन में किस तरह विकास होता जायेगा, तुझे इसका पता भी नहीं चलेगा। इसलिए मोक्ष की चिंता छोड़।

23 दिसंबर

साम्यसूत्र 106: काष्ठैव निष्ठा
वृत्ति 21: भक्ति-साधना पर्याप्ता

21. भक्त तो ईश्वर से सदैव यही कहता है- 'मेरे लिए यह भक्ति ही पर्याप्त है। वह मोक्ष, वह अंतिम फल, मुझे नहीं चाहिए।' मुक्ति भी तो एक प्रकार की भुक्ति ही है। मोक्ष एक तरह का भोग ही तो है- एक फल ही तो है। इस मोक्ष रूपी फल पर भी फल-त्याग की कैंची चलाओ। परंतु उससे मोक्ष कहीं चला नहीं जायेगा। कैंची टूट जायेगी और फल अधिक पक्का हो जायेगा। जब मोक्ष की आशा छोड़ दोगे, तभी अनजाने मोक्ष की तरफ जाओगे। इतनी तन्मयता से साधना चलने दो कि मोक्ष की याद ही न रहे और मोक्ष तुझे खोजता हुआ तेरे सामने आ खड़ा हो जाये। साधक तो बस अपनी साधना में ही रंग जाये। **मा ते संगोऽस्त्वकर्मणि।**- भगवान ने पहले ही कहा था कि अकर्म-दशा की, मोक्ष की आसक्ति मत रखो।
अब फिर अंत में कहते हैं- **अहं त्वा सर्वपापेभ्यो मोक्षयिष्यामि मा शुचः।**- मैं मोक्षदाता समर्थ हूँ। तू मोक्ष की चिंता मत कर। तू तो केवल साधना की ही चिंता कर। मोक्ष को भूल जाने से साधना उत्कृष्ट होगी और मोक्ष ही मोहित होकर तेरे पास चला आयेगा। मोक्ष-निरपेक्ष वृत्ति से अपनी साधना में ही रत रहने वाले साधक के गले में मोक्ष लक्ष्मी जयमाला डालती है।

24 दिसंबर

साम्यसूत्र 106: काष्ठैव निष्ठा
वृत्ति 22: मार्गे नैव विश्रमः

22. जहाँ साधना की पराकाष्ठा होती है, वहीं सिद्धि हाथ जोड़कर खड़ी रहती है। जिस घर जाना है, वह यदि वृक्ष के नीचे 'घर-घर' का जाप करते बैठेगा, तो घर तो दूर ही रहेगा, उलटा उसे जंगल में ही रहने की नौबत आ जायेगी। घर का स्मरण करते हुए यदि रास्ते में विश्राम करने लग जाओगे, तो उस अंतिम विश्राम स्थान से दूर रह जाओगे। मुझे तो चलने का ही प्रयत्न करना चाहिए। उसी से घर एकदम सामने आयेगा। मोक्ष के आलसी स्मरण से मेरे प्रयत्न में, मेरी साधना में शिथिलता आयेगी और मोक्ष मुझसे दूर चला जायेगा। मोक्ष की उपेक्षा करके सतत साधनारत रहना ही मोक्ष को पास बुलाने का उपाय है।

अकर्म-स्थिति, विश्रांति की लालसा मत रखो। साधना का ही प्रेम रखो, तो मोक्ष मिलकर रहेगा। उत्तर-उत्तर चिल्लाने से प्रश्न का उत्तर नही मिलता। उसे हल करने की जो रीति मुझे आती है, उसी से क्रमानुसार उत्तर मिलेगा। वह रीति जहाँ समाप्त होती है, वहीं उसका उत्तर रखा है। समाप्ति के पहले समाप्ति कैसे होगी? रीति से पहले उत्तर कैसे मिलेगा? साधकावस्था में सिद्धावस्था कैसे प्राप्त होगी? पानी में डुबकियां खाते हुए परले पार के मौज-मजे में ध्यान रहेगा, तो कैसे काम चलेगा? उस समय तो एक-एक हाथ मारकर आगे जाने में ही सारा ध्यान और सारी शक्ति लगानी चाहिए। पहले साधना पूरी करो, समुद्र लांघो, मोक्ष अपने-आप मिल जायेगा।

25 दिसंबर

साम्यसूत्र 107: तुरीयं त्रिकोणम्
वृत्ति 23: अंतिमावस्था परमोदात्ता रमणीया

107. सिद्ध पुरुष की तिहरी भूमिका
23. ज्ञानी पुरुष की अंतिम अवस्था में सब क्रियाएं लुप्त हो जाती हैं, शून्य रूप हो जाती हैं। पर इसका यह अर्थ नहीं कि अंतिम स्थिति में क्रिया होगी ही नहीं। उसके द्वारा क्रिया होगी भी और नहीं भी होगी। अंतिम स्थिति अत्यंत रमणीय और उदात्त है। इस अवस्था में जो भी कुछ होगा, उसकी उसे चिंता नहीं होती। जो भी होगा, वह शुभ और सुंदर ही होगा। साधना की पराकाष्ठा की दशा पर वह खड़ा है। वहाँ सब कर्म करने पर भी वह कुछ नहीं करेगा। संहार करने पर भी संहार नहीं करेगा। कल्याण करने पर भी कल्याण नहीं करेगा।

26 दिसंबर

साम्यसूत्र 107: तुरीयं त्रिकोणम्
वृत्ति 24: अतिनैतिकी

24. यह अंतिम मोक्षावस्था ही साधक की साधना की पराकाष्ठा है। साधना की पराकाष्ठा का अर्थ है- साधना की सहजावस्था। वहाँ इस बात की कल्पना भी नहीं रहती कि मैं कुछ कर रहा हूँ अथवा इस दशा को मैं साधक की, साधना की 'अनैतिकता' कहूंगा। सिद्धावस्था नैतिक अवस्था नहीं है। छोटा बच्चा सच बोलता है, पर वह नैतिक नहीं है; क्योंकि झूठ क्या है, इसकी तो उसे कल्पना ही नहीं है। असत्य की कल्पना होने पर सत्य बोलना नैतिक कर्म है। सिद्धावस्था में असत्य है ही नहीं। वहाँ तो सत्य ही है। इसलिए वहाँ नीति नहीं। निषिद्ध वस्तु वहाँ फटकती ही नहीं। जो नहीं सुनना चाहिए वह कान के अंदर जाता ही नहीं, जो वस्तु नहीं देखनी चाहिए वह आंखें देखती ही नहीं, जो होना चाहिए वही हाथों से होता है, उसका प्रयत्न नहीं करना पड़ता, जिसे टालना चाहिए उसे टालना नहीं पड़ता, वह अपने-आप ही टल जाता है- ऐसी यह नीतिशून्य अवस्था है। यह जो साधना की पराकाष्ठा है, इसे साधना की सहजावस्था, अनैतिकता या अतिनैतिकता कहो, इस अतिनैतिकता में ही नीति का परम उत्कर्ष है। 'अतिनैतिकता' शब्द मुझे अच्छा सूझा अथवा इस दशा को 'सात्त्विक साधना की निःसत्त्वता' भी कह सकते हैं।

27 दिसंबर

साम्यसूत्र 107: तुरीयं त्रिकोणम्
वृत्ति 25: अवर्णनीया वृत्ति 26: भावावस्था वामदेववत्

25. इस दशा का किस प्रकार वर्णन करें? जिस तरह ग्रहण के पहले वेध लगता है, उसी तरह शरीरांत हो जाने पर आनेवाली मोक्ष दशा की छाया देह गिरने के पहले ही पड़ने लग जाती है। देहावस्था में ही भावी मोक्ष स्थिति का अनुभव होने लगता है। इस स्थिति का वर्णन करने में वाणी लड़खड़ाती है। वह कितनी भी हिंसा करें, फिर भी कुछ नहीं करना। उसकी क्रिया अब किस नाप से नापी जाये? जो कुछ उसके द्वारा होगा, वह सब सात्त्विक कर्म ही होगा। सभी क्रियाओं के क्षय हो जाने पर भी संपूर्ण विश्व का वह लोक-संग्रह करेगा। इसके लिए किस भाषा का प्रयोग करें, यह समझ में नहीं आता।

26. इस अंतिम अवस्था में तीन भाव रहते हैं- एक है वामदेव की दशा। उनका वह प्रसिद्ध उद्गार है न- 'इस विश्व में जो कुछ भी है, वह मैं हूँ।' ज्ञानी पुरुष निरहंकार हो जाता है। उसका देहाभिमान नष्ट हो जाता है, क्रियामात्र समाप्त हो जाती है। इस समय उसे एक भावावस्था प्राप्त होती है। वह अवस्था एक देह में समा नहीं सकती। भावावस्था क्रियावस्था नहीं है। भावावस्था का अर्थ है- भावना की उत्कटता की अवस्था। अल्प मात्रा में इस भावावस्था का अनुभव हम सबको हो सकता है। बालक के दोष से माता दोषी होती है। गुणों से गुणी होती है। उसके दुःख से दुःखी और सुख से सुखी होती है। मां की यह भावावस्था संतान तक सीमित है। संतान के दोषों को खुद न करके भी वह अपने दोष मान लेती है। ज्ञानी पुरुष भी भावना की उत्कटता से सारे संसार के दोष अपने मान लेता है। वह त्रिभुवन के पाप-पुण्य से पुण्यवान बनता है और ऐसा होने पर भी त्रिभुवन के पाप-पुण्य से वह लेशमात्र भी स्पर्शित नहीं होता।

28 दिसंबर

साम्यसूत्र 107: तुरीयं त्रिकोणम्

वृत्ति 27: ' च मे च मे ' 28. नरसिंह-कथनम्

27. रुद्र-सूक्त में ऋषि कहते हैं- यवाश्च में तिलाश्च में गोधूमाश्च मे- मुझे जौ दे, तिल दे, गेहूँ दे। इस तरह मांगते ही रहने वाले ऋषि का पेट आखिर कितना बड़ा होगा? लेकिन वह मांगने वाला साढ़े तीन हाथ के शरीर का नहीं है। उसकी आत्मा विश्वाकार होकर बोलती है। इसे मैं 'वैदिक विश्वात्म भाव' कहता हूँ। वेदों में इस भावना का परमोत्कर्ष दिखायी देता है।

28. गुजराती संत नरसी मेहता कीर्तन करते हुए कहते हैं- बापजी पाप में कवण कीधां हशे, नाम लेतां तारूं निद्रा आवे- 'हे ईश्वर, मैंने ऐसे कौन से पाप किये हैं, जो कीर्तन के समय मुझे नींद आती है!' नींद क्या नरसी मेहता को आ रही थी? नींद तो श्रोताओं को आ रही थी। परंतु श्रोताओं से एकरूप होकर नरसी मेहता पूछ रहे हैं। यह उनकी भावावस्था है। ज्ञानी पुरुष की ऐसी यह भावावस्था होती है। इस भावावस्था में सभी पाप-पुण्य उसके द्वारा होते हुए आपको दिखायी देंगे। वह स्वयं भी यही कहेगा। वह ऋषि कहता है न- 'न करने योग्य कितने ही कार्य मैंने किये हैं, करता हूँ और करूंगा।' यह भावावस्था प्राप्त होने पर आत्मा पक्षी की तरह उड़ने लगता है। वह पार्थिवता के परे चला जाता है।

29 दिसंबर

साम्यसूत्र 107: तुरीयं त्रिकोणम्
वृत्ति 29: क्रियावस्था सात्त्विकी 30: ज्ञानावस्था त्रिभुवन-दहनी

29. इस भावावस्था की ही तरह ज्ञानी पुरुष की एक क्रियावस्था भी होती है। ज्ञानी पुरुषः स्वभावतः क्या करेगा? वह जो कुछ करेगा, सात्त्विक ही होगा। यद्यपि मनुष्य-देह की मर्यादा अभी उसके साथ लगी है, तब भी उसका सारा शरीर, उसकी सारी इंद्रियां सात्त्विक बन गयी हैं, जिससे उसकी सारी क्रियाएं सात्त्विक ही होंगी। व्यावहारिक दृष्टि से देखेंगे, तो सात्त्विकता चरम सीमा उसके व्यवहार में दिखायी देगी। विश्वात्मा भाव की दृष्टि से देखेंगे, तो मानो त्रिभुवन के पाप-पुण्य वह करता है और इतने पर भी वह अलिप्त रहता है; क्योंकि इस चिपके हुए शरीर को तो उसके उतारकर फेंक दिया होता है। क्षुद्र देह को उतारकर फेंकने पर ही तो वह विश्व-रूप होगा।
30. भावावस्था और क्रियावस्था के अतिरिक्त एक तीसरी स्थिति भी ज्ञानी पुरुष की है और वह है, ज्ञानावस्था। इस अवस्था में न वह पाप सहन करता है, न पुण्य। सभी झटककर फेंक देता है। इस अखिल विश्व को सलाई लगाकर जला डालने के लिए वह तैयार हो जाता है। एक भी कर्म की जिम्मेदारी लेने को वह तैयार नहीं होता। उसका स्पर्श ही उसे सहन नहीं होता। ज्ञानी पुरुष की मोक्ष दशा में- साधना की पराकाष्ठा की दशा में- ये तीन स्थितियां संभव हैं।

30 दिसंबर

साम्यसूत्र 107: तुरीयं त्रिकोणम्

वृत्ति 31: शिवोऽहं नेदं शवः

31.यह अक्रियावस्था, अंतिम दशा कैसे प्राप्त हो? हम जो-जो भी कर्म करते हैं, उनका कर्तव्य अपने सिर पर न लेने का अभ्यास करना चाहिए। ऐसा मनन करो कि 'मैं तो निमित्तमात्र हूं, कर्म का कर्तव्य मुझ पर नहीं है।' पहले इस अकर्तृत्ववाद की भूमिका नम्रता से ग्रहण करो। किंतु इसी से संपूर्ण कर्तृत्व चला जायेगा, सो नहीं। धीरे-धीरे इस भावना का विकास होता जायेगा। पहले तो ऐसा अनुभव होने दो कि मैं अति तुच्छ हूं, उसके हाथ का खिलौना-कठपुतली हूं, वह मुझे नचाता है। इसके बाद यह मानने का प्रयत्न करों कि यह जो कुछ भी किया जाता है, वह शरीरजात है; मेरा उससे स्पर्श तक नहीं। ये सब क्रियाएं इस शव की हैं, परन्तु मैं शव नहीं हूँ। 'मैं शव नहीं, शिव हूं' ऐसी भावना करते रहो।

देह के लेप से लेशमात्र भी लिप्त न हों। ऐसा हो जाने पर फिर मानो देह से कोई संबंध नहीं है, ऐसी ज्ञानी की अवस्था प्राप्त हो जायेगी। उस अवस्था में फिर ऊपर बतायी तीन अवस्थाएं होंगी। एक उसकी क्रियावस्था, जिसमें उसके द्वारा अत्यंत निर्मल और आदर्श क्रिया होगी। दूसरी भावावस्था, जिसमें त्रिभुवन के पाप-पुण्य मैं करता हूं, ऐसा उसे अनुभव होगा, परंतु उनका लेशमात्र भी स्पर्श नहीं होगा; और तीसरी उसकी ज्ञानावस्था, जिसमें वह लेशमात्र भी कर्म अपने पास नहीं रहने देगा। सब कर्म भस्मसात कर देगा। इन तीनों अवस्थाओं के द्वारा ज्ञानी पुरुष का वर्णन किया जा सकता है।

31 दिसंबर

साम्यसूत्र 108: अहंमुक्तिः शब्दात्
वृत्ति 32: त्वमेव त्वमेव त्वमेव

108. 'तुही.........तुही............तुही '

32. इतना सब कहने के बाद भगवान अर्जुन से कहते हैं- 'अर्जुन, मैंने तुझे यह जो सब कहा, वह सब ध्यान से सुना है न? अब पूर्ण विचार करके जो तुझे उचित लगे, वह कर।' इस तरह भगवान ने बड़ी उदारता से अर्जुन को स्वतंत्रता दे दी। भगवद्गीता की यही विशेषता है। परंतु भगवान को फिर दया आ गयी। दिये हुए इच्छा-स्वातंत्र्य को उन्होंने फिर वापस ले लिया। कहा- 'अर्जुन, तू अपनी इच्छा, अपनी साधना, सब कुछ छोड़ दे और मेरी शरण में आ जा।' इस तरह अपनी शरण में आने की प्रेरणा देकर भगवान ने दिया हुआ इच्छा-स्वातंत्र्य वापस ले लिया है। इसका अर्थ यही है कि 'तुम अपने मन में कोई स्वतंत्र इच्छा ही न उठने दो। अपनी इच्छा नहीं, उसी की इच्छा चलने दो।' मुझे स्वतंत्ररूप से यही अनुभव हो कि यह स्वतंत्रता मुझे नहीं चाहिए। मैं नहीं, सब कुछ तू ही है, ऐसा हो। वह बकरी जीवित दशा में- 'में में में' करती है यानि 'मैं मैं मैं' कहती है, लेकिन मरने पर उसकी तांत बनाकर तीजन में लगायी जाती है, तब दादू कहता है- तुही, तुही, तुही- 'तू ही, तू ही, तू ही, 'ऐसा वह कहती है। अब तो सब 'तू ही, तू ही, तू ही।'

रविवार 19. 6. 1932

मंगल विचार

साम्यसूत्र-वृत्तिः

'गीता-प्रवचन' को विनोबा जी ने नित्य पठनीय कहा है। जैसे कि उनकी अध्ययन की पद्धति रही है, उन्होंने पूरे ग्रन्थ को १०८ अधिकरणों में बांटा है। और प्रत्येक अधिकरण को एक-एक सूत्र में गूंथ लिया है। उन १०८ सूत्रों को उन्होंने 'साम्यसूत्र' कहा। अलावा, पूरे ग्रंथ के ४३२ परिच्छेदों को भी सूत्रमय स्वरूप दिया है। तो कुल १०८+ ४३२ = ५४०सूत्र हुए। इन पूरे सूत्रों को उन्होंने 'साम्यसूत्र-वृत्तिः' (वृत्ति-विवरण) कहा है। इस प्रकार गीता-प्रवचन का संपूर्ण सार सूत्रमय भाषा में गूंथा गया है। उसके कारण ग्रंथ के विषय को थोड़े में आत्मसात करना सुलभ हो गया है।

मंगल विचार

गरीब वह नहीं जिसके पास कम है, बल्कि धनवान होते हुए भी जिसकी इच्छा कम नहीं हुई है, वह सबसे अधिक गरीब है।

धन कम रहने से कोई गरीब नहीं होता, यदि कोई व्यक्ति धनवान है और इसकी इच्छाएं ढेरों हैं तो वही सबसे गरीब है।

के लिये पैसे की जरूरत नहीं होती जरूरत है अपना संकुचित जीवन छोड़ने की, गरीबों से एकरूप होने की।

त्याग से अभिमान उत्पन्न होता है, वह त्याग नहीं, त्याग से शांति मिलनी चाहिए, अंततः अभिमान का त्याग ही सच्चा त्याग है। भावे

ज्ञानी वह है, जो वर्तमान को ठीक प्रकार समझे और परिस्थिति के अनुसार आचरण करे |

सत्त्वगुण पर विजय पाने का अर्थ यह है कि उसके प्रति हमारा अभिमान, हमारी आसक्ति हट जाये। सत्त्वगुण से काम तो लेना है, परंतु सावधानी से और युक्ति से। सत्त्वगुण को निरहंकारी बना देना चाहिए।

सारांश, सृष्टि की क्षरता, नश्वरता का अर्थ है, साधनों की नवीनता। इस तरह

सेवा के सभी साधन पवित्र होते हैं कितनी विशाल है दृष्टि! पूजा करने का अर्थ यह नहीं कि गुलाल, गंधाक्षत और फूल चढायें। हंसिये को तेज करके घास काटने के लिए तैयार रखना उसकी पूजा है। दरवाजे का कब्जा जंग खाये, तो उसे तेल लगाकर संतुष्ट कर देना उसकी पूजा है।

मंगल विचार

भक्त की सहायता करने वाला वह भगवान, अधूरे को पूरा करने वाला वह प्रभु, दौड़ पड़ता है। तब वह रैदास के चमड़े धोता है, सजन कसाई का मांस बेचता है, कबीर की चादर बुनता है और जनाबाई के साथ चक्की पीसता है।

अब रहा 'तत्' का अर्थ है 'वह' - कुछ तो भी भिन्न, इस सृष्टि से अलिप्त। परमात्मा इस सृष्टि से भिन्न है अर्थात अलिप्त है।

परंतु 'सूर्‌य' तो दूर ही रहता है। इन सब परिणामों से वह बिल्कुल अलग-सा रहता है।

परमात्मा की पवित्रता मेरे पाप को समाकर भी बचने जैसी है। हम पाप को टालने का प्रयत्न करें। यदि वे नहीं टल पाये, तो हृदय रोने लगेगा।

काम्य कर्मों का त्याग भी तो एक कर्म ही हुआ। फल- त्याग की कैंची पर पर भी चलाओं। काम्य कर्मों का त्याग भी सहज रूप से होना चाहिए।

केवल अंग्रेज़ी सीखने में जितना श्रम करना पड़ता है उतने श्रम में भारत की सभी भाषाएँ सीखी जा सकती हैं। कलियुग में रहना है या सतयुग में यह तुम स्वयं चुनो, तुम्हारा युग तुम्हारे पास है।
मनुष्य जितना ज्ञान में घुल गया हो उतना ही कर्म के रंग में रंग जाता है।
जिस राष्ट्र में चरित्रशीलता नहीं है उसमें कोई योजना काम नहीं कर सकती।

एक समझदार बच्चा मां से दूर रह सकता है। साल-छह मास भी मां के दर्शन न हो, तो भी वह रह सकता है। वह मां की सेवा करने वाला है। सारा बोझ अपने सिर पर लेकर काम करता है। काम-काज में लग जाने से मां का विछोह सह सकता है।

यदि 'ज्ञान' से चित्त के मैल नहीं धुल सकते, तो ज्ञान का दर्जा हलका हो जाता है।" मैं इस आक्षेप को स्वीकार करता हूँ। परंतु मेरा कहना यह है

संघ के प्रति यदि सामुदायिक प्रेम न होगा तो आपस में अनबन होगी , झगड़े होंगे। व्यक्ति-शरणता मिटकर संघ-शरणता उत्पन्न होनी चाहिए और फिर सिद्धांत-शरणता आनी चाहिए।

साधारण पशु जो अन्य प्राणियों का मांस खाने की क्रिया करते हैं, वही क्रिया यदि मनुष्य निःसंकोच होकर करने लगे, तो फिर उसके बड़प्पन का आधार ही खींच लेने जैसा होगा। यह तो जिस डाल पर मैं बैठा हूं, उसी को काटने का प्रयत्न करने जैसा हुआ।
किसान खेत में गेहूँ बोये और गेहूँ बेचकर ज्वार की रोटी क्यों खाये? सुस्वादु केले लगाये और उन्हें बेचकर मिर्च क्यों खाये? अरे भाई, केले ही खाओ न! पर लोकमत को यह स्वीकार नहीं। केले खाने का भाग्य पाकर भी लोग मिर्च पर ही टूटते हैं। गीता कहती है- ''तुम ऐसा मत करो, कर्म ही खाओ, कर्म ही पियो और कर्म ही पचाओ।' ' कर्म करने में ही सबकुछ आ जाता है। बच्चा खेलने के आनन्द के लिए खेलता है। इससे उसे व्यायाम का फल सहज ही मिल जाता है। परन्तु उस फल की ओर उसका ध्यान नहीं रहता। उसका सारा आनन्द उस खेल में ही रहता है।

अंधेरे में बिजली चमकती है, तो वह अंधेरा एक क्षण में प्रकाश बन जाता है। वह अंधकार क्या धीरे-धीरे प्रकाश बनता है? नहीं, एक क्षण में ही सारा भीतर-बाहर परिवर्तन हो जाता है।

हमारी भोग-वासना छूटकर जब हमें प्रेम की पवित्र दृष्टि प्राप्त होगी, तब फिर प्रत्येक-वस्तु में ईश्वर दिखायी देगा।

प्रतिभा का अर्थ है बुद्धि में नई कोपलें फूटते रहना। नई कल्पना, नया उत्साह, नई खोज और नई स्फूर्ति प्रतिभा के लक्षण हैं।

महान विचार ही कार्य रूप में परिणत होकर महान कार्य बनते हैं।

ऐसे देश को छोड़ देना चाहिए जहाँ न आदर है, न जीविका, न मित्र, न परिवार और न ही ज्ञान की आशा। स्वतंत्र वही हो सकता है जो अपना काम अपने आप कर लेता है।
विचारकों को जो चीज़ आज स्पष्ट दीखती है दुनिया उस पर कल अमल करती है।
जबतक कष्ट सहने की तैयारी नहीं होती तब तक लाभ दिखाई नहीं देता। लाभ की इमारत कष्ट की धूप में ही बनती है।
द्वेष बुद्धि को हम द्वेष से नहीं मिटा सकते, प्रेम की शक्ति ही उसे मिटा सकती है।

जिसने ज्ञान को आचरण में उतार लिया, उसने ईश्वर को मूर्तिमान कर लिया।
हिन्दुस्तान का आदमी बैल तो पाना चाहता है लेकिन गाय की सेवा करना नहीं चाहता। वह उसे धार्मिक दृष्टि से पूजन का स्वांग रचता है लेकिन दूध के लिये तो भैंस की ही कद्र करता है। हिन्दुस्तान के लोग चाहते हैं कि उनकी माता तो रहे भैंस और पिता हो बैल। योजना तो ठीक है लेकिन वह भगवान को मंजूर नहीं है।

मेरी दृष्टि में उपनिषद् पुस्तक है ही नहीं | वह तो एक प्रातिभ दर्शन है | उस दर्शन को यद्यपि शब्दों में अंकित करने का प्रयास किया गया है , फिर भी शब्दों के कदम लड़खड़ा गये हैं | परंतु निष्ठा के चिन्ह उभरे हैं | उस निष्ठा को शब्दों में भरकर , शब्दों की सहायता से शब्दों को दूर हटाकर यदि अनुभव लिया जाय तभी उपनिषदों का बोध हो सकता है |
मौत सतत आंखों के सामने खड़ी थी।" नाथ जी ने कहा- "हमारा जीवन इतना निष्पाप क्यों है, इसका उत्तर अब मिल गया न?" मरणरूपी शेर सदैव सामने खड़ा रहे, तो फिर पाप सूझेगा कैसे? पाप करने के लिए भी निश्चिंतता चाहिए।
अगले कदम के बारे में पहले से सोच लेना चाहिए, नहीं तो वह गड्ढे में गिर सकता है, परंतु विद्यार्थी इन सबको टालता है।
आज से ही इस बात का विचार करते रहना चाहिए कि मन पर उत्तम-से-उत्तम संस्कार कैसे पड़े।
सज्जनों में पहले परमात्मा को देखकर अंत में दुर्जनों में भी उसे देखने का अभ्यास करना चाहिए।
उम्र बढ़ती है तो सींग फूटते हैं, फिर परमेश्वर का स्मरण कहां। छोटे बच्चों के मन पर कोई लेप नहीं रहता। उनकी बुद्धि निर्मल होती है।
मां, बाप, गुरु, संत, बच्चे इनमें यदि हम परमात्मा न देख सकें, तो फिर किस रूप में देखेंगे? इससे उत्कृष्ट रूप परमेश्वर का दूसरा नहीं है।
ईसप के राज्य में सियार कुत्ते, कौए, हिरन, खरगोश, कछुए, सांप , केंचुए- सभी बातचीत करते हैं, हंसते हैं। एक प्रचंड सम्मेलन ही समझिए न! ईसप से सारी चराचर सृष्टि बातचीत करती है। उसे दिव्य दर्शन प्राप्त हो गया है।

संगीत का शास्त्र समझ तो लिया, किन्तु यदि कंठ से संगीत प्रकट करने की कला न सधी, तो नाद-ब्रह्म की सजावट नहीं होगी।

खेत का कचरा निकालते-निकालते कर्मयोगी को खुद अपने हृदय का वासना-विकाररूपी कचरा निकाल डालने को बुद्धि उपजती है।

संतों ने तो घोड़ों को खरहरा करने वाला, गायें चराने वाला, रथ हांकने वाला, पत्तल उठाने वाला, लीपने वाला, कर्मयोगी परमेश्वर खड़ा किया है।

तलवार हाथ में लेने से हिंसावृत्ति अवश्य प्रकट होती है, परन्तु तलवार छोड़ देने से मनुष्य अहिंसामय होता ही है, सो बात नहीं। ठीक यही बात स्वधर्माचरण की है।

अकेली तेल-बत्ती से दीया नहीं जल जाता। उसके लिए ज्योति की जरूरत होती है। ज्योति होगी, तो अंधेरा दूर होगा। यह ज्योति कैसे जलायें?

बाहर से विषय भोगों को छोड़कर यदि मन में भगवान का चिंतन न किया जाये, तो फिर इस बाहरी उपवास की क्या कीमत रही?

यदि कोई कहे कि 'नमक मिर्च की तरह' , तो हम उसे पागल कहेंगे। पर यदि कोई यह कहे कि 'तारे फूलों की तरह हैं, तो उनमें साम्य दिखायी देने से आनंद होगा।

हिंदू-मुस्लिम ऐक्य के लिए भूतकाल का विस्मरण ही एकमात्र उपाय है। मनुष्य यदि बुराई को छोड़कर सिर्फ अच्छाई को ही याद रखे, तो कैसी बहार हो! परंतु ऐसा नहीं होता। इसलिए विस्मृति की बड़ी आवश्यकता है। इसके लिए भगवान ने मृत्यु का निर्माण किया है।

<u>हृदय परिवर्तन</u>

अहिंसा की प्रक्रिया हृदय परिवर्तन पर आधार रखती है | हृदय परिवर्तन की अपनी एक पद्धति है | मनुष्य कभी कभी जनता भी नहीं कि उसका हृदय परिवर्तन हो रहा है | हमें यह ध्यान रखना चाहिए कि हमारे विचार, सोचने की पद्धति आदि उसके बाधक न हों | हम जब हृदय परिवर्तन और विचार परिवर्तन की बात करते हैं, तो हमारे सामने दूसरों के विचार परिवर्तन की ही बात होती है, ऐसा नहीं है |

हमारे अपने और दूसरों के भी विचार परिवर्तन और हृदय परिवर्तन की बात होती है, या होनी चाहिए |

जहाँ विचार और भ्रम दोनों होते हैं, वहीं उपासना भी होती है | यही दृष्टांत हृदय परिवर्तन की प्रक्रिया के लिए लागू होता है | भ्रम और सत्य, दोनों का होना हृदय परिवर्तन की एक अवस्था की प्रक्रिया में ज़रूरी होता है | मनुष्य पहले केवल भ्रम में होता है | वहाँ से उसे केवल सत्य में जाना है | अब केवल भ्रम से केवल सत्य की स्थिति में जाने के लिए रास्ते में ऐसी भूमिका आएगी , जब कि उसके मन में कुछ भ्रम और कुछ सत्य का आधार होगा | तब हम अगर फ़ौरन उसका खंडन करेंगे, तो उसका चित्त विचलित होगा और एक विरोध स्थापित हो जाएगा | उस भ्रम का खंडन करना अहिंसा के लिए बाधक होगा, यदि सत्य के ख़याल से उसका खंडन किया जाता हो तो | सत्य कभी चुभता नहीं | अगर वास्तव में सत्य है, तो हमेशा प्राण दायि होगा | जो तत्व प्राण दायि है,वह अहिंसक तो होगा ही, चुभेगा भी नहीं |

चुभनेवाले सत्य में अहिंसा की कमी तो स्पष्ट ही है , लेकिन उसमें सत्य का अंश भी कुछ कम होता है |

अध्ययन

समाधि अध्ययन का मुख्य तत्व है | समाधियुक्त गभीर अध्ययन के बिना ज्ञान नहीं | अध्ययन से प्रज्ञा और बुद्धि स्वतंत्र और प्रतिभावान होनी चाहिए | नई कल्पना,नया उत्साह, नया खोज, नई स्फूर्ति , ये सब प्रतिभा के लक्षण हैं | लंबी चौड़ी पढ़ाई के नीचे यह प्रतिभा दबकर मार जाती है | वर्तमान जीवन में आवश्यक कर्म योग का स्थान रखकर ही सार अध्ययन अध्ययन करना चाहिए | शरीर की स्थिति पर कितना विश्वास किया जाता है, यह प्रत्येक के अनुभव में आनेवाली बात है |

भगवानकी हम सबपर पर अपार क्रिया ही समझनी चाहिए कि हममें वह कुछ न कुछ कमी रख ही देता है | वह चाहता है कि यह कमी

जानकर हम जागृत रहें | जीवन का मार्ग दो बिंदुओं से ही निश्चित होता है: हम हैं कहाँ और हमें जाना कहाँ |[1]

मैं सत्य की ओर अपने कदम बढ़ाते रहूं तो भी ईश्वर की कृपा के बिना मंज़िल पर नहीं पहुँच सकता | मैं रास्ता काटने का तो प्रयत्न करता हूँ, पर अंत में मैं रास्ता काटता रहूँगा कि बीच में मेरे ही पैर कट जानेवाले हैं, यह कौन कह सकता हैं ? प्रार्थना के सहयोग से हमें बल मिलता है | प्रार्थना में दैववाद और प्रयत्नवाद का समन्वय है | दैववाद में पुरुषार्थ को अवकाश नहीं है, इससे वह वावला है | प्रयत्नवाद में निरहंकार वृत्ति नहीं है, इससे वह घमंडी है | दैववाद में जो नम्रता है वह ज़रूरी है और प्रयत्नवाद में जो पराक्रम है वह भी ज़रूरी है | प्रार्थना इनका मेल साधती है |

आधुनिक शिक्षा

हम जिसे जीवन की तैयारी का ज्ञान कहते हैं उसे जीवन से बिल्कुल अलिप्त रखना चाहते हैं, इसलिए उक्त ज्ञान से मौत की ही तैयारी होती है | आजकी मौत कलपर ढकेलते ढकेलते एकदिन ऐसा आ जाता है कि उस दिन मारना ही पड़ता है | जिंदगी की ज़िम्मेदारी कोई निरि मौत नहीं है , और मौत ही कौन सी ऐसी बड़ी "मौत" है? जीवन और मरण दोनों आनंद की वस्तु होनी चाहिए | ईश्वर ने जीवन दुःखमय नहीं रचा पर हमें जीवन जीना आना चाहिए | पानी से हवा ज़्यादा ज़रूरी है तो ईश्वर ने हवा को पानी से ज़्यादा सुलभ किया है | "आत्मा" अधिक महत्व की वास्तु होने के कारण वह हमेशा के लिए हरेक को दे डाली गई है |

जिंदगी की ज़िम्मेदारी कोई डरावनी चीज़ नहीं है | वह आनंद से ओतप्रोत है , बशर्ते कि ईश्वर की रची हुई जीवन की सरल योजना को ध्यान में रखते हुए आयुक्त वासना को दबाकर रखा जाय | यह पक्की बात समझनी चाहिए कि जो जिंदगी की ज़िम्मेदारी से वंचित हुआ वो सारे शिक्षण का फल गँवा बैठा | जिंदगी की ज़िम्मेदारी का भान होनेसे अगर जीवन कुम्हालता हो तो वह जीवन वस्तु ही रहने लायक नहीं है |

[1] ग्रामसेवा वृत्त से

ईसप नीति के आरासिक माने हुए, परंतु वास्तविक मर्म को समझनेवाले मुर्गेसे सीख लेकर ज्वार के दानों की अपेक्षा मोतियों को मान देना छोड़ दिया तो जीवन के अंदर का कलह जाता रहेगा और जीवन में सहकार दाखिल हो जाएगा |

भगवद्गीता जैसे कुरीक्षेत्र में कही गई वैसे शिक्षा जीवन - क्षेत्र में देनी चाहिए, दी जा सकती है | व्यवहार में काम करनेवाले आदमी को भी शिक्षण मिलता ही रहता है | वैसे ही बच्चों को मिले |

कर्मयोग की विद्या

कर्मयोगी बनने के लिए विद्यार्थियों को कुछ न कुछ निर्माण कार्‌य करते रहना चाहिए | निर्माण के बिना निःसंशय ज्ञान भी नहीं होता | प्रयोग से प्राप्त ज्ञान ही निःसंशय ज्ञान होता है | रोटी पकना अगर लड़कियों का काम है तो रोटी खाना भी लड़कियों का काम रहने दीजिए | अपने लिए ज्ञानमृत भोजन रख लीजिए | श्री कृष्ण बचपन में हाथ से काम करते थे, मेहनत मज़दूरी करते थे | इसीलिए गीता में इतनी स्वतंत्र प्रतिभा का दर्शन हमें होता है | जिस विद्या में कार्तृत्व शक्ति नहीं, स्वतंत्र रूप से सोचने की बुद्धि नहीं, ख़तरा उठाने की वृत्ति नहीं वह विद्या निस्तेज है |

हर एक परिश्रम का नैतिक, आर्थिक और सामाजिक मूल्य एक ही है | प्राचीन कालमें हमारे यहाँ कला कम नहीं थी | लेकिन पूर्वजों से मिलनेवाली कला एक बात है और उसमें निरंतर प्रगती करते रहना अलग बात | अपनी प्राचीन कला को देखकर हमें आश्चर्य होता है, यही सबसे बड़ा आश्चर्य है | ऐसा हुआ कैसे? कारीगरों में ज्ञान का अभाव और हममें परिश्रम प्रतिष्ठाका अभाव यही इसका बड़ा कारण है |

कुम्हार हो या बढ़ई, उसके घर में बच्चों को बचपन ही से उसके धंधे की शिक्षा अपने पिता माता से मिल जाती थी | बुनकर से तो मैं कहूँगा कि अपने पिता का धंधा करना तो उसका धर्म है और हम ही उसका बनाया कपड़ा न खरीदें तो वर्णाश्रम धर्म कैसे जीवित रहेगा ?

हमारी वृत्ति के कारण उद्योग गया और उसके साथ साथ उद्योगशाला भी गई |

निसर्ग शिक्षा

स्थूल और सूक्ष्म, सरल और मिश्र, सरल अक्षर और संयुक्ताक्षर सब सीखो और अंत में यह अनुभव करो कि परमेश्वार से ख़ाली एक भी स्थान नहीं है। अणु-रेणु में भी वही है।
कृष्ण के हाथ की मुरली कैसे बनूं? वे अपने होंठ से मुझे लगा लें और मुझसे मधुर स्वर निकालें, मुझे बजाने लगें यह कैसे होगा? मुरली बनना यानि पोला बनना! परमेश्वर के हाथ का औजार बनना हो, तो मुझे दस सेर वजन का लोहे का गोला नहीं बनना चाहिए।

शरीर के हरेक अवयव का पूर्ण और व्यवस्थित वृद्धि होना, इंद्रियों का चतुर, चाल और कार्यकुशल बनना, विभिन्न मनोवृत्तियों का सर्वांगीण विकास होना ; स्मृति, मेधा, धृति, तर्क आदि बौद्धिक शक्तियों का प्रगलब और प्रखर बनना - इन सब नैसर्गिक और प्राकृतिक प्रवृत्तियों का निसर्ग शिक्षा में अंतर्भाव हो जाता है |

मानव को बाह्य परिस्थिति से जो ज्ञान प्राप्त होता है और व्यवहार में जो अनुभव मिलता है, उस समस्त पदार्थ ज्ञान या भौतिक जानकारी को वह "व्यवहार शिक्षण " नाम देता है |

निसर्ग शिक्षण से प्राप्त आत्म विकास का बाह्य व्यवहार ज्ञान की दृष्टि से बाह्य जगत में किस प्रकार से उपयोग किया जाय , इस बारे में अन्य मनुष्यों के प्रयातनों का जो वाचिक, सपरदायिक या विद्यालय आधारित शिक्षण मिलता है उसे व्यक्ति शिक्षण संज्ञा दी है | क्या व्यक्ति शिक्षण क्या व्यवहार शिक्षण, दोनों व्यक्ति को बाहर से मिलते हैं | केवल निसर्ग - शिक्षण व्यक्ति को भीतर से मिलता है |

वस्तुतः बाह्य शिक्षण मनुष्य को विश्व के प्रत्येक पदार्थ से लगातार मिलते रहता है | उसमें कभी बाधा नहीं पड़ती | जितने भी पदार्थ हैं सबमें शिक्षण के सारे तत्व भरे पड़े हैं | नैयायिकों का अणु लेकर संख्यों के महत्तम तत्व तक, रेखागणित के बिंदु से लेकर भूगोल के सिंधु तक और बचपन की भाषा में कहना हो तो "राम की

चोटी से लेकर तुलसी के मूल तक"[2] सभी छोटे बड़े पदार्थ मानव के गुरु हैं | विचक्षण विज्ञान वेत्ताओं की दूरबीन में, व्यवहार विशारादों के चर्म चक्षुओं में , कला कुशल कवियों के दिव्य चक्षुओं में या तार्किक तत्ववत्ताओं के ज्ञान चक्षुओं में जो भी पदार्थ प्रतिभात होते हों या न होते हों, उन सभी में हमें नित्य ही शिक्षा मिलती रहती है |

यह विशाल सृष्टि परमेश्वर द्वारा हम सबकी शिक्षा के लिए हम सबके सामने खोलकर रखा हुआ एक शाश्वत, दिव्य, आश्चर्यमय और परम पवित्र ग्रंथ है | पर यह ग्रंथ गंगा कितनी ही गहरी हो, मानव अपने लोटे से ही उसका पानी भरेगा | इसलिए इस विश्व से बाह्यतः हमें वही और उतना ही शिक्षण मिलेगा, जिसके और जीतने के बीज हमारे भीतर निहित होंगे |

हम इस बाहरी दुनिया से जो कुछ सीखते हैं उसे अंततः भूल जाते हैं और उसके संस्कार मात्र शेष बचता है | शिक्षण का अर्थ जानकारी नष्ट होने पर बचे हुए संस्कार ही हैं | जो हमारे भीतर नहीं है उसका बाहर से मिलना असंभव है | इस तरह स्पष्ट है कि बाह्य शिक्षण कोई तांत्रिक पदार्थ न होकर केवल अभावत्मक क्रिया है |

सुख का बाह्य पदार्थों से क्या संबंध है?

यदि कहें कि सुख बाह्य पदार्थों में है, तो उनसे सदैव सुख होना चाहिए; पर ऐसा होता नहीं | मानसिक स्थिति बिगड़ी रहे , तो अन्य समय जो पदार्थ सुखकर प्रतीत होते हों , वे भी सुख नहीं दे पाएँगे |

इसके विपरीत यदि ऐसा कहें " सुख एक मानसिक भावना है और बाहरी वस्तुओं से इसका कोई संबंध नहीं" तो वैसा नित्य अनुभव नहीं आता | घड़ा और मिट्टी के बीच अनिर्वचनीय संबंध है | यह संबंध अनिर्वचनीय होनेपर भी जिस तरह एक पक्ष में , "वाचारंभन विकारो नामधेयन म्रित्तिकेत्येव सत्यम" , यानी मिट्टी तात्विक और घड़ा मिथ्या, इस तरह तारतम्य से निर्णय किया जाता है , ठीक उसी तरह

[2] अपने देश में बच्चे एक दूसरे से स्पर्धा करने में या कसमें खाते समय इन मुहावरों का प्रयोग करते पाए जाते हैं |

अंतः शिक्षण भावरूप और बाह्य शिक्षण अभाव रूप ऐसा कहा जा सकता है।

अंतः शिक्षण या आत्मिक विकास भावरूप होनेपर भी वह व्यक्ति के भीतर ही भीतर अपने आप हुआ करता है। उसके बारे में हम कुछ भी नहीं कर सकते। उसके लिए कोई पाठ्यक्रम भी नहीं बन सकता। और बनाया भी जाय तो उसे कार्यान्वित कर पाना संभव नहीं। वास्तव में बाह्य शिक्षण कार्य है, उपयुक्त कार्य है; पर अभावात्मक कार्य है। शिक्षण द्वारा कोई स्वतंत्र तत्व उत्पन्न नहीं करना है, पर निद्रित तत्व को जागृत करना है। शिक्षण उत्तेजक दवा न होकर प्रतिबंध निवारक उपाय है। शिक्षण अभावत्मक होनेपर भी उपयुक्त है और प्रतिबंध - निवारण के नाते ही क्यों न हो, उसे थोड़ी भावात्मकता भी प्राप्त है।

भक्त लक्षण

सबसे पहले हम यह समझने का प्रयास करेंगे कि गीता के आलोक में एक भक्त के क्या लक्षण हो सकते हैं और किसे सही प्रकार से भक्ति सुधा के रंग में रंगा हुआ माना जेया सके।

1. सर्व-भूतेषु यः पश्येत् भगवद्भावमात्मनः। भूतानि भगवत्यात्मन्येष भागवतोत्तमः।।

2. ईश्वरे तदधीनेषु बालिशेषु द्विषत्सु च। प्रेम मैत्री कृपोपेक्षा यः करोति स मध्यमः।।

3. अर्चायामेव हरये पूजां यः श्रद्धयेहते। न तद्भक्तेषु चान्येषु स भक्तः प्राकृतः स्मृतः।।

4. गृहीत्वाऽपींद्रियैरर्थान् यो न द्वेष्टि न हृष्यति। विष्णोर् मायां इदं पश्यन् स वै भागवतोत्तमः।।

5. देहेंद्रिय प्राण मनो धियां यो जन्माप्यय-क्षुद्-भय-तर्ष-कृच्छैः।
संसारधर्मैर् अविमुह्यमानः स्मृत्या हरेर् भागवतप्रधानः।।

6. न काम-कर्म-वीजानां यस्य चेतसि संभवः। वासुदेवैकनिलयः स वै भागवतोत्तमः।।

7. न यस्य जन्म-कर्मभ्यां न वर्णाश्रम-जातिभिः। सज्जतेऽस्मिन् अहंभावो देहे वै स हरेः प्रियः।।

8. न यस्य स्वः पर इति वित्तेषवात्मनि वा भिदा। सर्वभूतसमः शांतः स वै भागवतोत्तमः।।

9. त्रिभुवन-विभव-हेतवेऽप्यकुंठ स्मृतिरजितात्म-सुरादिभिर् विमृग्यात्।
न चलति भगवत्पदारविंदात् लवनिमिषार्धमपि यः स वैष्णवाग्यः।।

10. भगवत उरु-विक्रमांघ्रिशाखा नख-मणि-चंद्रिकया निरस्त-तापे।
हृदि कथमुपसीदतां पुनः स प्रभवति चंद्र इवोदितेऽर्कतापः।।

11. विसृजति हृदयं न यस्य साक्षात् हरिरवशाभिहितोऽप्यधौघ-नाशः।
प्रणय-रशनया घृतांध्रि-पद्मः स भवति भागवतप्रधान उक्तः।।[3]

अर्थ :

---

[3] *विसृजति–त्याग देता है; हृदयम्–हृदय को; न–कभी नहीं; यस्य–जिसका; साक्षात्–स्वयं; हरिः—भगवान् हरि; अवश–सहसा; अभिहितः—कहलाने वाला; अपि–यद्यपि; अघ–पापों के; ओघ–समूह; नाशः—नाश करने वाला; प्रणय–प्रेम की; रसनया–रस्सियों द्वारा; धृत–पकड़े; अङ्घ्रि-पद्मः—उनके चरणकमल; सः—वह; भवति–है; भागवत प्रधानः—सर्वश्रेष्ठ भक्त; उक्तः—कहा गया ।*

1. सब भूतों में परमेश्वर स्वरूप अपनी ही आत्मा को और परमेश्वर स्वरूप अपनी आत्मा में सब भूतों को जो देखता है, वह 'भागवतोत्तम' (उत्तम कोटि का भगवद्भक्त) है।

2. जो भक्त ईश्वर में प्रेम, उनके भक्तों से मित्रता, मूढ़जनों पर कृपा और शत्रु की उपेक्षा करता है, वह मध्यम कोटि का भक्त है।

3. जो श्रद्धा से केवल भगवान् के विग्रह को पूजना चाहता है, लेकिन उनके भक्तों और दूसरे लोगों को जो श्रद्धा से पूजना नहीं चाहता, वह प्राकृत यानी कनिष्ठ भक्त हैं।

4. यह समस्त विश्व सर्वव्यापी ईश्वर की माया है, यह ज्ञान होने के कारण, इंद्रियों से विषयों का ग्रहण करते हुए भी जिसे हर्ष या विषाद नहीं होता, वह उत्तम भक्त है।

5. देह इंद्रिय प्राण मन और बुद्धि के, जन्म मृत्यु क्षुधा भय तृषा के कारण दुःखदायी जो संसार-धर्म उनसे, हरि-स्मरण के कारण जो मोहग्रस्त नहीं होता, वह भागवतों में श्रेष्ठ है।

6. जिसके चित्त में काम, कर्म और इन दोनों का बीज अविद्या उत्पन्न नहीं होती और वासुदेव ही जिसके एकमात्र घर हैं, आश्रय है, वह उत्तम भागवत है।

7. जिसे जन्म-कर्म या वर्णाश्रम और जाति के कारण इस देह में अहंभाव नहीं चिपकता, सचमुच वही हरि का भक्त है।

8. जो धन-संपत्ति या शरीरादि में 'यह अपना है, यह पराया' ऐसा भेद नहीं करता, जो सब प्राणियों के साथ समभाव से व्यवहार करता और सर्वदा शांत रहता है, वह उत्तम भागवत है।

9. त्रिभुवन के वैभव के लिए भी जिसके हरि स्मरण में व्यवधान नहीं पड़ता और भगवन्मय बने देवादिकों को भी शोध्य उन भगवान् के चरण-कमलों से जो आधा पल भी दूर नहीं होता, वह वैष्णवों में अग्रगण्य है।

10. जैसे चंद्रोदय होने पर सूर्य का ताप नष्ट हो जाता है, वैसे ही भगवान् के महापराक्रमी चरणों की उँगलियों के नखरूपी रत्नों की चंद्रिका से भक्तों के हृदय का ताप मिट जाता है। फिर वह पुनः उत्पन्न कैसे होगा?

11. अवश होकर नाम लेने पर भी पाप-प्रवाह का नाशक करने वाले साक्षात् हरि, प्रेम की डोरी से चरण-कमल बँध जाने के कारण, जिस भक्त के हृदय को नहीं छोड़ते, वह भागवतों में प्रमुख हैं, ऐसा कहते हैं।

भक्त के गुणों का परिचय भागवत में कई स्कंधों में जगह जगह पर विविध रूप में और रूपक कथा के ज़रिए दिया गया है | एक प्रहलाद जैसे भक्त ही हैं जिनके भक्ति सुधा से संतुष्ट होकर भक्त की लाज रखने के लिए स्वयं श्री हरि प्रकट हो जाते हैं | दूसरी ओर पत्थर की शिला से भक्त को प्रकट करने के लिए राम रूपी श्री हरि ही अहिल्या का उद्धार करने के लिए आगे बढ़ते हैं | सन्देहातीत होकर ईश्वर चरण में अनुराग रखते हुए खुद को समर्पित कर देने का आग्रह रखता हो वही श्रेष्ठ भक्त माना गया | श्री मदभागवत और गीता में भी भक्तों के कई लक्षण बताए गये हैं (गीता द्वादश अध्याय)|

कई जगहों पर पुनरावृत्ति भी हुई है और कई जगहों पर एक ही तत्व का क्रमिक विस्तार भी हुआ है | अब उस विधान को समझने के लिए हम तत्व चिंतन को समझने का प्रयास करेंगे |

भक्त तो वही होंगे जो ईश्वर अनुराग से पुष्ट होकर और मानसिक स्थिरता के साथ सगुण, साकार ईष्ट की आराधना में नित्य लगा रहे; जीव मात्र के हिट में लगा रहे [4] ;

अव्यक्त, निराकार स्वरूप के प्रति आसक्त मन वाले मनुष्यों को परमात्मा की प्राप्ति सहजता से नहीं होती[5] , इसका कारण यही है कि शरीर द्वारा कर्ता होने का भाव बना रहता है | सभी कर्मों को ईश्वर के चरणों में समर्पित करनेवाले भक्त का पूरा भार ईश्वर उठा लेते हैं और क्रमशः उसे संसार के जन्म-मृत्यु के बंधन से मुक्त भी कर देते हैं | [6] भक्ति योग के द्वारा ईश्वर को अपने करीब होने की अभिलाषा व्यक्त की जा सकती है [7] और जो ऐसा नहीं करते उनके लिए ईश्वर अनुराग से कर्म करते रहने का भी एक उत्तम विधान है |[8] कर्म न कर पानेवालों के लिए करंफाल त्याग करके समर्पण के भाव से जीवन निर्वाह करने की बात कही गई; बाकी कर्म तो अपने आप होते ही रहेंगे | [9]

विश्व चराचर को नाशवान [10] कहते हुए इससे खुद को शाश्वत और ध्रुव तत्व पर ज़्यादा ध्यान केंद्रित करने की प्रेरणा मिलती है|

---

[4] *श्री मदभागवत गीता अध्याय XII श्लोक २,३*
[5] *श्री मदभागवत गीता अध्याय XII श्लोक ५*
[6] *श्री मदभागवत गीता अध्याय XII. श्लोक ६-७*
[7] *श्री मदभागवत गीता अध्याय XII. श्लोक ९)*
[8] *अभ्यासेऽप्यसमर्थोऽसि मत्कर्मपरमो भव । मदर्थमपि कर्माणि कुर्वन्सिद्धिमवाप्स्यसि ॥ (XII. १०)*
[9] *श्री मदभागवत गीता अध्याय १२.११*
[10] धातूपप्लव आसन्ने व्यक्तं द्रव्यगुणात्मकम् । अनादिनिधनः कालो ह्यव्यक्तायापकर्षति ॥ ८ ॥

शब्दार्थ : धातु–भौतिक तत्त्वों के; उपप्लवे–संहार में; आसन्ने–सन्निकट आये हुए; व्यक्तम्–व्यक्त जगत; द्रव्य–स्थूल पदार्थ; गुण–तथा सूक्ष्म गुण; आत्मकम्–से युक्त; अनादि–जिसका आदि न हो; निधनः–

अध्रुव के पीछे भागते रहने से ध्रुव का भी ध्यान नहीं रहता और अन्य विषयों से खुद को विराट भी नहीं कर पाते जिससे शास्त्र का अभ्यास भी बाधित होते रहता | ईश्वर को वही भक्त प्रिय है जो राग-द्वेष रहित होकर, सभी जीव के प्रति प्रेम रहते हुए समर्पण भाव से सतत ईश्वर के विधायक कर्मों मे लगा रहे और कर्म फल को ईष्ट चरणों में ही सौंप दे ; यत्किंचित् प्राप्ति की अभिलाषा ही न रखे |[11] जो न खुद विचलित होता और न ही किसी को विचलित करता और हर्ष, ताप, संताप आदि आवेग से खुद को मुक्त रख पाता है वही भक्त ईश्वर को प्रिय है |[12]

व्यक्ति का कर्म से बंधन एक प्रकृति के अधीन क्रिया है और इसके आधार पर ही कर्म फल की इच्छा - अनिच्छा आदि का निर्माण भी होता है | कर्म में निरंतरता बनी रहे तो भक्ति की धारा पनपती है और ऐसा भी विचार उत्पन्न होने लगता है कि फल की आश् न लगाते हुए अन्य नित्य कर्म में जुड़ जाएँ और कर्म फल के विषय को पूर्णतः महत सत्ता के अधीन छोड़ दें |

व्यक्ति जीवन में कर्म प्रधानता होने से क्या भक्ति की धारा धूमिल हो जाएगी; या क्या भक्ति मार्ग पर उस प्रकार का कर्म योगी नहीं चल सकेगा? वस्तुतः कर्म, ज्ञान और भक्ति की धारा एक दूसरे से इतने सघन रूप से जुड़े हुए हैं जिसके कारण प्रधानता किसी की भी हो मन को ईष्ट चिंतन में और मुक्ति के मार्ग में लगा ही देगा |

अथवा अन्त; कालः—समय; हि– निस्सन्देह; अव्यक्ताय–अव्यक्त में; अपकर्षति–खींचता है ।.

अनुवादः जब भौतिक तत्त्वों का संहार सन्निकट होता है, तो काल रूप में भगवान् स्थूल तथा सूक्ष्म गुणों वाले व्यक्त जगत को समेट लेते हैं और सारा ब्रह्माण्ड अव्यक्त रूप में लुप्त हो जाता है।

[11] *श्री मदभागवत गीता अध्याय XII श्लोक १२,१३,१४*
[12] *श्री मदभागवत गीता अध्याय XII श्लोक १५*

कर्म [13] से भक्ति का मार्ग प्रशस्त होने की महिमा का गायन भी भागवत धर्म का ही अहम अंश है | एक द्विविधा की स्थिति यह भी उत्पन्न होती है कि आख़िर संपत्ति [14] किसे माने? किसे कोई भक्त सर्वाटो रूप से अपना मान सकेगा? व्यक्ति मात्र की एक और अभिलाषा रहती होगी कि सुख की प्राप्ति[15] हो और निरंतर मिलता ही

---

[13] कर्माणि कर्मभिः कुर्वन्सनिमित्तानि देहभृत् । तत्तत्कर्मफलं गृह्णन्भ्रमतीह सुखेतरम् ॥ अध्याय ३, श्लोक ६ ॥

शब्दार्थः कर्माणि–विविध प्रकार के सकाम कर्मों को; कर्मभिः—कर्मेन्द्रियों द्वारा; कुर्वन्–करते हुए; स-निमित्तानि–प्रेरक इच्छाओं से युक्त; देह-भृत्–भौतिक शरीर का स्वामी; तत् तत्–विविध; कर्म-फलम्–कर्म के फलों को; गृह्णन्–स्वीकार करते हुए; भ्रमति–घूमता है; इह–इस संसार में; सुख–सुख; इतरम्–तथा अन्यथा ।.

अर्थात, तीव्र भौतिक इच्छाओं से प्रेरित देहधारी जीव अपनी कर्मेन्द्रियों को सकाम कर्म में लगाता है। तब वह इस जगत में घूमते हुए कई प्रकार से तथाकथित सुख-दुख, लाभ-हानि आदि में अपने भौतिक कर्मों के फलों को प्रत्यक्ष फलित होता हुआ अनुभव करता है।

[14] नित्यार्तिदेन वित्तेन दुर्लभेनात्ममृत्युना । गृहापत्याप्तपशुभिः का प्रीतिः साधितैश्चलैः ॥ भागवत अध्याय ३ श्लोक १९ ॥
शब्दार्थ : नित्य–निरन्तर; आर्ति-देन–पीड़ादायक; वित्तेन–सम्पत्ति से; दुर्लभेन –मुश्किल से कमाई गई; आत्म-मृत्युना–आत्मा के लिए मृत्यु; गृह–अपने घर; अपत्य–सन्तानों; आप्त–सम्बन्धीजन; पशुभिः—तथा घर के पशुओं सहित; का –क्या; प्रीतिः—सुख; साधितैः—(उस सम्पत्ति से) प्राप्त किये गये; चलैः—चलायमान, अस्थिर ।.
ऐसी मान्यता है कि सम्पत्ति (जिसे भौतिक रूप से लोग ज़मीन, पैसा, धार आदि को मानते हैं) दुख का अविच्छिन्न स्रोत है, इसे अर्जित करना सर्वाधिक कठिन है और एक तरह से यह आत्मा के लिए मृत्यु स्वरूप भी बन जाता है। अपनी सम्पत्ति से किसी को कौन-सा लाभ मिलता है? ठीक वैसे ही कोई अपने तथाकथित घर, सन्तान, सम्बन्धीगण तथा घरेलू पशुओं से स्थायी सुख कैसे प्राप्त कर सकता है, जो उसकी कठिन कमाई से पालित-पोषित होते हैं?

[15] एवं लोकं परं विद्यान्नश्वरं कर्मनिर्मितम् । सतुल्यातिशयध्वंसं यथा मण्डलवर्तिनाम् ॥ भागवत ११.३.२० ॥

रहे; वह इसलिए की सुख पाने के लिए ही व्यक्ति ज़्यादा प्रयत्न करता रहता है, ज़रूरत से अधिक धन जमा कर लेने का प्रयास मीं लिप्त होते हुए कुछ ऐसे कर्म करता रहता है जिसके लिए समाज में सामान्य रूप से न तो अनुमति मिल पाते हों और न ही लोग उस कृति को नेक नज़रों से देखें |

शुद्ध भक्ति का विषय एक भक्त के लिए निरंतर सीखते रहने का विषय है | भक्त के अधीन भगवान का होना कई प्रकार से सत्यापित किया जा चुका है और ऐसा होता हुआ हम पुराणों आगम आदि ग्रंथों में भी देख सकेंगे | भक्त की तलाश में भगवान भी धरातल पर कई रूप में अवतरित हो जाते हैं; वस्तुतः सृष्टि के हर कण में ही ईष्ट का अधिष्ठान है ऐसा हमें मान लेना चाहिए | सृष्टि के हर अंश में आत्मा और परमात्मा का सम्मेलन होना अनिवार्य ही मानें | ईश्वर की अपार करुणा ही समझें कि हमारी रचना करते समय हममें कुछ न कुछ कमियाँ छिड़ देता है | उस कमी को दूर करते हुए पूर्णता प्राप्त करने की ओर हम धीरे धीरे अग्रसर होते रहते हैं; यह तपस्या का ही बल है जिसके आधार पर हम हमारे सन्निकट श्री हरि की उपस्थिति

[एवम्–इस प्रकार; लोकम्–संसार; परम्–(इस जीवन के बाद) अगला; विद्यात्–समझ लेने से; नश्वरम्–अस्थायी; कर्म निर्मितम्–सकाम कर्म से उत्पन्न; स-तुल्य–बराबर वालों (की स्पर्धा) से विशेषित; अतिशय–तथा वरिष्ठ जन; ध्वंसम्–तथा विनाश से; यथा–जिस तरह; मण्डल-वर्तिनाम्–छोटे-छोटे राजाओं की (स्पर्धाएँ ।.]

मनुष्य को स्वर्गलोक में भी ऐसा स्थायी सुख नहीं मिल सकता, जिसे वह भगवत क्रिया के अनुष्ठानों तथा यज्ञ आदि शुभ कर्मों से अगले जीवन में प्राप्त कर सकता है। ईर्ष्या और द्वेष से विचलित होकर व्यक्ति कुछ ऐसा कर बैठता है जिसका प्रकोप झेलने के लिए उसे खुद को तैयार कर लेना एक नियती बन जाती है; पुण्यकर्मों की समाप्ति के साथ ही स्वर्ग का निवास समाप्त हो जाता है, और स्वर्ग के देवतागण अपने सुखप्रद जीवन के विनष्ट हो जाने की आशंका से डरने लग जाते हैं| इस तरह उनकी दशा उन राजाओं जैसी ही बनी रहती है, जो जनता जनार्दन द्वारा ईर्ष्यावश प्रशंसित होते हैं, किन्तु शत्रु-भाव रखने वाले राजाओं और उपद्रवियों द्वारा निरन्तर सताये जाते हैं, इस कारण उन्हें कभी भी वास्तविक सुख नहीं मिल पाने की संभावना ही नहीं रहती|

महसूस कर पाते हैं; ऐसा करते हुआ हम खुद को विश्व चराचर की समग्र व्यवस्था का अंश भी मान लेते हैं और हमारी सभी गतिविधियों का दिशा निर्देशन भी उसी के मुताबिक होता रहता है। अधूरापन के कारण ही व्यक्ति जीवन में एक गुरु की अहमियत महसूस की जा सकेगी और उस दिव्य सत्ता का सान्निध्य पाने के लिए भक्त का मन भी प्रयासरत रहेगा, यह श्री हरि के लिए भी उतना ही सत्य[16] है; वो किसी न किसी विधान से अपने भक्त की लाज रख लेते हैं। भागवत में उदात्त कंठ से इस बात को भी उजागर किया जा चुका है जिसके आधार पर एक शुद्ध भक्त अपने कर्तव्य और दायित्व को समझते हुए[17] जीवन निर्वाह कर सके। खुद को ज्ञानी , वेद विशारद, गीता

---

[16] तत्र भागवतान् धर्मान् शिक्षेद् गुर्वात्मदैवतः । अमाययानुवृत्त्या यैस्तुष्येदात्मात्मदोहरिः ॥ भागवत स्कंध ११ ३. २२ ॥

तत्र–वहाँ (गुरु की संगति में); भागवतान् धर्मान्–भक्ति के विज्ञान को; शिक्षेत्–सीखना चाहिए; गुरु-आत्म-दैवतः—वह, जिसके लिए गुरु प्राण है और आराध्य देव है; अमायया–बिना धोखे के; अनुवृत्त्या–श्रद्धापूर्ण सेवा द्वारा; यैः—जिसके (भक्ति) द्वारा; तुष्येत्–तुष्ट किया जा सकता है; आत्मा–परमात्मा; आत्म-दः—आत्मा प्रदान करने वाला; हरिः—भगवान् हरि ।.]

प्रामाणिक गुरु को प्राण एवं आत्मा तथा आराध्य देव मानते हुए भक्त शुद्ध भक्ति की विधि सीखे; उस सीखने की प्रक्रिया में सतत लगा रहे। समस्त आत्माओं के आत्मा परमात्म तत्व श्री हरि अपने आपको शुद्ध भक्तों के हाथ में सौंपने के लिए सतत प्रयत्नशील रहते हैं। भक्त को अपने गुरु से एकरूपता बनाते हुए भगवान् की श्रद्धापूर्ण तथा उपयुक्त विधि विधान से सेवा करना सीखना चाहिए। तभी संतोषी ईष्ट देव खुद को भक्त के हवाले कर सकेंगे।

[17] सर्वतो मनसोऽसङ्गमादौ सङ्गं च साधुषु । दयां मैत्रीं प्रश्रयं च भूतेष्वद्धा यथोचितम् ॥ भागवत स्कंध ११ ३. २३ ॥

शब्दार्थ : सर्वतः—सर्वत्र; मनसः—मन की; असङ्गम्–विरक्ति; आदौ–प्रारम्भ में; सङ्गम्–संगति; च–तथा; साधुषु–साधुओं की; दयाम्–दया; मैत्रीम्–मित्रता;

विशारद, भागवत प्रवीण आदि मानने की प्रवृत्ति जहाँ दिखने लगे वहाँ यह मान लेना चाहिए कि अभी भी तपस्या और अध्ययन की आवश्यकता है |

दान के बारे में

परमेश्वर ने छोटे लोगों के दिल बड़े बनाये और बड़े लोगों के दिल छोटे। छोटे लोग दिल खोलकर दान देते हैं और बड़े लोगों का दिल खुलता ही नहीं। सबको कमसे काम बीसवां हिस्सा देना चाहिए। बड़े लोगों को भी कम से कम बीसवां हिस्सा देना ही चाहिए। धनवानों के पास धन है, ज्ञानियों के आस ज्ञान है, विद्वानों के पास विद्या है; वैसे ही गरीब के पास तीन चीजें हैं : प्रेम, सहयोग और श्रद्धा। प्रेम खोया तो सब खोया; प्रेम की बड़ी शक्ति है, और वह गरीबों में है। हम सबको पता है कि दीमक एक गरीब कीड़ा है। पर उसके बने मकान कितने मजबूत होते हैं; उनमें अलग अलग दालान भी होते हैं; बारिश भी उनका कुछ नहीं बिगाड़ सकती । इतनी शक्ति आती कहाँ से? सब एकजुट होकर काम करते हैं; सहयोग ही उनकी शक्ति शक्ति है । गरीबों में भी एक दूसरे के बारे में चिंता

प्रश्रयम्–आदर; च–तथा; भूतेषु–समस्त जीवों के प्रति; अद्धा–इस प्रकार; यथा उचितम्–जो उपयुक्त हो ।.

अर्थात, निष्ठावान् शिष्य को चाहिए कि मन को प्रत्येक भौतिक वस्तु से हटाकर रखना सीखे एवं अपने गुरु तथा अन्य सज्जन भक्तों की संगति का सकारात्मक रूप से अभ्यास में निरंतरता लाते हुए प्रयासरत हो; उसे अपने से अल्पज्ञानी और सरल मानसिकता के मित्रोंके प्रति उदार होना चाहिए, समान रूप से ज्ञानी जनों के साथ मैत्री करनी चाहिए और जो अपने से उच्चतर आध्यात्मिक पद उभर चुके हों, उनकी विनीत भाव से सेवा करने के साथ साथ उनका अनुपालन भी करना चाहिए | ऐसा अभ्यास में निरंतरता लाते हुए भक्त को अन्य समस्त जीवों के साथ समुचित व्यवहार करना सीखना चाहिए।

होनी चाहिए, सबको सबका ख़याल होना चाहिए। दीमक श्रद्धा से काम करते हैं। दुनिया में सभी बड़ी बड़ी काम श्रद्धा से होते हैं। अगर हममें कोई शक्ति नहीं है तो हम जीते कैसे हैं? हम जीते हैं इसका मतलब ही है कि हममें कुछ न कुछ शक्ति है; भगवान ने हममें कुछ शक्ति रखी है। पूरे गाँव को एकसाथ बैठकर पूरे गाँव के बारे में सोचना चाहिए।

प्रेम की शक्ति हर एक को प्रकट करनी है तभी वह पूरे देश में प्रकट होगी। स्वप्न में सरकार के लोग सोचा करते थे कि हम गरीबों का कल्याण करेंगे; आजादी के बाद अब उनकी निद्रा इतनी गाढ़ हो चुकी है कि स्वप्न भी नहीं आते ! अब कहते हैं कि देश की रक्षा के लिए हमें सहन करना होगा; सहन किसे करना है ? गरीबों को, मजदूरों को ! अगर गरीब आधे पेट खाकर , न खाकर मर जाएँ तो कहेंगे देश के लिए मरा ! ग्राम दान में अक्षय शक्ति भरी है; ठीक आम की गुठली की तरह; गुठली खाएं तो कड़वी लगेगी; उसे बोना होगा, सिंचित करना होगा तभी फल मिलेगा। ग्राम दान से पूरी समता तो नहीं आ सकती, समता के रास्ते खुल सकते हैं; प्रेम बढ़ेगा। समता का यह भी नहीं निकालता कि सबको एक सामान रूप से खिलाया जाय। परिवार में समता रहती है, पर सभी लोग जरुरत के मुताविक खाते हैं। घर में हम जिस न्याय से बरतते हैं उसी न्याय से गाँव में भी बरतना है। सुख सुविधा में कमोबेशी हगि, पर सबको समाधान हो, सबकी चिंता सब करें।

हमारी पाँचों अंगुलियां भी बिलकुल विषमता नहीं रखती, न ही एक सामान ही है; परस्पर मिलकर ही किसी भी काम को करती है। अलग अलग अँगुलियों की अपनी अपनी शक्ति होती है और सबकी अपनी अपनी विशेषता भी है। गाँव का जो भी काम हो वो सब मिलजुलकर करें। गाँव का सारा काम करने के लिए सभी लोग तैयार हैं या नहीं यह भी देखना होगा ; यदि सभी जन तैयार न हों तो बात नहीं बनेगी। ग्राम निर्माण का अर्थ है गाँव का विकास, यह गाँव वालों का अपना कार्य है।

www.ingramcontent.com/pod-product-compliance
Lightning Source LLC
LaVergne TN
LVHW022114071026
849580LV00015B/2081